KB080456

인생의 역경을 가볍게 극복하는

회복력의 7가지 기술

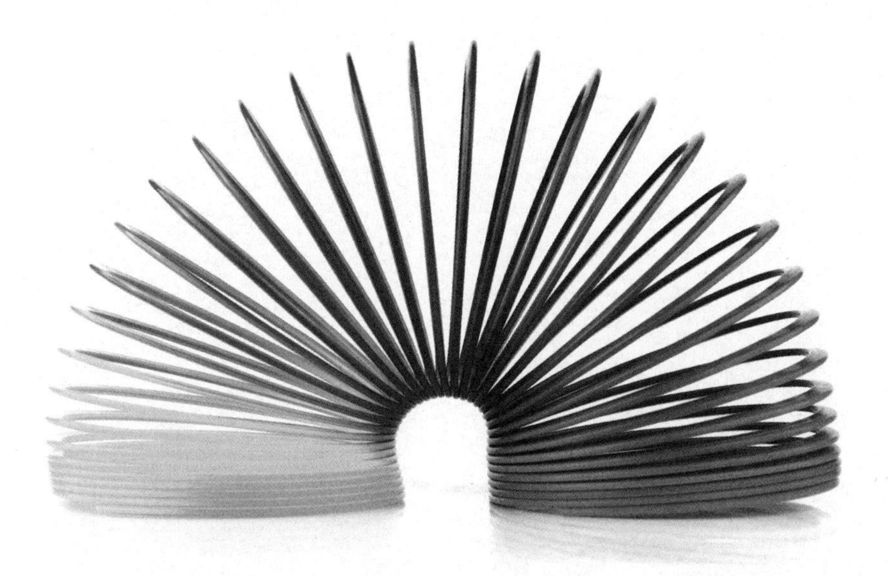

인생의 역경을 가볍게 극복하는

회복력의 7가지 기술

궁정심리학의 트라우마, 외상 후 스트레스 장애, 외상 후 성장

캐런 레이비치·앤드류 샤테 지음 | 우문식·윤상운 옮김

도서출판 물푸레

회복력(resilience)은 트라우마와 외상 후 스트레스 장애를 뛰어 넘게 해 준다

우리는 세월호 참사로 순식간에 300명이 넘는 고귀한 생명을 잃었다. 이로 인해 그들의 가족, 친구들뿐만 아니라 많은 국민들이 심한 정신적, 심리적 충격을 받고 슬픔에 잠겨 있으며, 이들 중 상당수는 외상 후 스트레스 장애(post traumatic stress disorder, PTSD)로 고통을 겪고 있다. PTSD는 사람이 사고, 자연재해, 실패, 고문, 전쟁 등에 의해 심각한 사고, 사건을 경험한 후 그 사건에 공포감을 느끼고 사건 후에도 지속적인 재경험을 하며 고통을 느끼는 정신적, 심리적 상태를 말한다. 과학적으로 PTSD의 진단 기준은 무엇일까? 미국 정신의학회의 정신 질환 진단 및 통계 편람 제4판에 실린 PTSD의 최신 진단 기준을 알아보자.

A. 개인이 트라우마 사건에 노출된 적이 있다.

B. 그 트라우마 사건을 지속적으로 재 체험한다.

C. 그 트라우마와 관련된 자극을 지속적으로 회피하고 일반적인 반응이 마비된다.

D. 지나친 흥분과 공포 증상들이 지속된다.

E. 심리적 혼란(기준 B, C, D의 증상들)이 1개월 이상 지속된다.

F. 심리적 혼란은 임상적으로 상당한 고통을 유발하거나 사회적, 직업적, 그 밖의 주요 영역에서 기능하는 것을 손상시킨다.

이 진단에서 가장 중요한 한 가지 기준은 그 증상들이 트라우마 사건 이전에는 결코 나타나지 않는다는 것이다.

대부분 사람들이 외상 후 스트레스 장애(PTSD)는 기억하지만 외상 후 성장(post-traumatic growth, PTG)은 아직 잘 모르고 있다. 극심한 역경을 겪은 후, 상당히 많은 사람이 외상 후 스트레스 장애(PTSD)에 의해 심각한 우울증과 불안증을 보인다. 하지만 그런 다음에 그들은 성장한다. "나를 죽이지 못한 것은 나를 더욱 강하게 만든다."는 니체의 말처럼 장기적으로 그들의 심리적 기능 수준은 전보다 더욱 높아진다. 긍정심리학 창시자 마틴 셀리그만은 그의 책 플로리시(flourish)에서 외상 후 성장을 위한 5가지 요소를 제안한다. 그 첫 번째 요소는 트라우마 자체에 대한 반응을 이해하는 것이다. 즉, 트라우마 사건을 접할 때 보통 자신, 타인, 미래에 대한 믿음이 산산이 부서진다. 예를 들어보자. 당신 친구가 어제 함께 여행을 가다가 사고로 죽었다. 오늘 당신은 울음을 터뜨리며 생각한다. "나는 영영 헤어나지 못할 거야." "나는 PTSD에 걸렸어." "내 인생은 끝났어." 이 생각이 우울과 불안 증상을 증가시킨다. 사실 PTSD는 우울증과 불안증이 특별히 부정적으로 조합된 결과다. 이제 그 증상 자체가 증상의 강도를 높인다. 친구의 죽음에 울음을 터뜨리는 것은 PTSD 증상이 아니라 지극히 정상적인 비탄과 애도 증상이다. 그 사실을 알고 나면 보통 회복력이 뒤따르고 연쇄적 하락에 제동을 걸 수 있다. 이 사실만 이해시키더라도 역경을 극복할 수 있다는 것이다.

두 번째 요소는 불안감 감소다. 심각한 사고, 사건을 경험한 후 그 사건에 공포감을 느끼고 사건 후에도 지속적인 재 경험을 하며 고통을 겪는다. 이 요소는 불쑥불쑥 떠오르는 생각과 이미지를 통제하는 기법들을 알려주어 불안감을 줄여주는 것이다. 세 번째 요소는 건설적인 자기 노출이다. 트라우마를 감추는 것은 심리적 증상과 신체적 증상을 악화시킬 수 있다. 따라서 트라우마 경험을 털어놓도록 격려해야 한다. 네 번째 요소는 트라우마 서술하기로 이어진다. 트라우마 사건을 서술하면서 그 트라우마를 역설에 대한 인식을 높여주는 갈림길로 여기게 한다. 잃은 것이 있으면 얻은 것도 있다. 슬픈 일이 있으면 감사할 일도 있다. 약점이 있으면 강점도 있는 법이다. 그 다음에는 자신의 어떤 강점을 활용했는지, 인간관계가 얼마나 개선되었는지, 영적인 삶이 얼마나 강화되었는지, 삶 자체에 얼마나 더욱 감사하는지, 어떤 새로운 문이 열렸는지를 자세하게 서술한다. 마지막 다섯 번째 요소는 도전에 더욱 강건하게 맞서는 전반적인 생활신조와 실천적 태도를 명확하게 표현하는 것이다. 여기에는 이타적인 사람이 되기 위한 새로운 방법, 생존자의 죄의식 없이 성장을 받아들이기, 트라우마 생존자 또는 동정심이 풍부한 사람이라는 새로운 정체성 확립하기, 하데스에서 돌아온 후 인생을 사는 법에 대한 소중한 진실을 세상에 알린 그리스 신화 영웅들의 이상을 진지하게 받아들이기 등이 포함된다.

우리는 누구나 사람에 따라 삶의 무게가 조금씩 다를 뿐 살아가면서 크고 작은 역경들과 마주친다. 그런데 인생을 결정하는 것은 우리가 겪는 역경이 아니라 그것에 대응하는 방식이라는 것이다. 어떤 사람은 조그마한 어려움에도 PTSD로 고통 받다 삶을 포기하는 사람이 있고, 어떤 사람은 자신이 감당할 수 없을 것 같은 산더미 같은 역경도 PTG로 더 행복하고 성공한 삶을 살아간다. 회복력은 역경 후 용수철처럼 움츠렸다 솟아오르는 탄력성이 있기 때문이다. 우리 주변을 돌아봐도 그런 주인공들이 많이 있다.

그들은 역경을 극복할 수 있는 내면의 힘을 갖고 있다. 그 내면의 힘이란 무엇일까? 세계적 회복력 권위자인 이 책의 저자들이 20여 년에 거친 획기적인 연구를 통해 드디어 밝혀냈다. 친밀하고 지속적인 인간관계, 소통, 직장에서의 성공, 신체 건강, 위기극복 등 행복하고 성공한 삶을 좌우하는 것은 회복력, 즉 역경에 효과적으로 끈질기게 대응하는 능력이라는 것이다. 회복력은 역경을 극복하는 힘이고, 내면의 심리적 근육을 단련시켜주는 도구이다. 우리를 소진시키는 힘겨운 문제를 해결하고 질병을 이겨 내고 원만한 결혼 생활을 유지하고 국가적 재난을 겪은 후에도 꿋꿋하게 살아가게 해 주는 요인은 바로 회복력이다. 이 회복력은 어린 시절의 장애물을 이겨 내고 일상적인 역경을 헤쳐 나가게 하며, 성장하면서 겪게 되는 고통스러운 역경을 딛고 다시 일어서게 해 주고 적극적 도전을 통해 더 크게 성장하게 해준다. 이러한 회복력을 우리는 지금까지 너무 간과한 경향이 있다. 그리고 일반의 믿음과 달리, 회복력을 높이는 비결은 긍정적 사고가 아니라 유연하고 정확한 사고가 우선이다. 지나친 긍정과 낙관은 문제의 본질을 정확하게 판단하지 못하는 우를 범할 수 있기 때문이다. 긍정은 무조건 예스가 아니다.

당신의 회복력 지수는 얼마인가? 뜻밖의 역경과 갈등을 얼마나 잘 다루는가? 문제를 외면하는가, 문제에 용감하게 맞서 싸우는가?

이 책은 피할 수 없는 역경과 좌절에 대응하는 능력을 키워 주는 7가지 회복력 기술을 소개한다. 우선 감정 조절, 충동 통제, 낙관성, 원인 분석, 공감, 자기 효능감, 적극적 도전의 7가지 영역에 대한 자신의 회복력 지수를 테스트하는 것부터 시작한다. 이 테스트를 통해 인간관계, 소통, 직장, 자녀 양육, 일반적인 갈등과 스트레스 관리 등 각자 어느 영역에서 회복력 수치가 낮은지 확인 한 후에 본인에게 필요한 7가지 기술 중에 선별하여 적용할 수 있다. 이 기술들은 당신의 회복력 지수를 높여주고 회복력을 훼손하는 부정적인 사고와 믿음을 깨닫고 본인에게 유익한 믿음으로 바꾸게 도와준다.

회복력 기술은 개인이 좌절을 딛고 일어서도록 도와주기도 하지만 적극적으로 도전하고 뻗어 나가서 더욱 행복하고 성공적인 삶을 살도록 해주기도 한다. 이것은 회복력 기술을 배우고 적용시킨 사람들이 직접 말하는 사실이다. 그 기술을 적용해서 인생의 중대한 변화에 올바로 대처한 학생, 부모, 직장인들은 이제 문제가 생겨도 예전처럼 그렇게 당황하지 않는다고 말한다.

이 책은 그 심각한 난제에 맞서 싸울 수 있는 강력한 도구를 제공하고, 그 과정을 딛고 더욱 성장하도록 돕는 최초의 책이자 유일한 책이라 감히 소개할 수 있다. 이 책을 통해 당신에게 닥친 역경을 극복해서 당신이 꿈꾸는 멋진 미래를 만들고 더 의미 있고 가치 있는 플로리시한 삶을 만들어 가길 바란다.

우문식, 한국긍정심리연구소 소장

CONTENTS

6장 빙산 찾아내기

7장 믿음에 반박하기

8장 진상 파악하기

3부 회복력 기술의 적용

10장 결혼 생활 및 인간관계와 회복력

11장 양육과 회복력

생각하는 방식을 바꾸어라, 그러면 인생이 영원히 바뀐다.

지난주에 당신은 "이제 더는 이렇게 스트레스 받을 수 없어."라거나 "난 작은 일에도 왜 항상 그렇게 심하게 반응하는 거지?" "이게 정말 끝이란 말야?" 라는 말들을 얼마나 많이 했는가? 일은 '그저 별일 없이' 돌아가고 있는데도 당신은 끊임없이 무언가 빠졌다고 생각했던 것은 아닐까? 만약 당신이 대부분의 사람들이 그렇듯 매우 많은 장애물을 헤치고 여기까지 오느라 피곤하고 지친 상태라면 최근에 이런 생각을 많이 했을 것이다. 당신에게 필요한 것은 지금보다 더 많은 회복력, 일이 틀어졌을 때 극복하고 적응하는 능력이다.

사람들은 모두 회복력이 필요하다. 인생에서 한 가지 확실한 것은 우리 삶에는 역경이 있다는 것이다. 퇴근 시간을 몇 분 앞두고 난데없이 책상 위에 처리해야 할 서류 뭉치가 놓인다거나 아이들을 한꺼번에 서로 다른 곳에 데려다 주어야 한다거나 업무상 중요한 사람과 의견이 다르다든가 하는 일이 벌어질 수 있다. 또 실직을 했다거나 관계가 틀어지는 것 같은 심각한 좌절감도 맛볼 수 있다. 최근에 일어났던 사건들이 거대한 트라우마가 되어 삶을 지배할 수도 있다. 하지만 회복력을 증가시킨다면 당신이 가는 길에 어떤 상황이 벌어지더라도 얼마든지 극복할 수 있다.

중요한 것은 이런 일들은 반복되고 그래서 회복력이 필요하다는 것이다. 50년여 동안 이루어진 과학 연구 보고서들은 회복력이야말로 일에서의 행복과 성공을 보장하는 열쇠라고 분명히 말하고 있다. 당신의 회복력 곡선—당신의 천성적인 회복력—은 학업과 직장에서의 성취, 신체적 건강, 정신 건강, 그리고 당신의 대인 관계가 얼마나 탄탄한가에 영향을 미친다. 이것은 행복과 성공의 기본 재료들이다.

당신은 회복력이 얼마나 되는가? 우리의 연구에 의하면 대부분의 사람들은 본인이 아주 회복력이 뛰어나다고 생각한다. 하지만 진실은 그렇지 않다. 대부분의 사람들은 역경을 헤쳐 나갈 감정적, 육체적인 준비가 되어 있지 않다. 이는 문제에 용감하게 확신을 갖고 맞서는 것이 아니라 포기하고 무기력하게 대응한다는 말이다. 우리가 연구한 바에 따르면 회복력은 7가지의 확실한 기술로 이루어져 있고 그 기술을 모두 갖춘 사람은 거의 없었다.

회복력을 높일 수 있을까? 물론이다. 역경에 대해 생각하는 방법을 바꾸면 된다. 30년이 넘는 기간 동안 심리학자들은 사람들의 사고 과정이 회복력에 어떻게 영향을 미치는지, 행복과 성공을 얻는 데 회복력이 어떤 역할을 하는지 연구해 왔다. 심리 치료사와 과학자들인 우리는 사람들 생각이 어떻게 바뀌어서 더 큰 회복력을 만들어 내는지에 초점을 두고 연구했다. 그 결과 부모, 연인, 직장인의 회복력을 높이고, 좌절의 위험에 빠진 어린이들과 의욕 상실로 능력 이하의 성적을 내는 대학생들을 돕는 데 성공했다.

이 책에서 당신은 본인의 회복력이 어느 정도인지를 알게 될 것이다. 우리는 회복력의 강점을 보여 주고 그것을 개선할 수 있는 방법을 알려 주려고 한다. 우리가 지난 50년간 연구하고 발전시켜 온 회복력의 7가지 기술을 가르쳐 주려는 것이 이 책을 쓴 목적이다. 이 7가지 기술은 당신이 어떻게, 왜, 그런 행동을 하게 되었는지 이해하도록 도와줄 것이다. 7가지 기술을 이용하면 더 행복해지고, 더 생산성을 높이고, 더 성공적이고 균형 잡힌 삶을 살 수 있다.

사고 실험

잠시 우리가 설정한 상황대로 생각해 보기를 바란다. 이제 당신은 다음과 같은 장면의 주인공이다. 현재 당신은 평소보다 몇 시간 더 일한 상태라고 가정하자. 보통 당신의 업무는 며칠 또는 일주일 정도면 끝나지만 최근에 맡은 일은 마라톤을 하는 것처럼 몇 주간이란 긴 시간이 걸렸으며 기력을 모두 탕진하게 만들었다.

오늘은 특히 하루 종일 시달렸다. 시련은 오늘 아침 8시 당신이 사무실에 도착하자마자 시작되었다. 당신을 기다린 것은 세 통의 음성 메시지였다. 첫 번째는 고객에게서 걸려온 전화였는데 당신 부서에서 보내기로 한 물건이 도착할 날짜가 훨씬 지났는데도 아직 도착하지 않았다는 내용이었다. 두 번째는 부하 직원이었다. 그는 낮은 목소리로 당신이 어제 건네준 수치에 "맞지 않는 곳이 있다."고 말했다. 당신이 주 업무를 접고 온종일 매달렸던 일인데 말이다. 세 번째 전화는 상사에게서 걸려온 전화였다. 지금 하고 있는 업무를 언제까지 마칠지 보고하라면서 당신이 기억해야 할 필요라도 있는 것처럼 그 프로젝트는 이미 기한이 지났고 예산도 초과했다는 것을 상기시켜 주었다. 이 모든 것이 아침 9시가 되기도 전에 일어났다.

그날도 여느 때와 다름없이 정신없이 지나가고 저녁 6시 30분이 되었다. 당신은 그 모든 일들을 마쳤다. 이제 사랑하는 사람과 함께 커다랗고 편안한 소파에 기대어 쉬는 상상을 하면서 집으로 향한다. 아마 막내는 이미 잠이 들었을 것이다. 이번 주 들어서 벌써 두 번이나 막내가 잠드는 것을 보지 못했다. 하지만 아들에게 잠시 동화책을 읽어 주고 저녁을 먹고 아내와 이야기를 할 시간은 남아 있을 것이라고 생각한다. 하지만 현실은 그렇지 않았다.

현관문을 열고 들어가면서 당신은 긴장하기 시작한다. 아내가 화난 목소리로 "당신이 이 직업을 택했을 때 경력에 도움이 될 거라는 건 우리 모두 인정했어요. 하지만 점점 모든 것이 엉망일 뿐이에요. 나는 하루 종일 집 안에서 빙빙 돌면서 온갖 잡다한 일을 하느라 아무것도 못하고 아이들도 아빠를 못 본 지 한참이 지났어요."라고 말하는 것이다. 이제 당신은 거의 참을 수 없는 지경에 이르렀다.

여기서, 당신은 마음은 어떻게 변하고 있는가? 어떤 감정이 드는가? 어떤 행동을 할 것이라고 생각되는가?

직장에서 인원을 감축할 것이라는 소문이 들릴 때 당신 마음은 어떻게 움직일까? 어떤 감정이 들까? 어떻게 행동할까? 꽉 막힌 고속도로에서 누군가 당신 앞에서 새치기하려고 든다면? 십대 딸이 담배 피우는 것을 보았다면? 당신이 맡은 부서에서 기한까지 계획안을 완성하지 못했다면? 일자리를 잃거나 중요한 관계가 흔들릴 때 또는 당신의 부모가 이제는 쇠약해져 간다는 것을 알게 되었다면?

바로 화를 낼 것 같은가? 죄책감을 느낄까? 숨이 막히는 답답함을 느끼며 조용히 속으로 걱정할까? 패배감을 느낄지도 모르겠다.

이 책을 통해 우리는 당신에게 당신이 생각하는 스타일을 알려 주려고 한다. 20년을 넘는 시간 동안 전 세계인들을 대상으로 이루어진 연구 결과에 의하면 일어난 일을 어떻게 분석하는가에 따라 회복력이 심오한 영향을 받는다. 앞에서 말한 상황에 처했다고 가정했을 때 반응하는 태도가 곧 당신이 생각하는 스타일이다. 생각하는 스타일은 우리가 세상을 바라보는 렌즈와 같다. 사람들은 각자 렌즈를 갖고 있고, 살면서 겪는 사건들을 해석하는 방법에 따라 렌즈의 색깔이 결정된다. 본인이 생각하는 스타일이 한 사건을 보고 감정적으로 반응하는 원인을 제공한다. 생각하는 스타일이 위기 극복 능력, 조정 능력, 역경에 대한 회복력 등 본인이 갖고 있는 회복력의 정도를 결정한다.

회복력 키우기

우리는 주변에서 회복력이 강한 사람들을 볼 수 있다. 그들은 우리를 자극한다. 그들은 어떤 트라우마나 역경에 직면해도 솟아오르는 힘이 있다. 사실 회복력이 강한 사람들은 대부분 새롭고 도전적인 경험을 찾아 나선다. 이미 한계에 부딪혀서 싸워 이겨야만 내면이 성장하고 확장된다는 것을 깨달았기 때문이다. 그렇다고 이들이 위험한 탐구자들은 아니며, 위험하거나 곤란한 상황에 닥쳐도 약해지지 않는다. 회복력이 강한 사람들은 실패가 끝이 아니라는 것을 알고 있고 성공하지 못했다고 부끄러워하지 않는다. 대신 실패에서 의미를 찾아내고 본인이 할 수 있는 것보다 더 높이 오르는 수단으로 삼는다. 회복력이 강한 사람들은 시스템을 찾아내서 스스로 활력을 불어넣고 문제를 신중하고 철저하게 그리고 정력적으로 해결한다. 회복력이 강한 사람들은 우리 모두와 마찬가지로 걱정하고 의심한다. 하지만 걱정과 의심에 휘말리기 전에 어떻게 멈추어야 하는지를 알고 있다. 그들이 진실하고 우아하게 위협 요소를 다루는 모습을 보며 우리는 생각한다. 나도 저렇게 할 수 있을까?

대답은 '그렇다'이다. 회복 능력은 앞으로 키가 얼마나 더 클 수 있는가와 같은 문제처럼 유전적으로 정해지는 것도 유전적으로 한계가 있는 것도 아니다. 5킬로미터 경주는 연습을 통해 시간을 단축할 수 있지만 타고난 육상선수가 아니라면 연습만으로 올림픽 육상선수가 될 수는 없다. 하지만 회복력은 연습만 한다면 누구나 갖출 수 있다.

우리는 회복력을 조절할 수 있고 스스로 가르칠 수도 있다. 좌절을 만나도 회복력을 조절해 가면서 변할 수 있고 흥미를 갖고 도전에 임할 수도 있다. 일찍부터 회복력을 기를 수 있는 환경에서 태어나기도 하지만 대부분은 역경을 맞아 움츠러들지 않고 맞서는 방법을 배워야 한다. 대립 상황에 놓였을 때 냉철하게 생각하는 법이나, 장애에 맞닥뜨리고 실패했을 때 그 안에서 성찰과 의미를 끌어내는 방법을 배울 필요가 있다. 또 우리 생각, 우리 내면의 목소리를 듣는 법을 배워야 한다. 우리가 살아가는 동안 만날 수 있는 대파괴의 현장을 어떻게 지나쳐야 하는지 알려 줄 것이다.

회복력은 일에서 가장 높은 위치까지 이를 수 있도록 도와준다. 애정이 가득한 관계를 만들고 건강하고 행복하고 성공하는 아이들을 키울 수 있게 해준다. 업무를 정해진 시간 안에 마칠 수 있고 그러고도 가족을 위한 시간과 에너지를 갖도록 도와준다. 직장이나 집 안에서 위기를 만난다 해도 재빨리 회복될 수 있게 해 준다. 회복력은 당신과 청소년 자녀, 당신과 이전 또는 새로운 파트너와의 관계에서 발생하는 스트레스를 조절하는 데 도움을 준다.

회복력은 혼란의 순간에서 빠르고 냉정하게 판단을 내려야 할 때 필요한 아주 중요한 요소이다. 게다가 우아하고 해학적이고 낙관적이기까지 한 자세로 처리하는 능력을 보장한다. 회복력은 어려움은 도전으로, 실패는 성공으로, 무기력감은 자신감으로 바꿔 놓는다. 회복력은 희생자를 생존자로 바꾸고 그 생존자를 성공하는 사람으로 바꿀 수도 있다. 회복력이 있는 사람들은 살면서 커다란 장애물들을 만나는 데 대한 두려움이 없다.

회복력이 필요한 사람들은 누구인가? 기를 쓰고 살려고 분투하는 사람들에게만 필요한가? 힘든 유년시절을 보낸 사람들에게만 필요할까? 그렇지 않다. 돈이 많고 적음에 상관없이 또 부모가 자녀에게 관심을 두었는지 아닌지에 관계없이, 그리고 직장이나 대인 관계에서 얼마나 잘해 나가고 있는지 하는 문제와는 별도로 회복력이 증가한다면 당신은 이득을 볼 것이다. 우리는, 세계를 정복할 수도 있을 것처럼 대중을 흥분시켜 놓고는 삼일 후에는 그 의도조차 기억 못 하는 그렇고 그런 세미나를 책의 형태를 빌려서 하고 있는 것이 아니다. 우리는 효과가 빠른 세상에 살고 있지만 그 효과는 지속되지 않는다. 우리 연구는 우리가 개발한 7가지 기술을 배우고 익혀 실생활에 적용하면 누구든 회복력을 영원히 증대시킬 수 있다는 것을 보여 줄 것이다.

회복력을 키우기 위해서는 각자의 노력이 필요하다. 그리고 본인이 자기 자신과 다른 사람들을 어떻게 바라보는지 제대로 정확하게 알아야 한다. 다행스러운 것은 회복력 기술을 배우는 일은 다이어트를 하는 것과는 다르다는 점이다. 다이어트를 하는 사람들은 좀 더 날씬해지고 예뻐졌다는 것을 느끼기 위해 배고픔과 욕구불만에 맞서 싸워야 한다.

회복력을 기르는 일은 이와 정반대이다. 가혹하고 근거 없는 자기비판("나는 너무 이기적이야." "내가 아이들을 망쳐 놓은 거야." "이 직업에서 절대 성공하지 못할 거야.")과 같이 부정적으로 생각하는 스타일과 싸워 이기는 방법을 배우게 되면 스스로 두려움의 소용돌이로 몰아가는 행동을 멈추게 되고 기분이 좋아질 것이다. 자기를 더 나은 사람으로 평가하고 더 많은 에너지를 갖고 문제에 대처하게 될 것이다. 만일 생각하는 스타일이 외부 환경이나 다른 사람들을 비난하는 스타일이라면("이봐, 못 판 건 내 잘못이 아냐. 그건 불가능해." "그 사람이 나에게 우선권을 주지 않았기 때문에 우리는 잘할 수 없었던 것이지.") 이 회복력 기술을 사용해 보라. 책임을 회피하는 버릇을 버리고 본인이 주도권을 잡고 문제를 해결해 나가게 될 것이다.

이 책을 통해서 당신은 문제가 생겼거나 스트레스를 받고 있을 때 마음속에서 저절로 일어나는 회복력 없는 생각들이 오히려 역효과를 가져오는 감정과 행동을 불러일으킨다는 것을 깨우치게 될 것이다.

이런 회복력 없는 생각들과 믿음들이 퍼레이드에서 날리는 색종이처럼 마음속을 날아다니며 문제를 직시하지 못하게 방해한다는 것을 알게 되면 색종이를 걷어 내고 문제를 보다 분명하게 바라보게 될 것이다.

이제 당신은 문제를 좀 더 효과적으로 풀어 나가는 방법을 배우게 되었다. "나는 언제나 모든 것에서 성공해야 해. 그렇지 않으면 실패자일 뿐이야." "그이가 나를 사랑하지 않는 것은 내가 사랑스럽지 않기 때문이야."라고 생각하게 만들고 사람들 동기의식을 소모시켜서 성공을 방해하는, 비생산적인 이런 '삶의 규칙들' 따위는 없다는 것을 인지하게 되었다. 회복력 없는 믿음을 물리치게 되면 시간을 낭비하고 에너지를 소비하는 일도 없어질 것이다. 간단히 말해서 회복력을 키우는 방법을 배우면 개인적인 생활뿐 아니라 사업장이나 직장에서도 원하는 바를 이룰 수 있게 된다는 말이다. 이 책을 읽고 7가지 기술을 모두 익힌다면 당신은 틀림없이 자신이 누구인지, 왜 그렇게 행동하는지에 대해 전보다 더 잘 이해하게 될 것이다.

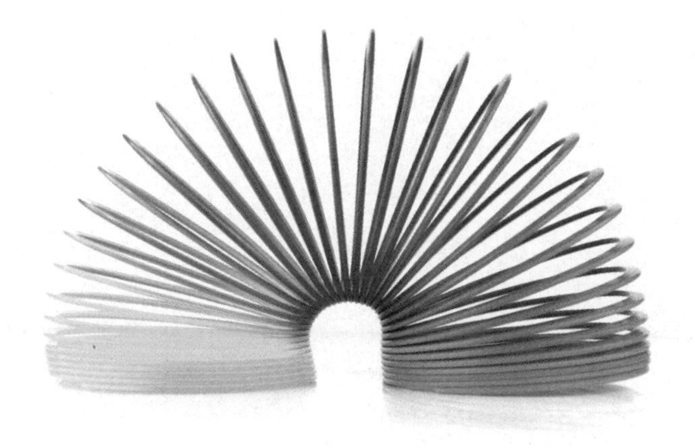

• 1부 •

회복력 기술이면 변화가 가능하다

• 1장 •

회복력이 중요하다

로버트는 누가 봐도 아메리칸 드림을 실현하고 있는 사람이었다. 열심히 노력하고 행운까지 따라 준 덕에 한 유수 기업에서 승승장구했다. 아내 지니와의 화목한 결혼 생활은 이제 막 20년을 넘어섰다. 그들은 녹음이 우거진 필라델피아 교외의 소박하지만 아취 있는 집에서 살았다. 앞으로 2년 정도만 대출금을 갚으면 그 집은 온전히 그들 소유가 될 터였다. 로버트와 지니는 세 아이를 두었다. 열일곱살, 열다섯살, 아홉살인 아이들은 언제나 커다란 기쁨이었다.

그러나 요즘 로버트는 꿈이 사라졌다. 초등학교 1학년 때부터 학업 문제를 겪던 아홉 살짜리 아들이 6개월 전에 주의력 결핍 장애라는 진단을 받았다. 솔직하고 쾌활하던 열다섯 살짜리 딸은 침울하고 반항적으로 변해서 낯선 사람 같았다. 딸은 집 밖에서 보내는 시간이 점차 늘어나고, 한

때 딸의 가장 좋은 친구였던 로버트는 단답식으로만 대답하는 쓸쓸한 처지가 되었다. 직장과 결혼 생활이 삶의 중추였지만, 두 가지 모두 더 이상 예전처럼 활력을 주지 못했다. 15년 동안 회사에 헌신했지만 지난 몇 년간 실적이 제자리라 이제 승진을 장담할 수 없다. 최근에 구조 조정 소문까지 나돌자 가정 경제에 대한 불안감이 더욱 커졌다. 앞으로 세 아이의 대학 등록금도 필요한데 은퇴 후 쓸 노후 자금조차 없다. 결혼 생활도 불안하긴 마찬가지였다. 로버트와 지니는 예나 지금이나 사이가 좋지만 회사일과 아이들 치다꺼리에 바빠서 둘만 시간을 가진 적이 거의 없었다.

마흔일곱 살의 로버트는 일상적인 역경을 헤쳐 나가지 못하고 있었다. 어디선가 길을 잃고 말았다. 한때 커다란 성취감을 부여한 삶의 영역들이 이제는 허무감만 남겨 줄 뿐이었다.

당신의 목표는 무엇인가

로버트의 상황에 공감하는가? 어떤 면이 가장 마음에 와 닿는가? 당신 삶에서 가장 바꾸고 싶은 것은 무엇인가? 회사에서 더욱 생산적으로 일하고 싶은가? 가족이나 친구와의 관계가 만족스럽지 않은가? 일과 가정의 균형이 필요한가? 이 책을 집어 든 이유는 무엇인가? 사람들은 대부분 앞날의 발전과 행복을 걱정한다. 우리는 삶을 개선할 뿐 아니라 '극대화'하는 방법을 찾고 있다. 이런 태도는 일종의 문화이다. 우리는 다 함께 열심히 그 방법을 찾고 있다.

누구든지 로버트의 걱정거리 중 한두 가지에 공감할 것이다. 회사에서 번번이 승진에서 밀려나서 그 이유를 알아내려 고심하는 이도 있을 것이다. 일을 열심히 하지 않은 것이 이유는 아닐 것이다.

가족과 더욱 화목해지고 싶은 사람도 있을 것이다. 회사에서 더 열심히 더 늦게까지 일할수록 가장 소중한 사람들과 보내는 시간은 더 적어진다. 우리는 배우자와 자녀와의 친밀한 관계를 회피하는 것이 아니다. 오히려 절박하게 추구한다. 존 그레이의 인간관계 안내서 『화성에서 온 남자, 금성에서 온 여자』는 미국에서만 700만 부가 넘게 팔렸다. 그가 쓰는 신문 칼럼의 독자는 매주 3,000만 명에 달한다. 그런데도 우리는 여전히 대답을 구하고 있다.

모두들 개인적인 이유에서 절실하게 대답을 찾는다. 새벽까지 잠 못 이루게 하는 끈질긴 불안감을 없애고픈 사람도 있고, 중독 증상과 씨름하는 사람도 있다. 테러, 전쟁 등 최근에 잇달아 일어나는 충격적인 사건 때문에 안전감과 통제감이 허물어졌을지도 모른다. 의욕을 앗아가고 외로움을 뼈저리게 느끼게 하는 우울증을 여러 번 겪었을 수도 있다. 당신만 그런 것이 아니다. 지지 집단에 가입하는 미국인이 2,000만 명이 넘는다. 그 이유는 마약중독, 알코올 의존증, 사별, 암 투병, 정서 장애, 복장 도착증 등 다양하다. 아이가 자부심이 낮거나 언제나 침울해서 자신감과 성취감, 호기심과 모험심을 불어넣어 주고픈 부모도 있을 것이다. 이 책이 이런 사람들을 어떻게 도울 수 있을까?

나(캐런과 앤드류)는 15년 가까이 펜실베이니아 대학교에서 회복력이 개인 삶에서 어떤 역할을 하는지 연구했고, 그 특성이 행복과 성공에 꼭 필요하다는 것을 발견했다. 그리고 회복력 수준을 높임으로써 인생 목표를 이루게 도와줄 여러 가지 기술을 개발했다. 임상적 우울증과 불안증 환자에게 그 질병의 원인인 역경을 이겨 내게 해 줄 기술을 가르쳤다. 그 결과 그들은 중독에서 벗어나고 사별의 고통을 이겨 내고 실직이나 이혼에 올바로 대응할 수 있었다. 우울증 위험이 있는 아동을 위한 예방 프로그램도 개발해서 가족과의 심각한 갈등과 낮은 유대감을 해결해 주었다. 그리고 2년 후에 추적 조사한 결과, 프로그램 참여 아동의 우울증 발병률은 통제 집단 아동의 우울증 발병률의 절반에 불과했다. 성취 부진 위험이 있는 대학 신입생들을 대상으로 회복력 프로그램을 실시한 결과, 그들은 모든 신입생이 직면하는 역경을 이겨 내고 크게 성취했다. 삶에 대체로 만족하지만 더 성공적인 삶을 살고 싶고 능력을 최대한 발휘하고자 하는 사람들에게도 회복력 기술은 아주 유익했다. 회복력 증진에 유용하다고 입증된 그 기술들을 적용함으로써 운동선수는 절정의 기량을 발휘했고 부모는 양육 능력을 개선했으며 교사는 학생들의 욕구를 더 잘 충족시키는 한편 직장인은 생산성과 직무 만족도를 높이고 일과 가정의 균형을 이룰 수 있었다.

그 기술들은 다양한 목표를 달성하기 위한 도구이다. 그 기술을 활용해서 아동기의 곤경을 이겨 내고, 새로운 역경을 헤쳐 나가며 심각한 절망을 딛고 일어서는 동시에 자기 세계를 확장해 나갈 수 있다.

연구에 따르면, 회복력을 가로막는 가장 큰 장애물은 유전도, 아동기의 경험도, 기회 부족도, 경제적 문제도 아니었다. 개인의 내면에 존재하는 그 강력한 힘을 발휘하지 못하게 가로막은 일차적인 장애물은 인지 양식(cognitive style)이다. 이 책에서는 사고 양식(thinking style)이라고 부르는, 인지 양식은 개인이 세상을 바라보고 어린 시절부터 겪은 사건들을 해석하는 방식을 말한다. 인간은 주변 세상의 감각 정보를 수동적으로 받아들이는 존재가 아니다. 그 정보를 적극적으로 처리하며 개인 특유의 방식으로 단순화하고 조직화한다. 역경에 처하는 순간, 쇄도하는 수많은 정보를 재빨리 해석하기 위해 우리는 '정신적 지름길'을 이용해서 그 원인과 초래할 결과를 파악한다. 그 지름길 덕분에 무수한 정보를 금방 다루기도 하지만, 가끔은 그 지름길 때문에 길을 잃는다. 세상을 헤쳐 나아갈 때 우리는 그 세상을 있는 그대로 해석하며 정확하고 종합적인 해석에 따라 대응한다고 믿는다. 하지만 그렇지 않다. 개인의 사고 양식은 자기의 관점에 색을 칠하고 편견을 부여해서 자기 파멸적인 행동 패턴을 확립하게 만든다. 예를 들어, 어떤 문제든 결코 해결할 수 없다는 사고 양식을 지닌 사람은 본인이 통제력을 쥐고 있는 상황인데도 포기해 버린다.

그렇기 때문에 회복력을 키워야 한다. 본인의 사고 양식을 파악하고 그것을 바로잡는 기술을 익히면 역경의 진짜 원인과 그것이 인생에 미치는 영향을 정확하게 이해할 수 있다. 어떤 목표를 위해 이 책을 집어 들었든 간에 목표를 달성하게 해 주는 것은 바로 회복력이다.

자기 발견 과정

이제부터 다 함께 자기 발견 여행에 나서 보자. 수천 명의 피험자는 물론이고 연구자들에게도 큰 도움이 되었던 자기 발견 과정을 소개할 것이다. 개개인의 삶에서 얻은 수많은 실제 사례를 통해 그 과정을 확인할 수 있다. 본인의 사고 양식을 알아차리고, 그 사고 양식 때문에 인생에서 무엇을 희생하고 무엇을 얻었는지 깨닫게 될 것이다. 이 과정을 밟아 나가면서 7가지 회복력 기술을 하나씩 터득할 것이다. 그 기술을 활용한다면 직장에서 생산성을 극대화하고 소중한 인간관계를 개선하고 건강을 증진시키고 새로운 경험을 용감하게 시도해 볼 수 있다.

여행의 첫 번째 구간인 1부는 회복력의 정의를 설명한다. 온갖 문제 해결의 기반이 되는 이 회복력의 강력한 특성은 무엇일까? 우선 회복력의 계발과 강화에 기여하는 7가지 요인을 소개할 것이다. 2장에서는 회복력 지수(Resilience Quotient; RQ) 테스트를 통해 본인의 회복력 수준을 측정하고 강점과 약점을 확인할 수 있다. 회복력과 관계가 있는 약점을 극복하고 강점을 구축하면 살면서 맞닥뜨리는 피할 수 없는 온갖 역경과 갈등을 훨씬 더 유연하고 능숙하게 더 자신만만하게 해결할 수 있을 것이다. 3장에서는 회복력 프로그램의 철학과 그 기반이 되는 이론을 설명한다.

이제 그 7가지 회복력 기술을 간단히 살펴보자. 2부에서는 각 기술을 하나씩 소개하면서 그 기술이 필요한 이유와 그 효과적인 활용법을 알려준다.

1. ABC 확인하기. 문제나 시련이 닥쳤을 때 본인의 대응 방식에 의아해하거나 다르게 대응할 수 있기를 바란 적이 있는가? 어떤 상황을 정확히 파악하고 있다고 믿었는데 나중에야 그것이 오판이었음을 알아차린 적이 있는가? 역경에 처하는 순간에 떠오르는 생각들이 부정확하다면 그 역경에 효과적으로 대응하는 능력 또한 크게 훼손될 수밖에 없다. 따라서 문제에 직면할 때 떠오르는 생각들에 귀를 기울이고 속으로 어떤 말을 하는지 확인하고 그 말이 감정과 행동에 어떤 영향을 미치는지 알아차리는 방법을 배울 것이다.

2. 사고의 함정 피하기. 문제가 일어날 때 당신은 자동으로 자신을 비난하는가? 아니면 타인을 비난하는가? 속단하는가? 상대방이 무슨 생각을 하는지 알고 있다고 확신하는가? 역경에 처할 때 사람들은 회복력을 약화시키는 8가지 실수를 자주 저지른다. 따라서 자기가 습관적으로 범하는 실수를 확인하고 그것을 바로잡는 법을 배울 것이다.

3. 빙산 찾아내기. 각자 세상이 어떻게 움직여야 하는지, 본인이 어떤 사람이며 또 어떤 사람이 되고 싶은지에 대한 확고한 믿음을 갖고 있다. 그런 뿌리 깊은 믿음을 빙산이라고 한다. 빙산은 의식의 표면 저 밑에서 떠다니므로 그 존재를 미처 깨닫지 못한다. 이 빙산 믿음은 핵심 가치와 일치하게 행동하도록 이끌어 준다. 하지만 때로는 원하는 삶을 살지 못하게 간섭하기도 한다. 이 확고한 믿음들이 사소해 보이는 문제에 과잉 반응하거나 단순해 보이는데도 결정을 내리지 못하고 망설이는 이유를 알려 준다. 따라서 본인이 가진 뿌리 깊은 빙산 믿음을 들춰내고 그것이 언제 유익하며 언제 해로운지 판단하는 방법을 배울 것이다.

4. 믿음에 반박하기. 회복력의 핵심 요소는 문제 해결이다. 당신은 일상적인 문제를 얼마나 효과적으로 해결하는가? 효과가 없는 해결책을 시도하느라 시간을 허비하는가? 상황을 바꿀 능력이 없다고 믿는가? 원하는 결과를 얻지 못하리라는 것이 확연할 때도 한 가지 해결책을 고수하는가? 개인의 사고 양식은 문제의 원인을 자주 오판하게 하고, 이러한 오판 때문에 틀린 해결책을 고수한다. 따라서 문제의 원인에 대한 믿음의 정확성을 검증하는 방법과 효과적인 해결책을 찾아내는 방법을 배울 것이다.

5. 진상 파악하기. 당신은 '만약에'라는 생각에 사로잡혀서 문제나 곤경을 악화시키는가? 일어나지도 않은 사건에 불안해하고 걱정하느라 소중한 시간과 에너지를 낭비하는가? 그렇다면 실제로 닥친 문제 또는 실제로 일어날 확률이 가장 높은 문제를 잘 다루기 위해 '만약에' 사고를 중단하는 법을 배워야 한다.

6. 진정하기 및 집중하기. 당신은 스트레스에 압도되는가? 순식간에 강렬한 감정에 휩싸여서 논리적으로 사고할 수 없는가? 쓸데없는 생각들 때문에 집중하기가 어려운가? 감정이나 스트레스에 휘둘릴 때 진정하고 집중하는 법을 배우면 당면한 문제에 초점을 맞출 수 있다. 이 '속성 기술'은 기술 7과 함께 자주 사용된다.

7. 실시간 회복력. 비합리적인 생각들 때문에 지금 이 순간에 몰두하기 어려울 때가 있는가? 한 가지 부정적인 생각이 자꾸만 떠오르는가? 그 비생산적인 생각을 보다 생산적인 생각으로 재빨리 바꿔서 즉시 성과를 거둘 수 있는 아주 유용한 기술을 배울 것이다.

회복력을 키우기 위해 이 7가지 기술을 모두 매일 적용할 필요는 없다. 겨우 두세 가지 기술을 익히고 활용하고도 회복력 수준을 크게 높이는 사람이 많다. RQ 테스트 점수는 각자의 성격에 관한 정보를 제공하며, 각 기술은 특정 회복력 요인을 더욱 향상시킨다. 따라서 본인에게 가장 필요하고 유익한 기술을 배우는 데 전력투구할 수 있다.

3부에서는 회복력 기술을 삶의 일차적 영역 즉 인간관계, 양육, 직장 등에 적용할 것이다. 이 기술을 이용해서 친구, 가족, 타인과 더욱 만족스러운 관계를 맺을 수 있다. 고위 간부에서 영업 사원, 고객 서비스 담당자에 이르는 수많은 직장인이 받은 회복력 훈련 사례를 통해 당신도 생산성을 극대화하고 일과 가정의 균형을 완벽하게 이룰 수 있다. 또한 더욱 유능한 부모가 되게 도와주는 기술들도 배울 것이다. 회복력 기술을 적용해서 신체 건강과 정신 건강을 증진시키는 방법도 배울 수 있다. 게다가 이 기술들은 인간이라면 누구나 직면하는 실존주의적인 문제를 다루는 데도 도움을 준다. 즉, 사랑하는 사람의 죽음, 자신의 죽음, 인생의 의미 창조 등 중요한 문제에 처할 때 이 기술을 어떻게 적용할지도 탐구할 것이다.

회복력의 특성

회복력 연구는 심리학자, 정신의학자, 사회학자로 이루어진 소수 정신건강 전문가들의 영역이었다. 그들은 주로 아동을 대상으로 연구했지만, 연구 결과는 회복력 있는 성인에게 발전적으로 영향을 미치는 특징들을 보여 주었다. 회복력의 특성에 대한 탐구는 50여 년 전에 시작되었다. 열악한 환경에서 사는 아동들의 삶을 35년 동안 추적한 획기적인 연구가 그 시발점이었다. 3장에서 그 연구를 소개할 것이다. 그 이후로 과학적인 연구 설계와 통계적 방법론을 갖춘 연구자들이 회복력의 특성을 종합적으로 묘사하면서 회복력을 약화시키는 요인과 보호하는 요인들을 자세히 서술했다.

그들 연구에 따르면, 성인의 회복력 수준을 결정하는 과정은 역동적이다. 즉, 회복력은 한 아동의 내적 요인과 외적 요인 간의 복잡한 상호작용의 결과이다. 생의 초기에 회복력을 손상시키는 외적인 스트레스—산모의 불충분한 섭생으로 인한 출생 시 저체중, 아동기의 가난, 부모의 이혼, 신체적 학대 등—는 결코 돌이킬 수 없다. 이 요인들은 과거의 것이다. 하지만 회복력을 약화시키는 내적 요인 중 일부, 즉 사고 양식 같은 것은 수정하고 심지어 상쇄할 수도 있다. 더욱 중요한 것은 일단 사고 양식을 바꾸면 그것을 이용하여, 통제할 수 없었던 아동기의 사건들이 초래해서 지금까지 이어지고 있는 부정적인 결과를 제거할 수 있다는 것이다.

연구에 의하면, 인간은 보통 4가지 차원에서 회복력을 활용한다. 우선, 회복력을 발휘하여 가족 해체, 가난, 정서적 방임, 신체적 학대 등 아동기에 겪은 역경을 뒤늦게 극복해야 하는 사람들이 있다. 청소년기에 겪은 좌절을 이겨 내고 원하는 성인기를 만들어 가려면 회복력이 꼭 필요하다.

또한 친구나 가족과의 말다툼, 직장 상사와의 갈등, 예기치 못한 지출 등 매일 닥치는 역경을 헤쳐 나가는 데도 회복력이 필요하다. 인생에는 스트레스와 짜증스러운 사건이 끊이지 않는다. 하지만 회복력을 지닌 사람은 일상적인 역경에 굴해서 생산성과 웰빙을 훼손하지 않는다.

성인기에 들어서면 어느 시점에서든 거의 모든 사람이 커다란 좌절을 경험하며 삶을 뒤흔드는 혼란스럽고 충격적인 사건을 겪기 마련이다. 어떤 사람에게는 실직이나 이혼이고 또 어떤 사람에게는 부모나 자녀의 죽음이다. 이런 사건은 회복력을 강타하는 엄청난 위기이다. 그러나 우리는 각자의 회복력 수준에 따라 무기력하게 포기하거나 아니면 활력을 되찾아 앞으로 나아갈 방법을 찾아낸다.

이렇듯 우리는 회복력을 활용해서 아동기의 곤경을 이겨 내고, 일상적인 역경을 헤쳐 나가고, 성인기의 충격적인 사건을 딛고 일어선다. 회복력을 이 세 가지 차원에서 활용하는 것은 자연스런 반응이며, 우리가 역경에 대응하는 방식을 결정한다. 네 번째는 보다 높은 차원에서 회복력을 이용하는 것이다. 인생의 의미와 목적을 찾아내고 새로운 경험과 도전을 흔쾌히 받아들이는 것을 목표로 삼은 사람들이 있다. 그들은 회복력을 활용하여 적극 도전해서 성취할 수 있는 모든 것을 성취한다.

이겨 내기

데브를 만난 것은 2000년 여름이었다. 사회 복지 기관을 운영하는 데브는 그런 조직에서 자주 목격할 수 있는 높은 탈진율(burnout rate)을 예상하여 직원들을 회복력 워크숍에 참여시켰다. 데브는 처음부터 감탄의 대상이었다. 수많은 시련에도 아랑곳하지 않은 이 용감한 여성은 『포춘(Fortune)』지 선정 500대 기업에서 중역의 자리까지 올랐다. 기업 세계에서 목표를 달성한 후에는 그 자리에서 물러나 자기 꿈을 추구했다. 이민자들이 직업을 구하게 도와주는 기관을 세우는 것이었다. 데브는 밑바닥부터 시작해서 꿈을 일구어 냈다.

데브의 기관을 찾아온 이민자들은 컴퓨터, 프레젠테이션, 자기주장 수업을 듣는다. 채용 면접 자리에 적당한 옷차림, 본인의 재능을 설명하는 법, 보수와 직원 혜택에 대해 묻는 법도 배운다. 데브는 업무 능력 향상 프로그램을 개발해서 이민자들을 성공으로 이끌었다. 프로그램 이수자들이 직업을 얻고 오래 유지하기를 원했다. 무엇보다 그들이 존엄성과 자긍심을 느끼기를 간절히 원했다. 나는 데브를 존경했다. 그녀가 성취한 모든 것에 찬탄했다. 시간이 지나면서 데브가 살아온 인생이 차차 드러나기 시작했다. 데브가 어떤 역경을 이겨 내고 오늘에 이르렀는지 알고 나자 존경과 찬탄은 경외감으로 바뀌었다.

데브는 마이애미에서 나고 자랐다. 부모가 마약중독자라 자매들과 함께 위탁 가정을 전전해야 했지만 그 모든 불이익을 이겨 냈다. 데브는 혼란스러운 아동기와 불안정한 가정에도 불구하고 학문적으로, 사회적으로, 영적으로 크게 성취했으며 마침내 직업적으로도 상당한 성공을 거두었다. 하지만 데브는 영예로운 승리에 안주하지 않고 더 멀리 적극 도전해서 다른 사람들의 성공을 돕기로 결심했다. 데브는 회복력을 어떻게 활용하면 아동기의 장애를 이겨 낼 수 있는지 보여 주는 대표적인 인물이다. 회복력을 약화시키는 요인들을 거의 전부 갖춘 어린아이가 어떻게 이토록 회복력 수준이 높은 어른으로 성장했을까?

열악한 환경에서 사는 아동은 다양한 불이익을 경험한다. 그들은 인생의 다음 단계에서 성취하지 못할 위험이 높다. 연구자들은 아동의 회복력을 가장 크게 훼손하는 요인을 구별해 냈다. 출생 시의 저체중, 낮은 사회 경제적 지위, 엄마의 낮은 교육 수준, 불안정한 가족 관계, 학대적인 환경, 이 요인들을 갖춘 아동은 능력에 비해 성취 수준이 낮을 위험이 있다. 그런데 이 외적 요인들은 그 아동의 내적인 삶, 동기, 성취, 회복력에 어떤 영향을 미치는 걸까?

일부 요인은 직접적인 영향을 미친다. 출생 시 저체중은 종종 두뇌 손상과 관계가 있다. 그것은 아동의 지적 능력을 제한하고, 따라서 효과적인 대응 방법을 궁리하지 못하게 한다. 다른 요인들은 간접적으로 영향을 미친다. 아동이 영양실조에 걸릴 정도의 심각한 가난은 회복력에 직접적으로 위협을 가하지만 일반적인 가난은 간접적으로 보다 미묘하게 영향을 미친다. 가난과 씨름하는 부모는 자주 우울하다. 우울증은 부모와 아동의 상호작용을 방해하고, 우울한 부모는 양육에 소홀해진다. 이런 가정의 아동은 방치되어 무엇이든 혼자 힘으로 해결해야 하며 건강한 발달에 꼭 필요한 보호와 보살핌을 받지 못한다.

부부 사이의 불화도 마찬가지다. 별거와 이혼 후 부모는 신체적, 정서적 에너지가 고갈된다. 본인의 고통을 돌보느라 정서적으로 지친 부모는 아동을 세심하게 보살피고 감독하지 못한다. 아동은 더욱 감정적으로 반응하고 집을 떠난 엄마나 아빠에게 분노하고 슬퍼하며 가정의 안락함을 느끼지 못한다. 정서적 에너지가 이미 바닥난 부모로서는 아이의 정서적 욕구를 감당하기가 벅차다. 관련 연구에 따르면, 부모의 이혼을 겪은 아동들 생활을 예측하는 데 가장 중요한 것은 이혼 후 아동이 함께 사는 부모와의 관계의 질이었다. 함께 사는 부모(보통 엄마)는 아동과 친밀한 관계를 유지하려고 노력한다. 하지만 불충분한 대화, 자녀에 대한 감독 소홀, 애정 표현 부족 등 양육의 질이 심각하게 떨어지는 경우가 무척 많아서 연구자들은 이혼 후 처음 2, 3년을 '양육 수준 저하' 시기라고 부른다.

이러한 양육 문제의 원인은 무엇일까? 대부분의 경우, 여러 가지 요인이 상호 작용해서 예전의 책임감 있고 주의 깊은 양육 방식을 유지하기 어렵게 만든다. 이혼 후에는 부모 일방 또는 쌍방 모두 훌륭한 양육을 방해하는 우울증을 자주 경험한다. 우울증이라는 괴물과 싸우고 있을 때는 아이에게 온전히 관심을 기울이고 애정과 인내심을 갖고 대응하기가 거의 불가능하다. 현실의 변화도 양육 태도를 변화시킨다. 이혼 후에는 가족의 일상이 달라진다. 전업주부였던 엄마가 직업을 가져야 할 수도 있고, 직장을 다니던 엄마는 근무 시간을 늘려야 할지도 모른다. 부모의 스케줄이 바뀌면서 아동을 직접 감독하는 시간이 줄어들고 베이비시터나 보육 시설에 맡기는 시간이 늘어난다. 이 때문에 놀이 방식, 훈육, 전반적인 상호작용 수준에서 일관성이 감소한다. 간단히 말해서, 부모가 고통스러운 이혼과 그것이 초래한 무수한 변화를 헤쳐 나가는 데 회복력을 전부 소모하고 있을 때는 아동과 친밀감을 유지하고 아동의 욕구에 반응하기가 어렵다. 하지만 데브가 아동기의 부정적인 요인들을 이겨 내었듯이, 부모의 이혼 스트레스를 다른 아동보다 더 잘 이겨 내는 아이들이 있다.

아동의 성장 환경은 분명 중요하다. 환경을 바꾸기 위해 어린아이가 할 수 있는 것이 거의 없기 때문이다. 하지만 데브 같은 사람이 입증했듯이, 어려운 환경에서 자란 아이들이 모두 그 시련에 굴복하는 것은 아니다. 열악한 환경에서도 바르게 크는 아이가 있고 크게 성공하는 아이도 있다. 그렇다면 아동이 얼마나 훌륭하게 성장할지를 결정하는 구체적인 특성은 무엇일까? 아동 스스로 보여 주는 특성은 무엇일까? 다른 수많은 사람이 유사한 역경에 좌절할 때에도 데브 같은 이들은 크게 성공했다. 회복력 연구진은 그것을 가능케 하는 요인들을 찾아왔다. 한 가지 인자는 아이큐(IQ)이다. 아이큐는 피할 수 없는 장애물을 이겨 내는 중요한 요인이다. 극도로 열악한 환경에서도 아이큐는 유익하다. 아이큐가 낮은 아동보다는 아이큐가 높은 아동이 결과적으로 더욱 성공한다. 그러면 데브는 똑똑하다는 이유만으로 성공한 것일까? 반드시 그렇지는 않다. 아동의 훌륭한 성장과 그에 이은 성인기의 성공을 예측하는 데는 다른 요인들이 훨씬 더 중요한 역할을 한다. 하버드 대학교 심리학자인 하워드 가드너의 주장처럼, 표준화된 검사로 측정한 지능(언어 능력과 수리 능력)은 인생에서 개인의 성공을 결정하는 전체 요인의 20퍼센트에 해당할 뿐이다. 이런 연구 결과들을 출발점으로 삼아 심리학자 피터 샐로베이와 존 메이어는 감성 지능(emotional intelligence)을 탐구했다. 감성 지능이란 자신과 타인의 감정을 인식하고 감정을 조절하고 감성에 기초한 사고를 바탕으로 행동하는 능력을 말한다.

감성 지능 연구에 의하면, 전통적인 지능이 중요하긴 하지만 겉보기와 달리 직접적인 영향을 미치지는 않는다. 어린아이들을 아동기부터 성인기까지 22년 동안 추적 조사한 연구가 있다. 연구 결과, 아이큐가 더 높은 아동은 더욱 성숙하고 효과적인 사회적, 인지적 대응 전략을 사용하고, 타인의 관점을 이해하는 능력처럼 성공을 가능케 하는 훌륭한 문제 해결 능력을 갖고 있었다. 즉, 아이큐 점수가 더 높은 아동은 좀 더 세련된 사회적, 인지적 능력을 갖춘 덕에 성인기에 더 크게 성공했는데, 그 능력을 가장 정확히 표현하는 단어가 바로 감성 지능이다. 아이큐를 높이기 위해 할 수 있는 일은 많지 않다. 하지만 감성 지능의 핵심 요소인 회복력을 높이기 위해 할 수 있는 일은 아주 많다. 그 분야가 바로 내 전공이다.

나는 당신이 타고난 가난한 환경을 없애 줄 수는 없다. 당신 부모의 이혼을 없던 일로 되돌릴 수도 없고, 당신의 표준화된 지능 검사 점수를 올려 줄 수도 없다. 당신의 어린 시절을 바꿔 줄 수는 더더구나 없다. 그렇다면 내가 어떻게 당신이 불우했던 아동기를 이겨 내도록 도울 수 있을까? 그 일은 당신이 당신 자신에 대해 전개해 온 비현실적인 믿음과 아동기의 삶을 통제하는 당신의 역량을 분석하고 바꾸는 방법을 가르침으로써 가능하다. 당신은 한 가지 과정을 배울 수 있다. 그러면 직장이나 가정에서 스트레스와 역경에 처할 때도 언제나 의욕이 넘치고 생산적이고 적극적이고 행복해질 수 있다.

데브 같은 사람들이 잘 알고 있듯이, 고통스러운 어린 시절에서 벗어나려면 힘겨운 노력과 단호한 결심이 필요하다. 언제나 집중력을 유지하고 무엇을 통제할 수 있고 무엇을 통제할 수 없는지 정확하게 구별하는 능력이 필요하다. 이 책에서 소개하는 7가지 회복력 기술은 불우한 아동기를 이겨 낼 도구를 제공한다.

헤쳐 나가기

많은 이들은 행복하고 만족스러운 아동기를 보낸다. 경제적 여유, 넘치는 애정, 훌륭한 가치관, 자상한 어른들의 아낌없는 지지와 세심한 보살핌을 누렸을 것이다. 모든 사람이 애써 이겨 내야 할 과거사를 지닌 것은 아니다. 그렇다면 이들에게는 회복력이 중요하지 않을까? 그렇지 않다. 회복력은 모든 사람에게 필요하다. 누구나 예외 없이 문제와 스트레스, 곤경에 직면하기 때문이다. 그것은 일상의 일부이다. 회복력 수준이 높은 사람은 일상적인 역경에 처할 때 압도되거나 비관하지 않고 다양한 능력과 기술을 적절하게 이용해서 역경을 잘 다루어 나간다. 회의에 지각하거나 동료와 다투거나 빡빡한 일정을 조절하거나 끝없이 늘어나는 일거리를 처리하는 등의 문제를 무리 없이 해결한다. 회복력 수준이 높은 '대응 능력이 뛰어난 사람'은 고달픈 인생을 무난히 헤쳐 나갈 수 있으며 궤도에서 이탈하지 않는다. 연구에 따르면, 만성적인 스트레스를 헤쳐 나가는 데 꼭 필요한 요소는 자기 효능감이다. 자기 효능감은 본인이 환경을 지배할 수 있으며 문제가 생길 때 효과적으로 해결할 수 있다는 믿음을 말한다.

자기 효능감이 높은 사람은 문제를 해결하기 위해 끈질기게 몰두하며 처음의 해결책이 효과가 없다고 해서 포기하지 않는다. 새로운 해결책을 찾아내는 자기 능력을 의심하는 사람들보다 더욱 집요하게 파고들어서 마침내 효과적인 해결 방안을 찾아낼 가능성이 크다. 그리고 문제를 해결함으로써 자신감은 더욱 증가하고, 따라서 다음번 난관에 직면할 때는 훨씬 더 오래 끈기를 발휘할 가능성이 커진다. 반면에 스스로 문제를 해결할 수 없다고 믿는 사람은 곤경에 처하거나 새로운 상황에 놓일 때 소극적으로 대응한다. 새로운 취미 갖기, 새로운 직장에 지원하기, 사교 집단에 가입하기 등 새로운 경험을 회피한다. 스스로 그 새로운 상황이 가져올 난제에 대처할 능력이 없다고 믿기 때문이다. 직장이나 가정에서 문제가 일어날 때, 이를테면 무례한 고객을 상대하거나 반항적인 십대 아들과 대화해야 할 때 계속 머뭇거리며 문제 해결을 타인에게 떠넘긴다. 어쩔 수 없이 나서야 할 경우, 자신감이 부족하기 때문에 해결하기 어렵다는 조짐이 보이면 곧바로 포기해 버린다. 이런 태도는 자기 충족적 예언이 된다. 문제 해결을 포기하거나 해결에 실패할 때마다 인생에 산재한 역경을 다룰 수 없다는 믿음이 강화되고 자기 의심이 증가한다.

1장을 시작하면서 로버트와 지니 가족의 사례를 짧게 소개했다. 이런 저런 문제를 겪으면서 로버트는 '낙오자'라는 느낌에 사로잡혔다. 그렇다고 인생이 지독하게 꼬이고 막힌 것은 아니었다. 그는 가족을 사랑했고 아주 열심히 일했다. 하지만 어느 날 갑자기 인생이 궤도에서 벗어난 것을 알아차렸고, 어떻게 다시 정상 궤도에 올라서야 할지 막연했다. 문제가 생기면 언제나 자진해 떠맡았지만 요즘에는 자기가 더 이상 '선장'이 아니라는 느낌이 든다고 했다. 그의 자기 효능감은 바닥까지 떨어졌다.

로버트의 하루를 들여다보며 그가 스트레스 대응 능력을 어떻게 묘사하는지 보자. 5시 45분에 알람이 울리면 로버트는 반사적으로 버튼을 눌러 알람을 끄면서 생각한다. "새해 결심으로 매일 아침 조깅을 하겠다고 했는데, 오늘도 못 지키는구나." 아침 식사는 혼돈 그 자체다. 열다섯 살짜리 다이앤은 여전히 한마디도 하지 않고, 아들 제프는 텔레비전 만화 주제가를 큰 소리로 부르며 시리얼을 식탁 위에 뿌려 댄다. 한시라도 빨리 집에서 벗어나고 싶다. 그런 생각이 들 때마다 로버트는 죄책감으로 고통스럽다. "저는 식탁에서 가족들을 바라봐요. 무엇부터 어떻게 시작해야 좋을지 알 수가 없어요. 다이앤이 변한 이유도 궁금하고 제프하고도 가까워지고 싶지만 그 방법을 도무지 모르겠어요. 그래서 가능한 한 빨리 식사를 끝내고 직장으로 도망쳐요." 로버트는 자기가 가족을 제대로 이해하지 못하고 있다는 것을 누구보다 잘 안다. 무능력함을 알기 때문에 빨리 도망치고만 싶은 것이다.

한시라도 일찍 출근하려는 열망은 회사에 도착하자마자 사라진다. 사무실에서 그를 맞이하는 것은 긴급한 이메일들이다. 그날 오전도 곳곳에 산재한 문제를 해결하는 데 소비해야 한다는 뜻이다. 구내식당으로 가는 길에 브렌다와 짐을 만난다. 예전에 같은 부서에서 일한 동료들이다. 그들은 줄어드는 퇴직 연금과 회사의 주가 하락, 구조 조정에 관한 소문을 주고받으며 한탄한다. 브렌다와 짐은 자기들 부서와 로버트의 부서 중 어느 부서의 인원이 더 많이 감축될지 추측하고 구조 조정이 끝나면 누가 살아남을지 궁금해한다. "전에는 부정적인 대화나 걱정에도 전혀 개의치 않았어요. 저는 유능했고, 지금까지 해 온 대로 생산적으로 일하면서 앞서 가는 한은 안전하다는 것을 알았으니까요. 하지만 지금은 그런 대화를 하면 불안해져요. 사무실로 돌아와도 예전처럼 쉽게 집중하지 못하죠. 자기 의심에 빠져서 만약에 우리 부서가 구조 조정 대상에 오르면 어쩌지? 만약에 돈이 없어서 아이들을 대학에 보낼 수 없으면 어쩌나? 하는 만약의 경우에 골몰하느라 결국 그날 하루를 허비하고 말아요. 마음을 다잡고 일에 집중할 때쯤이면 장기 업무에 할애할 시간이 없어요. 가장 시급한 업무부터 처리하느라 그 장기 업무는 미룰 수밖에 없지요. 날마다 그래요." 그날의 목표를 이루었다는 만족감을 느끼며 사무실을 나서는 대신 로버트는 걱정에 짓눌린 채 퇴근한다. 직장 생활을 다시 정상 궤도에 올려놓을 수 없다는 자기 의심은 더욱 심해진다.

집에 와 보니 제프가 성적표를 받아 왔다. 성적이 훨씬 더 떨어졌다. 제프의 주의력 결핍 장애 치료비는 계속 증가하는데 어떻게 성적은 계속 하락하는 걸까. 전화 고지서를 보면서는 다이앤의 지나친 전화 통화에 대해 이야기해야 한다는 것을 깨닫는다. 그러나 딸과의 대화가 두렵다. 열일곱 살짜리 캐시가 자동차 열쇠를 달라고 해서 건넨다. 오늘은 한밤중에 차고 문 닫히는 소리가 들릴 때까지 저녁 내내 걱정해야 한다.

로버트는 자주 불평하는 사람이 아니다. 지금까지의 성공과 축복을 간과하지도 않는다. 그의 고객 관리 능력은 어느 오전 회의 중에 공개적으로 칭찬을 받았다. 제프의 학교 숙제 때문에 함께 인터넷을 뒤지며 벤저민 프랭클린에 관한 정보를 검색할 때 그들 부자는 가까운 사이였다. 늦은 저녁에 로버트와 지니는 신혼 시절처럼 현관에 앉아 와인을 마시며 이야기를 나누었다. 하지만 사소해 보이는 매일 매일의 역경이 로버트의 회복력을 조금씩 고갈시키고 있다. 그 회복력을 보충해 줄 긍정적인 경험은 거의 없는 것 같다.

로버트는 통찰력이 있는 사람이다. 변한 점은 바로 본인에 대한 믿음이라는 것을 이미 간파하고 있었다. 지금 삶이 그전보다 더 혹독하지도 않고 문제가 더 심각하지도 않았기 때문이다. 로버트의 말마따나 그는 인생길에 놓인 '끊임없이 거품이 이는 여울'에 익숙한 사람이었다. 하지만 소용돌이치는 그 여울을 헤쳐 나가는 능력에 대한 믿음이 변해 버렸다. "어느 순간부터 자신감이 사라졌어요. 일상적인 문제를 해결하는 능력에 대한 믿음이 무너지고 나니까 어떤 일도 언제나 혼란스러워요."

로버트의 자기 효능감이 위기에 처한 것이다. 그로 인해 고질적인 스트레스를 관리하는 능력이 사라졌다. 그는 자기의 능력에 대한 믿음이 변한 순간을 구체적으로 집어내지 못했다. 하지만 그 믿음이 변한 이유를 아는 것이 믿음을 되찾는 데 꼭 필요하지는 않았다. 그보다는 로버트가 현재 겪고 있는 문제들을 한 번에 하나씩 해결함으로써 자신에 대한 믿음을 되찾게 도와주는 것이 더 중요했다. 타인의 자기 효능감을 향상시키는 데 최악은 "당신은 할 수 있다."는 식의 진부한 메시지를 주입하는 것이다. 자부심을 키워 준다는 막연한 추측에 근거한 구호와 동기 부여 강연은 잘해야 무해무득하다. 최악의 경우에는 회복력과 효과적인 대응 능력을 더 많이 훼손한다. 그 이유는 무엇일까? 자부심은 잘 풀리는 인생, 즉 도전에 맞서 싸우고 문제를 해결하고 열심히 노력하고 포기하지 않는 인생의 부산물이기 때문이다. 이 세상에서 잘 살아가고 있을 때는 누구나 자부심을 느낀다. 건강한 자부심이다. 그러나 긍정적인 구호를 외치고 무조건 자화자찬하고 마음만 먹으면 뭐든 할 수 있다고 믿게끔 부추기는 방법으로 자부심을 고취시키려는 사람과 프로그램도 참 많다. 이 방법의 치명적인 결함은 그것이 결코 사실이 아니라는 것이다. 우리는 원하는 모든 것을 할 수는 없다. 본인이 얼마나 특별하고 얼마나 위대한지 줄기차게 읊어도, 꼭 해낼 거라고 아무리 단호하게 결심해도 마찬가지다. 캐런 레이비치는 노벨 물리학상을 타겠다는 꿈을 꿀 수도 있고, 앤드류 샤테는 올림픽 100미터 경기에서 금메달을 따겠다는 목표를 세울 수도 있다. 하지만 남은 인생 동안 이 목표 달성에 매진한다 해도 우리 두 사람은 반드시 실패할 것이다. 우리의 재능은 다른 곳에 있기 때문이다.

문제를 해결해서 작은 성공을 하나씩 경험하기 시작하면 자기 효능감은 자연스럽게 뒤따른다. 자기 효능감을 구축하는 일은 무조건 자부심을 주입하는 것보다 더 어렵고, 시간을 더 많이 요한다. 회복력 훈련은 자기 효능감 구축에 효과적이다. 회복력 기술을 배워서 인생에 놓인 여러 가지 문제를 해결하고 도전에 맞서 싸우는 도구들을 갖출 수 있기 때문이다. 로버트의 자기 효능감이 사라진 이유는 모른다. 하지만 그것을 되살리려면 어떤 기술을 배우고 실행해야 할지는 명확하게 알 수 있다. 따라서 로버트는 바로 그 지점에서 시작해야 한다. 다음 2개월 동안 로버트는 7가지 회복력 기술을 배워 나갔다. 몇 가지는 로버트에게 이미 익숙한 기술이었다. 그는 그 기술에 '무의식적으로' 탁월했다. 목표는 이미 갖추고 있는 기술이 무엇인지 깨닫고 그것을 보다 효과적이고 보다 의도적으로 활용함으로써 회복력 수준을 높이는 것이었다. 새로 배운 기술들은 일종의 보조 도구로서 그의 '회복력' 도구 상자에 추가되었다. 2개월이 지나자 로버트가 말했다. "예전의 나로 되돌아간 느낌이에요. 제 인생에는 여전히 곤경도 많고 스트레스도 심해요. 일어나는 문제도 그 수가 줄어들지 않았지요. 하지만 지금은 문제가 생겨도 적절하게 다루고 있어요. 5년 후 직장에서 어떤 지위에 오르고 싶은지도 알고 있어요. 그것을 이룰 계획도 갖고 있지요. 그리고 날마다 아이들과 지니와 더 가까워질 방법을 찾고 있어요." 로버트는 다시 한 번 선장이 되어서 일상적인 역경을 헤쳐 나가고 있다. 모두 자기 효능감과 회복력 덕분이다.

딛고 일어서기

역경 중에는 극도로 충격적인 것이 있다. 그런 역경은 일상적인 문제보다 더 강력한 회복력이 필요하다. 이처럼 극단적인 트라우마는 엄청난 정서적 손상을 초래하므로 최고 수준의 회복력을 요한다.

1979년, 신디 램브는 메릴랜드 주에서 어린 딸을 태우고 운전을 하다가 시속 190킬로미터로 달리는 자동차와 충돌했다. 순식간에 일어난 일이었다. 그 사고로 당시 다섯 살이던 딸 로라는 전신마비가 되었다. 사고를 낸 사람은 상습적인 음주 운전자였다.

그 후 채 1년도 못 돼서 어떤 음주 운전자가 캘리포니아 주 새크라멘토의 시골길을 질주하고 있었다. 두 번이나 유죄 선고를 받았지만 그의 운전면허증은 아직 유효했다. 그는 소프트볼 게임을 끝내고 학교 축제장으로 걸어가던 열세 살짜리 캐리 리트너를 치었다. 그 아이는 사망했다. 고속도로 순찰 대원은 캐리의 엄마 캔디스에게 그 음주 운전자가 감옥에 가지는 않을 것이라고 말하며 덧붙였다. "시스템이 원래 그래요."

이런 사건이 얼마나 충격적일지는 상상으로나 가능할 것이다. 신디 램브와 캔디스 리트너는 세상을 등지고 집에 틀어박혀서 죽을 때까지 그 사건을 반추하고 범인을 비난하고 우울증에 시달릴 수도 있었다. 하지만 이 두 엄마는 그렇게 하지 않았다. 그들은 행동에 나섰다.

1981년, 램브와 리트너는 음주 운전에 반대하는 어머니 모임(Mothers Against Drunk Driving; MADD)을 만들었다. 그리고 미국 연방 정부 고속도로 안전 기금을 받아서 음주 운전 예방 캠페인을 벌이기 시작했다. 1982년 가을, MADD 지부는 70개로 늘어났다. 1983년 3월에는 미국 35개 주에서 192개 지부가 활동했다. MADD 설립 10주년이 되자 지부는 492개로 급증했고, 캐나다 · 영국 · 뉴질랜드 · 호주에 해외 지부도 생겼다. 설립 20주년이 가까워 오는 지금, 리트너와 램브의 MADD는 미국 50개 주에 660개 이상의 지부와 세계 도처에 해외 지부를 두고 있다. 이 두 엄마는 내면의 역량을 발휘하여 충격적인 역경을 딛고 일어섰고, 슬픔을 초래한 원인을 없애는 전 세계적인 운동으로 승화시켰다.

리트너와 램브, 학교 폭력의 피해자, 9·11 테러 같은 국가적 재난의 피해자들은 어떻게 그 트라우마를 딛고 일어섰을까? 트라우마 사건 직후에 우울증과 불안증을 보이며 나약해지는 것은 정상이다. 트라우마 사건의 당사자가 아니더라도 대응 능력이 압도당하는 법이다. 9·11 테러 같은 끔찍한 재앙은 아동과 성인 모두에게 극도의 불안감, 수면 장애, 식욕부진, 우울증을 일으킬 수 있다. 그 테러 사건 이후에 당신도 이 증상 중 하나 이상 겪었을 것이다. 트라우마 사건과 직접 관련된 사람들은 훨씬 더 심각한 증상을 보였을 것이다. 외상 후 스트레스 장애(Posttraumatic Stress Disorder; PTSD)는 중증 정서 장애로서 극심한 트라우마 사건을 경험한 사람들에게서 자주 나타난다. PTSD 환자는 트라우마 사건과 관계가 있는 이미지, 생각, 꿈을 통해서 그 고통스러운 사건을 끊임없이 재체험한다. 그들은 트라우마 사건에 관한 생각이나 감정, 대화를 피하려고 애쓴다. PTSD 환자는 고도의 심리적 흥분 상태에 있으며, 신체는 극도의 경계 태세를 취한다. 그래서 깜짝깜짝 놀라고 잠들기가 어려우며 집중하지 못하고 자주 짜증과 분노를 드러낸다. 많은 사람이 급성 불안 반응을 보인다.

불안감, 불면증, 식욕 부진, 우울증 같은 징후들로 2, 3주 후에는 호전되기 시작한다. PTSD 증상은 수개월간 지속될 수 있고, 치료 받지 않으면 수년간 이어지기도 한다. 어떤 사람이 PTSD에 걸릴 가능성이 있을까? 연구에 따르면, 트라우마 사건의 특징 즉 사건의 심각성, 그 사건을 겪은 기간, 그 사건과 개인의 물리적 · 정서적 거리가 최적의 예측 변수가 된다. 뉴욕이나 워싱턴 D.C.에 사는 사람, 9월 11일에 친구나 가족을 잃은 사람, 복구 작업에 참여한 사람은 텔레비전이나 라디오로 그 사건을 겪은 사람보다 PTSD에 걸릴 가능성이 더욱 크다.

트라우마를 딛고 일어서거나 PTSD 발병 위험을 최소화하는 데 회복력이 어떤 역할도 하지 못한다는 말이 아니다. 저명한 트라우마 연구자 주디스 허먼 박사는 저서 『트라우마』에서 회복력은 개인의 스트레스 저항성을 높이고 PTSD 발병 가능성을 낮춘다고 말한다. 최고 수준의 회복력을 지닌 사람은 트라우마 사건을 겪을 때 3가지 특성을 보여 준다. 그 특성들은 서로 협력해서 그가 PTSD에 걸리지 않게 보호하고 회복을 가속화한다. 첫째, 과제 지향적인 대응 방식을 보여 준다. 즉, 그 역경에 대응하여 목적 있는 행동을 단계별로 취한다. 둘째, 행동에 나서면서 인생에 놓인 문제들을 스스로 통제할 수 있다는 확고한 믿음을 갖는다. 셋째, 트라우마를 더 빨리 딛고 일어서는 사람은 그 사건에 대응하는 한 방법으로 타인과의 유대 관계를 활용한다.

이 3가지 특성의 작동 방식은 9·11 사건에 대응하는 한 젊은 엄마에게서 확인할 수 있다. 세 아이를 둔 스테이시는 코네티컷 주 그리니치에 살며 뉴욕에서 일하고 있었다. 9월 11일에 가족과 가까운 친구는 다치지 않았지만 세계 무역 센터 사망자 가운데 아는 사람들이 있었다. 스테이시는 그 사건으로 엄청난 충격을 받았고 뼛속까지 떨리는 공포를 느꼈다. 그 재앙에 관한 영상과 대화로부터 어린 세 아이를 보호하는 것이 급선무였다. 아이들이 집에 있을 때는 텔레비전과 라디오를 꺼 놓았다. 줄곧 텔레비전을 켜 두고 그 참혹한 사건을 두고 끊이지 않고 대화하는 집에는 네 살배기 아들을 데려가지 않았다. 그러나 혼자 있을 때는 뉴스를 빠짐없이 보았고, 상실과 고통을 토로하는 사연을 들을 때는 가눌 수 없는 슬픔과 분노 사이에서 혼란스러워했다. 밤에는 자주 울음을 터뜨리고, 저녁마다 남편과 친구들과 함께 그 비극적인 사건에 관한 대화를 되풀이했다. 잠을 이루지 못하고 쉽게 짜증을 내고 늘 조마조마해하고 주의가 산만해져 건망증이 생겼다. 스테이시는 그 충격을 힘들게 헤쳐 나가고 있었다.

하지만 마침내 기운을 차려서 그 트라우마를 이겨 낼 수 있었다. 허먼의 주장대로, 스테이시를 트라우마에서 꺼내 준 핵심 요인은 일상을 고수하고 통제할 수 있는 것을 통제하는 능력이었다. 그 능력 덕택에 예측 가능성과 안전에 대한 믿음을 되찾을 수 있었다. 스테이시는 이렇게 말했다. "다른 사람들처럼 저도 두려웠어요. 우리가 사는 이 세상이 정말로 불안하고 한순간도 예측할 수 없다는 생각을 떨칠 수가 없었어요. 그 사건을 어떻게 이해하고 받아들여야 할지 알 수가 없었지요. 하지만 얼마 후에는 일상으로 돌아왔어요. 예전처럼 헬스클럽에도 가고 아이들을 공원에도 데려가고 목요일 밤마다 남편과 외출하기도 해요. 그리고 일상이 예측 가능하다면 충분히 안전하다는 걸 깨달았어요. 안전한 세상을 확신할 필요까지는 없었지요. 그저 세상의 작은 조각인 제 일상이 안전하다는 것으로 충분했어요."

9·11 이후 처음 몇 주 동안 스테이시는 일상을 통제할 수 있다는 믿음

과 함께 타인과의 유대 관계에 의지했다. 감정을 남편과 친구들에게 거리낌 없이 털어놓았다. 말을 많이 할수록 기분이 나아졌다. 사회적 지지는 트라우마로 인한 심리적 혼란을 줄이고 옴짝달싹 못하게 하는 위협적인 사건에서 벗어나게 도와준다. 회복력 수준이 낮은 사람은 트라우마 경험을 타인에게 털어놓지 못한다. 솔직함을 요하는 친밀한 인간관계가 부족하기 때문이기도 하고, 본인의 감정이 너무 낯설어서 그 대화가 어색하기 때문이기도 하다. 인간관계 결여는 치유를 방해한다. 회복력은 친밀한 관계를 유지시켜 주고, 그런 관계는 치유를 촉진한다.

서로 돕고 위로하는 친밀한 관계는 트라우마에 대한 감정과 생각을 털어놓는 것 이상의 효과가 있다. 허먼에 따르면, 회복력 수준이 높은 사람은 목적 있는 행동을 통해 타인과 친밀한 관계를 맺을 수 있지만 회복력 수준이 낮은 사람은 극심한 공포에 휩싸여서 쉽게 고립되고 무력해진다. 스테이시의 경우, 목적 있는 행동을 통한 타인과의 친밀한 관계 맺기는 마을 구호 기금을 모아서 적십자에 기부하는 것이었다. 또한 아들의 유치원 교사들과 협력해서 '지지 집단'을 구성했다. 이 지지 집단은 이틀 동안 9·11 트라우마 경험을 털어놓고자 하는 사람들을 맞아서 귀를 기울였다. 스테이시는 9·11 사건 이후 한동안 불안했지만 회복력을 발휘하여 본인과 타인의 치유를 도와줄 방법을 찾아내었다.

적극 도전하기

부모, 직장인, CEO들은 역경을 해결하는 데 회복력이 필요하다는 것을 알고 있다. 7가지 회복력 기술은 개인이 좌절을 딛고 일어서도록 도와주기도 하지만 그가 더욱 폭넓고 풍요로운 삶을 살도록 해 주기도 한다. 이것은 회복력 기술을 배운 사람들이 직접 말하는 사실이다. 그 기술을 적용해서 인생의 중대한 변화에 올바로 대처한 학생, 부모, 직장인들은 이제 문제가 생겨도 예전처럼 당황하지 않는다고 말한다. '피부'가 더 두꺼워진 것 같고 더욱 강인하고 자신감이 커졌다고 느낀다. 나아가 타인과의 관계가 더욱 돈독해지고 새로운 경험을 즐겁게 추구하고 더욱 기꺼이 위험을 감수한다고 한다. 한 여성이 말했다. "지금은 제 삶이 아주 넓어진 것 같아요."

회복력은 개인이 좌절을 딛고 일어서도록 하는 것에서 끝나지 않는다. 바로 이 점에서 회복력이 중요하다. 7가지 기술을 적용하면 더욱 풍요로운 삶을 창조할 수 있다. 회복력은 일종의 마음가짐으로서, 새로운 경험을 추구하고 자기 삶을 아직 제작 중인 미완성 작품으로 바라보게 한다. 긍정적이고 진취적인 탐험가 정신을 자아내고 지지해 준다. 또한 자신감도 부여한다. 그래서 직장에서 새로운 책임을 떠맡고 사귀고 싶은 사람에게 용감하게 다가가고 스스로를 더 정확하게 이해하고 타인과 더욱 친해질 수 있는 경험을 추구한다. 회복력을 이렇게 응용하는 것을 '적극 도전하기(reaching out)'라고 부른다. 더 멀리 도전함으로써 삶은 더욱 풍요로워지고 타인과의 관계는 더욱 깊어지고 자기 세계는 더욱 넓어진다.

한정된 삶을 사는 사람들이 있다. 그들의 일상은 늘 똑같다. 7시에 일어나 실내 자전거로 운동하고 9시까지 출근하고 12시에 샌드위치와 샐러드로 점심을 때운 뒤에 6시에 퇴근해서 저녁을 먹고 1시간 동안 텔레비전을 본 다음, 회신 전화를 몇 통 걸고 20분 정도 책을 보다가 잠자는 식이다. 그들은 이 일상을 고수한다. 일상이 별 탈 없이 되풀이될 때 편안하고 심지어 행복하다. 이들에게는 예측 가능하고 익히 알고 있는 삶이 최고의 삶이다. 그들은 불평하는 일이 거의 없고 본인이 무엇인가를 놓치고 있다는 생각은 결코 하지 않는다. 이런 사람을 알고 있을 것이다. 어쩌면 당신일지도 모른다.

그런데 삶을 뷔페처럼 여기는 사람도 있다. 거기서는 온갖 것을 먹을 수 있다. 그들은 접시를 들고 몇 번이고 오가며 더 많이 담아서 이것저것 조금씩 맛보려고 한다. 우연히 캐비아를 먹는 호사를 누릴 때도 있지만 보통은 참치 캐서롤을 주로 먹는다. 하지만 참치 캐서롤에 안주하지 않는다. 그들은 갖은 음식이 놓인 식탁으로 다시 돌아간다. 타인에게 손을 뻗고 새로운 경험을 추구하는 데서 기쁨을 얻는다. 비결은 무엇일까? 바로 회복력이다. 부정적인 경험을 이겨 내고 스트레스에 대처하고 트라우마에서 벗어나는 데 꼭 필요하다. 타인과 밀접한 관계를 맺고 새로운 경험과 배움을 추구하고 의미로 충만한 삶을 사는 데도 역시 꼭 필요하다.

조앤은 60대 중반이다. 열넷이나 되는 손자들 사진을 집 안 곳곳에 놓아두고 흐뭇해한다. 그녀는 새로운 경험을 즐겁게 추구한다. 별로 성공하지 않은 경험도 환영한다. 스쿠버다이빙, 스키, 살사 댄스는 본인에게 안 맞는다는 것을 알았다. 하지만 컴퓨터를 배워 나날이 느는 것이 기쁘고 명상 수업을 좋아하며 얼마 전에 떠난 알래스카 여행을 통해 신나는 모험을 즐겼다.

어린 시절에 조앤은 위험을 감수하는 사람이 아니었다. 사실 조앤의 아동기는 다른 사람들보다 더욱 배타적이었다. 조앤의 부모는 유대인이었다. 세계대전 중에 유럽 유대인들이 겪은 일에 충격을 받고 반유대주의에 대한 두려움이 커서 부모는 조앤이 작은 유대인 공동체 안에서만 지내도록 엄격하게 규제했다. 조앤은 대학을 졸업할 때까지 부모와 함께 살았고, 졸업 후 한 달 만에 결혼했다.

"운이 좋았지요. 남편이 장학금을 받아서 런던으로 이사했거든요. 그 이사가 제 인생을 바꾸었어요." 조앤은 미국의 유대인들이 시련을 겪던 시기에 성장했다. 부모는 조앤을 작은 세계에 가둠으로써 보호하려고 했다. 하지만 다행히 성인이 되면서 조앤은 본인의 세계를 넓힐 기회를 얻었고, 기꺼이 받아들였다. 여행을 통해 세계 곳곳의 다양한 사람들과 사귀고, 그 관계가 발전함에 따라 스스로에 대한 믿음도 발전한다는 것을 깨달았다. 조앤의 인생은 풍요로워졌다. "어른이 되면서 제 삶의 경계를 넓히는 법을 배웠어요. 새로운 경험을 시도하고 새로운 사람을 만날 때 안전하다고 확신하고 상대방을 신뢰하는 법도 배웠지요. 쉬운 일은 아니었어요. 처음에는 불안했지만 새로운 것을 자꾸 시도하면서 자신감을 키웠어요."

여행을 통해 조앤은 세상과 더욱 가까워졌고, 적극적인 행동을 통해 그 가까워진 세상을 바꿀 수 있는 기회를 얻었다. 조앤은 모든 사람이 안전하게 사는 세상을 만드는 일에 헌신했다. 인권 운동가로 활동했고 핵무기 반대 데모를 조직했다. 요즘은 지뢰에 대한 대중의 인식을 높이고 지뢰 사용 금지 캠페인을 벌이고 있다.

조앤 같은 사람은 인생의 목적을 찾아내는 능력과 사교성과 학구열을 타고난 행운아로서 우연히 만사가 잘 풀렸을 뿐이라고 생각하는 사람들이 많다. 누군가를 가리켜서 "사교성이 없어." 또는 "집에 틀어박혀 있는 걸 좋아해."라고 말하는 소리를 자주 들었을 것이다. 그런 말은 그 성향이 결코 변하지 않는 특성이라는 것을 암시한다. 성격은 사람마다 다르다. 당연하다. 성격은 조금씩 변할 수는 있지만, 완전히 달라질 가능성은 별로 없다. 내향적인 사람을 사교적인 사람으로 바꾸려고 애쓰는 것은 소용없는 짓이다. 하지만 새로운 경험을 적극적으로 시도하는 조앤의 성격은 타고난 것이 아니었다. 조앤은 의미 있고 풍요로운 삶을 살기 위해 열심히 노력했다. 적극적 도전의 핵심 요소들은 열망과 능력의 조합을 그 토대로 삼는다. 친밀한 관계에 대한 열망이나 새로운 경험에 대한 열정을 억지로 주입할 수는 없다. 하지만 원한다면 그것을 추구하는 데 필요한 회복력을 키울 수는 있다. 그리고 일단 회복력 수준이 높아지면 적극적 도전에 관심이 생긴다.

조앤처럼 적극적으로 도전하는 사람들은 3가지에 특히 탁월하다. 즉, 위험 수준을 정확하게 측정한다. 자기 자신을 잘 알고 있다. 인생의 의미와 목적을 찾아낸다.

첫째, 위험 수준을 정확하게 측정하는 사람은 올바른 판단력을 갖고 있으며 그것을 이용해서 합리적인 위험과 비합리적인 위험을 구별한다. 이들은 현실적인 낙관주의자이다. 실제로 일어날 확률이 높은 문제를 정확하게 예측할 수 있고, 문제를 미연에 방지하는 전략과 만약에 문제가 일어날 경우 해결할 전략을 강구한다. 위험 수준 측정 능력과 문제 해결 능력에 대한 자신감은 일종의 정서적 안전망을 제공하며, 그 안전망 덕분에 새로운 경험을 더욱 열심히 추구하고 새로운 인간관계를 더욱 적극적으로 강화한다. 위험에 대응하는 본인의 능력을 확신한다면 적극 도전하기는 그렇게 두렵지 않다.

둘째, 자신을 자세히 알고 있는 사람은 감정과 생각을 스스럼없이 표현한다. 이 진실한 태도는 타인에 대한 수준 높은 인식과 그들 인생이 어떠한지 알고자 하는 진정한 열망과 결합한다. 조앤처럼, 그들은 사교 생활을 즐기고 낯선 사람도 편안하게 만난다. 그들이 한데 어울려 노는 것을 지나치게 좋아하고 아무나 분별없이 사귀고 처음 보는 자리에서 사적인 측면을 속속들이 털어놓는다는 말이 아니다. '도전하는' 사람들은 남의 일에 주제넘게 나서지 않으며 사생활을 꼬치꼬치 캐묻지 않는다. 오히려 본인의 정서 인식 능력을 이용해서 타인의 반응에 숨겨진 미묘한 신호를 감지하고, 그에 따라 대응한다. 정교한 대인 관계 기술 덕분에 그들은 막 싹트기 시작한 관계를 활짝 꽃피울 수 있다.

적극 도전하는 사람들은 지속할 때와 중단할 때를 알아야 한다. 본인과 본인이 경험하고 있는 활동이 '정말로 잘 들어맞는지'를 판단할 수 있어야 한다. 조앤의 말처럼, 시도하는 모든 활동이 다 잘 들어맞는 것은 아니다. "저는 스키, 수상 스키, 스쿠버다이빙, 스케이팅을 시도했어요. 운동을 아주 잘하고 싶었거든요. 그런데 제가 가장 좋아하는 스포츠는 걷기와 미니 골프라는 걸 깨달았어요. 억지로 운동을 해서 스키나 스케이팅 같은 스포츠에 능숙해질 수도 있었을 거예요. 하지만 스포츠 영역에서는 어떤 재주도 타고나지 못했다는 걸 알았어요. 그러니까 저와 더 잘 맞는 다른 활동을 시도하는 게 더 합리적이지요." 조앤은 자신을 잘 알고 있으며 있는 그대로 기꺼이 받아들인다. 그렇기 때문에 열심히 추구한 활동이 본인과 맞지 않아도 수치심이나 실패감을 느끼지 않는다. 적극적 도전에서는 앞으로 나아가는 능력 못지않게 중요한 것이 뒤로 물러나는 능력이다. 회복력 기술은 물러설 때와 나아갈 때를 알아내도록 한다.

셋째, 폭넓은 삶을 사는 사람은 본인이 투입한 노력에서 의미와 목적을 찾아내며, 소유한 것과 경험한 것을 올바로 인식한다. 인생에서 의미를 찾으려면 지금 이 순간에 초점을 맞출 줄 알아야 한다. 순간에 집중하는 태도는 큰 그림을 보는 능력과 결합한다. 조앤은 진전이 더뎌도 본인의 사명을 고수한다. "제가 벌이는 활동이 즉시 '세계 평화'를 가져오지는 않을 겁니다. 저는 그걸 알아요. 그래서 무력감을 느낄 때도 있어요. 하지만 제가 하는 일의 의미를 스스로에게 상기시키는 방법이 두 가지 있어요. 하나는 언제나 현재에 초점을 맞추고 가능한 한 이 순간에 존재하며 내가 지금 하고 있는 일에서 즉시 어떤 가치를 찾아내는 거예요. 그래서 지뢰의 위험성에 대해 강연할 때 속으로 이렇게 말해요. '이 강연은 옳은 일이고 가치가 있어. 나는 지금 좋은 일을 하고 있는 거야.' 의미를 찾는 또 다른 방법은 초점의 대상을 바꿔서 큰 그림을 보는 거예요. 저와 똑같은 목표에 관심을 기울이는 세계 곳곳의 수백만 사람들을 생각해요. 세상을 더 좋게 바꾸는 것에 대해 개인적인 책임과 정의를 중요시하는 사람들과 하나로 연결되어 있다고 생각하지요. 그러면 제 인생에 목적이 있다는 느낌이 들어요."

적극적 도전은 위험하다. 새로운 사람을 만나고 새로운 것을 시도하고 의미 있는 활동을 추구하려면 엄청난 용기와 내면의 힘이 필요하다. 누군가에게 마음을 열고 다가갈 때마다 거부당할 위험이 있고 새로운 것을 배울 때마다 실패할 위험이 있다. 당혹감과 슬픔을 느낄 위험이 있다. 적극 도전할 때마다 위험을 자초하는 것이다. 그러나 회복력이 보호한다. 회복력 기술은 위험 수준을 측정하고 문제를 예방하고 해결하는 능력을 높여 준다. 정서 인식과 대인 관계 기술을 강화한다. 그리고 현재에 초점을 맞추고 인생의 의미를 찾아내는 능력도 키워 준다. 7가지 회복력 기술을 갖춘다면 원하는 대로 얼마든지 도전해 나갈 수 있다.

데브가 고통스러운 아동기를 이겨 낼 수 있었던 건 무엇 때문일까? 신디 램브와 캔디스 리트너로 하여금 트라우마 경험을 인간 승리로 바꿀 수 있게 한 능력은 무엇일까? 조앤이 새로운 것을 시도하고 자기의 이상에 헌신할 기회를 얻은 이유는 무엇일까? 그들 모두 회복력을 타고났다. 그리고 수십 년에 걸친 연구 덕분에 이제는 누구나 내면에 숨어 있는 회복력을 찾아낼 수 있다.

● 2장 ●

회복력 지수

마이클과 메리는 모두 1955년, 카우아이에서 태어났다. 하와이 제도 북서쪽 끝에 위치한 카우아이는 울창한 열대 우림과 청정한 해변으로 이루어진 아름다운 섬이다. 카우아이라는 이름은 낚시, 하이킹, 수영으로 보내는 목가적인 어린 시절을 떠올리게 해 준다. 1950년대 중반에 그곳에서 태어난 거의 모든 아이가 아마 어린 시절을 그렇게 보냈을 것이다. 하지만 마이클과 메리는 그렇지 않았다.

미숙아로 태어난 마이클은 생후 첫 3주 동안 십대 엄마와 떨어져서 병원에서 지냈다. 군대에 간 아빠는 마이클이 두 살 때 돌아왔다. 여덟 살 무렵에는 동생이 셋이나 있었고 부모는 이혼했다. 엄마는 카우아이 섬을 떠난 후 가족에게 한 번도 연락하지 않았다. 메리는 가난한 집에서 태어났다. 아빠는 미숙련 농장 노동자였고, 엄마는 정신장애가 있었다. 메리는 다섯 살부터 열 살 때까지 육체적, 정서적 학대에 시달렸다. 엄마는 정신장애로 몇 번이나 입원하는 바람에 잠깐씩 메리를 돌봐줄 뿐이었다.

두 아이는 온갖 역경에 직면했다. 하지만 열여덟 살 무렵에 마이클과 메리는 학교에서 인기가 있었고 공부도 잘했으며 건강한 도덕관을 갖춘 데다 미래를 낙관했다. 이 두 아이는 어떻게 불우한 어린 시절에서 벗어나서 이처럼 높은 수준의 회복력을 갖춘 걸까?

마이클과 메리는 저명한 발달 심리학자 에미 워너와 루스 스미스의 야심 차고 획기적인 연구에 참여한 피험자였다. 이 연구를 출발점으로 삼아서 회복력 수준을 결정하는 초기 아동기 요인에 관한 현대 심리학 연구가 시작되었다. 1955년에 카우아이 섬에서는 833명의 아기가 태어났다. 워너와 스미스는 그중 698명을 임신기부터 30세 생일 이후까지 추적 조사했다. 연구 목표는 비슷한 아동기를 경험하고도 어째서 어떤 아이는 성공하고 어떤 아이는 심각한 문제를 겪는지 그 이유를 알아내는 것이었다. 그들이 모은 자료는 회복력의 구성 요소를 이해하는 데 도움이 된다.

워너와 스미스가 추적 조사한 아동의 대다수는 카우아이 섬의 사탕수수와 파인애플 농장에 일하러 온 동남아시아 사람 자손이었다. 연구 결과, 세 아이 중 한 명꼴로 처음부터 열악한 환경에서 태어났다. 그 아이들은 1장에서 지적한 회복력 훼손 요인들, 즉 스스로 통제할 수 없는 사회경제적 요인과 가정적 요인을 지니고 있었다. 부모는 고등학교도 졸업하지 못했고 보수가 낮은 육체노동에 종사했다. 이 아이들의 가정은 유난히 가난했고, 싸움과 이혼이 빈번했다. 많은 부모가 알코올 의존증자였고 정신 질환 발병률이 높았다. 세 아이 중 두 명꼴로 회복력 수준이 낮았는데, 이의 부정적인 영향이 일찍부터 뚜렷하게 나타났다. 그들은 열 살 무렵에 심각한 학습 장애를 겪었고, 과잉 행동이나 표출 행동 같은 문제를 보였다. 열여덟 살 무렵에, 이 아동 집단에서는 위법 행위, 임신, 중증 정신 질환이 흔했다. 아동기의 불우한 환경은 이 아이들의 회복력을 앗아 갔고, 그들은 점차 추락하기 시작했다. 이 경향은 성인기의 성취 수준에 영향을 미칠 터였다.

하지만 세 아이 중 한 명은 마이클과 메리처럼 자신만만하고 크게 성취하고 사교적인 어른으로 성장했다. 이 아이들의 회복력은 손상되지 않았고, 아동기의 열악한 환경을 이겨 낼 수 있게 했다. 사실 가난, 양육 소홀, 유전성 정신 질환 등 심각한 위험 요인에 노출된 아동 중에서 환경에 굴복하는 수는 불과 절반 정도다. 나머지 절반은 발전한다.

워너와 스미스에 따르면, 열악한 환경에서 자란 아동들의 상당수가 꾸준히 탁월하게 성취했다. 회복력의 관점에서 이 아동들과의 면담 내용을 조사한 결과, 그들이 1장에서 나열한 4가지 차원에서 회복력을 활용했음을 확인할 수 있었다. 그 아이들은 가난, 불충분한 섭생, 학대라는 아동기의 곤경을 이겨 냈고, 부모에게서 적절한 보살핌을 받지 못하는 일상적인 역경을 헤쳐 나갔으며 부모의 이혼이라는 트라우마를 딛고 일어섰다. 또한 회복력 수준이 높아서 모험과 새로운 경험을 향해 적극 도전했다. 피험자 한 명은 최종 면담에서 이렇게 말했다. "저는 신께 감사드립니다. 제가 지금 이 자리에 이를 수 있는 힘과 능력을 주신 것에 감사드려요. 저는 서른 살이에요. 앞으로 할 게 너무 많아요. 예순이나 일흔이 되어도 제가 하고 싶은 것을 전부 해낼 수는 없을 겁니다."

회복력을 어떻게 키울까

초기 아동기 환경은 성인기까지 개인의 회복력 수준에 영향을 미친다. 이 점은 워너와 스미스의 연구로 확실하게 입증된다. 아동기의 환경은 왜 그토록 오래 영향을 미칠까? 그 이유는 아동기 환경이 아동의 믿음 체계와 능력을 형성하며, 그 믿음과 능력은 그들이 어른이 될 때까지 여전히 확고하기 때문이다. 1장에서 회복력 수준이 높은 사람의 개인적 특성, 즉 그들이 지닌 믿음과 능력을 일부 소개했다. 그들은 자신의 감정을 인식하고 조절하며 타인의 정서 상태를 감지할 수 있다. 데브처럼, 그들은 문제 해결에 초점을 맞추고 열중한다. 통제할 수 있는 역경과 통제할 수 없는 역경을 정확하게 구별한다. 로버트처럼, 그들은 자기 효능감 수준이 높다. 따라서 스스로 환경을 지배할 수 있다고 믿으며 자신감을 갖고 행동을 취한다. 회복력 수준이 높은 사람은 스테이시처럼 타인과 친밀한 관계를 맺고, 그 관계에 의지해서 힘겨운 시기를 이겨 낸다. 적극 도전하는 사람들은 조앤처럼 도전을 기회로 여기고 위험을 감수함으로써 삶을 확장할 수 있을 때에는 기꺼이 위험을 받아들인다. 회복력 수준이 낮은 사람은 이러한 능력과 믿음이 부족하다.

바로 이 지점에서 심리학자이자 연구자인 내가 개입한다. 가난, 이혼, 정신장애가 있는 부모 등 아동기의 환경 요인은 일종의 역사이다. 지난 역사를 바꿀 수는 없다. 하지만 믿음은 바꿀 수 있고 능력은 키울 수 있다. 회복력은 모호한 개념이다. 나 역시 정확하게 정의하기 어렵다. 그렇다면 회복력 수준을 높이는 과업을 어떻게 시작할 수 있을까? 연구에 따르면, 회복력은 7가지 능력으로 이루어진다. 감정 조절, 충동 통제, 낙관성, 원인 분석, 공감, 자기 효능감, 적극적 도전이다. 이 구체적인 7가지 능력은 측정할 수 있고 학습할 수 있으며 개선할 수도 있다.

나는 회복력 테스트를 개발했다. 개인의 전반적인 회복력 지수는 물론이고 그가 현재 갖고 있는 7가지 능력 수준을 측정한다. 이 테스트는 다양한 직업에 종사하는 온갖 계층 수천 명의 도움으로 완성되었고, 현실에서의 성공 가능성을 상당히 정확하게 예측한다는 점이 입증되었다. 예를 들어서 대규모 통신 회사에서 말단 직원과 중간 관리자의 회복력 수준을 비교한 결과, 관리자들의 회복력 지수가 현저히 높았다. 금융 투자 회사에서는 재정 컨설턴트들의 회복력 지수를 측정하고, 그들이 확보한 고객 수와 관리하는 달러 자산을 추적 조사했다. 회복력 지수가 더 높은 컨설턴트가 고객을 더 많이 확보하고 자산을 더 많이 관리했다.

7가지 회복력 기술은 7가지 능력을 키울 목적으로 개발된 것이다. 연구 결과, 목적을 충실히 달성했다. 한 대기업의 고객 서비스부와 영업부 직원들에게 7가지 회복력 기술을 훈련시켰다. 훈련한 지 3개월 후, 그들은 소속 부서의 가장 중요한 4가지 업무 평가 부문에서 통제 집단 직원들보다 더 높은 점수를 얻었다. 동료보다 회복력 수준이 낮은 영업 직원과 일반 사무직원들에게 7가지 기술을 가르친 연구도 있었다. 그 기술을 배운 지 한 달 후, 피험자들의 수행 수준은 동료 직원들보다 50퍼센트 더 높았고, 다른 척도로 측정했을 때는 100퍼센트 높았다. 회복력은 중요하며 학습 가능하다.

우리는 함께 여행에 나서기로 했다. 당신은 이미 여행길에 올랐다. 첫걸음은 회복력 지수를 측정하는 것이다. 본인이 7가지 회복력을 어느 정도 갖추고 있는지 알고 나면 7가지 기술 중에서 어떤 기술이 가장 필요한지 더 정확하게 알 수 있다.

회복력 지수 테스트(RQ Test)

RQ(Resilience Quotient) 테스트는 모두 56개 문항이다. 문항에 답할 때 너무 오래 고심하지 말라. 처음부터 끝까지 10분 정도에 마쳐야 한다. 각 문항이 본인과 얼마나 일치하는지 다음 척도에 따라 대답하라.

1점 = 전혀 아니다
2점 = 대체로 아니다
3점 = 보통이다
4점 = 대체로 그렇다
5점 = 매우 그렇다

_____ 1. 문제를 해결하려고 노력할 때 나는 직감을 믿으며 처음 떠오른 해결책을 적용한다.

_____ 2. 직장 상사, 동료, 배우자, 자녀와 미리 계획한 대화를 나눌 때도 나는 언제나 감정적으로 대응한다.

_____ 3. 앞으로의 건강이 걱정스럽다.

_____ 4. 당면한 과제에 집중하지 못하게 방해하는 어떤 것도 능숙하게 차단한다.

_____ 5. 첫 번째 해결책이 효과가 없으면 원점으로 돌아가서 문제가 해결될 때까지 다른 해결책을 끊임없이 시도한다.

____ 6. 호기심이 많다.

____ 7. 과제에 집중하게 도와줄 긍정적인 감정을 활용하지 못한다.

____ 8. 새로운 것을 시도하기를 좋아한다.

____ 9. 도전적이고 어려운 일보다는 자신 있고 쉬운 일을 하는 것이 더 좋다.

____ 10. 사람들 표정을 보면 그가 어떤 감정을 느끼는지 알아차린다.

____ 11. 일이 잘 안 풀리면 포기한다.

____ 12. 문제가 생기면 여러 가지 해결책을 강구한 후 문제를 해결하려고 노력한다.

____ 13. 역경에 처할 때 감정을 통제할 수 있다.

____ 14. 나에 대한 다른 사람들 생각은 내 행동에 영향을 미치지 못한다.

____ 15. 문제가 일어나는 순간, 맨 처음에 떠오르는 생각이 무엇인지 알고 있다.

____ 16. 내가 유일한 책임자가 아닌 상황이 가장 편안하다.

____ 17. 내 능력보다 타인의 능력에 의지할 수 있는 상황을 선호한다.

____ 18. 언제나 문제를 해결할 수는 없지만 해결할 수 있다고 믿는 것이 더 낫다.

____ 19. 문제가 일어나면 문제의 원인부터 철저히 파악한 후 해결을 시도한다.

____ 20. 직장이나 가정에서 나는 내 문제 해결 능력을 의심한다.

____ 21. 내가 통제할 수 없는 요인들에 대해 숙고하는 데 시간을 허비하지 않는다.

____ 22. 변함없이 단순한 일상적인 일을 하는 것을 좋아한다.

____ 23. 내 감정에 휩쓸린다.

____ 24. 사람들이 느끼는 감정의 원인을 간파하지 못한다.

____ 25. 내가 어떤 생각을 하고 그것이 내 감정에 어떤 영향을 미치는지 잘 파악한다.

____ 26. 누군가에게 화가 나도 일단 마음을 진정하고 그것에 관해 대화할 알맞은 순간까지 기다릴 수 있다.

____ 27. 어떤 문제에 누군가 과잉 반응을 하면 그날 그 사람이 단지 기분이 나빠서 그런 거라고 생각한다.

____ 28. 나는 대부분의 일을 잘 해낼 것이다.

____ 29. 사람들은 문제 해결에 도움을 얻으려고 자주 나를 찾는다.

____ 30. 사람들이 특정 방식으로 대응하는 이유를 간파하지 못한다.

____ 31. 내 감정이 가정, 학교, 직장에서의 집중력에 영향을 미친다.

____ 32. 힘든 일에는 언제나 보상이 따른다.

____ 33. 과제를 완수한 후 부정적인 평가를 받을까 봐 걱정한다.

____ 34. 누군가 슬퍼하거나 분노하거나 당혹스러워할 때 그 사람이 어떤 생각을 하고 있는지 정확히 알고 있다.

____ 35. 새로운 도전을 좋아하지 않는다.

____ 36. 직업, 학업, 재정과 관련해서 미리 계획하지 않는다.

____ 37. 동료가 흥분할 때 그 원인을 꽤 정확하게 알아차린다.

____ 38. 어떤 일이든 미리 계획하기보다는 즉흥적으로 하는 것을 좋아한다. 그것이 별로 효과적이지 않아도 그렇다.

____ 39. 대부분의 문제는 내가 통제할 수 없는 상황 때문에 일어난다.

____ 40. 도전은 나 자신이 성장하고 배우는 한 가지 방법이다.

____ 41. 내가 사건과 상황을 오해하고 있다는 말을 들은 적이 있다.

____ 42. 누군가 내게 화를 내면 대응하기 전에 그의 말을 귀 기울여 듣는다.

____ 43. 내 미래에 대해 생각할 때 성공한 내 모습이 상상되지 않는다.
____ 44. 문제가 일어날 때 내가 속단해 버린다는 말을 들은 적이 있다.
____ 45. 새로운 사람들을 만나는 것이 불편하다.
____ 46. 책이나 영화에 쉽게 몰입한다.
____ 47. "예방이 치료보다 낫다."는 속담을 믿는다.
____ 48. 거의 모든 상황에서 문제의 진짜 원인을 잘 파악한다.
____ 49. 훌륭한 대처 기술을 갖고 있으며 대부분의 문제에 잘 대응한다.
____ 50. 배우자나 가까운 친구들은 내가 그들을 이해하지 못한다고 말한다.
____ 51. 판에 박힌 일과를 처리할 때 가장 편안하다.
____ 52. 문제는 최대한 빨리 해결하는 것이 중요하다. 설령 그 문제를 충분히 파악하지 못하더라도 그렇다.
____ 53. 어려운 상황에 처할 때 나는 그것이 잘 해결될 거라고 자신한다.
____ 54. 동료와 친구들은 내가 그들 말을 경청하지 않는다고 말한다.
____ 55. 어떤 것이 갖고 싶으면 즉시 나가서 그것을 산다.
____ 56. 동료나 가족과 '민감한' 주제에 대해 의논할 때 감정을 자제할 수 있다.

감정 조절과 회복력

감정 조절은 스트레스 받는 동안 평온을 유지하는 능력이다. 회복력 수준이 높은 사람은 효과적인 여러 가지 기술을 이용해서 감정, 집중력, 행동을 통제한다. 자기 통제력은 타인과 친밀한 관계를 맺고 직장에서 성공하며 신체 건강을 유지하는 데 중요하다. 감정을 조절하지 못하는 사람은 가정에서 배우자를 정서적으로 지치게 하고 직장에서 공동 작업을 하기 어렵다. 연구에 따르면, 감정 조절 능력이 부족한 사람은 우정을 쌓고 지속하지 못한다. 그 이유는 한둘이 아니겠지만, 가장 근본적인 이유는 바로 부정적 성향 때문이다. 사람들은 화내거나 투덜대거나 불안해하는 사람과는 함께 있으려 하지 않는다. 그런 성향은 상대방의 진을 빼고, 게다가 감정은 전염성이 있다. 화내고 투덜대고 불안해하는 사람과 있으면 덩달아 화가 나고 투덜대고 불안해진다.

물론 모든 감정을 교정하거나 통제할 필요는 없다. 모든 분노, 모든 슬픔, 모든 불안과 죄책감을 최소화하거나 조절하거나 억눌러야 하는 것은 아니다. 오히려 그 반대이다. 긍정적 감정이든 부정적 감정이든 감정을 표현하는 행위는 건강하며 건설적이다. 실제로 적절한 감정 표현은 회복력의 특징 중 하나이다. 그러나 감정을 철저히 묻어 두면 삶의 광채가 흐려지듯이, 감정의 노예가 되는 것은 회복력을 방해하고 주변 사람들을 피곤하게 한다.

불안과 슬픔과 분노를 유난히 자주 느끼고 일단 감정이 솟구치면 좀처럼 통제하지 못하는 사람들이 있다. 그들은 불안과 슬픔과 분노에 사로잡혀서 옴짝달싹 못하고 역경과 문제에 효과적으로 대응하지 못한다. 감정에 휩쓸릴 때는 타인에게 손을 내밀고 새로운 경험을 시도하는 것이 거의 불가능하다.

통신 회사 직원인 베스의 사례를 보자. 어렸을 때 베스는 정서적으로 불안했고, 일단 불안감에 휩싸이면 떨칠 수 없다는 느낌이 들었다고 한다. 정서 불안은 커서도 나아지지 않았다. 베스의 표현대로, 정서적 롤러코스터는 엄마로서의 능력을 훼손한다. "저는 십대 딸이 둘 있어요. 아이들은 자기 문제에 관해 저와 대화하지 않으려고 해요. 제가 감정을 통제하지 못할까 봐 걱정해요. 엄마가 자기들 문제를 해결하는 건 고사하고 오히려 감정에 휘둘릴까 봐 걱정하는 거지요. 처음부터 끝까지 침착하게 아이들 말을 들을 수 있다는 걸 보여 주려고 노력해요. 하지만 그 일은 정말로 악전고투예요. 정서 불안 때문에 저는 좋은 엄마가 되기 어려워요."

베스의 말이 남 일 같지 않은 사람은 감정 조절 능력을 키울 필요가 있다. 어떻게 키워야 할까? 화가 날 때 마음을 진정하고 슬플 때 기분을 돋우고 불안할 때 평온해지는 데 필요한 기술은 다양하게 존재한다. 그중 대부분은 9장에서 소개할 것이다. 무수한 감정 조절 기술 중에서 역경에 대한 믿음, 즉 문제가 생길 때 실제로 떠오르는 생각이자 감정의 원천인 믿음을 바꾸는 데 가장 효과적인 기술이 있다.

감정 조절 능력을 키워야 하는 사람에게는 기술 1과 기술 6이 특히 유용하다. 'ABC 확인하기' 기술은 반생산적인 감정을 촉발하는 믿음을 포착할 수 있게 해 준다. '진정하기 및 집중하기' 기술은 감정을 억제할 필요

감정 조절			
다음 문항의 점수를 적어라.		다음 문항의 점수를 적어라.	
문항 13	______	문항 2	______
문항 25	______	문항 7	______
문항 26	______	문항 23	______
문항 56	______	문항 31	______
긍정성 문항 총점	______	부정성 문항 총점	______

긍정성 문항 총점 — 부정성 문항 총점 = ______ 이것이 당신의 감정 조절 능력 점수이다.

- 평균 이상 : 13점 초과 점수
- 평균 : 6점에서 13점까지의 점수
- 평균 이하 : 6점 미만 점수

가 있을 때 긴장을 풀고 이완할 수 있게 해 준다.

충동 통제와 회복력

『감성 지능』의 저자 대니얼 골먼은 1970년대에 흥미로운 연구를 수행했다. 일곱 살짜리 아이들을 작은 방으로 한 명씩 데려간다. 그 방에는 다른 연구자가 기다리고 있다. 연구자는 방에 들어온 아이에게 자기가 잠깐 밖에 나갔다 와야 하는데 그 전에 마시멜로를 하나 주겠다고 말한다. 그리고 그 마시멜로를 지금 먹어도 되지만 자기가 돌아올 때까지 안 먹고 기다리면 하나 더 주겠다고 한다. 10년 후, 골먼은 그 연구에 참여한 아동들을 추적 조사했다. 그들은 이제 고등학교 상급생이었다. 충동을 통제한 아동, 즉 마시멜로를 하나 더 받으려고 처음 받은 마시멜로를 먹지 않고 만족감을 지연시킨 아동들은 교우 관계도 더 좋았고 학교 성적도 훨씬 더 우수했다.

충동 통제력 부족은 35세의 대학 교수인 루이스를 자주 곤경에 빠뜨린다. 동료들은 재미있고 활달한 루이스를 좋아한다. 하지만 그는 신랄한 농담의 대상으로 동료의 입줄에 자주 오르내리기도 한다. 루이스는 교수회의 도중에 느닷없이 엉뚱한 말을 내뱉고 어떤 생각이 떠오르는 즉시 그대로 표출한다. 곧바로 사과하지만 똑같은 짓을 금방 또 저지른다. 사람들과 어울리는 자리에서는 술을 너무 많이 마시고 지나치게 많이 먹는다. 루이스와 일부 학생들과의 관계를 의심하는 동료도 있다. 그는 이드(id)가 강하고 초자아(superego)가 약하다. 쾌락주의적인 욕망이 합리적인 정신을 번번이 압도한다는 말이다. 새로운 일에 환호하며 전력을 다하다가 별안간 흥미를 잃고 그 일을 아예 그만두는 것은 다반사이다. 루이스는 이렇게 말한다. "꼭 열두 살짜리 사내아이 같아요. 집에서도 충동적이고 직장에서도 충동적이에요. 감정을 통제하기 어렵고 제 자신에게 '안 돼.'라고 말하기가 어려워요. 어떤 일에 신이 나서 밤낮없이 그 일만 하다가도 금방 흥미를 잃고 말아요."

감정 조절 능력과 충동 통제 능력은 당연히 밀접한 관계가 있다. RQ 테스트 결과도 그 사실을 입증한다. 즉, 충동 통제 능력 점수가 높은 사람은 대체로 감정 조절 능력 점수 역시 높다. 이 두 영역은 하나로 연결되어 있다. 두 영역 모두 우리의 믿음 체계를 이용하기 때문이다. 따라서 충동 통제력 점수가 낮은 사람은 특정 상황에서 맨 처음에 충동적으로 떠오른 믿음을 사실로 받아들이고 그에 따라 행동한다. 그 때문에 회복력을 방해하는 부정적인 결과가 자주 이어진다. 감정 조절과 마찬가지로, 충동 통제에 제일 먼저 필요한 중요한 기술은 ABC 확인하기이다. 이 기술은 4장에서 다룬다. ABC 기술은 개인의 믿음이 어떻게 감정과 행동을 촉발하는

충동 통제

다음 문항의 점수를 적어라.		다음 문항의 점수를 적어라.	
문항 4	______	문항 11	______
문항 15	______	문항 36	______
문항 42	______	문항 38	______
문항 47	______	문항 55	______
긍정성 문항 총점	______	부정성 문항 총점	______

긍정성 문항 총점 — 부정성 문항 총점 = ______ 이것이 당신의 충동 통제 능력 점수이다.

- 평균 이상 : 0점 초과 점수
- 평균 : -6점에서 0점까지의 점수
- 평균 이하 : -6점 미만 점수

지, 그 과정을 추적한다. ABC 기술을 마스터하면 기술 2 '사고의 함정 피하기'로 나아갈 수 있다. 이 기술은 사람들이 흔히 갖고 있는 충동적인 믿음과 그 믿음이 회복력을 어떻게 훼손하는지를 간파하게 해 준다. 기술 4 '믿음에 반박하기'에 이르면 충동 통제 능력을 향상시키고 보다 정확하게 사고할 수 있다. 정확한 사고는 감정 조절 능력을 더욱 높이고 더욱 회복탄력적인 행동을 낳는다.

낙관성과 회복력

"아, 맞아요, 모든 일에서 기뻐할 수 있는 어떤 것을 찾는 놀이예요. 어떤 것이든 상관없어요." 폴리애나가 즐겁게 종알거렸다. "바로 그때 처음 시작했어요. 목발을 받았을 때요."

"너는 인형을 원했는데 목발을 받았다면서? 그 일에는 기뻐할 게 하나도 없는 것 같은데."

"천만에요! 저는 건강해서 목발이 필요 없잖아요. 그러니까 기쁘죠."

— 엘리너 H. 포터, 『폴리애나』

회복력 지수가 높은 사람은 낙관적이다. 그들은 만사가 더 좋아질 거라고 믿는다. 미래에 대한 희망을 품고 본인이 인생의 방향을 통제한다고 확신한다. 낙관주의자는 비관주의자에 비해 신체적으로 더 건강하고 우울증에 덜 걸리고 성적이 더 좋고 직장에서 더 생산적으로 일하며 운동 경기에서 더 자주 이긴다. 과학적인 수많은 연구로 입증된 사실이다.

낙관성은 미래가 비교적 밝다고 여기는 태도를 이른다. 미래에 어쩔 수 없이 겪게 되는 역경을 해결할 수 있다고 믿는다는 뜻이다. 또한 자기 효능감, 즉 문제를 해결하고 자기 세계를 지배하는 능력에 대한 믿음을 반영한다. 이 낙관성 역시 회복력을 이루는 중요한 능력이다.

연구에 의하면, 낙관성과 자기 효능감은 밀접한 관계가 있다. 진정한 자기 효능감과 결합한 낙관성은 커다란 축복이다. 낙관성은 동기를 부여해서 해결책을 찾아내고 어려운 상황을 개선하게끔 계속 열심히 노력하게 만들기 때문이다. 그러나 폴리애나처럼 극단적인 낙관주의자는 아무 도움도 되지 못할 수도 있음을 알아야 한다. 비현실적인 낙관주의자는 중병에 걸려도 이렇게 말한다. "별일 아니야. 그렇게 심각하지 않아. 괜찮을 거야." 이런 태도는 병을 고치기 위해 반드시 해야 하는 일을 못 하게 만든다. 회복력과 성공의 비결은 자기 효능감과 함께 현실적인 낙관성을 갖는 것이다. 자기 효능감은 성공적인 문제 해결의 결과로서 '믿음에 반박하기' 기술과 '진상 파악하기' 기술을 활용하여 크게 증가시킬 수 있다. 그 두 기술을 적용하면 통제 가능한 요인들을 장악할 수 있다.

낙관성			
다음 문항의 점수를 적어라.		다음 문항의 점수를 적어라.	
문항 18	______	문항 3	______
문항 27	______	문항 33	______
문항 32	______	문항 39	______
문항 53	______	문항 43	______
긍정성 문항 총점	______	부정성 문항 총점	______

긍정성 문항 총점 — 부정성 문항 총점 = ______ 이것이 당신의 낙관성 점수이다.

- 평균 이상 : 6점 초과 점수
- 평균 : -2점에서 6점까지의 점수
- 평균 이하 : -2점 미만 점수

원인 분석과 회복력

원인 분석은 문제의 원인을 정확하게 파악하는 능력이다. 문제의 원인을 정확히 알아내지 못하면 똑같은 실수를 되풀이할 수밖에 없다.

마틴 셀리그만과 그 동료들은 원인 분석 능력에 특히 중요한 사고 양식을 찾아냈다. 바로 설명 양식으로서, 본인에게 일어나는 좋은 일과 나쁜 일의 원인을 설명하는 습관적인 방식을 말한다. 사람들의 설명 양식은 3가지 차원에서 서술할 수 있다. 개인적 차원(내 탓/남 탓), 지속성 차원(항상/가끔), 만연성 차원(전부/일부)이다. '내 탓, 항상, 전부' 설명 양식을 지닌 사람은 문제의 원인이 본인이고(내 탓), 지속적이며 변할 수 없고(항상), 자기 삶의 모든 영역을(전부) 손상시킬 것이라는 믿음을 갖고 있다. 그 믿음은 자동적이며 반사적이다. 다음 2가지는 '내 탓, 항상, 전부' 믿음이다.

① "내 아들은 공부를 못해. 내가 시간이 없어서 아들 숙제를 못 봐주기 때문이야. 나는 나쁜 엄마야."

② "나는 승진하지 못했어. 너무 소심한데다 대인 관계 기술이 부족하기 때문이야."

'남 탓, 가끔, 일부' 설명 양식을 지닌 사람은 문제가 일어날 때 문제의 원인은 타인이나 환경이고(남 탓), 일시적이며 변할 수 있고(가끔) 자기 삶의 특정 영역에만(일부) 영향을 미칠 것이라고 믿는다. 이런 사람은 동일한 상황도 '내 탓, 항상, 전부' 설명 양식 소유자와는 아주 다르게 해석한다.

① "내 아들은 공부를 못해. 요즘에 공부를 열심히 안 하기 때문이야."

② "나는 승진하지 못했어. 내가 얼마나 유능한지 몰라서 그래."

설명 양식은 회복력에서 아주 중요한 역할을 하기 때문에 3장에서 다시 다룰 것이다. 그리고 7장에서 믿음에 반박하기 기술을 통해 본인의 설명 양식을 확인하고 고질적이고 비합리적인 설명 양식에서 벗어나는 과정을 소개할 것이다.

개인의 설명 양식은 수행에 강력한 영향을 미친다. 나는 그것을 직접 목격했다. 중년 부부인 캐시와 렌은 내가 가르치는 이상 심리학 수업을 들었다. 그들은 통찰력 있는 질문을 던지고 수업 중에 소개하는 심리학 이론에 냉철하고도 예의 바르게 이의를 제기해서 깊은 인상을 주었다. 나는 첫 시험을 앞두고 그 두 사람이 최고 점수를 받을 거라고 예상했다. 그런데 캐시는 B 학점, 렌은 C 학점을 받았다. 시험에 관해 함께 이야기하면서 그들이 서로 다른 설명 양식을 갖고 있음을 알게 되었다.

캐시는 렌보다 성적이 좋았지만 더 불안해하고 있었다. 두 사람의 설명 양식을 고려하면 충분히 이해할 수 있다. 캐시의 말에 의하면, B 학점을 받은 이유는 "저는 심리학을 잘 몰라요." 때문이었다. 반면에 렌은 이렇게 말했다. "시험공부를 어떻게 해야 하는지 몰라서 C 학점을 받은 것 같아요." 캐시가 지닌 '내 탓, 항상, 전부' 설명 양식은 자신감을 떨어뜨린 반면에 렌의 설명 양식은 해결책을 강구하도록 동기를 부여했다.

설명 양식이 원인 분석에 어떤 영향을 미치는지는 쉽게 알 수 있다. 문제의 '지속적이고 만연한' 원인에 골몰하는 사람은 상황을 바꾸는 방법을 보지 못한다. 그들은 무력해지고 절망한다. '일시적이고 국소적인' 원인에 초점을 맞추는 사람은 활력을 찾고 실행 가능한 해결책을 궁리할 수 있다. 하지만 회복력 수준이 가장 높은 사람은 특정 설명 양식에 얽매이지 않는 사람이다. 유연하게 사고하며 역경의 주요 원인을 모두 식별해

원인 분석	
다음 문항의 점수를 적어라.	다음 문항의 점수를 적어라.
문항 12 ______	문항 1 ______
문항 19 ______	문항 41 ______
문항 21 ______	문항 44 ______
문항 48 ______	문항 52 ______
긍정성 문항 총점 ______	부정성 문항 총점 ______

긍정성 문항 총점 — 부정성 문항 총점 = ______ 이것이 당신의 원인 분석 능력 점수이다.

- 평균 이상 : 8점 초과 점수
- 평균 : 0점에서 8점까지의 점수
- 평균 이하 : 0점 미만 점수

낸다. 그들은 현실주의자이다. 지속적이고 만연한 원인을 등한시하지 않는다. 또한 자부심을 지키거나 죄책감을 없애려고 자기의 실수를 두고 반사적으로 타인을 비난하지 않는다. 통제할 수 없는 사건이나 상황에 골몰하느라 회복력을 허비하지도 않는다. 통제할 수 있는 요인에 집중하고 점진적인 변화를 통해 역경을 이겨 내고 헤쳐 나가고 딛고 일어서고 도전한다. 충동 통제 능력과 낙관성을 키워야 하는 사람과 마찬가지로, 원인 분석 능력을 향상시킬 필요가 있는 사람에게는 '믿음에 반박하기' 기술이 가장 유용하다.

공감과 회복력

공감은 타인의 심리 상태와 정서 상태에 대한 신호를 포착하는 능력이다. 비언어적 요소, 즉 표정, 어조, 신체 언어 등을 해석하고 타인이 어떤 생각을 하고 어떤 감정을 느끼는지 정확하게 감지하는 사람들이 있다. 이 능력이 부족한 사람도 있다. 이들은 타인의 입장에서 생각하지 못하고 그가 어떤 감정을 느끼는지, 어떤 행동을 할 가능성이 있는지 예측하지 못한다. 비언어적 신호를 해석하는 능력은 중요하다. 꾸준히 승진해야 하고 인맥 관리 기술이 필요한 직장인들, 그리고 부하 직원에게 동기를 부여할 최선의 방법을 알아야 하는 임원들의 경우, 공감 능력이 부족하면 큰 대가를 치를 수 있다. 또한 상대방으로부터 소중하고 이해 받고 있다는 느낌이 필요한 인간관계에서도 그 대가는 크다. 공감 능력이 낮은 사람은 좋은 의도를 갖고 있어도 비효과적인 구태의연한 행동을 반복하는 경향이 있다. 그들은 타인의 감정과 욕구를 억지로 캐내려고 한다. 하지만 이들도 공감 지수를 올릴 수 있다.

이 책의 2부에서는 'ABC 확인하기' 기술과 '빙산 찾아내기' 기술을 활용해서 스스로 동기를 부여하는 것이 무엇인지 알아내는 방법을 배울 것이다. 그 두 기술을 통해 다른 사람과 상호 작용하는 방법도 배울 수 있다.

공감			
다음 문항의 점수를 적어라.		다음 문항의 점수를 적어라.	
문항 10	______	문항 24	______
문항 34	______	문항 30	______
문항 37	______	문항 50	______
문항 46	______	문항 54	______
긍정성 문항 총점	______	부정성 문항 총점	______

긍정성 문항 총점 — 부정성 문항 총점 = ______ 이것이 당신의 공감 능력 점수이다.

- 평균 이상 : 12점 초과 점수
- 평균 : 3점에서 12점까지의 점수
- 평균 이하 : 3점 미만 점수

그러면 부하 직원이 중요한 업무를 미루는 이유, 사춘기 아들이 방에 틀어박혀서 우울해하는 이유를 더 정확하게 파악해서 사랑하는 사람들과 더 친밀한 관계를 맺을 수 있다.

자기 효능감과 회복력

자기 효능감은 이 세상에서 본인이 효과적으로 기능한다는 느낌을 말한다. 자기에게 일어날 문제를 해결할 수 있다는 믿음과 성공할 능력에 대한 확신을 나타낸다. 자기 효능감에 대해서는 이미 많이 이야기했다. 그러니 실생활에서 자기 효능감을 활용하는 방법을 알아보자. 직장에서 본인의 문제 해결 능력을 확신하는 사람은 리더로 우뚝 서지만, 자기 능력을 의심하는 사람은 좌절하고 불안해한다. 그는 자기 의심을 무심코 노출하고, 동료들은 그 말을 새겨듣고 다른 사람에게 조언을 구한다.

린과 그렉은 통신회사의 같은 부서에서 일한다. 두 사람 모두 신입사원이며 비슷한 교육과 훈련을 받았다. 입사 6개월 후, 두 사람은 서로 다른 궤도에 올라섰다. 그렉은 작은 성공을 여러 차례 거두고도 그 업무에 필요한 능력을 갖추고 있는지 자신하지 못했다. 주어진 업무를 완수할 수 있다는 믿음이 아직 없었다. 반면에 린은 사소한 성공을 통해 자신감을 키워 나갔다. 업무에 활용할 수 있는 재능과 기술이 본인에게 있음을 깨달았고, 작은 성공을 거둘 때마다 그 깨달음은 점차 확고해졌다. 이 차이는 린과 그렉이 일반적인 문제에 대응하는 방식에서 드러난다. 문제를 해결할 수 있다는 믿음과 자신감 덕분에 린은 회사에서 자주 직면하는 난제들을 적극적으로 풀어 나갔다. 반면에 그렉은 비슷한 난제에 수동적으로 대응했다. 해결 방법도 모르고 능력도 부족하다고 믿어서 타인이 제시한

자기 효능감	
다음 문항의 점수를 적어라. 문항 5 ________ 문항 28 ________ 문항 29 ________ 문항 49 ________ 긍정성 문항 총점 ________	다음 문항의 점수를 적어라. 문항 9 ________ 문항 17 ________ 문항 20 ________ 문항 22 ________ 부정성 문항 총점 ________
긍정성 문항 총점 — 부정성 문항 총점 = ______ 이것이 당신의 자기 효능감 점수이다. • 평균 이상 : 10점 초과 점수 • 평균 : 6점에서 10점까지의 점수 • 평균 이하 : 6점 미만 점수	

해결책을 그대로 받아들였다. 회복력을 발휘한 결과, 린은 경영진의 눈에 띄었다. 더 많은 책임을 떠맡았고 고급 직원 교육 세미나에 참석할 기회를 얻었다. 금전적 보상은 없지만 고속 승진하는 직원을 위한 특별 교육 세미나였다.

회복력 덕에 린은 승승장구하는 데 반해, 자기 의심과 무력감 탓에 그렉은 더 많은 역경을 겪게 되었다. 2부에서는 자신감을 쌓고 자기 효능감을 키우는 기술을 배울 것이다. '사고의 함정 피하기' 기술은 문제의 원인에 대한 불합리한 믿음을 떨쳐 내도록 하며, '믿음에 반박하기 기술'은 문제를 더 확실하게 해결하도록 도와준다. 이 두 기술을 활용하면 직장에서나 인간관계에서나 더 좋은 결과를 얻을 것이다. 그리고 그 두 영역을 개선하면 자신감과 자기 효능감이 더욱 커진다.

적극적 도전와 회복력

지금까지 역경에 처할 때 회복력을 발휘하게 해 주는 6가지 능력을 다루었다. 그러나 회복력은 단지 역경을 이겨 내고 헤쳐 나가고 딛고 일어서는 것만을 의미하지 않는다. 이 특성은 삶의 긍정적인 측면을 향상시켜 준다. 회복력은 더 멀리 도전해 나가는 능력의 원천이다. 이 능력을 갖지 못한 사람이 놀라우리만치 많다. 도전하는 것을 두려워하는 사람들도 있다. 그 이유는 무엇일까? 어떤 사람들은 어린 시절에 당혹감은 어떤 희생을 치르더라도 피해야 하는 감정이라고 배워서 그렇다. 자기의 껍질 속에서 웅크리고 사는 것이 남들 앞에서 실패하고 웃음거리가 되는 것보다 더 낫다고 배운 것이다. 그로 인해 그저 그런 인생을 살게 되더라도 그 믿음을 고수한다. 또 어떤 사람은 앞으로 겪을지도 모를 역경을 지나치게 걱정하기 때문에 도전하지 못한다. 이것은 8장에서 설명할 것이다. 그리고 5장에서 다루겠지만 사람들은 시도로 인한 손해는 중시하고 포기로 인한 손해는 무시한다. 즉, 행동해서 실패한 것보다는 차라리 행동하지 않은 것이 성공에 더 유리하다고 오해한다.

도전하지 못하는 또 다른 이유는 본인 능력의 진짜 한계를 아는 것이 두렵기 때문이다. 이 사고 양식을 지닌 사람은 잠재의식적으로 한계를 규정한다. 즉, "시도하지 않으면 언제나 이렇게 말할 수 있지. 만약에 시도해서 열심히 노력했더라면 나는 틀림없이 성공했을 거라고. 실제로 시도한 후에 능력이 부족해서 성공하지 못했다는 것을 인정해야 하는 것보다는 그게 더 나아."라고 생각한다. 이들은 시도 후의 실패가 참혹한 결과로 이어질 확률을 너무 높게 예측하는 경향이 있다. 적극 도전하기 능력을 키우려는 사람에게는 회복력 기술이 확실히 유용하다. 이 능력을 키우기 위

적극적 도전	
다음 문항의 점수를 적어라. 문항 6 ________ 문항 8 ________ 문항 14 ________ 문항 40 ________ 긍정성 문항 총점 ________	다음 문항의 점수를 적어라. 문항 16 ________ 문항 35 ________ 문항 45 ________ 문항 51 ________ 부정성 문항 총점 ________
긍정성 문항 총점 — 부정성 문항 총점 = ______ 이것이 당신의 적극적 도전 능력 점수이다. • 평균 이상 : 9점 초과 점수 • 평균 : 4점에서 9점까지의 점수 • 평균 이하 : 4점 미만 점수	

해 '빙산 찾아내기' 기술을 활용하는 방법도 알려 줄 것이다. 그러면 타인과의 친밀한 관계 형성을 방해하고 새로운 경험을 시도하지 못하게 가로막는 뿌리 깊은 믿음을 찾아낼 수 있다. '믿음에 반박하기' 기술을 적용해서 불합리한 믿음을 검증하는 법, '진상 파악하기' 기술을 통해 적극적 도전에 대한 두려움을 떨쳐 내는 법도 소개할 것이다. 또한 실시간 회복력 기술을 익히면 비합리적인 믿음이 떠오를 때 그것을 즉시 몰아낼 수 있다.

더러 RQ 테스트 점수가 생각보다 낮아서 놀라기도 할 것이다. 실망할 필요는 없다. 이 책에서 소개하는 7가지 기술을 활용함으로써 7가지 능력을 크게 향상시킬 수 있다. 3장에서 의미 있는 변화를 확인할 수 있을 것이다.

• 3장 •

회복력 기초 이론

이 책을 사면서 사람들은 중요한 결심을 한다. 자기 운명을 바꿀 수 있고 만들어 갈 수 있다고, 자기 행동을 통제하고 인생을 조종할 수 있다고 믿고 선언한다. 하지만 7가지 기술을 이용해서 회복력을 키우고 인생을 바꾸기 전에 먼저 그 새로운 기술들이 탄생한 배경을 안다면 더욱 도움이 될 것이다. 따라서 이 3장에서는 회복력 훈련의 토대가 되는 이론을 소개하려고 한다.

회복력 훈련은 회복력의 특징, 회복력을 훼손하는 요인과 보호하는 요인, 낮은 회복력이 차후의 성취에 미치는 영향에 관한 수십 년의 연구에 기초한다. 하지만 나는 그 밖에도 무수한 이론을 참고했고, 선배 과학자들과는 다른 길로 나아갔다. 우선 내 회복력 훈련의 토대가 되는 4가지 원칙을 소개하겠다. 연구에 기초한 이 핵심 원칙이 회복력 기술의 기반이다. 회복력 기술을 익히기 전에 그 기초 이론을 먼저 배우길 원하는 사람들이 있다. 이 3장에서는 그 기초 이론을 간단히 검토할 것이다. 이론적 기반에는 관심이 없고 얼른 관련 기술을 배워서 활용하는 게 급선무인 사람도 있을 것이다. 그렇다면 3장을 건너뛰어라.

지난 15년간의 연구를 돌아보니 그 길을 걸어올 수밖에 없었다는 느낌이 든다. 과학자로서 데이터에 의존해서 이론을 구체화해야 한다고 믿으며, 관련 연구 결과들을 참고로 4가지 핵심 원칙을 도출했다고 확신한다. 그 원칙을 얻고 나자 임무가 정해졌다. 바로 더욱 정확한 사고를 통해 실생활에서 회복력을 키우는 프로그램을 개발하고 검증하는 것이었다.

핵심 원칙 1 : 인생은 바꿀 수 있다

이미 말했듯이, 사람들은 인생을 바꿀 수 있다고 믿는다. 나도 그렇다. 이것은 강력한 믿음이지만, 현대적인 믿음이다. "아동기의 열악한 환경은 인간의 능력을 제한하지도 방해하지도 않는다." 그리고 "인간은 인생의 어느 시기에서나 본인의 행동을 바꿀 수 있다."는 주장을 지극히 당연하게 여기는 현대인들이 많다. 하지만 예로부터 사람들은 지속적인 변화가 불가능하다고 믿어 왔다. 지금도 생후 2, 3년이 한 개인과 그 미래의 모든 것을 결정한다는 주장을 고수하는 사람들이 많다. 현대 심리학의 '아버지'로 알려진 지그문트 프로이트는 1900년대 초반에 인간의 성격은 5세 무렵에 결정된다고 주장했으며, 성격을 바꿀 수 있는 인간의 능력에 비관적이었다. 프로이트는 주로 토머스 홉스의 합리주의 철학을 차용했다. 홉스는 부정적인 인간관을 지닌 철학자로서 인간의 본성은 교활하고 이기적이며 인생은 짧고 잔인하다고 선언했다. 우리 인간은 이기심을 억누르고 개과천선할 수 있을까? 홉스에 의하면, 불가능하다. 인간은 달라지지 않는다. 인간의 성격은 선천적이고 고정적이며, 무슨 수를 써도 바꿀 수 없다. 오랜 세월에 걸친 심리 치료 후, 프로이트는 인간의 성격을 조금은 바꿀 수도 있다고 결론을 내렸다. 그러나 프로이트의 관점에서 보면, 그 누구도 자신을 완전히 변화시킬 수는 없으며, 그 어떤 자기 계발 서적도 모든 인간이 지닌 사악한 측면을 바로잡지 못한다.

지난 80년 동안 심리학은 인간의 본성과 싸워 왔다. 인간의 행동을 결정하는 힘은 무엇이며, 그 힘을 어떻게 통제할 수 있을까? 프로이트는 이 중요한 질문을 둘러싼 논쟁의 일부였다. 그리고 제시된 답변들은 '인간'으로 산다는 것의 진정한 의미를 알려 준다.

1920년대에 심리학자들 사이에서 프로이트 이론에 대한 불만이 높아지고 있었다. 그들은 프로이트와는 아주 다른 철학을 받아들였다. 존 로크와 장 자크 루소의 경험주의 철학을 배경으로 인간은 타불라 라사(tabula rasa), 즉 '백지' 상태로 태어난다고 주장했다. 타고난 탐욕이나 이기심은 없고 중요한 경험이 쓰이기를 기다리는 깨끗한 종이라는 것이다. 그들은 학습이 우리 자신과 우리 행동을 규정하듯이 새로운 학습을 통해 과거를 이겨 낼 수 있다고 결론지었다. 학습된 것은 탈학습(unlearning)될 수 있다는 것이다.

이 이론에 따르면, 우리는 혈통이나 과거의 피해자로 살아야 할 운명이 아니다. 어느 시점에서든 얼마든지 인생을 바꿀 수 있다. 동기와 욕구가 있다면, 적절한 능력을 갖춘다면 변화가 가능하다. 자신이 운명을 지배한다는 주장은 현대인의 사고와 일치하는 해방 이론이다. 그리고 연구 자료는 이 이론을 지지한다. 즉, 사람들은 긍정적으로 지속적으로 변할 수 있다. 이 이론이 내 연구의 토대가 되는 첫 번째 원칙이다.

1920년대부터 1960년대까지, 이 중요한 40년 동안 어떤 일이 벌어졌을까? 로크와 루소를 추종하는 낙관주의자들은 인간은 학습을 통해 변할 수 있다는 것을 강조하면서 또 다른 문제에 관해 프로이트의 주장에 반대했다. 프로이트는 위대한 사상가이자 철학자지만 과학자는 아니었다. 그가 이론을 완성한 시기는 과학적 방법론이 유행하기 이전이었다. 새로운 학파의 심리학자들은 과학적 실험을 도입했다.

과학자는 실험을 한다. 시대의 정설에 반대하며 갈릴레오는 모든 물체는 무게와 상관없이 동일한 속도로 낙하한다고 믿었다. 이 가정을 검증하기 위해 그는 피사의 사탑 꼭대기에서 무게가 다른 공을 몇 개 떨어뜨리고 낙하 시간을 측정했다. 또한 환경적 변수 하나를 체계적으로 바꾸고 그 결과를 관찰했다. 이것이 바로 과학적인 방법론이다. 따라서 심리학이 과학이 되려면 심리학자들이 관찰 가능한 변수를 한 번에 하나씩 체계적으로 바꿀 수 있어야 한다는, 즉 과학 용어로 '조작'할 수 있어야 한다는 주장이 제기되었다.

프로이트의 이론은 이런 식으로 검증할 수 없다. 해결되지 않은 갈등을 실험실에서 조작할 수는 없으며, 무의식적 자아를 실제로 관찰할 수도 없다. 새로 등장한 심리학은 심리학이 다루어야 할 대상은 오직 하나뿐이라고 주장했다. 정서나 정신은 눈에 보이지 않으므로 알맞지 않았다. 실제로 관찰 가능한 유일한 대상은 바로 행동이었다. 따라서 그 새로운 물결을 가리켜서 행동주의(behaviorism)라고 부르게 되었다.

그러나 유일한 연구 대상으로서 행동을 극단적으로 강조함에 따라 심리학자들은 행동주의 학파에 점차 실망하게 되었다. 어느 정도는 그 학파의 선구자들이 자초한 결과였다. 최초의 미국인 행동주의 심리학자 존 왓슨은 심리학에서 정신과 정서에 대한 언급 자체를 금지하려고 했다. 또 다른 저명한 행동주의자인 스키너 역시 비인도주의적인 면을 보여 주었다. 그는 양육자 대신 아기의 온갖 욕구를 충족시켜 주는 육아 상자를 실제로 개발하고 옹호했다. 하루 종일 아기를 돌보는 일을 고달픈 노동으로 간주했기 때문이다. 텔레비전 대담에서 스키너는 이런 질문을 받았다. "만약에 선택을 해야 한다면 선생님께서는 자녀를 태워 버리겠습니까, 책을 태워 버리겠습니까?" 일순의 망설임도 없이 그는 자식을 태워 버릴 것이라 대답했다. 자기의 유전자보다는 연구가 사회학의 미래에 훨씬 더 많이 기여한다는 것이 그 이유였다.

21세기를 사는 우리에게는 이 모든 것이 아주 이상해 보일 것이다. 하지만 1920년대부터 1940년대까지 심리학은 행동주의를 열렬히 추종해서 미국 전역에 실험실을 세우고 개, 생쥐, 비둘기로 실험하면서 보상과 처벌 연구가 인간 행동에 관한 모든 궁금증을 풀어 줄 거라고 믿었다. 정서, 정신, 마음은 심리학 세계에서 완전히 추방되었다. 심리학사의 거장인 모튼 헌트는 그 시대에 대해 이렇게 말한다. "심리학은 다윈에게 처음 영혼을 빼앗기고 왓슨에게 정신을 빼앗겼다."

행동을 과학적으로 연구하는 것이 사고와 감정 연구보다 더 수월할 수는 있다. 하지만 사고와 감정이 행동을 일으킨다면 인간을 이해하기 위해서는 사고와 감정을 반드시 연구해야 한다. 과학적 방법론을 적용하기가 좀 더 어렵다 해도 그렇다. 심리학자들 사이에서 행동주의에 관한 유머

프로이트의 비관주의

인간이 자신과 인생을 바꿀 수 있다는 것에 대해 프로이트는 왜 그렇게 비관적이었을까? 그의 이론에서 두 가지 측면이 그를 비관주의로 이끌었다. 첫째, 프로이트는 우리의 행동을 이끄는 것이 무의식의 불가사의한 힘이라고 믿었다. 우리는 그 무의식의 영역을 그저 가끔 슬쩍 들여다볼 뿐이며, 따라서 정신의 활동을 의식적으로 통제하는 것은 거의 불가능하다. 둘째, 그는 인간의 핵심 성격은 생후 5년 안에 발달한다고 믿었다. 5세 이후에는 제2의 피부처럼 그 핵심을 둘러싸고 성격이 발달하지만, 그 성격은 개인의 본질에 영향을 미치지 못한다. 그 본질은 정신의 아주 깊숙한 곳에 자리해서 새로운 경험이나 단기 심리 치료로는 그 어떤 긍정적인 영향도 미칠 수 없다.

프로이트가 무의식 이론에 몰두한 것은 역사의 우연한 산물이다. 비엔나 의과대학을 졸업한 프로이트는 파리로 가서 장 마르탱 샤르코 밑에서 인턴으로 지냈다. 샤르코는 저명한 신경 병리학자로서 주로 최면술을 이용해 히스테리를 치료했다. 히스테리 환자는 대체로 기능적 실명이나 사지마비 증상이 있었지만 의사들은 명확한 신체적 원인을 찾아내지 못했다. 샤르코의 최면 아래 실명 환자는 앞을 보았고 사지마비 환자는 걸을 수 있었다. 적어도 최면이 지속되는 동안에는 그러했다. 최면이 풀리면 증상이 돌아왔다.

샤르코의 치료 방식에 29세의 프로이트는 깊은 인상을 받았다. 그는 실명과 사지마비가 환자의 무의식에 존재하는 갈등에서 기인한다고 추측했다. 그 무의식적 갈등은 엄청난 죄의식, 불안, 공격성은 물론이고 충동 행동도 일으킨다. 만약 충동 행동이 겉으로 표현된다면 환자를 격하게 몰아갈 수도 있다. 자아(ego)는 그 어두운 비밀들로부터 환자를 보호하고 그가 무의식적 갈등을 알아채지 못하게 한다. 실명이나 사지마비는 자아가 고안한 보호 전략의 일부이다. 그러나 최면에 걸려서 자아가 약해지면 억압된 행동이 풀려나고, 환자는 보거나 걸을 수 있다. 샤르코의 지도 하에 인턴을 마친 후, 프로이트는 그 모든 갈등과 고착된 에너지를 품고 있는 무의식이 인간 행동을 일으키는 주체라고 확신했다. 그리고 무의식은 말 그대로 인간이 의식하지 못하는 영역이므로 인간이 자신을 바꾸는 것은 불가능하며, 심리 치료사가 장기적인 치료 과정 없이 환자를 바꾸는 것도 역시 불가능하다. 이러한 이유로 프로이트는 비관주의에 이르렀다.

가 있다. 자동차 열쇠를 잃어버린 행동주의자가 주차장에서 정신없이 열쇠를 찾고 있다. 환한 형광등 불빛 아래서 바닥을 샅샅이 훑는 그를 보고 친구가 도와주러 나선다. 그렇게 둘이 고생한 지 30분 후, 친구가 묻는다. “여기서 열쇠를 잃어버린 게 확실해?” 행동주의자가 대답한다. “아니, 사실은 저기 컴컴한 복도에서 잃어버렸어. 하지만 여기가 훨씬 더 밝잖아.” 과학의 불빛은 행동주의를 더 환하게 비춰 줄지도 모른다. 하지만 회복력을 높여 주는 열쇠는 사고이다. 그것이 바로 우리가 연구해야 할 대상이다.

핵심 원칙 2 : 사고는 회복력 향상의 열쇠이다

1960년대 무렵, 감정과 사고 연구에 대한 관심이 다시 무르익었다. 이 조용한 혁명을 이끈 사람은 로드아일랜드 주 프로비던스 출신의 겸손한 정신의학자 아론 벡 박사였다. 아론 벡은 인자한 할아버지 같은 풍모를 지녔다. 외모와 태도만으로는 그가 심리학의 판도를 뒤엎은 혁명의 주도자라는 사실을 짐작조차 할 수 없다. 새하얀 머리칼과 오색찬란한 나비넥타이만이 인습 파괴자의 면모를 살짝 보여 줄 뿐이다. 그러나 심리학을 변혁시키는 일을 그는 누구보다도 확실하게 해냈다.

아론 벡이 태어난 1921년 7월은 정신의학자로서 프로이트의 명성이 절정에 달한 시기였다. 1942년에 예일 대학교 정신의학부에 입학하면서 벡은 이 전통적인 심리학에 들어섰다. 정신과 의사로 훈련을 받을 때 벡은 자기가 배운 정신분석 모델에 따라 환자의 방어층을 한 겹씩 벗겨 내면서 불안과 우울증을 일으킨다는 고착된 에너지를 무의식에서 풀어내려고 노력했다. 그런데 정신분석 기술을 적용하자 환자들이 '이상한' 반응을 보였다. 그들은 밤에 꾼 꿈이나 엄마에 관한 이야기를 하지 않았다. 지금 본인 인생에서 벌어지고 있는 일, 심리 치료사를 찾아오게 만든 일에 대해 이야기하려고 했다. 그들은 자기 자신과 자기 세계, 자기 미래에 대한 생각을 털어놓았다. "저는 제대로 하는 게 하나도 없어요." "제 인생은 엉망진창이에요." "아무도 저를 사랑하지 않아요." 주로 이런 말을 했다.

벡은 환자의 이런 생각, 즉 인지(cognition)가 그 감정과 동일한 시간 동안 공존한다는 것을 알아차렸다. 즉, 슬픈 생각을 하는 동안에는 슬픈 감정을 느끼는 식이었다. 최근에 대규모 연구가 입증하고 있는 사실을 그는 인식하기 시작했다. 즉, 인지는 감정을 유발하고, 감정은 개인의 회복력 수준을 결정하는 데 중요하다는 것이다. 벡은 인지 치료라고 부르는 심리 치료 체계를 개발했다. 그 치료에 참여한 환자는 사고를 바꾸는 법을 배워서 우울증과 불안증을 이겨 낸다. 인지 치료는 세계적인 명성을 얻었고, 벡은 펜실베이니아 대학교에 인지 치료 센터를 설립했다. 내(앤드류)가 그곳에서 심리 치료사 훈련을 받을 때 조가 찾아왔다.

조는 프로이트 학파의 정신분석을 8년 동안 받고도 효과가 없자 인지 치료 센터를 찾은 것이었다. 그는 점차 회의적으로 변했고 매사에 시큰둥하고 환멸을 느끼고 어떤 것도 바꿀 수 없을 거라는 비관적인 태도를 갖고 있었다. 그가 처음 한 말은 잊히지 않을 정도로 암울했다. "이 인지 치료도 효과는 없을 겁니다. 치료비가 계속 들어가니까 선생님은 지난번 의사보다 더 빨리 포기하면 좋겠어요." 조는 치료하기 까다로운 고객이었다. 무기력하고 자주 좌절감을 토로했다. 치료가 시작되고 처음 몇 주는 마치 폭풍우를 견디는 것 같았다. 조는 심리 치료 중에 걸핏하면 펜 따위의 물건을 집어던졌고, 큰 덩치를 이용해서 치료실 벽에 세워 둔 책꽂이를 쓰러뜨린 적도 있었다. 하지만 회복력 향상에 필요한 기술을 배우고 나자 놀라우리만치 빠른 속도로 자기 삶을 다시 정상 궤도에 올려놓고 유능한 인간으로 되돌아갔다.

조는 인지 치료가 이전에 받은 정신분석 치료와는 다르기를 간절히 원했다면서 그 다른 점을 아주 정확하게 설명했다. "정신분석 치료를 받을 때는 제가 교통사고 피해자라는 느낌이 들었어요. 불안증과 우울증이 트럭처럼 저를 들이받았고, 저는 다친 몸으로 배수로에 쓰러져 있는 느낌이었죠. 담당 의사는 8년 동안 저를 철저히 조사했어요. 그러는 내내 저는 그 배수로에 그대로 방치되었죠. 그는 어떤 뼈가 부러지고 어떤 장기가 손상되고 어디에 멍이 들었는지 자세히 말해 주었어요. 하지만 어떤 것도 바꾸지 않았어요. 부러진 뼈를 고쳐 주지도 않고 고통을 줄여 주지도 않았어요. 저를 배수로에서 꺼내 주지도 않았지요. 저는 제가 어디를 얼마나 다쳤는지는 더 이상 알고 싶지 않았어요. 제 상처를 치료해 줄 사람을 찾고 있었지요."

조의 불안증과 우울증은 유치원 시절까지 거슬러 올라간다. 지금껏 살아오면서 정말 행복하다고 느낀 적은 고작 두세 번 정도였다. 30대 초반에 불안증과 우울증이 악화되었다. 그는 중증 공황장애의 모든 증상을 보여 주었다. 강렬한 두려움을 초래하는 극도의 불안감, 식은땀, 손발이나 몸의 떨림, 불규칙한 심장박동, 질식하는 느낌, 죽거나 미칠 것 같은 두려움에 시달렸다. 직장에서 숨이 막히는 느낌이 들기 시작했고, 그 때문에 마케팅 책임자로서의 임무를 다하지 못했다. 조는 일반화된 불안 장애 진단도 받았는데, 삶에 대한 근거 없는 고질적인 걱정이 특징이다. 그는 거의 언제나 우울하고 절망하고 무기력했다. 별다른 이유도 없이 주체할 수 없을 정도로 울음을 터뜨렸다.

조는 친구 권유로 정신 분석에서 인지 치료로 돌아섰다. 인지 치료는 심리 치료사와 고객 사이의 대화로 진행된다. 두 사람은 함께 협력하여 고객의 불합리한 믿음 체계와 사고(인지)를 교정한다. 인지 치료는 기술에 기반을 두고 치료 기간을 제한하며 환자가 필요한 기술을 얼른 배워서 가능한 한 빨리 정상으로 돌아가는 것을 중시한다. 지금 이 순간에 초점을 맞추며, 아동기에 부모와의 관계 또는 일관성 없는 배변 훈련을 조사하는 데 시간을 허비하지 않는다. 인간은 자기 인생을 개선할 수 있다고 낙관하고, 몇 주 또는 몇 달 안에 꾸준히 진짜 변화가 일어날 수 있다고 확신한다.

나는 조의 까다로운 여러 가지 증상을 해결하는 일에 착수했고, 최신 인지 행동 기술을 모두 적용했다. 몇 달 후, 조는 공황장애 증상에서 벗어나고 다시 직장에 다니고 그 어느 때보다 긍정적인 감정을 느꼈다. 두어 번의 추가 세션까지 마치자 조는 그 기술들을 완전히 마스터했고, 우리는 작별했다.

인지 치료는 조에게 효과적이었듯이 거의 모든 사람에게 효과 만점이다. 인지 치료가 불안증과 우울증에 더없이 효과적인 치료법이라는 것을 입증하는 증거는 셀 수도 없을 정도다. 후기 프로이트 학파는 낙관성을 받아들였다. 올바른 도구를 찾아낸다면 인간은 인생을 실제로 바꿀 수 있다고 믿었다. 그 도구들은 조에게 효과가 있었다. 그가 정말로 중요한 것, 즉 본인의 믿음과 사고와 감정에 초점을 맞추었기 때문이다. 인지 치료의 성공은 우리가 이미 알고 있는 사실을 강조한다. 바로 사고와 감정이 인간 존재의 핵심이며 인간의 본질을 나타낸다는 것이다. 인지 치료에서 가르치는 기술들이 이 책에 다루는 7가지 회복력 기술의 기반이다.

핵심 원칙 3 : 정확한 사고가 열쇠이다

심리학계에서 아주 오래전부터 고수해 온 관점이 하나 있다. 현실을 정확하게 파악하면 정신이 건강하다는 것이다. 이 관점에 따르면, 정신 건강의 귀감은 자신의 강점과 약점을 정확하게 포착하고 위험과 그 결과를 정확하게 인식하고 문제의 진짜 원인을 정확하게 집어내고 나와 타인을 정확하게 판단할 수 있는 사람이다. 초기 인지 이론가들은 현실적인 사고가 중요하다고 강조했다. 그들은 우리가 과학자와 동일한 방식으로 세상과 상호 작용한다고 주장했다. 다시 말해서, 우리는 공정하게 정보를 수집하고 그 정보들을 논리적으로 종합하고 경험적으로 지지할 수 있는 정확한 결론을 이끌어 낸다는 것이다. 물론 실생활에서 인간의 사고는 그렇게 논리 정연하지 않다. 나와 타인, 상황을 감정해야 할 때 우리는 완전히 불공평한 과학자가 된다. 불완전한 정보를 수집하고 성급하게 종합하여 편향된 판단을 내리고 자기에게 유리한 방향으로 해석하는 실수를 저지른다. 두 명의 심리학자가 설명했듯이, "우리는 사방을 둘러보며 진실을 찾는 순진한 과학자가 아니라 허풍쟁이의 엉터리 정보에 주목하고 그 정보를 본인이 이미 갖고 있는 믿음에 가장 유리하게 조작해서 내놓는다."

망상과 환각 등 극단적인 현실 왜곡은 정신분열증과 조울증 같은 심각한 정신 질환의 특징이다. 쉬운 레이업슛도 넣지 못하고 자유투는 매번 실패하고 드리블할 때마다 넘어지거나 번번이 공을 놓치면서도 자기가 최고의 농구 선수라고 믿는 사람은 본인과 타인을 기만하는 것이다. 우리는 그 사람의 현실 인식 능력에 결함이 있다고 여기며 그 정신 건강을 의심할 것이다.

앞서 말한 두 명의 심리학자는 셸리 테일러와 조너선 브라운이다. 그들의 노력으로 심리학은 정신 건강에서 정확한 현실 인식의 중요성에 새로이 관심을 기울였다. 그들은 우리가 세상을 조작 처리하여 긍정적인 착각을 자초한다고 주장한다. 지나치게 긍정적인 자기 평가, 통제력에 대한 과도한 자신감, 비현실적인 낙관성을 초래하는 실수와 편견을 반복한다는 것이다. 우리는 긍정적 평가와 부정적 평가의 균형을 맞추는 것은 고사하고 본인이 긍정적인 측면에 치중한다는 것을 이미 알고 있다고 테일러와 브라운은 말한다. 게다가 이러한 긍정적인 착각이 실제로 정신 건강을 증진시킬 수 있다고 주장한다. 더욱 건강한 사람은 주로 통제력을 과장하고 자신을 긍정적인 측면에서만 바라보며 미래를 비현실적으로 낙관한다는 것이다.

하지만 이 주장에 반박할 필요가 있다. 긍정적인 착각은 실제로 위험하고 '현실적인 낙관성'은 실제로 유익하다는 것을 보여 주는 증거가 더 많다. 한 예로, 비현실적으로 낙관적인 사람은 건강 이상을 등한시하며 "나한테 그런 일이 일어날 리가 없어."라는 태도는 건강 증진은 고사하고 질병 예방 행동도 외면하게 한다는 것을 입증하는 연구가 있다.

자기는 암에 걸리지 않을 거라고 믿는 흡연자는 금연할 가능성이 적으며, 흡연의 즐거움을 지속하려고 스스로 기만한다. 그들은 자기가 폐가 까맣게 죽어 가고 있으며 폐암이나 후두암으로 사망할 위험이 높다는 것을 결코 믿지 않는다. 담배를 빨아들일 때 그런 믿음을 떠올린다면 담배 맛을 즐길 수 없을 것이다. 이와 똑같이, 자기는 성병에 걸리거나 임신하지 않을 거라고 믿는 청소년은 콘돔을 사용할 확률이 낮고, 증상이 나타나도 병원에 갈 가능성이 적다. 한 연구에서는 건강을 비현실적으로 낙관하는 사람은 실제로 건강한 사람 또는 건강 이상을 드러내 놓고 걱정하는 사람보다 스트레스에 더 취약하다는 것이 드러났다. 그들의 스트레스 취약성은 심장박동수 증가, 확장기 혈압 상승 등 심리적 증상으로 확인할 수 있었다. 또한 부정적인 감정을 억압하고 긍정적인 감정만 느끼려고 애쓰는 사람은 부정적 감정을 받아들이고 보다 현실적인 사람보다 스트레스에 심리적 반응을 더 강렬하게 보인다.

현실적인 낙관성이란 현실을 부정하지 않으면서 긍정적인 관점을 유지하고, 부정적인 측면을 무시하지 않으면서 긍정적인 측면을 적극적으로 인식하는 능력이다. 현실적인 낙관성은 긍정적 결과를 장담하지 않으면서 그런 결과를 희망하고 열망하며 그것을 위해 열심히 노력하는 것을 의미한다. 현실적인 낙관성은 좋은 일이 저절로 일어날 거라고 믿지 않는다. 현실적인 낙관성은 좋은 일이 일어날 수도 있고 그것을 추구할 가치도 있지만 좋은 일을 겪기 위해서는 노력과 문제 해결과 계획이 필요하다는 믿음이다.

핵심 원칙 4 : 강점에 초점을 맞추어라

> 우리는 드넓고 충만한 삶을 살지 않는다. 모든 숨구멍을 피로 채우지 않는다. 가슴 한가득 숨을 들이쉬지도 않고 완전히 내쉬지도 않는다.
> 우리의 호흡을 도와주는 것은 풀무가 아니다. 우리의 호흡은 고요한 날에 한 줄기 바람을 일으켜야 한다. 우리는 인생의 단 한 조각만을 살고 있다. 어째서 홍수에 자신을 맡기지 않는가, 어째서 문을 활짝 열지 않고 어째서 바퀴를

굴리지 않는가? 소리를 듣기 위한 귀를 가졌으니 기꺼이 들어라.

— 헨리 데이비드 소로, 1851년 6월 13일자 『일기(Journal)』

앞에서 공황장애 환자 조의 사례를 소개했다. 우울증과 불안증에서 벗어나서 심리 치료를 마친 지 1년 후, 조가 전화를 했다. 여전히 낮고 그윽한 목소리로 이렇게 물었다. "선생님, 배수로에 쓰러져 8년을 보낸 제 이야기를 기억하십니까?" 어떻게 잊을 수 있겠는가. "선생님께서는 제가 다시 걷게 도와주셨어요. 그런데 제가 뛰게 도와주실 수 있나요?"

어릴 때부터 끈질기게 따라온 우울증과 불안증 증상은 이제 사라졌다. 더 이상은 갑자기 울음을 터뜨리지도 않았고, 직장에서 숨이 막히지도 않았다. 사랑하는 사람과 떨어져도 더는 두렵지 않았다. 하지만 그것으로는 충분하지 않았다. 그는 더 이상은 '아프지' 않았지만 나아지지도 않았다. 전화를 마치면서 나(앤드류)는 그다음 주로 치료 예약을 잡았다. 그러고는 책장에 꽂혀 있는 책들 제목을 훑어보았다. 헨리 데이비드 소로의 『월든』이 있었다. 조의 인생은 불안과 우울의 소음이 가라앉아 고요했고 절망은 이제 고개를 숙였다. 그는 마음껏 활개를 펴고 싶었다. 그런데 유용한 임상 도구를 모두 갖추고 자유자재로 활용하고 있었지만 나에게는 조를 '좋은 삶'으로 이끌어 줄 기술이 없었다. 하지만 곧 갖게 될 터였다.

인지 치료로 조는 '이겨 내기' 회복력을 익혀서 어린 시절부터 시달려 온 두려움을 몰아낼 수 있었다. '헤쳐 나가기' 회복력을 통해 직장과 가정에서 겪는 일상적인 역경을 해결할 수 있었다. '딛고 일어서기' 회복력을 적용해서 여동생과 함께 암 공포에서 벗어날 수 있었다. 하지만 회복력은 이게 끝이 아니다. 조는 아직 '적극 도전하기' 회복력을 발휘하지 못하고 있었다.

심리학의 새로운 사명 : 긍정심리학

심리 치료사로서 나는 질병과 치료에 관한 교육만 받은 것은 아니었다. 물론 정신 질환 진단 및 치료는 기원전 5세기 히포크라테스 시대 이래 심리학의 핵심이었다. 하지만 제2차 세계대전 이전에 심리학은 중요한 두 가지 사명을 더 갖고 있었다. 모든 사람에게 평균 이상의 재능을 양성하기, 삶에 대한 만족과 성취를 높이기가 그것이다. 그러나 1946년에 미국 재향군인관리국이 세워지자 정신과 의사들은 '아픈 사람'을 치료하는 일로 생계를 꾸릴 수 있다는 것을 깨달았다. 1947년에 설립된 미국 국립정신보건원은 정신 질환을 탐구하는 심리학자들에게 막대한 연구비를 제공했다. 그 한정된 영역에만 연구비를 베풀었기 때문에 심리학은 대상을 바꿔서 초점을 인생의 긍정적인 측면에서 부정적인 측면에 치중했다.

제2차 세계대전 이후 심리학은 완전히 변해 버렸다. 심리학자들은 정신 질환의 역사를 쓰는 일에 헌신하면서 수많은 변종 질환을 샅샅이 찾아내고 서로 얽히고설킨 정신장애 범주들과 하위 범주를 열심히 늘려 갔다. 미국 정신의학회(APA)는 1952년에 「정신장애 진단 및 통계 편람(DSM)」을 처음 발표했다. 그것은 일종의 증상 체크리스트로서 정신장애 진단의의 바이블이 되었다. 초판은 100쪽에 불과했으나 최근판은 1994년에 나온 DSM-Ⅳ로서 900쪽이 넘는다. 다음 세대의 심리학자들도 이 질병 모델에서 헤어나지 못하고 있다. 요즘의 정신의학부 학생들도 진단 방법론과 전통적인 치료 지식을 배우고 있다는 말이다.

1998년, 미국 심리학회 회장인 마틴 셀리그만*은 오래 잊고 있던 두 가지 사명을 되살려서 심리학의 명성을 되찾을 기회의 문이 활짝 열렸다고 선언했다. 세계대전 이후에 그러했듯이 위협과 결핍에 시달리는 사회는 인생의 부정적인 측면에 초점을 맞추는 법이다. 하지만 20세기 말에 접어들면서 냉전은 사라지고 경제지표는 언제나 최고치를 경신했다. '치료 그 너머'로 나아갈 때가 된 것이다. 첨단 기술 덕에 온갖 정신장애를 측정하고 범주화하고 각 장애의 신경학적 토대를 조사할 수 있었다. 이것은 효

긍정심리학*

*30년간 우울증을 연구한 펜실베이니아 대학교 심리학 교수 마틴 셀리그만은 긍정심리학(Positive Psychology)이라는 말은 1998년 처음 사용하였다. 그 당시 그는 미국 심리학회 회장으로 "손 쓸 도리 없이 망가진 삶은 이제 그만 연구하고 모든 일이 잘될 것 같은 사람에게 초점을 맞추어야 한다."고 주장하였으며 "행복은 좋은 유전이나 행운을 타고난 결과가 아니라, 꾸준히 연습한 결과 얻어지는 바이올린 연주나 자전거 타기 기술같이, 자신의 강점과 미덕을 찾아서 발휘하는 삶이야말로 진정한 행복으로 가는 지름길."이라고 주장하기도 했다. 지금까지 심리학이 불안, 우울, 스트레스와 같은 부정 정서에 초점을 맞추었다고 한다면 긍정심리학은 개인의 약점보다 강점과 미덕 등 인간의 긍정 정서(Positive emotion)에 초점을 맞춘 획기적인 학문이다. 정신 질환에만 초점을 맞추어 아픈 사람을 고통에서 벗어나게 하는 역할에 몰입했던 무거운 심리학이 비로소 보통 사람이 좀 더 건강하고 행복하게 사는 데 관심을 기울였다고 볼 수 있다. 긍정심리학은 인간의 긍정적 성격을 연구하고 개발하는 일에 관심을 가진다. 따라서 삶을 풍요롭고 행복하게 만드는 성격 강점과 미덕에는 어떤 것들이 있는지, 혹독한 고난과 난관을 극복하고 성공적인 삶을 쟁취한 사람들은 어떤 심리적 특성을 지녔는지, 탁월한 성취와 인격적 성숙을 이룬 사람들의 특징은 무엇인지, 강점과 미덕은 어떻게 측정할 수 있는지, 그리고 이러한 특징을 어떻게 육성하고 계발할 수 있는지에 대해 연구한다.

2002년 긍정심리학의 최초 주제는 행복이었고 목표는 행복한 삶과 만족한 삶이었으며 행복수치를 높이는 3가지 요소(긍정적 정서, 몰입(강점과 미덕), 삶의 의미)로 되어 있었다. 마틴 셀리그만은 행복한 삶은 일상에서 강점을 발휘해서 매일 행복을 만들어 가는 것이라고 했다. 하지만 2011년에 긍정심리학의 주제는 일원적이고 일시적 기분에 좌우되는 행복을 넘어 다원적인 웰빙이고 목표는 플로리시(Flourish)이며 플로리시를 위한 5가지 웰빙 요소(긍정 정서, 몰입, 삶의 의미, 긍정 인간관계, 성취)로 확장되었으며 성격 강점은 이 5가지 요소의 기반이 되었다. 셀리그만은 최신 저서 『플로리시』에서 "나는 긍정심리학의 주제는 행복이며, 삶의 만족도가 행복을 측정하는 황금 기준이고 긍정심리학의 목표는 삶의 만족도를 높이는 것이라고 생각했다. 그런데 지금은 긍정심리학의 주제는 웰빙이며, 웰빙을 측정하는 최선의 기준은 플러리시이고 긍정심리학의 목표는 플러리시라고 생각한다."라고 말했다. ―옮긴이 주

과적인 치료법 개발로 이어졌다. 바로 그 신기술을 이용해서 인간의 강점과 덕목 즉 용기, 인간관계 기술, 즐기는 능력, 문제를 파악하는 능력, 미래 지향성, 인생의 의미 찾기 등을 측정하고 조사할 수 있다고 셀리그만은 주장했다. 또한 그는 새로운 과학을 건설하고 실행할 것을 요구했다. 지금껏 무시해 온 두 가지 사명에 헌신하는 교육을 하자는 것이다. 그것이 바로 긍정심리학이다.

현실 세계에서 우리는 얼마나 잘 기능하고 있을까? 그 기능 수준을 음수와 양수가 적힌 다이얼이라고 생각해 보자. 처음 심리 치료실에 들어섰을 때 조의 기능 수준은 누가 봐도 음수 범위에 있었다. 그는 직업을 유지하고 원만한 인간관계를 맺는 능력을 손상시키는 심각한 증상들과 씨름하고 있었다. 심리 치료가 아무 소용이 없을 거라고 믿었기 때문에 정서적 혼란과 고통 속에서 살아온 지난 수년을 돌아보며 절망했다. 스스로 삶을 마감할까 생각할 때도 많았다.

인지 치료는 조의 기능 수준 다이얼을 음수에서 영으로 돌려놓았다. 하지만 그는 아직 인생을 최대한 누리지 못하고 용감하고 단호하게 기회를 추구하지도 못했다. 다이얼을 양수로 돌려놓으려면 '적극 도전하기' 회복력이 필요하다. 심리 치료실을 다시 찾은 조와 함께 나는 강점 육성 계획을 자세히 세우고 조가 성취하려는 것이 무엇인지 확인했다. 조의 전진을 가로막는 믿음이 무엇인지도 당연히 숙고했다. 그 비합리적인 믿음들이 그를 영의 자리에 묶어 두고 있었다. 하지만 더 중요한 것은 조가 '적극 도전하기' 회복력을 무의식적으로 이미 활용하고 있는 영역을 조사하고 거기서 배운 것을 적용해서 그가 움츠리고 있는 다른 영역까지 확장해 나가는 것이었다. 조가 그 새로운 계획을 실행하기로 결심하면서 우리는 다시 작별을 고했다.

2년여 후, 조에게서 편지가 날아왔다. 그 2년 사이에 여자 친구와 결혼도 하고 집도 샀다고 했다. 회사에서 오래전부터 제의한 승진을 드디어 받아들였지만 실패에 대한 두려움은 별로 없다고 했다. 가족과 다시 가까워지고 친구도 더 많아졌다. 그들 부부는 다양한 취미 활동을 시도하며 주말에는 집을 수리하고 집 안을 꾸밀 골동품을 사러 다닌다고 했다. 조는 번성하고(flourish) 있었다.

회복력은 기초 강점이다. 개인의 심리와 정서를 이루는 모든 긍정적인 특징의 토대이다. 회복력 결여는 개인을 음수 범위에 묶어 두는 주요 원인이다. 회복력이 없으면 용기도 없고 합리성도 없고 통찰력도 없다. 회복력은 튼튼한 기반이다. 다른 모든 것이 그 위에 세워진다. 단지 음수 범위에서 벗어나기 위해 회복력이 좀 더 필요한 사람이 있다. 조처럼, 양수로 옮겨 가기 위해, 즉 번성하기(flourishing) 위해 더더욱 회복력을 키워야 하는 사람도 있다. 이 책에서 소개하는 기술들이 그들을 도와줄 수 있다.

회복력을 향하여

나는 예나 지금이나 실생활에서 사람들을 바꿀 수 있는 연구에 관심이 있다. 그저 무수한 심리학 학술지에 논문을 싣기 위한 연구는 내 관심사가 아니었다. 연구를 할 때 한 가지 원칙을 고수해 왔다. 현실 세계에 관한 이론을 내놓으려면 그것을 실험실이 아닌 현실 세계에서 검증하자는 것이다. 연구를 통해 사고 양식이 개인의 회복력 수준을 결정하고, 회복력 수준이 개인의 기능 수준을 결정한다는 것을 깨달았다. 사고 양식을 바로잡을 심리학적 개입을 창안할 수 있다면 개인의 회복력 수준을 높여 주고 현실 세계에서 기능 수준을 개선시킬 수 있다고 믿었다. 사람들 인생을 얼마든지 향상시킬 수 있다고 확신했다. 그래서 관련 프로그램을 개발하고 초등학교, 중고등학교, 대학교, 군대, 직장 등 현실 세계에서 검증했다.

초등학생과 학부모의 회복력 훈련*

우울증 발병률이 놀라운 속도로 증가하고 있다. 마치 전염병 같다. 서양권 국가에서 지난 50여 년 동안 우울증 발병률은 10배나 증가했다. 게다가 그 질병은 갈수록 더 어린 세대를 공격하고 있다. 대학원에 다닐 때, 미국인의 10퍼센트가 일생 동안 임상적 우울증을 적어도 한 번 이상 경험하며 20대 후반에서 30대 초반에 처음 우울증에 걸린다고 배웠다. 요즘 대학원생들은 미국인의 20퍼센트가 임상적 우울증에 걸리고 그 전염병은 초등학생까지 무차별 공격한다고 배운다.

정신 건강 분야 종사자들은 이런 추세에 어떤 조치를 취해야 한다고 확신했다. 그리고 나는 우울증 예방법을 하나 찾아내는 것이 우울증에 걸린 후에 치료하려고 노력하는 것보다 더 낫다고 확신했다. 그래서 1990년대 초, 마틴 셀리그만 박사와 그가 지도하는 대학원생들은(캐런을 포함하여) 우울증 고위험군 초등학생을 위한 예방 프로그램을 개발하기 시작했다. 바로 펜실베이니아 회복력 프로그램(Penn Resilience Program ; PRP)이다. 그리고 호주에서 우울증 예방 프로그램을 시행하고 있던 앤드류(나)는 1992년에 PRP 팀에 합류했다. 그 당시 팀원들은 초등학생에게 PRP를 시행하고 2년 후에 실시한 후속 연구 결과를 애타게 기다리고 있었다.

펜실베이니아 회복력 프로그램은 뛰어난 성공을 거두었다. 그 훈련에 참여한 아동들은 통제 집단보다 훨씬 더 적은 우울 증상을 보였을 뿐 아니라 우울증 예방 효과는 시간이 갈수록 증가했다. 후속 연구 결과, 그 프로그램에서 회복력 기술을 배운 아동들의 우울증 발병률은 통제 집단 아동의 절반에 불과했다. 그 어떤 추가 훈련을 받지 않고도 그러했다.

다음 8년 동안 국립정신보건원의 연구 기금으로 나는 일부 교육구의 초등학교 교사, 생활 지도 카운슬러, 교내 간호사들을 훈련시켜서 읽기, 쓰기, 산수 수업에 회복력 훈련을 포함시켰다. 첫 번째 연구와 똑같이, 회복력 기술을 배운 학생들은 통제 집단에 비해 우울증에 덜 걸렸다. PRP 지도 훈련을 받은 교사와 카운슬러 수백 명은 미국 도심지와 교외, 호주 시골 지역, 베이징 등 미국 도처와 해외 20곳 이상 학교에서 PRP를 시행했다.

초등학생에게 회복력을 훈련시키면서 한편 부정적 사고 양식을 지닌 대학생의 우울증과 불안증을 예방하는 프로그램도 개발했다. 그 프로그램을 시행하고 3년 후, 우울증 발병 위험은 높지만 회복력 기술을 배우지 않은 학생들과 프로그램 참여 학생들을 비교 연구했다. 그 결과, 참여자 집단은 통제 집단보다 우울증과 불안증에 더 적게 걸렸고 신체적으로 더 건강했다.

"아이들을 위한 회복력 프로그램은 아주 훌륭했습니다. 초등학교 교사들도 그 기술을 배웠으면 좋겠어요. 그러면 선생님이 아이들에게 그걸 가르칠 수 있으니까요. 그런데 부모들이 배우는 건 어떨까요?" 한 초등학교 교장이 말했다. 학부모이기도 한 그는 학교가 학부모와 긴밀하게 연락하며 한 팀으로서 협력하기가 어렵다고 토로했다. 또래 중재와 거절 기술 같은 프로그램에 대해서도 이야기했다. 그 프로그램은 마약 사용과 교내 폭력을 감소시킬 목적으로 학교에 도입되었는데, 학부모를 배제하기 때문에 지속력이 없다고 한다. 그 말에 청중석의 다른 교장들이 고개를 끄덕였다. 나는 그 제안을 받아들였다. 그래서 2000년 가을, 뉴저지 체리힐 교육구에서 학부모 회복력 프로그램을 시험 삼아 시행했다. 학부모는 6주 과정의 양육 프로그램에, 그들 자녀는 PRP에 참여했다. 프로그램을 마치고 6개월 후, 그들이 어떻게 지내고 있는지 후속 연구를 시행했다. 통제집단 아동의 33퍼센트가 경증에서 중증 수준의 우울 증상을 보고한 데 반해, 부모와 함께 훈련에 참여한 아동 중에서 유사한 증상을 보고한 비율은 고작 10퍼센트였다.

고등학생의 회복력 교육*

빅토리아 주 맨스필드 근처의 산 위에 세워진 팀버탑 캠퍼스에서는 9학년 220명 전원이 꼬박 1년 동안 야외에서 고달프게 지낸다. 그 생활은 모든 학생이 마라톤 하듯 그 산을 구석구석 달리는 것으로 끝이 난다. 팀버탑에서 시행하는 긍정 교육 독립 과정은 회복력을 강조한다. 우선, 학생들은 ABC 모델을 배운다. 즉, 역경(Adversity)에 대한 믿음(Belief)이 그 결과로서(Consequence) 감정과 행동을 일으킨다. 이 시점에서 학생들은 중요한 통찰을 얻는다. 바로 감정과 행동은 반드시 외부 사건 뒤에 생기는 것이 아니라 그 사건에 대한 자신의 생각을 뒤따르며, 우리는 우리 생각을 실제로 바꿀 수 있다는 것이다. 그다음에 학생들은 보다 유연하고 정확한 사고를 통해 이 ABC의 진행 속도를 늦추는 법을 배운다. 끝으로 그들은

---

* 옮긴이 주.

9학년생이 팀버탑에서 매우 자주 직면하는 '순간적으로 열 받는' 역경을 다루기 위해 '실시간 회복력'을 배운다.

회복력을 가르친 후에는 친구와의 적극적이며 건설적인 반응(ACR)과 3 대 1이라는 로사다 비율(긍정성 대 부정성 비율)의 중요성을 설명한다. —

군인의 회복력 훈련*

미 육군 전체에 회복련 훈련을 시키라는 조지 케이시 육군참모총장의 지시에 따라 먼저 부사관들에 대한 마스터 회복력 훈련(Master Resilience Training)을 2009년 12월부터 시작했다. 케이시 장군은 군인의 심리적 단련은 신체 단련 못지않게 중요하다고 생각했다. 훈련은 먼저 ABC 모델로 시작한다. 즉, 역경 그 자체가 아닌 역경에 대한 자신의 믿음이 그 결과로서 감정과 행동을 일으킨다는 것이다. 이 간단한 사실에 많은 부사관이 깜짝 놀라면서 역경이 직접 감정을 유발한다는 통념을 떨쳐 냈다. 그들은 일련의 직업적 역경 "3마일 달리기에서 낙오한다."나 개인적 역경 "참전 후 귀향했는데 아들이 나와 농구 게임을 하지 않으려 한다."는 일 등을 겪으면서 그 역경(A)을 울화가 치밀 때 드는 생각(B)과 그 생각이 일으킨 감정과 행동(C)과 구별할 수 있다는 목표를 세운다. 이 수업의 막바지에 부사관들은 특정 정서를 부추기는 특정 생각을 확인한다. 예를 들어 침범당한다는 생각은 분노를 부추기고 상실에 대한 생각은 슬픔을, 위험하다는 생각은 불안을 부추긴다.

그다음에는 사고의 함정에 초점을 맞춘다. 예를 들어 과잉 일반화, 즉

---

* 옮긴이 주.

단 한 가지 행동을 토대로 개인의 가치 또는 능력을 판단하는 사고의 함정을 설명하기 위해 우리는 다음과 같은 사례를 제시한다. "당신 부대에 소속된 한 군인이 신체 단련 시간에 뒤처지지 않으려고 기를 쓰더니 남은 하루 내내 기진맥진한다. 군복은 후줄근해 보이고 포격 훈련 중에 두어 번 실수를 저지른다. 당신은 생각한다. '덜떨어진 녀석! 군인으로서 자질이 없어.'" 이 사례에 이어 부사관들은 사고의 함정을 묘사하고, 그것이 자기 자신과 부하 대원에게 어떤 영향을 미치는지 토론한다.

한 부사관이 말했다. "정말 인정하고 싶지 않지만 저는 자주 그런 식으로 사고합니다. 실수를 저지르는 사람은 아예 틀려먹었다고 단정하지요. 저는 기회를 또 한 번 주는 걸 별로 좋아하지 않아요. 개인의 성격은 행동으로 판단할 수 있다고 생각하기 때문입니다. 성격이 강인한 사람이라면 기진맥진하거나 군복이 후줄근하지 않을 테니까요." 이 말에 이어 그가 물었다. "그 상황을 해명하는 특정 행동은 구체적으로 무엇입니까?" 그리고 그는 부하 대원의 전반적인 가치가 아닌 그의 행동에 초점을 맞추는 법을 배워 나갔다.

그다음에는 '빙산'으로 넘어간다. 빙산이란 종종 부적절한 정서 반응으로 이어지는 뿌리 깊은 믿음을 이른다. 부사관들은 빙산이 부적절한 정서를 부추길 때 그것을 확인하는 기술을 배운다. 일단 빙산을 확인하면 그들은 일련의 질문을 자문하여 다음을 알아낸다. 첫째로 그 빙산이 그들에게 지속적인 의미가 있는지의 여부, 둘째로 그 빙산이 주어진 상황에 정확히 들어맞는지의 여부, 셋째로 그 빙산이 지나치게 엄격한지의 여부, 넷째로 그 빙산이 유용한지의 여부. "도움 요청은 나약함을 의미한다."는 자주 떠오르는 가슴 아픈 빙산이다. 기꺼이 도움을 구하고 타인에게 의지하려는 생각을 약화시키기 때문이다. 이 빙산을 없애려면 부사관들은 아주 많이 노력해야 한다. 역사적으로 군인들은 도움을 요청하면 자기 문제도 해결하지 못할 정도로 나약하다고 자주 조롱당하기 때문에 낙인이 찍힐 거라고 생각한다.

하지만 지금은 도움 요청에 대한 군대 문화가 크게 바뀌고 있다고 한다. 한 부사관은 이렇게 말했다. "상담가나 군목을 찾아가는 군인을 제가 욕했던 때가 있었습니다. 면전에서 대놓고 말하지는 않아도 분명히 그렇게 생각했지요. 이제는 더 이상 아닙니다. 전투에 여러 번 참전한 후, 저는 누구나 도움이 필요할 때가 있다는 것을 배웠습니다. 기꺼이 도움을 요청하는 사람이 강인한 사람입니다."

빙산 확인하기에 이어 파국적 사고를 최소화하는 법을 배운다. 인간은 궂은 날씨를 예상하는 동물이다. 역경을 최악의 재앙으로 해석하도록 타고났다. 우리는 빙하기에 살아남은 조상들의 자손이기 때문이다. "오늘 뉴욕은 날씨가 정말 좋구나. 내일도 틀림없이 좋을 거야." 이렇게 생각한 조상들은 빙하에 부딪혀 사라졌다. "날씨가 단지 좋아 보이는 것뿐이야. 빙하, 홍수, 기아, 침략자가 들이닥칠 거야. 이런! 식량을 모아 두는 게 좋겠어." 이렇게 생각한 조상들은 살아남았고, 유전자를 우리에게 물려주었다. 때로는 최악을 예상하고 계획을 세우는 것이 쓸모가 있다. 하지만 그것은 무기력을 유발하고 비현실적일 때가 더 많다. 따라서 파국적 사고를 현실에 맞게 조정하는 법을 배우는 것은 전쟁터에서나 가정에서나 아주 중요한 기술이다.

직장인의 회복력 훈련

어느 해 여름, 의료 회사의 직원 교육 책임자가 전화를 걸어왔다. 그 회사 직원들은 극심한 스트레스에 시달리고 있었다. 가장 큰 스트레스는 여느 회사처럼 개인별 실적과 끝없는 구조 조정 때문이었다. 직원들은 실적을 올려야 한다는 압박감에 더 늦은 시각까지 일했지만 결과는 신통치 않았다. 그 때문에 오히려 직장과 가정의 균형을 깨뜨리고 말았다. 전통적인 훈련을 실시한 교육 책임자는 현대 사회의 일터가 요구하는 것을 충족시킬 수 없었다. 직원들에게는 더 높은 수준의 회복력이 필요했다.

그 필요성을 채우기 위해 나는 회사를 설립했다. 바로 어댑티브 러닝 시스템즈(Adaptiv Learning Systems)이다. 그곳에서 미국의 모든 산업계에 회복력 훈련을 제공한다. 훈련에 참여한 직장인이 수천 명에 달한다. 통신회사 고객 서비스 직원, 보험회사와 유통 회사, 재무 관리 회사의 영업 사원들, 무역 회사 임원, 공무원, 교육자, 연구자, 대기업 부회장 등 분야와 조직과 직급도 다양하다. 그들은 성공적으로 회복력 수준을 높였고, 그 결과는 실적으로 나타났다.

처음 목표는 우울증 발병 위험이 큰 아동의 우울증을 예방하는 것이었다. 그리고 우울증을 예방하는 최선의 방법은 회복력을 키워 주는 것임을 곧바로 깨달았다. 이 깨달음에 이어 회복력이 우울증 예방에서 그치는 게 아니라 훨씬 더 광범위하게 효과가 있다는 것을 확인했다. 다양한 사람들의 다양한 요구를 충족시키면서 그 모든 것을 아우르는 하나의 주제는 바로 회복력이라고 확신했다. 목표가 우울증 극복이든, 보험 상품을 더 많이 판매하는 것이든, 인간관계 강화이든, 무엇이든지 회복력이 열쇠이다.

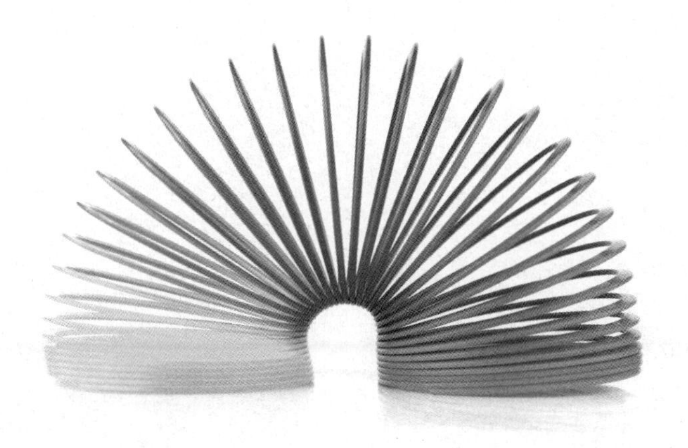

• 2부 •

7가지 회복력 기술

• 4장 •

ABC 확인하기

너 자신을 알라 : 당신 생각이 바로 당신이다

7가지 회복력 기술은 두 범주로 나뉜다. '자신을 알기' 기술과 '변화하기' 기술이다. 자신을 알기 기술은 자기 마음의 작동 방식을 더 잘 파악하게 이끌어 주고 자기 인식을 도와준다. 자신을 알기 기술에는 'ABC 확인하기', '사고의 함정 피하기', '빙산 찾아내기'가 있다. 이 3가지 기술은 자기 믿음, 감정, 행동을 자세히 탐구하고 어떻게 서로 연결되는지 보여 준다. 이 3가지 기술을 마스터하면 자기 자신과 세상에 대한 관점과, 어떤 사건에 특정 방식으로 대응하는 이유를 더 정확하게 통찰할 수 있다.

통찰은 변화의 첫 단계이다. 하지만 아직 충분하지 않다. 조의 사례를 떠올려 보라. 그는 통찰을 지향하는 심리 치료에 8년을 소비했고, 자기 인식의 정점에 도달했다. 그런데 아직도 인생의 주역이 되지 못했다. 새로운 단계로 나아가지 못했다. 변화는 여전히 멀기만 했다. 통찰만으로는 부족하기 때문이다. 그런 이유로 '자신을 알기' 기술을 배운 후, 4가지 변화 기술을 더 배워야 하는 것이다. 문제의 진짜 원인을 집어내고 자기가 수정하거나 만회할 수 있는 영역을 정확히 판단하는 법을 배워야 한다. 문제가 초래할 결과를 올바로 예측하는 법과 비합리적인 믿음에 실시간 반박하는 법을 배워야 한다.

감정과 행동을 촉발하는 것은 사건 자체가 아니라 그 사건을 해석하는 방식이다. 이 간단한 깨달음이 7가지 회복력 기술의 토대이다. 첫 번째 기술은 ABC 확인하기이다. 이 기술은 번번이 회복력을 발휘하지 못하는 상황을 잘 파악하게 해 준다. 역경을 겪고 있을 때 본인의 믿음을 간파하고 그 믿음이 어떤 감정을 촉발하는지 깨닫게 해 준다. 예를 들어 보자. 회사에서 지친 몸으로 집에 왔는데, 이번에도 배우자는 당신보다 먼저 퇴근하고도 저녁을 차릴 생각조차 안 하고 있다. 이런 경험이 있는가? 당신은 어떤 감정을 느끼는가? 화가 나는가? 실망하는가? 그 순간에 왜 그런 감정을 느끼느냐고 묻는다면 당신은 빈 식탁을 가리키며 이렇게 말할 것이다. "저것 보세요. 식사 준비를 하나도 안 했잖아요. 언제나 저래요." 당신이 화가 난 이유가 명확하게 보인다. 하지만 그 대답은 정답이 아니다. 당신이 화난 이유는 배우자가 식사를 준비하지 않아서가 아니다. 배우자가 식사를 준비하지 않은 행위를 당신의 권리에 대한 침해로 해석하기 때문에 화가 난 것이다. 배우자의 행동이 아니라 그 행동에 대한 당신의 '해석'이 분노를 촉발했다.

사람들은 모두 역경을 겪는다. 역경(adversity)은 ABC 모형의 'A'이다. 위의 예에서 역경은 "배우자가 저녁 식사를 준비하지 않았다."이다. 역경은 개인의 반응을 촉발하는 사건을 말한다. 실직, 이별, 사랑하는 사람의 죽음 등 커다란 역경이 있다. 마감 시한 위반, 친구와의 말다툼, 지각 등 작은 역경도 있다. 역경은 감정적 결과와 행동적 결과(consequence, ABC 모형의 C), 즉 그 사건에 응해서 느끼는 감정과 하는 행동으로 직결된다. 위의 예에서 C는 분노 또는 실망이다. 겉보기에는 이 세상이 A—C 로 작동하는 것 같다. 좋은 일을 겪을 때 우리는 긍정적인 감정을 느낀다. 승진, 데이트, 화창한 날씨에는 누구든지 자긍심과 기쁨과 즐거움을 느껴야 한다. 나쁜 일을 겪을 때는 부정적인 감정을 느낀다. 타이어 펑크, 푹 꺼진 수플레, 칭얼대는 아이에게는 누구든지 분노와 실망과 짜증을 느껴야 한다.

이것이 논리적인 것 같지만 결코 그렇지 않다. 감정과 행동을 촉발하는 것은 우리가 겪는 사건이 아니다. 그 사건에 대한 우리의 생각이 감정과 행동을 일으킨다. 이 생각을 나는 믿음(belief, ABC 모형의 B)이라고 부른다. 바로 믿음이 우리가 어떤 감정을 느끼고 어떤 행동을 할지를 결정한다. 세상은 A—C가 아닌 A—B—C로 작동한다. 푹 꺼진 수플레에 "진짜 맛없다, 차라리 치즈샌드위치를 만들걸."이라고 믿는 사람은 실망을 느낄 것이다. 푹 꺼진 수플레에 "이 요리 잡지는 진짜 엉터리야. 정확히 레시피대로 했는데도 푹 꺼졌잖아. 이 잡지사 사람들은 레시피대로 만들어 보지도 않고 올리는 게 틀림없어."라고 믿는 사람은 분노를 느낄 것이다. "세상에, 팬케이크가 되었네. 아이들이 좋아하겠어. 이걸 보면 다들 재미있어 할 거야."라고 믿는 사람은 푹 꺼진 수플레에 즐거워할지도 모른다. 아주 간단하다. 거의 모든 상황에서 우리의 믿음이 감정과 행동을 일으킨다.

A : 역경

대부분의 경우, 우리는 살면서 겪는 여러 가지 사건에 적절하고 생산적으로 대응한다. 도전에 맞서고 실패와 성공에 올바로, 때로는 우아하게 대응한다. 하지만 모든 사건에 우아하게 대응하지는 못한다. 우아하게 대응하지 못하게 하는, 극심한 스트레스를 초래하는 역경이 있기 마련이다. ABC 확인하기 기술의 첫 단계는 회복력을 방해하는 역경을 알아차리는 것이다. 역경에 뒤따라 일어나는 부정적인 정서와 행동은 그 강도가 다양하다. 역경이 앗아가는 회복력의 정도도 다양하다. 이 사람에게는 역경이 저 사람에게는 긍정적인 사건일 수도 있다. 대다수 사람에게는 혼자 있는 시간이 매우 드물게 일어나는 즐거운 사건이다. 직장에서의 승진은 엄청난 혜택이다. 하지만 혼자 있는 시간이 커다란 스트레스 요인이어서 자기 의심과 슬픔에 빠지는 사람도 있다. 승진해도 기뻐하지 않고 불안해하는 사람이 놀라울 정도로 많다.

다음은 역경으로 여길 수 있는 사건의 일부이다.

- 일과 가정의 균형 유지하기
- 불쾌한 이별에서 헤어나기
- 배우자와 집안일 분배하기
- 손님 초대
- 예기치 못한 사고
- 여러 가지 일을 동시에 즉시 처리하기
- 타인의 분노에 대처하기
- 실직
- 심각한 질환 발병

역경이 없는 하루는 아주 수월하게 지나간다. 하지만 차가 막혀서 꼼짝 못할 때 앤드류는 울화통이 터진다. 아침에 네 살배기 쌍둥이가 투정을 부리고 두 살배기 아들까지 덩달아 칭얼대면 캐런은 짜증이 치민다. 그렇다, 심리학자들도 역경과 씨름하며 산다. 극심한 스트레스를 유발하는 사건에 직면하면 우리는 쉽게 혼란에 빠진다. 사고 체계가 뒤엉키고 문제 해결 능력이 둔해지기 때문이다. 방에 틀어박혀 잔뜩 웅크리고 있으려는 충동을 느끼기도 한다. 누구나 극심한 스트레스 사건을 겪는다. 회복력은 역경 대응 능력을 키워 준다.

다음 리스트는 살면서 겪는 다양한 상황과 감정을 나열한 것이다. 하나씩 읽으면서 그 정도를 1에서 5점 범위에서 판단하라. 1점은 그 상황이나 감정을 다루는 일이 결코 어렵지 않다는 뜻이고, 5점은 극도로 어렵다는 뜻이다. 어떤 항목이 4점이나 5점이라면 그 상황을 다루면서 불행하다고 느낀 적이 언제였는지 구체적인 예를 떠올려 보라.

4점이나 5점으로 체크한 항목이 당신에게는 역경이다. 잠시 시간을 갖고 그 역경의 패턴을 찾아보라. 삶의 어떤 영역에서 역경을 더 많이 겪고 있는가? 개인적인 삶인가, 직업적인 삶인가? 갈등, 시간 관리, 상사와의 관계 등 유난히 대응하기 어려운 특정 주제가 있는가? 특정 감정에서 헤어나지 못하는가? 부정적인 감정인가, 긍정적인 감정인가? 본인의 역경 리스트를 들여다보라. 그 항목들에 공통점이 있는가?

레이철은 대학교 인사부에서 일하는 싱글 맘으로 직장 생활과 자녀 양육을 병행하느라 고생하고 있다. 자주 겪는 역경을 검토하다가 그중 많은 것이 서로 연결되어 있음을 깨달았다. 거의 모든 역경이 갈등과 분노와 관계가 있었던 것이다. 레이철에게 가장 다루기 어려운 역경은 직장 내 갈등이었다. 업무의 공정한 배분을 둘러싼 갈등이 특히 문제였지만, 자녀

어떤 사건이 극심한 스트레스를 초래하는가?

1 = 결코 어렵지 않다 , 2 = 조금 어렵지 않다, 3 = 보통이다
4 = 조금 어렵다, 5 = 매우 어렵다

직장 동료와의 갈등	1	2	3	4	5
직장 상사와의 갈등	1	2	3	4	5
가족과의 갈등	1	2	3	4	5
친구와의 갈등	1	2	3	4	5
긍정적인 피드백	1	2	3	4	5
부정적인 피드백	1	2	3	4	5
성공	1	2	3	4	5
실패	1	2	3	4	5
혼자 시간 보내기	1	2	3	4	5
자신을 위한 시간 부족	1	2	3	4	5
직장에서 새로운 책임 맡기	1	2	3	4	5
빠듯한 스케줄	1	2	3	4	5
많은 일을 동시에 즉시 처리하기	1	2	3	4	5
변화에 적응하기	1	2	3	4	5
사교 모임에 참석하기	1	2	3	4	5
직업적 삶과 개인적 삶의 균형 이루기	1	2	3	4	5
타인의 부정적 감정에 대응하기	1	2	3	4	5
타인의 긍정적 감정에 대응하기	1	2	3	4	5
자신의 감정 다루기 :					
분노	1	2	3	4	5
슬픔	1	2	3	4	5
불안	1	2	3	4	5
당혹감	1	2	3	4	5
죄책감	1	2	3	4	5
권태	1	2	3	4	5
좌절감	1	2	3	4	5
수치심	1	2	3	4	5
행복 또는 만족 누리기	1	2	3	4	5

와의 갈등 역시 정서적 혼란을 일으켰다. 집에서는 식사 시간, 목욕 시간, 취침 시간 등을 놓고 아이와 충돌할 때 화가 치밀었다. 양육을 도와줄 배우자가 없다는 사실에 분노할 때도 있었다. 따라서 식사 시간과 취침 시간에 관한 갈등에 언제나 화가 나는 것이 그 때문인지도 모른다고 생각했다. 본인을 가장 힘들게 하는 역경이 무엇인지 깨달았으면 그것의 공통점을 찾아내라. 그러면 그 역경이 어째서 유난히 극심한 스트레스를 초래하는지를 통찰할 수 있다.

B : 실시간 믿음

A, 즉 역경을 확인하면 이제는 B, 즉 믿음에 초점을 맞춰야 한다. 나는 레이철을 포함하여 회복력 훈련 참여자들에게 사무실에 있는 장면을 상상하라고 했다. 그들은 사무실에서 직원들과 함께 일하고 있다. 그런데 난데없이 동료가 문을 거칠게 열고 들어온다. 그는 화가 나서 벌게진 얼굴로 서류 뭉치를 마구 흔들어 대며 소리친다. "나한테 물어보지도 않고 어떻게 이 보고서를 제출할 수가 있죠? 나는 처음부터 이 프로젝트에 참여했어요. 제출하기 전에 나한테 한번 보여 줘야 한다는 생각은 안 했어요? 그저 실수려니 넘기려고 아무리 애를 써도 도저히 안 돼요. 반드시 설명을 들어야겠어요." 그다음에 나는 참여자들에게 세 가지를 쓰라고 지시한다. 그 동료의 말을 듣는 순간 어떤 생각이 떠오를까? 어떤 감정을 느낄까? 어떤 행동을 할까?

세상이 A—C로 작동한다면 이 참여자들은 모두 똑같은 방식으로 역경에 대응할 것이다. 동료의 비난은 특정한 방식으로 신체 감각을 자극해야 하며, 그 감각에 대한 인식은 모든 사람에게 동일한 감정을 일으켜야 한다. 하지만 결과는 그렇지 않았다. 참여자들에게 이 역경에서 어떤 감정을 느낄지 묻자, 세 명은 분노, 세 명은 죄책감, 한 명은 당혹감, 한 명은 슬픔이라고 대답했다. 어떤 행동을 할지 물었을 때 역시 대답이 다양했다. 세 명은 맞서서 소리치겠다고 말했다. 세 명은 끝까지 사과할 거라고 했고, 한 명은 어떻게든 빨리 사무실 밖으로 나간다고 했다. 레이철은 "제 정신이 아닐 것" 이라고 대답했다. 자기가 그 동료에게 미친 듯이 화를 내다가 사무실을 뛰쳐나가는 장면을 상상했다.

직장 동료와 이 상상의 갈등을 겪을 때 어떤 생각이 떠오를지 묻자 레이철은 이렇게 대답했다. "세상에, 화를 내고 있네. 나한테 저런 식으로 말해서는 안 되지. 무례하잖아." 그런데 내가 보기에 이 대답은 갈등을 겪을 때 떠오른 생각을 검열한 후 표현한 것이 확실했다. 레이철의 대답에는 진실성이 없었다. 갈등이 일어난 '바로 그 순간'에 실제로 떠오른 믿음이 무엇인지 알아야 했다. 레이철은 조금 심란해하며 진짜 생각을 털어놓았다. "뭐 저런 인간이 다 있어? 자기가 뭐라도 되는 줄 아나? 어떻게 감히 내 사무실에 쳐들어와서 소리를 질러 대는 거지? 내가 가만히 앉아 듣고만 있을 것 같아서? 그런데 저게 말이 되는 소리야? 자기는 언제 나처럼 일하는 시늉만 하고 정작 프로젝트는 내가 죽을힘을 다해서 끝마쳤는데, 이제 와서 그 영광을 나눠 갖겠다고? 하긴, 그걸 잊어버릴 인간이 아니지!" 이제야 검열되지 않은 있는 그대로의 실시간 믿음, 갈등의 순간에 속으로 한 말이 드러났다. 레이철은 자기가 그 동료에게 불같이 화를 내다가 사무실을 뛰쳐나갈 거라고 예상했다. 레이철의 실시간 믿음을 고려하면 충분히 가능한 반응이었다. 실시간 믿음이란 역경의 순간에 곧바로 떠오르는 생각으로 알아차리지 못할 때도 있다. 그 믿음은 개인이 역경, 도전, 새로운 경험에 직면할 때 어떤 감정을 느끼고 어떤 행동을 할지 결정한다. 회복력 기술을 적용할 때 가장 자주 초점을 맞춰야 하는 것이 바로 이 실시간 믿음이다(더욱 뿌리 깊은 '빙산 믿음'은 6장에서 다룬다). 실시간 믿음은 특정 감정을 느끼고 특정 행동을 하게 만든다. 다시 말해서 실시간 믿음은 역경에 대응해서 우리가 느끼는 감정과 취하는 행동에 직접 영향을 미친다.

어떻게 하면 실시간 믿음을 알아차릴 수 있을까? 이 문장을 읽는 바로 지금 당신의 실시간 믿음은 무엇인가? 실시간 믿음에 이미 세심하게 귀를 기울이는 사람들이 있다. 그들은 그 믿음이 일으키는 감정과 행동을 구체적으로 확인하는 능력을 키워야 한다. 실시간 믿음을 포착하는 데 별로 관심이 없는 사람은 더 자주 귀 기울이는 법을 배워야 한다. 매일 매 순간 집중할 필요는 없다. 그것은 정신적 에너지를 허비하는 일이다. 그러나 역경에 대처하는 능력을 키우려는 사람은 역경에 처하는 순간 본인이 속으로 어떤 말을 하고 있는지 귀 기울여 들어야 한다.

호출 개입

실시간 믿음을 더 잘 포착하게 하는 심리학적 개입이 있다. 바로 호출 개입이다. 아주 간단하다. 아무 때나 호출이 울리게 시계나 컴퓨터를 설정한다. 호출이 아무 때나 오게 설정할 수 없으면 한 시간 간격으로 설정한다. 호출이 올 때마다 하던 일을 멈추고 본인의 믿음에 주의를 기울인다. 호출이 오는 바로 그 순간에 머릿속에 떠오른 생각은 무엇이든 적는다.

처음에는 그 실시간 믿음이 모두 비슷비슷해서 의아할 것이다. 이 호출 개입을 실행해 본 어떤 대학생은 이렇게 말했다. "세상에, 별다른 게 전혀 없었어요. 그저 '배고파. 따분해. 배고파. 따분해.' 이 말만 되풀이하고 있더라고요." 하지만 속마음에 귀 기울이는 능력이 발전하면서 맨 처음에 알아차린 것보다 훨씬 더 많은 생각이 오가고 있음을 깨달을 것이다. 그러나 시간이 조금 걸린다. 이 호출 개입을 일주일에 두세 번 정도 실천하고, 특별히 애쓰지 않아도 실시간 믿음을 정확히 알아차릴 수 있을 때까지 지속하라. 이 일이 아주 쉬워지면 호출 개입을 중단하고, 그 대신 역경에 처할 때마다 실시간 믿음에 귀 기울이는 훈련을 하라. 직장에서의 갈등이 주요 역경인 사람은 갈등이 일어날 때마다 이렇게 자문하라. "지금 나는 무슨 생각을 하고 있지?" 실시간 믿음을 더 정확하게 포착할수록 나머지 6가지 회복력 기술을 더 쉽게 마스터할 수 있다.

원인 믿음과 결과 믿음

"이 일이 어째서 일어난 걸까?"

실시간 믿음 중에는 원인 믿음과 결과 믿음이 있다. 회복력을 쌓고 있을 때는 이 두 범주의 믿음을 알아차리는 것이 특히 중요하다. 원인 믿음은 역경이 일어난 이유를 묻는 '어째서 믿음'이고, 결과 믿음은 그 역경이 미칠 영향을 묻는 '그래서 믿음'이다.

소프트웨어 프로그램을 개발하는 제니퍼와 윌리엄은 많은 프로젝트를 공동 작업했다. 처음에는 생산적으로 시작된 공동 작업이 시간이 가면서 자꾸 틀어졌다. 두 사람은 자기 의견을 고집하고 말꼬리를 잡고 늘어지고 모든 결정의 손익을 놓고 끝없이 설전을 벌이는 데 시간을 허비했다. 그들의 공동 작업은 오히려 경력에 해가 될 지경이었다.

제니퍼와 윌리엄에게 역경은 직장에서의 갈등이었다. 나는 그들의 실시간 믿음, 즉 서로 싸움을 벌일 때 속으로 어떤 생각을 하는지 물어보았다. 제니퍼의 실시간 믿음 중에는 원인 믿음이 있었다. "윌리엄은 일부러 반대하는 거야. 지난번 아이디어를 사장한테 퇴짜 맞고 그 화풀이를 나한테 하고 있어. 자기 혼자 불쾌하기는 억울하니까 나까지 끌어들이는 거지." 제니퍼의 실시간 믿음은 과거에 초점을 맞추고 있었다. 또한 이 일이 어째서 일어난 걸까? 문제의 원인이 무엇일까? 등, 이 '어째서' 질문의 대답이었다. 공동 작업을 하면서 윌리엄과 자꾸 싸우는 이유는 그가 좌절감을 자신에게 표출하기 때문이라고 제니퍼는 믿었다. 그리고 이 믿음은 제니퍼를 화나게 했다.

인간은 본인에게 닥친 역경의 원인을 찾도록 진화된 종이다. 원인을 정확하게 아는 것은 효과적인 해결책을 찾는 데 꼭 필요하며, 해결책을 실천하는 것은 진화적 이점을 제공한다. 연구에 따르면, 문제가 일어날 때 우리는 자발적으로 "왜?"라고 자문한다. 성공을 예상했는데 실패하는 등 뜻밖의 결과를 맞거나 욕구가 충족되지 않을 때 특히 그렇다. 문제와 예상치 못한 결과의 원인을 알아내려는 것은 합리적이다. 그럼으로써 문제 상황을 바로잡고 목표를 달성할 확률을 높일 수 있기 때문이다. 제니퍼가 '어째서' 질문을 하지 않는다면 윌리엄과의 공동 작업을 개선하기 위해 어떻게 해야 할지 갈피를 잡지 못할 것이다.

귀인 이론 연구자들은 '어째서' 질문의 모든 대답을 세 차원에서 설명할 수 있다고 말한다. 앞서 소개했듯이, 셀리그만은 개인적 차원(내 탓/남 탓), 지속성 차원(항상/가끔), 만연성 차원(전부/일부)이라고 불렀다. 그리고 사람들은 '어째서' 질문에 거의 언제나 동일한 양식으로 대답한다. 본인의 원인 믿음에 귀를 기울이면서 일정한 패턴을 찾아보라. 역경에 처할 때 당신은 자신을 비난하는가, 타인을 비난하는가? 문제의 원인이 영구적이라고 여기는가, 일시적이라고 여기는가? 그 원인이 인생의 모든 영역에 해를 끼칠 거라고 믿는가, 아니면 단지 그 한 가지 역경을 일으켰을 뿐이라고 믿는가? 원인 믿음을 정확하게 찾아내고 구별할수록 그 믿음이 역경 대응 능력을 방해할 때 좀 더 쉽게 바꿀 수 있다.

"그래서 이제 무슨 일이 일어날까?"

윌리엄의 실시간 믿음은 제니퍼와 다투는 이유가 아니라 그 다툼이 초래할 일에 초점을 맞추었다. 그것은 '결과 믿음'이다. "요즘 우리는 사사건건 싸우고만 있어. 계속 이러면 프로젝트를 제대로 끝낼 수 없을 테고, 경력에 오점이 될 거야. 이 프로젝트는 공동 작업이 필요해. 제니퍼와 못 한다면 어느 누구와도 못 할 거야." 윌리엄의 실시간 믿음은 미래에 초점을 맞추고, 지금 상황을 고려할 때 다음에 일어날 일을 표현한다. 이 상황에서는 미래가 암울해 보이고, 따라서 당연히 불안감이 생긴다. 원인 믿음처럼, 결과 믿음 역시 진화적 이점을 제공한다. 먼 옛날, 위협을 예측하지 못한 조상은 실제로 위협이 닥칠 때 완전히 무방비 상태에서 희생될 수밖에 없었다. 그들은 포식자가 숨어 있다는 것을 예상하지 못했기 때문에 마을에서 너무 멀리 떨어져 돌아다니다 변을 당했을지도 모른다. 하지만 지나치게 비극적이고 일어날 가능성이 거의 없는 결과 믿음을 갖고 있는 사람들이 아주 많다. 그 결과 믿음은 실제 위협에 대비하는 데 아무 도움이 되지 않는다. 도움은커녕 그 결과 믿음이 일으킨 불안감은 문제 해결을 방해하고 회복력을 훼손한다.

실시간 믿음의 패턴

실시간 믿음이 원인 믿음도 아니고 결과 믿음도 아닐 때가 있다. 예를 들어 보자. "마이크와 또 싸웠어요. 오늘만 다섯 번째예요. 우리는 늘 싸워요." 이 말은 문제의 원인을 묘사하지도 않고 앞으로 일어날 일을 예측하지도 않는다. 이 믿음은 일어난 사건을 단순히 묘사한 것에 불과하다. 실시간 믿음이 판단을 반영할 때도 있다. "이 일을 놓고 줄리와 싸우는 게 지긋지긋해요. 계속 이렇게 싸울 순 없어요. 더는 못 참아요."

어떤 실시간 믿음은 여러 측면이 한데 뒤섞여 있다. 판단, 묘사, 이유, 예측이 모두 조금씩 들어 있다. 하지만 대체로 한 가지가 우세하다. 모든 측면을 포함하면서도 사건의 원인에 주로 초점을 맞추거나, 그 사건이 초래할 일에 유난히 치중하거나, 그 사건을 실황 중계하듯 묘사한다. 실시간 믿음이 주로 역경을 있는 그대로 묘사하거나 그 역경에 대한 본인의 감정을 판단하는 것이라면 역경의 원인과 결과에 대해 숙고하는 훈련을 해야 한다. 회복력에는 과거를 숙고하는 것과 미래를 계획하는 것의 균형이 필요하기 때문이다. 7장과 8장에서는 원인 믿음과 결과 믿음을 토대로 회복력을 키우는 방법을 소개할 것이다. 지금은 실시간 믿음을 찾아내고 그것의 패턴을 확인하는 것이 중요하다. 당신은 역경의 원인에 초점을 맞추는가, 그 역경이 미칠 영향에 초점을 맞추는가? 사건을 자세히 묘사하는 일에 정신적 에너지를 소비하는가, 감정을 판단하는 일에 치중하는가? 즉시 할 일은 본인의 사고 양식을 더 정확히 알아내는 것이다. 그것을 수정하고 바꾸는 것은 더 나중의 일이다.

C : 결과는 감정과 행동이다.

지금까지 A, 스트레스를 초래하는 역경과 B, 역경에 처할 때 떠오르는 믿음을 다루었다. 믿음은 중요하다. 감정의 종류와 강도를 결정하고 행동을 유도하기 때문이다. 역경이나 난제에 직면하는 '바로 그 순간'에 느끼는 감정과 취하는 행동이 바로 C, 즉 결과이다. 우리는 감정과 행동을 대단히 중요시한다. 그 이유가 무엇일까? 직장에서의 성공, 원만한 인간관계, 정신 건강, 심지어 신체 건강까지도 감정과 행동이 복합적으로 작용한 결과이다. 우리는 이렇게 단순한 이유로 감정과 행동을 중시한다. 회복력 수준이 높은 사람은 감정을 조절하고 행동을 통제해서 어떤 역경이든 적절하게 대응할 수 있다. 이때 목표는 언제나 긍정적인 감정을 느끼는 것이 아니라 결코 포기하지 않는 것이다. 유익한 감정을 느끼고 생산적인 행동을 취하는 것, 실시간 믿음에 반사적으로 반응하지 않고 역경의 객관적인 사실에 적절하게 반응하는 것이 목표이다.

새로운 경험, 좌절, 문제에 처하는 바로 그 순간에 어떤 감정을 느끼고 어떻게 대응하는지 숙고해 보라. 한 감정에 사로잡혀서 옴짝달싹 못하는가? 분노 또는 불안, 죄책감을 느낄 때 그 감정을 떨쳐 내기가 어려운가? 정서적 삶이 아슬아슬한가? 일주일 동안 느끼는 감정을 모두 적는다면 한 가지 감정이 우세할까? 그 우세한 감정은 분노인가? 불안이나 슬픔인가? 부정적인 감정 하나에 사로잡히지도 않지만, 긍정적인 감정을 다양하게 느끼지 않을지도 모른다. 행동 면에서 똑같은 실수를 되풀이하는가? 자꾸 미루거나 너무 강하게 밀어붙이거나 너무 쉽게 포기하는가? 효과가 없는데도 한 방법을 계속 고수하는가? 아니면 문제는 성공적으로 해결하지만 안전지대 밖으로 나서기를 망설이는가? 당신은 포도주 시음 수업을 들을 계획이었지만 너무 바빠서 등록하는 것을 잊을지도 모른다. 아들의 친구 엄마와 함께 커피 한잔 마실 여유가 없다. 단풍이 절정이지만 잡다한 일로 돌아다니면서 고작 가로수 풍경이나 감상할 뿐이다. 회복력을 키우면 피할 수 없는 역경을 이겨 낼 수 있으며 새로운 것을 배우고 인생을 즐길 시간을 마련할 수 있다.

B—C(믿음–결과) 연결 관계

지금까지 말했듯이, 믿음은 감정과 행동을 결정하는 데 중요한 역할을 한다. 혼잣말에는 각자 자기만의 기준과 언어가 있다. 사람마다 다르긴 해도 믿음을 범주로 나눌 수 있다. 믿음을 범주화함으로써 해당 범주의 믿음이 어떤 감정과 행동을 일으킬지 예측할 수 있다. 이것을 B—C 연결 관계라고 부른다. 이 연결 관계는 예외가 없다. 그렇게 짝을 이룬 믿음과 결과는 보편적이며, 진화적 관점에서도 타당하다. 다양한 범주의 믿음과

B—C 연결 관계

믿음	결과
본인의 권리에 대한 침해	분노
일반적인 상실 또는 자기 가치 상실	슬픔, 우울
타인의 권리에 대한 침해	죄책감
미래 위협	불안, 두려움
타인과의 부정적인 비교	당혹감

그것이 일으키는 감정과 행동을 자세히 살펴보자.

이 B—C 연결 관계의 5가지 결과는 모두 부정적인 감정이다. 행복, 자부심, 평온 같은 긍정적인 감정은 어디에 있는 걸까? 긍정적 정서는 인생의 중요한 부분이다. 하지만 회복력에서는 긍정적 정서보다 부정적 정서가 더 중요하다. 회복력에서 중요시하는 것은 역경에 대응하는 방식이다. 그리고 역경은 보통 부정적인 정서를 낳는다.

본인의 권리에 대한 침해는 분노를 낳는다

누군가가 당신의 권리를 의도적으로 침해했다는 믿음, 당신에게 일부러 해를 끼치려 했다는 믿음은 짜증, 울화, 격노 등 분노 감정을 일으킨다. 심리학자 돌프 질만은 분노 유발 요인을 연구한 결과, 자부심을 모욕당했을 때 피해 입은 느낌 또는 자기 권리가 침해당한 느낌을 받는다는 것을 발견했다.[3] 부당한 대우를 받았다고 믿을 때, 목표 달성을 방해받았다고 믿을 때 분노가 솟구친다. 비합리적이긴 하지만, 침해의 주체가 무생물이나 환경이라고 믿을 때도 분노가 이어진다. "이 빌어먹을 차, 왜 시동이 안 걸리는 거야?" 또는 "짜증 나게 또 비가 오네." 등이 그 예이다.

그러나 대체로 우리는 가해자로서 타인을 지목하고, 그런 침해 행위가 의도적인 것이라고 믿는다. 주차장에서 누군가 갑자기 당신 앞으로 끼어들어서는 당신이 점찍어 둔 자리에 주차한다고 하자. 그때 어떤 생각이 떠오를까? "저 남자는 내가 저 자리를 기다리고 있는 걸 뻔히 알고도 새치기했어." 이런 생각이 권리 침해 믿음이다. 또는 아이에게 식탁 차리는 걸 도와달라고 했는데 무시한다고 하자. "엄마가 하녀인 줄 알지."라고 생각한다면 권리 침해 믿음이다. "아내는 아이들을 야단치는 일은 언제나 나한테 맡겨. 이건 불공평해."도 마찬가지다. 이 모든 예는 두 가지 믿음을 표현하고 있다.

① 다른 사람이 나에게 피해를 입혔다.

② 그 사람은 다르게 행동할 수도 있었다.

위에서 분노를 유발하는 실시간 믿음은 원인 믿음이다. 즉, 그 믿음은 "이 일이 어째서 일어났을까?"의 대답이다. '이유'를 따지는 사람, 주로 문제의 외적 원인을 찾는 사람, 특히 타인을 원인으로 삼는 사람은 살아가면서 아주 많은 분노를 느낄 것이다.

진화적 관점에서 보면, 원시사회에서 권리 침해 믿음은 적이 존재한다는 인식에서 생겨난 믿음이다. 적과 그 적이 끼칠 잠재적 피해를 재빨리 인식하고 대처한 조상은 존재하는 위험을 인식하지 못한 조상보다 생존 가능성이 훨씬 더 높았다. 그렇다고 모든 분노가 유익하다는 말은 아니다. 피해를 오인해서 자기 권리가 침해당했다고 믿는 사람은 회복력이 부족하며 크나큰 고통을 겪는다. 쉽게 분노하고 충동을 통제하지 못하는 사람은 자기 인생과 주변 사람들 인생에 큰 해를 끼친다. 아리스토텔레스의 말대로, "분노하기는 쉽다. 올바른 사람에게 올바른 때에 올바른 방식으로 분노하기는 어렵다." 회복력 수준이 높은 사람은 아리스토텔레스가 말한 난제를 해결할 수 있다.

일반적인 상실 또는 자기 가치 상실은 슬픔과 우울을 낳는다

자주 화내지는 않지만 필요 이상으로 슬프고 침울하고 우울하고 낙담하는 사람들이 있다. 슬픔과 우울은 사랑, 우정, 직업, 자기 가치 등 소중한 어떤 것을 잃었다고 믿을 때 일어나는 감정이다. 예를 들어, 당신은 작가이며 훌륭한 작가라는 자부심을 갖고 있다고 하자. 여러 잡지에 글을 기고했는데 모두 거절당했다. 이때 "나는 재능이 없는 것 같아."라는 생각은 슬픔을 일으킬 것이다. 또는 직장에서 한 동료와 친해졌다고 하자. 그런데 그가 집들이에 사무실 직원을 모두 초대하면서 당신만 빠뜨렸다. 이때 "그 사람은 나를 좋아하지 않아. 나 혼자 친하다고 착각한 거야."라고 생각하면 속상하거나 슬퍼질 것이다.

슬픔은 인간의 생존에 어떻게 기여할까? 겉보기에 슬픔과 우울은 진화적 이점이 없는 것 같다. 오히려 불리해 보인다. 슬프면 눈물이 나고 활력이 없어지고 몸이 아프다. 또한 수동적으로 변하고 집중력이 떨어지며 죽음을 생각한다. 진화는 이러한 행동에 어째서 호의적인 걸까? 진화 심리학자들은 슬픔이 사랑하는 사람의 죽음 같은 상실에 적응할 수 있게 해준다고 주장한다. 자기 성찰과 은둔은 그 상실의 의미를 찾아내고 미래를 계획할 기회를 제공한다. 슬픔은 불편한 감정이다. 슬픔은 이처럼 불편한 느낌을 조장해서 우리로 하여금 인생에서 잘못된 것을 바꾸게 하고, 그 변화 과정에서 슬픔은 줄어든다. 활력 감소는 슬픔을 유지시키고 인지능력을 약화시킨다. 따라서 개인은 더 연약해지고, 이렇게 약해진 개인은 자신을 위험에서 안전하게 지켜 줄 가정에 밀착한다. 눈물과 수동성은 다른 가족의 돌봄 행동을 유도하는데, 이것은 결과적으로 가족의 유대를 강화한다. 따라서 슬픔의 진화적 이점은 상실 경험에 이어 집단 내 다른 구성원들의 지지와 보호 반응을 양산하는 것이다. 우울도 마찬가지이다.

이제 자문해 보라. 당신의 실시간 믿음은 어떤 특징을 갖고 있는가? 당신이 느끼는 감정은 상실감과 관계가 있는가? 문제가 일어날 때 주로 스스로를 탓하는가? 전적으로 당신 잘못이 아닐 때도 그러한가? 문제의 원인을 따지는 사람, 그 원인으로 본인을 지목하는 사람은 문제가 일어날 때 슬픔과 우울을 느낄 가능성이 크다. 회복력을 가장 빠른 속도로 고갈시키는 것이 바로 우울이다.

타인의 권리에 대한 침해는 죄책감을 낳는다

한 연구에서 대학생들에게 꼬박 하루 동안 본인의 정서를 관찰하라고 요구했다. 그들이 가장 자주 보고한 긍정적 정서는 행복이었고, 가장 흔한 부정적 정서는 죄책감이었다. 그들은 룸메이트의 샴푸를 다 써 버린 것, 부모님께 전화하지 않은 것, 이성 친구를 배제하고 다른 사람들과 즐겁게 어울린 것에 죄책감을 느꼈다. 운동 안 한 것, 과식과 과음, 부모님의 돈을 낭비한 것에도 죄책감을 느꼈다. 다른 연구에서 20대 성인들은 호출이 오게 미리 설정한 시계를 일주일 동안 차고 있었다. 그리고 호출이 올 때마다 바로 그 순간의 감정, 생각, 활동을 기록했다. 죄책감은 흔하디흔한 감정이었다. 피험자들은 하루에 8시간의 수면 시간을 제외하고 16시간 동안 연구에 참여했다. 그렇게 얻은 자료로 추정한 결과, 성인은 하루에 평균 39분 동안 보통 수준의 죄책감을 느꼈다. 하루에 느끼는 죄책감의 양이 상당하다. 앞선 연구의 대학생들과 마찬가지로, 이 20대 젊은이들이 죄책감을 느끼는 상황은 다음 두 가지 범주로 나눌 수 있다.

① 할 일 미루기, 과식, 과음, 운동 포기, 과소비 등 자기 통제를 위반한 상황
② 성적인 일탈, 가족과 보내는 시간 부족, 친구의 부탁 거절 등 책임을 위반

한 상황

정서적 삶을 지배하는 감정이 죄책감이라면 그 감정에 너무 많은 에너지를 소모하고 있는 것이다. 그렇다고 모든 죄책감이 나쁘다는 말은 아니다. 좋은 죄책감도 있다. 죄책감은 우리가 행동 방침을 바꾸고 개선하게 도와주기 때문에 진화했을 것이다. 과식, 미루는 행위, 과소비 같은 문제로 죄책감을 느낀다면 이 감정은 우리가 자기 통제에 실패했음을 신호한다. 죄책감은 내적인 브레이크 역할을 한다. 그래서 죄책감이 들면 그 감정을 느끼게 만든 행동에 주목하지 않을 수 없다. 죄책감은 우리를 잠시 멈춰 세우고 자기 통제력을 되찾을 기회를 제공한다. 죄책감의 이 '내적 브레이크' 기능을 경험한 적이 있을 것이다. 최근에 운동을 건너뛴 때가 언제였는가? 돈을 너무 많이 쓰거나 술을 너무 마신 때는 언제였는가? 우리로 하여금 육중한 몸을 일으켜 달리게 하고, 바텐더에게 술값을 치르고 문을 나서게 하며, 400달러짜리 그릇 세트를 도로 내밀며 조용히 환불을 요구하게 하는 것이 바로 죄책감과 그 친구인 후회이다. 죄책감은 강력한 동기를 부여하는 감정이다.

죄책감의 한 가지 유용한 기능은 그 감정을 일으키고 있는 행동을 중단하게 만든다는 것이다. 또 다른 기능은 우리에게 동기를 부여해서 행동을 수정하게 만드는 것이다. 타인에게 피해를 입힌 것에 죄책감을 느끼면 우리는 사과를 하고 관계를 회복하려고 노력한다. 타인에게 의지해야 생존할 수 있는 종에게는 그 전략이 진화적으로 바람직하다. 물론, 어리석은 말이나 행동을 하기 전에 미리 죄책감을 느껴서 자기 통제력을 되찾거나 손상된 관계를 치유할 필요조차 없는 것이 이상적이다. 무엇보다 상대방이 사과를 언제나 받아 주는 것은 아니다. 그래도 우리는 사과를 한다.
실제로 아무 잘못도 하지 않았는데도 죄책감이 들면서 점차 커질 때가 있다. 당신은 회사 일을 마친 후 귀가하는 대신 그저 어디로 훌쩍 떠나 칭얼대는 아이들과 짜증스런 집안일에서 벗어나는 상상을 할지도 모른다. 또는 매력적인 동료의 유혹적인 말에 호응해 주면 얼마나 재미있을까 하는 몽상에 빠질지도 모른다. 오래전부터 다이어트를 고수하고 규칙적으로 운동해 왔지만 크리스피 도넛을 한두 개 먹는 건 괜찮지 않을까 생각한다. 이렇게 위반을 단순히 '상상'하는 것만으로도 심리학자들이 예기 죄책감이라고 부르는 것이 일어난다. 훌쩍 떠나기도 전에, 추파를 던지는 동료에게 호응하기도 전에, 초콜릿 글레이즈드 도넛 한 박스를 사기도 전에 당신은 죄책감을 느낀다. 예기 죄책감은 매우 불쾌한 감정이어서 우리가 실수를 범하기 전에 자주 멈춰 세운다.

분노와 슬픔은 기본적인 감정이다. 어린아이도 분노와 슬픔을 느낀다. 그러나 죄책감이 발달하는 데는 시간이 걸린다. 지금까지 말했듯이 죄책감은 구체적인 행동이나 위반과 관계가 있다. 죄책감을 느낄 때는 '나쁜 짓'을 했다거나 좋은 일을 하지 못했다는 생각에 시달린다. 성인은 본인 또는 타인에게 의도적으로 피해를 입혔다고 믿을 때나 나쁜 일을 했는데 다르게 행동할 수도 있었다고 믿을 때 죄책감을 느낀다. 분노는 외적인 원인을 인식할 때 일어나는 감정이다. 반면에 죄책감은 원인이 본인에게 있다고 믿을 때 일어난다. 예를 들어, 퇴근 무렵에 사장이 보고서를 제출하라고 지시해서 아이의 학예회에 못 참석한다고 하자. "사장한테 지금은 어렵고 내일 아침에 출근하자마자 제출하겠다고 말했어야 했어. 딸아이가 무척 화낼 거야."라고 생각하는 사람은 죄책감을 느낀다. 딸의 감정을 상하게 했고, 다르게 행동해서 단호히 거절할 수도 있었기 때문이다. 좋은 부모라는 이미지를 상실했기 때문에 슬픔도 조금 느낀다. 죄책감과 슬픔을 동시에 경험하는 것이다. 그러나 그 역경에 대한 실시간 믿음이 "이 회사는 정말 지긋지긋해. 일과 가정의 균형을 존중한다고 말은 그럴듯 하게 하지만 언제나 말뿐이야."라면 분노할 것이다. 문제의 원인이 타인의 의지로 변화 가능한 외적 요인이라고 믿기 때문이다. 즉, 일과 가정의 균형을 존중한다는 말을 사장이 실천한다면 퇴근 무렵에 보고서를 요구하지는 않았을 것이다.

죄책감을 설명할 때 함께 언급해야 할 감정이 있다. 죄책감을 느낀 사건을 이야기할 때 사람들은 수치심을 자주 거론한다. 죄책감과 수치심은 모두 되돌리고 싶은 사건과 관계가 있다. 시험 중에 커닝한 것, 친구의 비밀을 떠벌린 것, 연인을 배신한 것 등이 그 예이다. 그러나 두 감정을 일으키는 원인 믿음은 조금 다르다. 죄책감을 유발하는 실시간 믿음은 나쁜 일을 했다는 것, 잘못된 방식으로 행동한 것에 초점을 맞춘다. 반대로 수치심은 본인이 나쁜 사람이라는 것과 관계가 있다. 즉, 수치심을 촉발하는 믿음은 행동보다는 성격에 초점을 맞춘다.

죄책감과 수치심을 비슷한 비중으로 함께 경험하는 사람도 있지만 대부분의 경우, 한 가지 감정을 다른 감정보다 더 많이 느낀다. 수치심이 우세한 사람은 성격적 결함과 자아의 약점이 본인이 저지른 위반 행동의 원인이라고 믿는다. 죄책감이 우세한 사람은 대체로 행동의 수준에만 초점을 맞춘다. 말하자면, "나는 나쁜 행동을 했어. 하지만 나쁜 사람은 아니야."라고 믿는다.

당신은 죄책감이 우세한가, 수치심이 우세한가? 이 경향을 아는 것이 중요하다. 수치심은 독약이기 때문이다. 이미 말했듯이, 죄책감은 변화와 교정을 촉진하는 역할을 한다. 실제로 죄책감 우세성은 적응상의 이점을 부여한다. 인간관계 영역에서 특히 그렇다. 수치심 없는 죄책감을 느끼는 사람, 즉 죄책감은 느끼지만 수치심은 느끼지 않는 사람은 수치심을 더 많이 느끼는 사람보다 인간관계에서 공감 능력이 더 뛰어났고 더욱 건설적으로 분노를 조절했다. 반면에 수치심이 우세한 사람은 공감 능력이 훨씬 더 부족했다. 그들은 더 크게 분노하고 적대적이었으며 분노를 적절하게 통제하지 못했다. 그리고 우울할 가능성이 대체로 더 높았다. 수치심의 치명적인 특징은 무력감을 조장한다는 것이다. 우리는 행동을 바꾸는 방법은 알고 있다. 하지만 성격을 바꾸려고 할 때는 무력감을 느낀다. 수치심으로 인한 무력감 때문에 우리는 잘못을 사과하고 자기 통제력을 높이려고 애쓰는 대신 도망치고 외면한다.

미래 위협은 불안과 두려움을 낳는다

당신은 얼마나 자주 불안한가? 그 불안감이 역경에 대응하는 능력을 방해하는가, 아니면 행동을 취하고 대비하게 재촉하는가? 사람들은 모두 불안을 느낀다. 어떤 사람들은 가끔 가벼운 불안을 경험한다. 그 불안감은 늦은 밤까지 업무를 처리하거나 토요일 밤 디너파티에 내보일 디저트를 시험 삼아 미리 만들어 보게 하는 정도이다. 그러나 불안이 심각한 문제인 사람들도 있다. 카라는 성공한 가수였다. 예전부터 공황 발작을 겪어 오던 중 최근에 혼자 공연을 하다가 불안감에 압도되는 바람에 심리치료실을 찾아왔다. "저는 노래하는 걸 정말 좋아했어요. 하지만 뭔가 달라졌어요. 이제는 혼자 노래를 부르면 불안해요. 무대에 서서 청중을 바라보면 목소리가 떨리고 최고음까지 올라가지 않을 것 같아서 불안해요. 그러면 심장이 뛰기 시작해요. 손이 떨리는 게 느껴져요. 가슴이 조여드는 느낌이 들고 노래 첫 소절도 생각나지 않아요. 그럴 때는 청중을 쳐다볼 수가 없어요. 다들 저를 비웃고 경멸하는 것 같아요. 어쨌든 노래를 불러야 한다는 건 알지만 몸이 얼어붙은 느낌이에요. 그래도 억지로 노래를 불러요. 그럴 때는 목소리가 콱 막혀서 제대로 나오지 않아요. 당연히 상황이 훨씬 더 나빠지죠."

불안과 분노는 인체의 거의 모든 시스템에 영향을 미친다. 즉 인간의 생리 체계가 달라진다. 우선 불안은 심장 혈관계를 교란시킨다. 심장이 두근거리고 혈압이 오르거나 감소하며 심장이 빠르게 또는 불규칙하게 뛴다. 호흡계도 영향을 받는다. 호흡이 얕아지고 빨라지며 질식하는 듯한 느낌도 든다. 바로 이 질식하는 것 같은 증상이 '불안(anxiety)'의 어원이다. 라틴어 '앙게레(angere)'는 '숨이 막히다' 또는 '목을 조르다'라는 뜻이다. 소화계도 불안의 영향을 받는다. 식욕이 감소하고 배가 아프다. 음식을 먹으면 속이 쓰리다. 근육 신경계에서도 변화가 나타난다. 놀람 반응이 증가하고 눈꺼풀이 씰룩거리고 사지가 후들후들 떨리고 근육이 경련하며 목적 없이 서성거리게 된다. 비뇨기계도 영향을 받는다. 소변이 마려운 느낌이 자주 들어서 시도 때도 없이 화장실로 달려가야 한다.

이것으로도 부족하다는 듯이 사고와 행동에도 변화가 나타난다. 말하기 능력이 감소해서 말투가 어눌해지며 몸놀림이 둔해지고 자세도 흐트러진다. 정신이 혼미해지고 세상이 비현실적으로 보이며 자꾸 남의 시선을 의식한다. 기억력이 떨어지고 주의가 산만해지는데다 추론 능력이 감소하고 걱정과 두려움이 증가한다. 중증 불안증을 겪은 적이 있는 사람들이 한결같이 말하듯이, 바로 지옥이다.

믿음은 불안 증상일 뿐만 아니라 더 중요하게는 그 증상의 원인이다. 이것이 사실로 간주된 것은 아론 벡 같은 인지심리학자가 명성을 얻은 후의 일이었다. 인지심리 치료사들은 심각한 신체 이상을 동반할지라도 불안의 핵심 특징은 개인의 믿음, 구체적으로 위협과 위험에 대한 믿음이라고 주장했다. 자주 불안한 사람들은 주로 결과 믿음에 치중한다. 원인 믿음을 지닌 사람은 뒤를 돌아보며 문제의 원인을 숙고한다. 반면에 결과 믿음을 지닌 사람은 앞을 바라보며 일어날 가능성이 있는 사건을 응시한다. 후자에 해당한다면 본인의 믿음을 철저히 검토해 보라. 당신은 즐겁고 안전한 미래를 상상하는가, 위압적이고 위협적인 미래를 상상하는가? 불안은 당연히 후자에 뒤따라 일어난다.

가벼운 불안을 느끼는 사람도 그 감정을 초래하는 결과 믿음을 찾아내는 법을 배울 수 있다. 회의실에 들어서며 불안을 느낄 때 당신은 속으로 어떤 말을 하고 있는가? "회의가 순조롭게 진행되지 않을 거야." 또는 "나한테 또 다른 업무를 떠맡길 거야. 무슨 일이 있어도 더 이상은 해낼 수 없는데." 이렇게 말할지도 모른다. 데이트하러 나가기 전에 불안을 느낀다면 본인의 생각을 포착해 보라. "그 사람은 내가 따분하다고 생각할 거야." 또는 "이번에도 온통 자기 말만 늘어놓을 거야."라고 생각할 수도 있다. 자꾸 연습하면 불안을 촉발하는 생각을 포착할 수 있다. 그 생각을 일단 포착하면 그것이 전부 임박한 위협에 대한 믿음이라는 것을 깨달을 것이다.

불안은 자주 심신을 해친다. 그렇다면 불안이 주는 진화적 이점은 무엇일까? 아론 벡은 불안과 공포는 지나치게 무모한 행동을 점검하는 역할을 하는 것 같다고 말한다.[7] 예를 들어 공격적인 행동은 탐험과 경쟁에 꼭 필요하고, 그 두 가지는 종의 생존에 기여한다. 하지만 점검되지 않은 무모한 공격 행동은 부상과 죽음으로 이어질 수 있다. 원시시대에 동굴에 살던 인류의 조상 중에서 트록과 드렉이 있었다고 하자. 탐험을 추구하는 트록은 어느 날, 새로운 지역을 돌아다니다가 주변에서 여러 가지 흔적을 확인하고 이렇게 생각한다. "저 너머에 호랑이가 있는 것 같아." 이 믿음은 신체적 불안 증상을 일으킨다. 그 불안 반응은 아주 불편하고 불쾌하다. 트록은 그 반응을 없애고 싶다. 그 경고 신호에 유의해서 더 안전하고 익숙한 지역으로 돌아감으로써 불안 증상을 없앨 수 있다. 그런데 그 믿음이 불쾌한 신체 증상을 일으키지 않는다면 어떻게 될까? 드렉도 호랑이가 있는 것 같다고 생각한다. 하지만 신체적 불안 증상은 하나도 느끼지 않는다. 불편하고 불쾌한 증상이 전혀 없다. 잠재적 위험을 경고하는 내적 신호가 없는 것이다. 따라서 드렉은 위험한 모험을 계속한다. 원시시대의 생존을 다룬 이 예에서 트록은 드렉보다 틀림없이 더 오래 살 것이다. 위협에 대한 인식이 강력한 불안 반응을 촉발하기 때문이다. 드렉은 사라질 가능성이 크다. 잠재적 위협을 인식하고도 그의 신체는 여전히 무사태평하기 때문이다.

적당한 불안은 개체의 생존과 번식에 유익하다. 하지만 지나친 불안은 성공적인 삶을 가로막는다. 미래 위협에 사로잡혀 헤어나지 못하는 사람, 습관적으로 재앙을 예상하며 위험이 없을 때도 곧 닥칠 거라고 믿는 사람들이 있다. 그들은 결코 일어나지 않을 나쁜 일을 걱정하느라 귀중한 시간과 에너지를 낭비한다. 게다가 극도의 불안을 자주 느낀다. 이 감정은 회복력을 저해하고 성취와 정신 건강을 해칠 수 있다.

타인과의 부정적인 비교는 당혹감을 낳는다

앞에서 믿음을 설명하면서 푹 꺼진 수플레를 예로 들었다. 당신은 친구들을 저녁 식사에 초대했다. 함께 수다를 떨며 식사를 한다. 식사가 끝나자 오븐을 열고 심혈을 기울여 준비한 수플레를 꺼낸다. 그런데 수플레는 푹 꺼진데다가 새까맣게 타 버렸다. 친구들도 알아차린다. 망쳐 버린 수플레를 보는 순간, 당신은 어떤 느낌이 들겠는가? 주변에 아무도 없을 때 푹 꺼진 수플레를 꺼냈다면 어떤 느낌이 들었을까?

뛰어난 감정 연구자인 앙드레 모딜리아니(André Modigliani)의 주장에 따르면, 당혹감은 자부심 손상과 직결된다. 당혹감의 원인은 행동이 아니다. 푹 꺼진 수플레를 만든 행동이 아니라 그 행동을 타인이 목격하고 부정적으로 평가하고 있음을 아는 것이 당혹감을 일으킨다. 당혹감에는 관중이 필요하다. 그러나 다른 연구들은 우리가 본인이 설정한 기준과 어긋나는 행동을 할 때도 당혹감을 느낀다는 것을 보여 준다. 신속성, 경기력, 진보주의, 창의성 등의 기준은 사람마다 다르다. 야구 경기에서 동료들이 지켜보는 가운데 스트라이크아웃을 당한 선수처럼, 타인이 있는 자리에서 개인적인 가치가 손상되면 당혹감이 증대한다. 하지만 사회적 측면은 필요조건이 아니다. 본인의 기준에 못 미치는 행동이 당혹감을 촉발한다는 주장이 사실이라면 푹 꺼진 수플레를 꺼냈을 때 타인이 보든 안 보든 우리는 당혹감을 느낄 수 있다.

이 주장대로라면 당혹감을 촉발하는 사건이 개인에 따라 얼마든지 다를 수 있는 이유가 이해된다. 어떤 사람은 당혹감을 느끼는 사건에 다른 사람은 아무렇지도 않을 수 있다. 기준이 저마다 다르기 때문이다. 자칭 미식가인 피터는 푹 꺼진 수플레에 당혹감을 느낄 것이다. 그의 실시간 믿음은 "나는 타고난 요리사야! 그런데 이런 실수를 하다니."이기 때문이다. 반면에 즉석 냉동식품에 만족하는 린은 당혹감을 느끼지 않을 것이다. 린의 기준은 '유능한 요리사'가 아니기 때문이다.

당혹감에서 관중의 역할은 여전히 논쟁거리이다. 관중이 없어도 당혹감을 느끼는 사람이 있을 것이다. 아무도 없는 곳에서 실수했을 때도 만약에 누가 보았다면 어떻게 반응했을지 상상할지도 모른다. 길을 가다가 넘어지면 당신은 어떤 행동을 하는가? 혹시 본 사람이 있는지 두리번거린다. 그러나 당혹감의 근원은 타인과의 비교이다. 타인이 있는 자리에서 실수할 때 가장 큰 당혹감을 느낀다.

회복력 측면에서 가장 중요한 것은 사회적 상호작용 순간에 당신이 반응하는 방식이다. 동료들이 당신의 아이디어를 무시할 때, 친구들 앞에서 야단맞을 때, 사장이 당신의 실적에 실망했다고 말할 때 어떻게 반응하는가? 당혹감을 느끼는 순간에 떠오르는 실시간 믿음을 조사하면 거의 언제나 타인이 언급된다. 그 믿음은 중요한 사람들 앞에서 입지를 잃을지도 모른다는 두려움과 관계가 있다.

B—C 연결 관계를 이용하는 방법

B—C 연결 관계부터 확실히 알아야 그것을 기반으로 자기 자신을 알 수 있다. 본인의 실시간 믿음을 찾아냄으로써 어떤 감정과 행동이 뒤따를지 이해하고 예측할 수 있다. 그리고 앞으로 배울 6가지 회복력 기술의 토대가 되는 것이 'ABC 확인하기' 기술이다.

B—C 연결 관계를 이용하는 중요한 목적은 두 가지이다. 첫째, 이 관계를 이용해서 역경에 처할 때 느끼는 여러 가지 감정을 따로따로 구별할 수 있다. 둘째, 특정 감정에 사로잡히게 하는 믿음을 찾아내고 그 감정에 사로잡히는 이유를 깨닫고 극심한 스트레스 하에서도 침착해지는 법을 배울 수 있다.

감정 구별하기

감정이 언제나 하나씩 오는 것은 아니다. 가끔은 떼 지어 몰려온다. 극도의 스트레스를 받은 후에 특히 그렇다. 여러 가지 감정이 어지럽게 뒤섞여서 나타난다. B—C 연결 관계는 얽히고설킨 감정을 하나하나 떼어 놓게 한다. 폴이 그 예이다.

폴은 맨해튼의 일류 로펌으로 이직해서 가족과 함께 이사했다. 그 로펌을 선택한 이유는 가정을 중시해서 일과 균형을 이루게 도와준다는 말을 다른 변호사들한테 들었기 때문이다. 이직 후 6개월 동안 폴은 본인이 일을 잘하고 있으며 동료 변호사들과 친밀하다고 믿었다. 그 무렵, 13개월짜리 딸 메리가 감기에 걸렸다. 아내 조디는 딸을 병원에 데려가거나 유아원에 보내지 않고 집에서 돌보느라 회사 일에 소홀했다. 어느 날, 조디가 근무 중인 폴에게 전화해서 딸을 병원에 데려가 달라고 부탁했다. 요즘 조퇴와 지각이 잦아서 사장이 화낼 것 같았기 때문이다. 폴이 아이를 병원에 데려가야 해서 일찍 퇴근하겠다고 하자 파트너 변호사가 비난조로 말했다. "습관이 되면 곤란해." 폴은 여러 가지 감정이 일제히 솟구치는 느낌이 들었다. 분노, 죄책감, 당혹감, 심지어 수치심까지 한데 뒤섞여 밀려왔다. 그는 그 복합적인 감정에 어리둥절했다. "저는 아주 냉철한 사람이에요. 무엇이든 사실 그대로 받아들이는 타입이죠. 어떤 감정을 느끼든지 그 이유를 정확하게 파악하고 회복력도 높다고 생각해요. 하지만 그 일은 정말 의외였어요. 빈정대는 말 한마디에 왜 그렇게 많은 감정이 한꺼번에 일었는지, 그 이유를 알 수가 없었어요. 충격이었지요. 저는 일찍 퇴근해서 딸을 병원에 데려갔습니다. 하지만 그 혼란스러운 감정은 예상보다 훨씬 더 오래 지속됐어요."

폴은 동시에 밀려든 여러 가지 감정에 압도되었다. 그 순간부터 업무에 집중하기가 어렵고 자꾸 산만해지고 신경이 곤두섰다. 그 비난조의 말을 놓고 파트너 변호사와 대화하고 싶었고, 자신을 통제할 수 있으려면 우선 그 복합적인 감정을 분석할 필요가 있다고 판단했다. B—C 연결 관계는 폴이 그 역경을 파악하는 데 도움이 되었다. 폴은 본인의 사고 과정을 정확히 묘사함으로써 그 압도적인 감정들을 하나씩 확인한 결과 감정을 통제할 수 있었다. "제가 분노한 이유는 파트너 변호사의 말이 로펌의 위선적인 태도를 반영한다고 믿었기 때문입니다. 이 로펌으로 옮겨 온 한 가지 이유는 그들이 가정을 중시한다고 광고했기 때문이에요. 지금까지 한 번도 조퇴한 적이 없어서 그 변호사의 오만한 대답이 무례하다고 느껴졌어요." 폴은 파트너 변호사의 반응을 본인 권리에 대한 침해로 해석했다. 그리고 그 로펌이 영입을 제의할 때 사실을 호도했다고 믿었다.

"저는 조퇴하는 것이 잘못이라고 생각하지 않았어요. 그래서 죄책감을 느끼는 이유를 처음에는 이해할 수가 없었습니다. 실제로 잘못하지 않았다면 결코 사과할 마음이 없었지요. 그런데 제 죄책감은 조퇴가 아니라 아빠로서의 역할과 관계가 있다는 걸 깨달았어요. 출근하면서 이런 생각을 한 게 기억나더군요. 아픈 딸을 더 많이 돌봐줄 수 있으면 좋을 텐데,

이 로펌으로 옮기는 바람에 오히려 딸을 봐줄 시간이 더 부족할지도 모른다고요. 그리고 첫 번째 조퇴에 그렇게 적대적으로 반응한다면 앞으로는 그런 요구가 받아들여지지 않을 거라는 생각이 들었어요. 또 제가 아내와 딸을 실망시키고 있다는 느낌도 들었고요. 그게 죄책감을 느낀 이유입니다." 본인이 가족에게 피해를 입힌다는 믿음이 죄책감을 낳은 것이다.

폴은 당혹감을 일으킨 실시간 믿음도 정확히 집어낼 수 있었다. "조퇴하면서 시계를 보니 2시 45분이었어요. 저는 즉시 사무실을 둘러보며 동료들이 제가 조퇴하는 것을 알아차렸는지 확인했어요. 물론 알아차렸다 해도 그들은 그 이유도 모르고 관심도 없었을 겁니다. 하지만 저는 이렇게 생각했어요. '내가 조퇴하는 것을 알면 모두 내가 열심히 일하지 않는다고 생각하고 경멸할 거야.'" 폴의 당혹감은 상상 속의 타인의 시선과 판단에 대한 반응이었다.

감정을 일으킨 믿음을 하나씩 체계적으로 확인함으로써 폴은 빈정대는 단 한마디가 끄집어낸 다양한 문제를 명확하게 이해할 수 있었다. 이 과정은 고용주와 대화해야 할 문제—위선적인 태도—와 개인적인 문제를 구별하게 도와주었다. B—C 연결 관계를 파악하는 데 10분을 투자한 덕분에 폴은 쓸데없이 고민할 시간을 아끼고 동료와 고용주에게 부적절하게 대응할 위험을 피할 수 있었다. B—C 연결 관계를 이용해서 자기 인식 수준을 높임으로써 문제 해결에 필요한 정보를 얻고 갈등을 더욱 효과적으로 헤쳐 나갈 수 있었다.

편향적인 믿음 확인하기

B—C 연결 관계는 세상을 파악하고 적절하게 대응하게 도와주지만 사람

들은 편견을 쌓아 올리고 한두 가지 믿음에 집착할 때가 있다. 그들은 그 연결 관계를 쿠키 커터처럼 이용해서 애매한 상황은 모두 똑같은 모양으로 찍어 낸다. 또는 B—C 연결 관계를 일종의 레이더라고 생각한다. 어린 시절 경험 때문에 세상을 훑어보며 다음번에 본인에게 해를 끼칠지도 모르는 것을 끊임없이 찾고 있는 사람들이 있다. 그들은 미래 위협을 포착하는 레이더를 갖고 있어서 불안감을 느낄 때가 많다. 마크는 권리 침해 레이더가 있어서 거의 언제나 자기가 피해자라고 믿는다. 회사에 지각한 이유는 본인의 통근 노선을 아무 생각 없이 설계한 도시 계획자 때문이다. 어머니와 다툰 이유는 어머니가 본인의 사생활을 존중하지 않기 때문이다. 우선 처리할 업무를 놓고 동료와 다툰 이유는 동료가 자기를 선배로 인정하지 않기 때문이다. 마크는 사람들이 일부러 자기에게 짜증을 내고 자기를 깎아내리고 배신하려 한다고 믿는다. 즉, 자기의 권리를 침해한다고 생각한다. 그래서 거의 언제나 분노한다.

반면 조이는 위험을 찾고 있다. 가벼운 불안과 극단적인 불안을 오간다. 친구가 회신 전화를 하지 않으면 자기가 언짢게 한 게 아닐까 걱정한다. 두 번째 전화에도 회신하지 않으면 친구가 단단히 화가 나서 더 이상은 연락하지 않으려는 거라고 확신한다. 며칠 후에 친구가 전화해서 출장을 다녀왔다고 말하면 조이는 쓸데없는 걱정에 너무 많은 에너지를 허비한 자신에게 짜증이 난다. 첫 아이를 낳은 후부터 조이의 불안감은 더욱 심해졌다. 아들의 건강과 안전에 대한 걱정은 한도 끝도 없었다. 언제 어디서나 위험과 위협을 찾는 경향은 결혼 생활에 해가 되었고, 아들이 커 가자 그의 자율성 욕구와 갈등을 빚었다.

사람들이 부정적인 감정을 일으키는 믿음에만 집착하는 것은 아니다.

비벌리는 당당하고 쾌활하고 크게 성취한 사람이다. 하지만 자긍심에 갇혀 있었다. 긍정적 정서에 '갇혀' 있다는 말이 조금 이상하게 들릴 것이다. 하지만 문제가 생길 때마다 불안이나 분노를 느끼는 것과 마찬가지로, 문제가 생길 때마다 특정한 긍정적 감정을 느끼는 사람이 있다. 그 감정을 느끼는 것이 당연하지 않을 때도 그렇다. 일이 잘 풀릴 때마다, 계약에 성공하고 회의가 순조롭게 진행되고 소프트볼 게임에서 이길 때마다 비벌리는 그 성공을 자기 공으로 돌린다. 비벌리는 자기가 좋은 사건을 끌어온다는 믿음에 집착해서 다른 사람들 공로를 깨닫지 못한다. 처음에 사람들은 비벌리 주변으로 모여들었다. 활기차고 자신감 넘치는 태도에 덩달아 유쾌해지기 때문이었다. 하지만 사람들은 얼마 못 가 비벌리에게 환멸을 느끼기 시작했다. 동료들은 비벌리가 오만하고 잘난 척하며 명예욕에 눈이 멀어서 동료를 배신한다고 보았다. 비벌리의 편향적인 믿음은 긍정적인 감정을 가져왔지만 직장과 인간관계에서 문제를 일으켰다.

당신은 부적절한 분노, 불안, 또는 자긍심을 촉발하는 편향적인 믿음에 집착하지는 않지만 본인이 겪는 좋은 사건과 나쁜 사건을 해석할 때 편견을 적용할지도 모른다. 그렇다면 회복력을 훼손하고 있는 것이다. 편견은 사건의 객관적인 사실을 보지 못하게 방해하기 때문이다. 마크가 옳을 때도 있다. 사람들은 가끔 일부러 해를 끼친다. 그리고 조이는 실제로 일어나는 모든 위험을 빠짐없이 알아차린다. 하지만 편향적인 사고 양식은 사건의 의미를 올바로 이해하기보다는 오해하게 만들 때가 훨씬 더 많다. 마크는 상상 속의 적대감에, 조이는 상상 속의 위험에 대응하는 데 너무나 많은 시간을 소비한다. 친구들이 비벌리에게 실망한 후로 그녀의 인간관계는 무너지고 있다. 이 세 사람 모두 비효율적으로 행동하며 별로 행복하지 않다. 바로 편향적인 사고 양식 때문이다.

감정 일지를 적고 우세한 감정 찾아내기

B—C 연결 관계를 이용해서 본인의 정서적 삶을 제한하는 믿음의 패턴을 확인하라. 다음 일주일 동안 감정 일지를 적어라. 어떤 감정을 강렬하게 느끼거나 감정이 갑자기 바뀔 때마다 본인이 무엇을 느끼는지, 그 감정이 얼마나 강렬한지 즉시 적어라. 그런 다음에 그 일주일 동안 느낀 감정들을 분노, 슬픔, 죄책감, 불안, 당혹감 범주로 나누어라.

엄격한 공식은 없다. 하지만 다양한 감정을 골고루 느끼고 있는지, 아니면 그 감정들이 대체로 한 범주에 포함되는지 확인해야 한다. 일주일 동안 느낀 감정들이 한 범주에 속한다면 당신은 편향적 사고 양식을 갖고 있어서 5가지 믿음 중 하나에 지나치게 집착하고 있을 가능성이 크다. 자기 권리에 대한 침해 또는 타인과의 부정적 비교에만 치중할지도 모른다. 극심한 스트레스를 초래하는 역경에 뒤따라 일어나는 감정에 특히 유의하라. 그 역경은 당신이 회복력 수준을 가장 크게 향상시켜야 하는 영역이다. 극심한 스트레스 역경을 비교적 드물게 겪을 때는 정서적 삶이 다채로워지지만 스트레스 사건을 자주 접할 때는 한 가지 감정이 정서적 삶을 지배한다. 4가지 '변화하기' 기술을 배우면 정서적 삶을 지배하는 믿음을 바꿀 수 있다.

일상에서 ABC 확인하기 기술 활용법

역경에 뜻밖의 방식으로 대응할 때마다 또는 반생산적으로 대응할 때마다 ABC 확인하기 기술을 활용하라. ABC 기술의 목표는 본인의 경험을 A, B, C로 분석하는 것이다. 사건의 객관적인 사실과 그 사건에 대한 믿음을 따로 구별하고, 그런 다음에 그 객관적인 사실과 그 사건에 대한 반응을 따로 구별할 수 있어야 한다. 그 후에야 비로소 반생산적인 믿음을 바꾸는 작업에 들어갈 수 있다. 그 믿음을 철저히 탐구하기 위해서는 맨 먼저 그것을 따로 떼어 내야 한다.

최근에 겪은 역경 중에서 제대로 해결하지 못한 사건을 떠올려 보라. 첫 번째 단계는 그 역경(A)을 묘사하는 것이다. 머릿속으로 묘사할 수도 있다. 하지만 종이에 적는 것이 더 좋다. 다음의 'ABC 확인하기 워크시트'를 참고하라. 역경을 반드시 객관적으로 묘사하라. 사건을 자기 마음대로 해석해서 객관적 사실을 주관적으로 묘사해서는 안 된다. 편견을 배제하라. 그 사건과 관련하여 '누가, 언제, 어디서, 무엇을' 적는 것에 초점을 맞추어라. 예를 들어 보자. "우리 회사의 자료를 퍼뜨려서 저작권을 위반하고 있다고 의심되는 한 고객에게 대응하는 방식을 놓고 나와 사장은 의견이 달랐다. 나는 그 고객에게 직접 전화하고 싶은데, 사장은 내가 편지부터 보내야 한다고 생각한다." 이 글은 역경을 명확하고 객관적으로 묘사하고 있다. 다음 예는 그렇지 않다. "우리 회사의 자료를 퍼뜨려서 저작권을 위반하고 있다고 의심되는 한 고객에게 대응하는 방식을 놓고 나와 사장은 의견이 달랐다. 나는 그 고객에게 직접 전화하고 싶은데, 사장은 내가 너무 공격적인 말투로 전화해서 문제를 악화시킬 거라고 생각한다. 내가 전문가답게 충분히 자제할 수 있다는 것을 사장은 결코 믿지 않으며 언제나 내 권위를 깎아내린다." 역경을 묘사한 이 글의 문제는 본인의 믿음을 주입하고 있다는 것이다. 믿음은 중요하다. 하지만 이 단계에서는 사건의 객관적인 사실과 그 사실에 대한 믿음을 구별해야 한다. 믿음은 당신이 특정 사건을 이해하는 방식을 반영한다. 조금 후에 믿음을 다룰 것이다.

두 번째 단계는 결과(C)를 확인하는 것이다. 사건이 일어났을 때 당신은 어떤 감정을 느끼고 어떤 행동을 했는가? 감정과 행동 두 가지 모두 확인하고, 그 감정의 강도를 판단하라. 당신이 느낀 감정은 약했는가, 보통이었나, 강렬했나? 지금 B를 건너뛰고 A에서 곧장 C로 넘어가는 이유는 실생활에서 보통 그런 식으로 사건을 경험하기 때문이다. 어떤 사건이 일어나고, 그다음에 그 사건에 대한 감정과 행동을 알아차리고, 그런 후에야 본인이 어떤 생각(B)을 했는지 깨닫는다. 믿음은 정서 반응과 행동 반응과 달리 두드러지지 않는다. 다시 예를 들어보자. C를 훌륭하게 묘사한 예이다. "나는 짜증스럽고도 불안했다(심한 짜증과 약한 불안). 내 첫 번째 행동은 무례한 말을 내뱉은 것이었다. 당연히 사장은 그 말을 좋게 받아들이지 않았다. 그다음에 나는 미루기 시작했다. 해야 할 다른 업무는 거의 모두 끝냈지만 그 편지를 쓰는 일은 도저히 내키지 않았다."

세 번째 단계는 A와 C를 이어 주는 단편적인 사실들에서 결론을 도출하는 것이다. 역경과 결과를 적은 후에는 그 A와 C를 연결하는 믿음을 알아내야 한다. 자문하라. 그때 나는 무슨 생각을 하고 있었나? 어떤 생각이 이 감정과 행동을 일으킨 것일까? 목표는 그 역경의 순간에 실제로 떠오른 믿음을 찾아내는 것이다. 그 믿음을 보다 온화하고 바람직해 보이는 것으로 바꿔서는 안 된다. 실시간 믿음의 실제 내용, 그 내용을 이루는 실제 단어들이 중요하다. 그 단어에는 당신이 그 사건에 부여하는 의미가 담겨 있기 때문이다. 위의 예에서 실시간 믿음이 "사장은 남자를 깔아뭉개는 여자야."라고 하자. 그런데 이것을 "사장은 터프해."라고 바꿔서 표현하면 사장의 동기와 본인의 인간관계 역학을 이해하는 방식을 알려 주는 중요한 정보를 놓치고 만다. 이 예에서, 역경은 두 가지 감정과 두 가지 행동을 초래한다. 보통 수준에서 극도의 짜증은 무례한 말을 촉발한다. 그리고 약한 불안은 미룸으로 이어진다.

B—C 연결 관계를 이용해서 본인의 논리를 점검하라. 권리 침해에 대한 믿음은 분노를 일으키고, 임박한 위험에 대한 믿음은 불안을 일으킨다. 당신의 믿음이 그 범주에 속하지 않으면 믿음을 정확하게 찾아내지 못한 것이다. 125쪽의 B—C 연결 관계는 예외가 없다는 점을 기억하라. 처음에 올바로 찾아내지 못했다면 다시 시도하라. 다음은 위의 예를 워크시트에 적은 것이다.

일상적인 수많은 역경에 연습 삼아 ABC 확인하기 기술을 적용하면서 일정한 패턴을 찾아보라. 당신의 실시간 믿음에는 특정한 한 가지 주제가 있는가? 결과 믿음보다 원인 믿음이 더 많은가? 권리 침해, 상실, 타인과의 비교 등 특정 범주의 믿음이 우세한가? 더 많이 연습할수록 패턴을 더 잘 찾아낼 수 있다. 패턴을 확인하면 비효과적인 대응을 예측할 수 있고, 더 나중에는 미리 방지할 수 있다. ABC 확인하기 기술을 연습하다 보면 C 리스트가 점차 늘어나고 실시간 믿음이 처음에 찾아낸 것보다 더 복잡하다는 것을 깨닫기도 한다. 좋은 신호이다. 그것은 자기 인식 수준이 높아지고 있음을 의미한다.

ABC 확인하기 워크시트

1. 역경을 객관적으로(누가, 언제, 어디서, 무엇을) 묘사하라. : "우리 회사의 자료를 퍼뜨려서 저작권을 위반하고 있다고 의심되는 한 고객에게 대응하는 방식을 놓고 나와 사장은 서로 다른 의견을 보였다. 나는 그 고객에게 직접 전화를 하고 싶었지만 사장은 내가 편지부터 보내야 한다고 생각한다."
2. 결과(역경을 겪는 동안 일어난 감정과 행동)를 확인하고 C란에 적어라.
3. 역경을 겪는 동안 떠오른 실시간 믿음을 확인하고 B란에 적어라(절대로 검열하지 말라).
4. 대조 검토 : 각 결과를 초래한 믿음을 한 가지 확인하고, 그 믿음이 한 가지 결과와 직결되는지 확인하라.

B : 실시간 믿음	C : 결과(감정과 행동)
사장은 내가 너무 공격적인 말투로 전화해서 문제를 악화시킬 것이라고 생각한다. 사장은 내가 전문가답게 충분히 자제할 수 있다는 것을 결코 믿지 않으며 언제나 내 권위를 깎아내린다.	무척 짜증이 난다. 무례한 말을 내뱉는다.
만약 우리가 오해한 거라면? 그 고객은 매우 화가 나서 우리에게 항의할지도 모른다.	조금 불안하다. 편지 쓰는 일을 미룬다.

ABC 확인하기의 마지막 단계는 대조 검토이다. 당신이 찾아낸 실시간 믿음은 각각 한 가지 감정과 행동과 연결되어야 하며, 감정과 행동은 각각 한 가지 믿음과 연결되어야 한다. B와 C가 하나씩 서로 짝을 이루어야 한다는 말이다. B를 하나 확인하면 잠시 시간을 갖고 즉시 포착하지 못한, 주변에서 떠도는 감정을 찾아보라. C를 하나 확인하면 아주 조용히 소곤거리고 있는 믿음을 찾아보라. 이 기술에 익숙해지면 점차 속도가 빨라진다. 처음에 ABC 기술을 적용할 때 B—C 짝을 찾아내기가 어려워도 실망하지 말라.

이 기술을 올바로 활용했다는 것을 어떻게 알 수 있을까? "아하!" 하고 감탄하는 순간이 있을 것이다. 저절로 이런 말이 나온다. "아하, 그런 느낌이 든 게 당연해. 이제야 알겠어." 자기가 어떤 감정을 느끼는지, 어째서 그런 감정을 느끼는지 이해하게 된다. 감탄의 순간을 경험하고 나면 반응을 부추기는 믿음을 더욱 철저히 탐구해서 결코 사고의 함정에 빠지지 않게 된다. 사고의 함정은 다음 5장에서 다룰 것이다.

ABC 모형의 예외

이쯤에서 지금까지 주장을 반박할 필요가 있다. 어떤 경우에는 사건이 너무 극단적이어서 그 사건에 대한 믿음이 아닌 사건 자체가 반응을 촉발한다. 사랑하는 사람의 죽음에 뒤따르는 감정은 그 비극적인 사건 자체가 일으킨다. 그 사건에 대한 해석이 감정을 일으키지 않는다. 9·11 같은 재앙을 겪은 후에는 그 충격적인 사건이 믿음을 강요한다. 이때 그 믿음의 정확성 또는 유용성을 의심하는 것은 쓸모가 없다.

그렇다고 개인의 믿음이 비극을 치유하는 데 중요한 역할을 하지 않는다거나 ABC 기술이 아무 소용이 없다는 말이 아니다. 오히려 그 반대이다. 믿음의 내용과 회복력 수준은 충격적인 사건이 초래한 감정과 행동을 통제하는 능력을 얼마나 빨리 얼마나 쉽게 되찾을지를 결정한다.

ABC 모형이 언제나 사실은 아닌 또 하나의 예가 있다. '편도체 장악(amygdala hijack)'이라는 것이다. 다음의 예를 보자. 바브와 짐은 2년 동안 사귀었다. 바브의 생일에 짐이 청혼을 했고, 두 사람은 다음 해 여름에 우아한 결혼식을 계획했다. 결혼식을 석 달 앞두고 바브는 짐이 직장 동료와 동침한 것을 알아차렸고, 결국 파혼했다. 바브는 짐의 전화도 받지 않고 찾아와도 문도 열어 주지 않았다. 3주일 동안 바브는 짐을 만나지도, 그와 한마디 말도 하지 않았다. 어느 날 밤, 친구들에게 이끌려 바브는 술을 한잔 마시러 갔다. 바에 서서 주변을 둘러보았다. 짐이 어떤 예쁜 여성과 함께 앉아 있었다. 바브는 술잔을 든 채 즉시 그에게 달려가 그의 이름을 소리쳐 부르고 놀라서 돌아보는 그의 얼굴에 술을 확 끼얹었다. 이것이 바로 편도체 장악이다.

편도체는 뇌간 위에 있는 아몬드 모양의 구조물로 대뇌변연계의 일부이며, 일차적 기능은 감정 관리이다. 즉, 감정을 일으키고 정서적 기억을 저장하며 우리 삶에 정서적 의미를 부여한다. 편도체가 없으면 기쁨, 슬픔, 공포, 분노를 느끼지 못한다. 즉 삶에서 정서와 열정이 사라지는 것이다. 변연계의 또 다른 일부인 해마는 사건의 객관적인 사실을 저장하는 임무를 맡는다. 바브의 경우, 해마는 바브가 마시던 술, 서 있던 장소, 바에서 마주쳤을 때 짐이 입고 있던 옷을 부호화한다. 반면에 편도체는 정서적 측면을 저장한다. 다른 여성과 함께 있는 짐을 보았을 때 느낀 격분, 그의 부정을 알았을 때 느낀 모욕감을 부호화한다.

신경 신호는 보통 시상에서 운동, 감각, 인지 기능을 담당하는 신피질로 전달된다. 그리고 그곳에서 신경 신호가 처리되고 대상에 관한 정보들(그 대상이 무엇인지, 어떤 의미가 있는지, 어떤 가치가 있는지)이 인식된다. 그 신호들이 신피질에서 뇌의 나머지 영역으로 전달되면, 마침내 신체가 반응한다. 하지만 편도체가 신피질을 제압하여 감정이 사고를 능가하는 경우가 있다. 이 특별한 경우에는 편도체가 받아들인 신경 신호가 일종의 경고로 작용해서 신피질이 그 신호를 완전히 처리하기도 전에 뇌의 나머지 영역이 자극을 받는다. 바브의 경우, 다른 여자와 함께 있는 짐을 목격한 것이 편도체에 경고 신호를 보냈다. 신피질이 그 자극을 완전히 처리하지 않은 상태에서 바브는 짐을 보고 격노했다. 바브의 편도체가 "위험해! 위험해!"라고 외치자 바브의 신체가 즉시 반응한 것이다.

편도체의 반응 속도는 생존에 확실히 유리하다. 시상에서 편도체로 곧장 전달되는 신호는 시상에서 신피질을 거쳐 편도체로 전달되는 신호보다 1,000분의 몇 초 더 빠르다. 위급 상황에서는 그 1,000분의 몇 초가 아주 중요하다. 하지만 신피질을 배제하면 중요한 세부 정보를 놓치고 만다. 속도를 높이면 정확성이 감소하고, 정확성을 높이면 속도가 감소한다. 이 상호관계는 어떤 상황에서는 유리하고 어떤 상황에서는 불리하다. 진짜 위기의 순간에는 정확성보다 속도가 확실히 더 중요하다. 눈앞으로 달려드는 자동차의 제작사와 모델명은 중요하지 않다. 하지만 감정이 사고를 제압한 경험을 한번 떠올려 보라. 신피질이 제공하는 더 풍부하고 정확한 정보를 참고했더라면 유리했을 것이다. 바에서 마주친 파란 셔츠 차림의 그 남자가 파란 눈에 귀걸이를 했다는 것을 알아차리고, 짐은 갈색 눈에 귀걸이를 하느니 차라리 홀딱 벗고 다닐 사람이라는 것을 떠올렸더라면 바브의 강렬한 분노는 곧바로 사라졌을 것이다. 편도체는 우리 목숨을 구할 수도 있고, 값비싼 대가를 치르게 할 수도 있다.

편도체 장악에 대해 처음 알았을 때 사람들은 종종 잘못된 결론을 내린다. 우리는 감정의 노예이고 사고 과정을 아무리 통제하려 해도 소용이 없다는 것이다. 결코 그렇지 않다. 편도체 장악은 원칙이 아닌 예외이다. 이 점을 기억하는 것이 중요하다. 우리 감정은 대체로 신피질의 보다 광범위한 정보 처리에 뒤이어 일어난 반응이다. 그 정보에는 겪은 사건에 대한 해석도 포함된다. 바브처럼, 우리는 아무 생각 없이 버럭 화부터 낼 때가 있다. 하지만 그런 일은 어쩌다 한 번이며, 그런 적이 거의 없는 사람들도 있다. 그런 적보다는 지나치게 심사숙고해서 불안이나 분노에 휩싸일 때가 더 많다. 배우자와 싸우면서 주고받은 한마디 한마디에 몰두해서 점점 더 슬퍼질 때, 현재의 상황에 대한 편향적인 믿음이 일으킨 분노, 죄책감, 당혹감에 시달릴 때가 더 많다.

감정이 사고를 제압할 때가 있다는 바로 그 사실이, 합리적인 태도가 훨씬 더 필요하다는 것을 암시한다. 감정이 극단으로 치달을 때는 상황을 정확하게 판단하기가 어렵다. 당연하다. 하지만 그럴 때도 정확한 판단은 가능하며, 오히려 더 필요하다. 중요한 단계에서 끼어듦으로써 편도체의 경고 모드를 보다 합리적인 사고 모드로 바꿀 수 있다. 강렬한 감정이 순식간에 치솟을 때 가장 효과적인 방법은 신체를 이완하는 것이다. 그러면 감정을 통제할 수 있다. 9장에서 '진정하기 및 집중하기' 기술을 배울 것이다. 그 기술을 활용하면 감정이 불리하게 작용할 때조차 회복력을 되찾을 수 있다.

이렇게 첫 번째 회복력 기술을 배웠다. 이 ABC 확인하기 기술은 나머지 6가지 기술의 토대이다. ABC를 확인하는 법을 알았으니 이제 유난히 힘든 역경을 파악할 수 있고, 실시간 믿음 즉 역경에 처할 때 속으로 하는 말을 알아차릴 수 있다. 또한 그 믿음이 어떻게 감정과 행동을 촉발하는지도 깨달을 수 있다. ABC 기술을 적용하면 본인조차 의아해하는 반응을 이해할 수 있다. "그렇게 죄책감을 느끼는 것도 당연하지. 그게 전부 내 탓이라고 믿으니까 그럴 수밖에 없어." 그리고 B—C 연결 관계를 참고

하면 타인의 반응에 더 잘 공감할 수 있다. “그 친구는 자기를 나와 비교하는 게 틀림없어. 그러니까 그렇게 당혹해한 거야. 이젠 괜찮아졌을까? 조금 다독여 주는 게 좋을 것 같아.”

ABC 확인하기 기술을 매일 연습하라. 기분이 갑자기 변할 때 자문하라. 내가 지금 어떤 생각을 해서 이런 감정을 느끼는 거지? 까다로운 동료와의 대화 또는 아이들과의 정신없는 하루 등 역경이 곧 닥치리라는 것을 알면 실시간 믿음에 반드시 귀를 기울이고 그것이 초래하는 결과를 알아차려라. 역경이 닥친 그 순간에 떠오른 믿음을 정확하게 포착해야 한다. 그러면 비합리적인 믿음을 좀 더 쉽게 바꿔서 정상 궤도를 유지할 수 있다. 게다가 B—C 연결 관계를 이해하면 본인이 어떻게 반응할지 예상할 수 있다. “언제 어디서나 계속 위험 요인을 찾는다면 나는 무척 불안해질 거야. 어떻게든 생각을 바꾸는 게 좋겠어.”

이제 두 번째 기술로 넘어가도 좋다. ‘사고의 함정 피하기’이다.

• 5장 •

사고의 함정 피하기

인간이란 얼마나 위대한 걸작인가!

고귀한 이성! 무한한 능력! 신과 같은 이해력!

— 윌리엄 셰익스피어, 『햄릿』

햄릿은 인간의 지적 능력과 합리적으로 사고하고 행동하는 능력을 확신했다. 지력과 이성에 관한 한, 인간은 신과 똑같다고 믿었다. 인간의 능력은 다른 동물들의 능력이 결코 미칠 수 없는 수준이라고 자신했다. 여기서 코미디언 제리 사인펠트의 말을 들려주는 것이 중요할 것 같다. 사인펠트는 이렇게 말한다. "외계인이 우주선을 타고 지구에 와서 처음 본 광경이 인간이 개똥 봉지를 든 채 개 뒤를 따라가고 있는 것이라고 하자. 외계인은 지구의 지배자가 누구라고 생각할까? 사람일까, 개일까?" 좋은 지적이다. 그렇다면 인간은 햄릿의 주장대로 '동물의 제왕'일까, 아니면 인간의 지적 능력은 애완동물의 지능에도 못 미치는 것일까? 누가 옳을까, 햄릿일까, 제리일까?

인간은 지구에서 실제로 가장 영리한 동물이다. 커다란 뇌를 갖고 있으며, 높은 지능은 인간이 다른 모든 종을 능가할 수 있게 진화적 이점을 제공했다. 이 점에서는 햄릿이 옳다. 하지만 인간의 지적 능력을 지나치게 과대평가했다는 점에서 그는 틀렸다. 인간의 능력은 무한하지 않다. 그 한계는 얼마든지 측정 가능하다. 인간의 뇌에서 정보처리 용량은 고작 1,500시시 정도이다. 하지만 우리 오감은 두뇌가 처리할 수 있는 것보다 훨씬 더 많은 정보를 받아들인다. 그래서 눈과 귀로 흘러들어오는 무수한 정보를 우선 단순화한 후에 이용해야 한다. 엄청난 양의 감각 정보를 더 잘 처리하기 위해 우리는 사고 과정에서 일부 정보를 무시하고 지름길을 취한다. 이 말은 우리가 세상을 있는 그대로 해석하지 않는다는 뜻이다. 따라서 세상에 대한 우리 믿음은 자주 실수할 수 있다는 뜻이다. 세상을 해석할 때 우리는 충분히 예측할 수 있는 실수를 저지른다. 그 8가지 실수가 회복력을 방해하고 일상생활에서 역경과 스트레스를 다루는 방법에 영향을 미친다.

8가지 사고의 함정

인지 치료의 '아버지' 아론 벡은 우울증을 일으키는 7가지 사고의 함정을 발견했다. 내 연구는 그 함정들이 우울증뿐만 아니라 회복력과도 전반적으로 관계가 있음을 입증했다. 나는 여덟 번째 함정을 추가했다. 바로 외현화로서 우울증을 실제로 막아 주는 사고 양식이다. 그러나 외현화는 문제 해결 능력을 축소하고 인간관계를 훼손함으로써 회복력을 약화시킨다.

이 8가지 사고의 함정을 하나씩 배울 때마다 최근에 함정에 빠졌던 경험을 떠올려 보라. 사람들은 어쩌다 한번씩 그 8가지 함정에 모두 빠진다. 하지만 저마다 가장 자주 빠지는 한두 가지 함정이 있다.

사고의 함정 1 : 속단

존은 입사한 지 6개월 된 신입 사원이다. 그동안 그는 업무와 관련해 부장과 매우 우호적인 관계를 맺었다. 부장은 피드백을 공정하게 전달하는 사람이다. 존이 일을 하면서 어떤 점을 개선하면 좋을지 구체적이고 자세하게 알려주고 기대에 부응하거나 우수한 성과를 거두면 칭찬을 아끼지 않는다. 그들은 스트레스가 심한 환경에서 일하며 마감 시한이 빠듯한 여러 가지 업무를 동시에 진행한다. 어느 날 아침, 부장에게서 한 줄짜리 메일이 왔다. "최대한 빨리 전화 요망." 존은 생각한다. "내가 무슨 잘못을 저지른 게 분명해."

여기서 존은 어떤 사고의 실수를 저질렀을까? 그는 아무 정보도 없이 부장이 부정적인 이유로 메일을 보냈고 어떤 잘못이나 문제 때문에 화가 났다고 가정했다. 이해할 수 없는 가정은 아니다. 현대 사회의 일터는 스트레스가 극심하다. 실수는 예정되어 있고 문제는 자주 일어나고 상사는 부하 직원에게 문제를 바로잡으라는 메일을 자주 보낸다. 그렇기는 하지만 그 가정은 일종의 믿음이다. 존이 저지른 사고의 실수는 부장이 어떤 문제 때문에 이메일을 보낸 것이라고 '자동적으로' 믿는다는 것이다. 존이 잘못을 저질렀을 수도 있다. 그러나 다른 가능성도 있다. 부장은 그저 새로운 업무를 지시하거나 기존 업무 중에서 우선 처리해야 할 것을 알려주려고 했을지도 모른다.

관련 정보 없이 가정하는 사고의 함정을 '속단'이라고 부른다. 이것은 전반적인 실수이다. 8가지 사고의 함정 모두 이런저런 이유로 가정하는 과정을 포함하고 있기 때문이다. 존이 성급하게 두 번째 결론을 내리는 것을 알아차렸는가? 그는 문제가 생겼다고 가정할 뿐만 아니라 그 문제의 원인이 본인이라고 믿는다. 실제로 문제가 생겼지만 부장은 다른 직원의 잘못을 존에게 해결해 달라고 메일을 보냈을 가능성도 있다. 하지만 존은 잘못이 자기에게 있다고 가정한다. 이 사고의 함정을 '개인화'라고 한다. 조금 후에 더 자세히 다룰 것이다.

속단을 한 후, 존이 어떻게 반응했는지 한번 보자. "전화 요망." 이메일을 확인하자마자 그는 속으로 말한다. "내가 무슨 잘못을 저지른 게 분명해." 5가지 B—C 연결 관계(125쪽 표)를 참고해서 분석해 보자. 그 말을 할 때 존은 어떤 감정을 느낄까? 믿음의 종류를 명명하고 그것에 뒤따를 감정과 행동을 확인하라.

"내가 무슨 잘못을 저지른 게 분명해."는 상실 믿음이다. 이것은 존이 자기 생각과 달리 유능하지 않다는 것을 암시한다. 그는 조금 슬퍼하고 실망할 것이다. 또한 불안도 느낄 것이다. 그 이유는 무엇일까? 실시간 믿음은 깔끔하게 한 문장으로 끝나는 적이 거의 없다. 대체로 꼬리에 꼬리를 물고 한없이 이어진다. 어떤 잘못을 저질렀다고 속단했다면 다음에 어떤 일이 일어날지 예상한다. 지극히 당연하다. 따라서 존의 실시간 믿음은 "부장이 무척 화낼 거야. 난 감수할 수밖에 없어." 이것은 미래 위협 믿음이며, 미래 위협 믿음은 불안을 낳는다. 존은 통제력이 없다. 사고를 통제하지 못하고, 따라서 감정도 통제하지 못한다.

존이 '잘못'을 찾아냈다고 하자. 지난번 기획안에 예산을 틀리게 기입하는 실수를 저질렀다는 것을 깨닫고 부장이 그것 때문에 메일을 보낸 거라고 믿는다. 그 문제에 대해 부장과 어떤 식으로 대화할지 연습한다. 사과할 계획을 세우고 해결책을 강구할지도 모른다. 그런데 어떤 잘못을 했는지 도저히 모르겠다면? 이제 존은 더욱 불안하고 혼란스럽다. "내가 무슨 잘못을 저지른 걸까? 도대체 무슨 짓을 한 거지?" 부장에게 전화하는 것을 미룰지도 모른다. 너무 불안해서 어떤 식으로든 준비하기 전에는 대화하고 싶지 않기 때문이다. 이 시나리오가 어떻게 전개되든지 한 가지는 확실하다. 존이 이메일 내용을 성급하게 단정하고 그 결론이 사실인 것처럼 행동하기 때문에 효과적으로 대응할 수 없다는 것이다. 자기 충족적 예언 때문에 존은 본인이 가장 두려워하는 결과를 자초한다. 어떤 잘못을 저질렀다는 가정의 옳고 그름에 상관없이 그의 C, 즉 감정과 행동은 그 가정을 상실 믿음으로 만들었다.

속단이란 사고의 함정에 빠진 적이 있는가? 그때를 떠올리며 실시간 믿음(B)을 기억해 내고 그것이 초래한 감정과 행동(C)을 철저히 조사하라. 본인이 '언제' 속단해 버리는지 확인할 수 있는가? 이 실수를 특정한 사람에게 또는 삶의 특정 영역에서 좀 더 자주 범하는가? 이 함정에 가장 자주 빠지는 특정 상황이 있는가? 존의 경우처럼, 윗사람과 상호 작용할 때 그런가, 아니면 타인이 당신에 대해 부정적인 의견을 제시할 때 그러한가? 존은 너무 성급하게 자신을 비난했지만, 당신은 너무 성급하게 타인을 비난할지도 모른다. 존의 결론은 슬픔과 불안을 일으켰다. 주로 타인을 비난하는 사람은 자주 분노한다. 결론적으로 말해서 습관적으로 속단하는 사람들은 역경에 충동적으로 대응한다. 충분한 정보를 얻기도 전에 행동하기 때문이다.

이 사고의 함정을 조심하라는 말은 직감은 나쁘다는 의미가 아니다. 어떤 상황에서 느끼는 직감, 특히 위험 상황에서의 직감은 소중하다. 먼저 행동하고 나중에 생각하는 것이 합리적인 상황이 있다. 어두운 주차장에서 혼자 걸어가는데 어떤 남자가 다가오는 것을 보았다면 이때 가장 효과적인 대응은 당신이 느끼는 두려움을 믿고 얼른 도망치는 것이다. 직감은 생존에 기여할 수 있다.

그러나 대부분의 직감은 즉각적인 행동이 필요하지 않다. 가정과 마찬가지로 직감은 정보를 더 많이 모을 때 유익하다. 사실 나는 직감과 속단을 똑같이 취급해야 한다고 주장한다. 즉, 직감을 진지하게 받아들이되 사실이 아니라 이론으로 간주해야 한다. 직감은 검증이 필요한 가설이다. 그리고 가설을 검증할 때는 과거의 경험을 고려하는 것이 타당하다. 부장이 단지 존의 잘못을 지적하려고 이메일을 보낸 적이 있다면 이번에도 똑같은 이유로 메일을 보낸 것이라는 존의 결론은 합리적이다. 하지만 그 결론을 뒷받침하는 증거가 거의 없다면 또는 존이 그 결론을 기정사실로 여기고 부장에게 대응한다면 그것은 사고의 함정이다.

어떻게 하면 존은 보다 생산적으로 대응할 수 있을까? 어제 끝낸 업무 중에서 혹시 실수한 것이 있는지 잠깐 검토해 볼 수도 있다. 그러나 잘못을 했다고 가정하기 전에 더 많은 정보를 모아야 한다. 부장에게 전화하는 것을 미루지 말고 오히려 더 빨리 연락해야 한다. 하지만 전화하기 전에 먼저 본인에게 말해야 한다. "지금 이 시점에서 확실한 것은 부장이 전화를 바란다는 것뿐이야. 내가 어떤 잘못을 했다고 믿으면 마음 편히 통화할 수 없을 테고 목소리도 떨릴 거야. 만약에 실제로 잘못을 했더라도 침착하고 냉정해야 해. 그게 최선이야." 사고의 함정을 피함으로써 존은 감정을 통제하고 덜 충동적으로 대처한다. 어떤 역경에 처하든지 훨씬 더 효과적으로 대응할 수 있다.

사고의 함정 2 : 터널 시야

금융 회사의 중간 관리자인 수전은 회의실의 긴 탁자 앞에 서 있다. 프로젝트 진행 상황을 일곱 명의 동료와 상사에게 보고하는 중이다. 그 공간에 존재하는 감각 정보를 모두 인식하고 처리할 능력이 있다면 수전은 동료들의 수많은 행동을 빠짐없이 감지할 것이다. 데이브, 마거릿, 스티브는 처음부터 끝까지 수전과 눈을 맞추고 있다. 마거릿과 브라이언은 보고 내용에 관심이 있음을 암시하는 질문을 한다. 레이철은 회의 도중에 휴대 전화가 울리자 전화를 받더니 나가서 들어오지 않는다. 짐과 트리샤는 회의를 시작할 때부터 자주 속닥거린다. 상사는 계속 귀를 기울이며 자주 고개를 끄덕이거나 한두 마디 던진다. 중간에 하품도 한 번 한다. 보고가 거의 끝나갈 때 수전은 생각한다. "너무 형편없이 보고했어."

수전이 주변 세상의 모든 정보를 처리하지는 못한다. 누구나 마찬가지다. 눈앞에 존재하는 모든 감각 정보에 유의할 수는 없다. 수전의 정신은 자동으로 지름길을 취해서 주변 세계의 구체적인 장면과 세부 사항을 선별하고, 그렇게 고른 정보들만 처리한다. 모든 정보에 동등한 선별 기회를 부여하는 사람에게는 이 방식이 아주 유용하다. 하지만 수전은 그런 사람이 아니다. 주변 세상의 부정적인 정보에 주로 초점을 맞춘다. 짐과 트리샤의 속닥거림에 주목하고, 그들이 보고 내용을 비판한다고 가정한다. 레이철이 회의실에서 나간 것을 염두에 두고, 상사의 하품에서 눈을 떼지 못한다. 수전은 호의적인 끄덕거림, 관심 어린 시선, 눈 맞춤, 진지한 질문을 의도적으로 무시한다. 수전은 터널 시야의 피해자이다. 상황의 부정적인 측면만을 바라보는 것이다. 정보를 편향적으로 선별해서 취하기 때문에 수전은 보고 내용이 형편없다는 잘못된 결론에 이른다.

이 사고의 함정은 회복력을 어떻게 고갈시키며 목표 달성을 어떻게 방해할까? 수전은 이 회의를 성공적으로 이끌고 싶다. 많은 시간을 들여서 보고서를 준비했고, 이 회의가 자신의 열정을 상사에게 입증할 절호의 기회라는 것을 안다. 하지만 보고 내용이 형편없다는 결론을 내리는 순간, 다른 실시간 믿음들이 꼬리를 물고 이어져서 혼란스럽다. "이 회의는 내가 원한 것과는 정반대로 끝날 거야. 상사는 내가 유능하다고 여기는 건 고사하고 회의 준비도 제대로 못했다고 생각할 거야. 한술 더 떠서 내가 프로젝트를 잘못 진행하고 있다고 판단할지도 몰라. 그러면 다음번 중요한 프로젝트에서는 나를 제외할 수도 있어." ABC 확인하기 기술과 B—C 연결 관계를 이용해서 이 믿음의 결과를 숙고해 보라. 수전은 미래 위협 믿음을 갖고 있다. 그것은 주로 불안을 초래한다. 그리고 이런 강도의 불안감은 거의 언제나 수행에 악영향을 미친다. 터널 시야 때문에 수전은 가장 두려워하는 결과를 맞을지도 모른다.

터널 시야는 거의 예외 없이 부정적 결과와 직결된다. 뜻밖의 행운은 예기치 못한 역경과 달리 생존에 위협을 가하지 않기 때문이다. 반대로 긍정적인 정보에만 초점을 맞추는 터널 시야를 지닌 사람들이 있다. ABC 모형에 따르면, 그들은 수전이 자주 느끼는 불안과 슬픔 같은 부정적인 감정은 피할 수 있다. 하지만 긍정적인 터널 시야도 그 나름대로 문제를 일으킨다. 예를 들어 보자. 리처드는 대기업 부사장으로 크게 성공한 인물이다. 매사에 적극적이고 낙관적이어서 조직의 정상에 올랐다. 그는 경영자 코칭에 참여했다. 지난 몇 달 동안 되풀이되는 한 가지 문제를 해결할 수 없었기 때문이다. 회사는 현재의 산업 동향에 맞추기 위해 구조와 절차 면에서 대대적인 변화를 시도하고 있었다. 부서는 지역이 아닌 업무 기능별로 재편성되었고, 수동적인 절차는 자동화되었다. 리처드는 임원들에게 이 변화 과정을 꾸준히 통보하고 성공리에 마칠 수 있는 계획을 세우고 추진해야 했다. 그런데 문제가 있었다. 주간 회의에서 임원들 모두 그 계획에 찬성했지만 그 계획을 철저히 따르는 사람은 별로 없었다는 것이다. 무엇이 잘못되고 있는 걸까?

몇 주 동안 나는 그 임원 회의에 관해 리처드와 대화했지만 아무 진전이 없었다. 따라서 회의가 진행되는 과정을 직접 볼 필요가 있었다. 회의가 시작되자 리처드가 크게 성공한 이유를 알 수 있었다. 그는 조직에 대한 자신의 비전과 성공적인 변화에 필요한 것을 정확하고 명쾌하게 제시했다. 그의 말은 동기와 영감을 부여했다. 회의가 끝나고 임원들이 나자가 리처드가 어깨를 으쓱하며 말했다. "제 말이 무슨 뜻인지 확인하셨죠? 모든 임원이 계획에 적극 찬성했어요. 하지만 그들 중 적어도 절반은 실천하지 않을 겁니다." 나는 그의 프레젠테이션에 감탄했지만 솔직히 그가 말하는 '적극 찬성'은 보지 못했다. 아홉 명의 임원 중 네 명은 실제로 적극 찬성했다. 리처드와 가장 가까운 자리에 앉은 그들은 회의 내내 고개를 끄덕이고 한두 마디 말로 찬성을 표명했다. 또 한두 명은 그 프레젠테이션에 적어도 관심은 있다는 듯이 뭔가를 적었다. 그런데 임원 두세 명이 가끔 우두커니 창밖을 바라보는 것을 리처드는 보지 못했을까? 서너 명이 미묘하게 고개를 가로젓는 것은 보지 못한 걸까? 임원 두 명이 의자에 기대 앉아 두리번거리는 것은 못 보았을까? 그렇지 않다. 리처드는 모두 보았다. 말 그대로 적어도 눈으로는 보았다. 그 정보를 지닌 빛의 입자는 그의 망막을 자극해서 시각계의 뉴런을 활성화시켰다. 하지만 터널 시야 때문에 그는 이 세부 정보에 유의하지도, 그것을 처리하거나 기억에 저장하지도 못했다. 그 대신 본인 생각을 지지하는 행동들, 고개를 끄덕이고 뭔가를 적는 행위에만 초점을 맞추었다. 이 터널 시야 덕분에 그의 긍정적인 비전과 자부심은 손상되지 않았다. 하지만 본인 계획에 임원들이 대체로 찬성하지 않는다는 것을 보지 못함으로써 계획 실행과 조직의 미래를 위협하는 상황을 바로잡을 수 없었다.

수전과 리처드 모두 주변 세상에 대한 확고한 믿음을 갖고 있었다. 수전은 자기가 별 볼일 없는 직원이어서 회의에서 돋보이지 못한다고 믿었다. 리처드는 자기가 유능한 상사여서 부하 직원들이 본인 계획을 추종하도록 동기를 부여할 수 있다고 믿었다. 그리고 수전과 리처드 모두 본인 믿음과 일치하는 정보는 받아들이고 상반되는 정보는 무시했다.

사고의 함정 3 : 확대와 축소

엘런은 보안 회사에 다니다가 전업주부가 되기로 결심한 후 직장을 그만두고 두 아이를 돌보았다. 딸 애니는 네 살이고, 아들 맥스는 두 살이다. 엘런은 회복력 수준이 언제나 바닥이라고 말했다. 자기를 소개하는 목소리에는 슬픔과 절망이 배어 있었다. 회사를 그만둔 것이 최선의 결정이라는 생각은 여전했지만, 요즘에는 하루하루 지쳐만 갔다. 앨런이 말했다. "하루가 끝날 때쯤이면 제가 실패자라는 느낌이 들어요. 거의 매일 그래요. 아이들을 키우는 데 시간을 너무 많이 소비해요. 그게 제 일인데 제대로 할 수가 없어요. 제 시간이 하나도 없어요. 날마다 똑같아요. 점점 더 우울하고 공허해요. 저는 언짢았던 일에 몰두해요. 맥스가 식료품점에서 떼를 쓴 일, 애니에게 읽어 줄 책을 못 찾은 일, 맥스가 친구를 깨물려고 한 일, 그런 일이 하루 종일 머리에서 떠나지 않아요. 그러면 이런 생각이 들어요. '엄마라는 게 정말 지겨워.' 좋은 기억을 하나라도 떠올리면 그 순간만큼은 정말 열심히 엄마 노릇을 해요. 맥스가 뒤뜰에서 넘어지니까 애니가 달려가서 일으켜 준 일, 동화책을 읽어 줄 때 맥스가 깔깔거리고 웃은 일 같은 거요. 친정 엄마한테 전화해서 제가 엄마 노릇을 잘하고 있다는 걸 확인할 때도 있어요. 저는 어째서 만사를 균형 잡힌 시각에서 못 보는 걸까요? 좋은 일은 나쁜 일에 가려서 보이지 않아요. 그래서 비참해요."

나는 엘런의 통찰력에 감탄했다. 인생의 부정적인 측면을 확대하고 긍정적인 측면을 축소하는 사람들은 본인이 사고의 함정에 빠져 있다고는 깨닫지 못한다. 터널 시야를 지닌 사람들과 달리, 그들은 일어나는 사건을 대부분 인식하고 기억할 수 있지만 어떤 사건은 중시하고 다른 사건은 경시한다. 내 강의를 들은 학생들도 마찬가지였다. 펜실베이니아 대학교 4학년생들 중 어떤 학생들은 2학년 1학기에 받은 C 학점 때문에 대학원에 합격할 가능성이 별로 없다고 털어놓았다. 그들은 드넓은 세상에서 망원경으로 C 학점만 응시하고 다른 뛰어난 학점은 망원경을 거꾸로 들고 바라보는 것 같았다. 그래서 그 좋은 학점은 아주 먼 곳에 있는 작은 이미지로만 보였다. 엘런도 바로 이 함정에 빠져 있었다. 부정적인 사건을 확대함으로써 ABC 연결 관계는 부정적인 감정을 부추기고 회복력을 손상시켰다.

정반대인 사람들도 있다. 그들은 좋은 사건은 확대하고 나쁜 사건은 축

우리는 왜 특정 정보에만 주목할까?

사람들이 중요한 정보를 의도적으로 무시하는 이유는 무엇일까? 어째서 그 많은 정보의 작은 조각에만 초점을 맞추는 걸까? 이 함정에 빠지는 이유는 자기 자신과 주변 세상에 대한 기존의 믿음을 강화하는 정보를 선호하기 때문이다.

다음 실험을 해보라. 의사 결정 이론가 피터 웨이슨이 처음 제시한 실험이다.[2] 카드가 네 장 있다. 각 카드의 한 면에는 문자가, 다른 면에는 숫자가 적혀 있다.

"카드의 한 면이 모음이면 다른 면은 짝수이다." 이 명제의 옳고 그름을 검증하라. 그러기 위해서는 카드 네 장 중에서 두 장을 뒤집어야 한다. 어떤 카드를 뒤집겠는가?

이 실험에 참여한 사람들은 대체로 E와 4를 뒤집는다. 당신도 그런가? 이 실험은 우리가 주변 세상에 대한 믿음을 재확인해 주는 증거를 선호한다는 사실을 입증한다. E 카드를 뒤집은 것은 올바른 결정이다. E 카드의 뒷면에 홀수가 적혀 있다면 이 명제는 틀렸다. 하지만 짝수라면 그 명제는 옳다. 그러나 4를 뒤집는 것은 검증에 아무 도움이 안 된다. 4 카드의 뒷면이 모음이든 자음이든, 그 명제는 참이기 때문이다(이 명제에서 카드의 한 면이 짝수이면 다른 면은 반드시 모음이라는 말은 한마디도 없다). 그러나 이 명제가 옳다는 것을 확인하기 위해 우리는 4 카드의 다른 면에서 모음을 보고 싶어 한다. 심리학자들은 이것을 확증 편향이라고 부른다. 세상에 대한 본인의 믿음을 재확인해 주는 증거를 선호하는 성향을 말한다. 우리가 논리적으로 사고한다면 그 명제가 틀렸음을 입증하려고 해야 한다. 그렇게 하는 유일한 방법은 E와 7을 뒤집는 것이다.

소한다. 친구와의 말다툼 같은 부정적인 사건의 중요성을 묵살하고 이렇게 말한다. "별일 아니야. 곧 괜찮아질 거야." 직장에서의 부정적인 평가에 그저 어깨 한번 으쓱하고는 말한다. "그러니까 이번에는 실적을 채우지 못했다는 거군. 저번에는 잘했으니까 또 잘할 거야." 또는 건강 이상 신호를 흘려버리기도 한다. "혈압과 콜레스테롤 수치는 높지만 의사는 내 체중이 적당하다고 했어. 그게 중요한 거야." 리처드처럼 긍정적 사건을 확대하고 부정적 사건을 축소하는 사람들은 인생에 실제로 변화가 필요하다는 점을 간과할 수도 있다.

본인의 일상을 숙고해 보라. 퇴근길에 또는 저녁을 먹으며 오늘 하루를 이야기할 때 긍정적인 사건보다 부정적인 사건을 더 많이 거론하는가? 이 사고의 함정은 직장과 인간관계에서의 성공을 방해한다. 부정적인 측면을 확대하고 긍정적인 측면을 축소하는 것은 부정적인 감정을 일으키고 당신이 하는 모든 것에 대해 열정을 파괴한다. 실수와 문제에만 초점을 맞춘다면 업무에, 인간관계에, 새로운 취미에 어떻게 흥미를 느낄 수 있겠는가? 부정적인 성향은 기분을 망치고, 부정적인 감정은 활기와 효율성을 앗아간다.

확대 및 축소 사고의 함정에 자주 빠지는 사람은 직장내 인간관계에 문제가 생긴다. 가장 흔히 토로하는 불만 중 하나가 동료의 부정적인 성향이다. 늘 암울한 미래를 예상하는 동료와 일하기를 좋아하는 사람은 없다. 부정적인 사람과의 공동 작업은 즐겁지 않다. 뿐만 아니라 부정적인 감정은 당사자와 팀원 모두의 창의성과 문제 해결 능력을 둔화시킨다. 화가 나거나 슬프면 명료하고 유연하고 효율적으로 사고하지 못한다. 동료들은 부정적 성향을 통제하지 못하는 사람과는 거리를 둔다. 이 사고의 함정은 종종 자기 충족적 예언으로 악화된다.

우정도 영향을 받는다. 감정은 전염된다. 따라서 당신이 대체로 침울하거나 분노하거나 슬프다면 그 감정이 친구들에게 옮겨 간다. 처음에 친구들은 당신을 즐겁게 해 주고 긍정적인 면을 더 많이 보게 도와주려고 애쓰지만 번번이 실패하면 포기하고 돌아서고 만다. 친구들 입장에서는 현명한 결정이다. 부정적인 사람은 주로 본인에게만 몰두하고 타인과 친밀한 관계를 유지하는 데 필요한 공감 능력이 부족하기 때문이다. 친구가 찾아와서 남편과의 말다툼을 시시콜콜 털어놓는다고 하자. 당신은 고개를 끄덕이며 열심히 들어 준다. 친구가 문제의 세세한 면을 더 철저히 숙고할 수 있게 알맞은 질문도 한다. 네 남편이 무슨 말을 했는데? 어떻게 그런 말을 했을까? 예전에도 그런 적이 있었니? 친구는 이제 그 문제를 충분히 이해하고 고마워한다. 그런 다음 친구는 그 문제를 더욱 균형 잡힌 시각에서 바라보려고 긍정적인 사건을 이야기한다. 남편이 이해하고 배려해 준 순간, 함께 나눈 웃긴 이야기 등을 늘어놓는다. 당신은 말머리를 돌려서 부정적인 사건을 다시 꺼낸다. 이것은 공감이 아니다. 당신은 즐거워하는 친구가 못마땅해서 일부러 그런 게 아니다. 무의식적으로 일어난 일이다. 편향적 사고 때문에 당신은 불빛을 찾아드는 나방처럼 저절로 부정적 사건에 몰두한다.

부정적인 사건을 확대하지 않고 오히려 축소하는 사람들도 있다. 당신은 부정적 사건을 의식에서 몰아내고 오직 좋은 일에만 초점을 맞추는가? 긍정적인 사건에만 몰두하면 즐겁고 유쾌하다. 하지만 현실을 부인하는 태도는 결국 당신을 궁지에 빠뜨린다. 그것도 완전히 무방비 상태에서 궁지에 빠진다. 직장에서는 실수와 문제를 경시하고 순조롭게 진행 중인 업무에만 전념한다. 강점에 몰두하는 것은 합리적이다. 하지만 해결해야 할 문제를 외면하는 것은 합리적이지 않다. 한 여성이 말했다. "저는 곤경을 자초해요. 문제가 생겨도 그게 별로 중요하지 않다고 여기기 때문이에요. 그 문제에 집중하지 않고 계속 다른 일에만 초점을 맞춰요. 그래서 당연히 궁지에 몰려요. 처음에 충분히 해결할 수 있는 사소한 문제도 무시하는 바람에 위기로 악화될 때까지 시간을 주는 셈이죠."

긍정적인 측면을 확대하고 부정적인 측면을 축소하는 것 역시 인간관계와 건강을 해친다. 문제를 정확하게 파악하지 못하면 성장과 변화는 불가능하다. 과체중에 하루에 한 갑씩 담배를 피우는 남자가 건강 위협 요인의 중요성을 축소한다면 체중을 줄이고 금연할 결심을 하지 않을 것이다. 결혼 생활의 문제에 대한 남편의 걱정을 무시하고 좋은 면에만 초점을 맞추는 여성은 어느 날 갑자기 남편의 이혼 요구에 직면할지도 모른다. 회복력은 인생에 대한 정확한 판단을 토대로 구축된다. 극단적인 비관주의자와 극단적인 낙관주의자 모두 곤경에 처한다.

사고의 함정 4 : 개인화

나는 필라델피아 교외의 어퍼 다비 교육구에서 아동 회복력 프로그램을 시행한 적이 있었다. 조이는 부모의 손에 이끌려 그 프로그램에 참여했다. 아동이 등록을 하면 연구진은 일련의 질문을 통해 그 아이의 설명 양식, 자부심, 실시간 믿음, 불안 수준과 우울 수준을 알아낸다. 그 모든 정보를 토대로 판단할 때 조이는 우울증 발병 위험이 높았다. 열한 살인 조이는 또래들보다 더 많은 우울 증상을 보여 주었고, 거의 언제나 부정적으로 사고했다. 설명 양식 검사 결과에 따르면, 조이는 모든 역경을 자기 탓으로 돌리는 경향이 강했다.

프로그램이 시작되자 등록 시점에 얻은 정보가 옳다는 것이 판명되었다. 3장에서 배운 설명 양식을 기억해 보자. 설명 양식이란 살면서 겪는 사건을 반사적으로 묘사하는 방식을 말하며, 습관적인 '내 탓' 양식은 우울증 위험 요인으로 알려져 있다. 따라서 조이의 '내 탓' 양식을 고려하면, 이미 심각한 우울 증상을 겪고 있는 것도 당연했다. 그 프로그램에서는 아동이 실시간 믿음을 확인하게 도와주는 활동을 적용한다. 연구진이 가상 사건을 들려주면 아동이 자기의 원인 믿음을 포착하는 것이다. 예를 들어, 아동이 이웃집 화분에 물을 주기로 했는데 그 이웃이 휴가를 가서 꽃이 죽었다고 하자. 꽃이 왜 죽었을까? 어떤 아이들은 반사적으로 타인이나 상황에 책임을 돌린다. "그 사람이 제게 다른 열쇠를 주었어요." "물을 얼마나 줘야 하는지 알려 주지 않았어요." "어린 아이한테 그런 일을 시켜서는 안 돼요." 심지어 "그 꽃을 더 튼튼하게 키웠어야죠."라는 대답도 있었다. 그러나 조이는 달랐다. 반사적으로 자기를 비난했다. "저는 그 일이 중요한지 몰랐어요." "물을 주기로 한 것을 잊었어요." 사실 조이는 어떤 문제든 본인을 비난하는 것은 물론이고 성격적 결함까지 비난하는 것 같았다. 자기는 일을 믿고 맡길 수 있는 사람이 아니어서 꽃이 죽었다는 식이다. 생일 선물로 여동생은 자전거를 받고 자기는 스웨터를 받은 이유가 여동생처럼 착하지 않아서라고 했다("다들 그렇게 생각해요. 엄마와 아빠도요."). 수학을 못하는 이유는 자기가 '멍청하기' 때문이란다.

조이가 빠져 있는 사고의 함정을 개인화라고 부른다. 문제의 원인을 반사적으로 자기의 행위에서 찾는 성향이다. 이 성향은 자기 가치 상실에 대한 믿음과 함께 언제나 커다란 슬픔을 일으킨다. ABC 모델과 B—C 연결 관계 관점에서 이 사고의 함정을 바라보면 그 이유를 알 수 있다. 친구나 연인과 갈등을 겪을 때 개인화는 타인의 권리를 침해했다는 믿음으로 이어지고, 따라서 죄책감이 든다. 슬픔과 죄책감, 두 가지 모두 조이에게는 너무도 익숙한 감정이었다.

개인화의 적응적 이점을 인정하는 것이 중요하다. 문제의 원인을 스스로에게 돌릴 경우, 우리는 그 자신에게 문제 해결 능력도 부여한다. 버나드 와이너와 줄리언 로터는 개인화와 통제력에 관한 지식을 넓혀 준 심리학자이다. 로터는 인생을 통제하는 능력이 본인에게 있다고 믿는지 아니면 타인, 행운, 환경 등 외부에 있다고 믿는지에 따라 사람들을 내적 통제형과 외적 통제형으로 나누었다. 본인이 통제할 수 있다고 믿는 사람은 당연히 더 큰 자기 효능감과 회복력을 지니고 의욕이 강해서 해결책을 강구하고 실행한다.

그렇다면 문제를 자기 책임으로 돌리는 것이 언제나 더 바람직하고 더 효과적일까? 열한 살짜리 조이한테서는 자신감과 의욕을 찾아보기가 어려웠다. 오히려 우울증 발병 위험이 무척 높았다. 문제가 생길 때 조이는 그것을 해결하려고 열심히 노력하지 않았다. 매번 소극적으로 대응하고 포기했다. 이것을 어떻게 이해해야 할까? 실마리는 정확성에 있다. 회복력은 본인이 사건을 통제할 수 있다고 믿을 때, 변화가 필요한 것을 변화시킬 수 있다고 믿을 때 생긴다. 그리고 그 믿음은 정확하다.

문제의 원인을 본인에게 돌리는 것이 회복력을 낮추는 경우가 두 가지 있다. 첫째, 개인화에 익숙한 사람처럼, 문제의 내적 원인만을 중시하고 외적 원인은 의도적으로 무시할 경우, 회복력은 낮아진다. 당신이 대기업의 기술 지원부에서 동료 스튜어트와 공동 작업을 하고 있다고 하자. 당신과 스튜어트는 인터넷을 통한 고객과의 소통 증진 방법을 제안하라는 지시를 받는다. 당신은 스튜어트와 함께 제안서를 제출했지만 좋은 평가를 얻지 못한다. 우리는 그들 공동 작업의 문제를 전부 알고 있다고 하자. 문제는 다음과 같다.

- 제안서에서 당신이 작성한 내용은 결론을 옹호하는 증거를 충분히 제시하지 못했다.
- 스튜어트가 작성한 내용은 명료하지 않아서 최종 권고안의 장단점을 판단하기가 어렵다.

- 프레젠테이션에서 당신과 스튜어트는 상대방이 말할 때 서로 서너 번 끼어드는 바람에 청중을 혼란하게 했다.
- 스튜어트는 청중이 제기한 의견 중 일부를 묵살했다.

당신은 개인화의 함정에 빠져 있어서 사건을 균형 잡힌 시각에서 보지 못한다. 제안서에 설득력 있는 증거를 제시하지 못했음을 인정한다. 프레젠테이션에서 스튜어트가 말하는 도중에 끼어든 것을 사과한다. 하지만 스튜어트도 문제의 원인이라는 것은 알아차리지 못한다. 그가 작성한 내용이 명확하지 않고 청중의 의견을 묵살했다는 것은 간과한다. 편향적인 사고 양식 때문에 자기 잘못은 눈에 보이지만 스튜어트의 잘못은 보이지 않는다. 이런 사고는 문제가 된다. 효율적으로 공동 작업하고 실패를 딛고 일어서려면 역경을 정확하고 철저하게 분석해야 하기 때문이다. 당신은 개인화에 익숙한 사람이므로 본인 책임이 아닌 원인은 놓치고 만다. 따라서 그 원인을 바로잡을 방법을 강구하지 않을 것이다. 예를 들어 스튜어트와 솔직하게 대화하지 않는다. 회복력은 정확성을 필요로 한다.

둘째, 자기 효능감과 회복력 수준은 문제의 내적 원인을 바꿀 수 있다고 믿는지, 바꿀 수 없다고 믿는지에 따라 달라진다. 문제가 생길 때마다 조이는 내면을 응시하지만 그가 문제의 원인으로 주목하는 것은 바꿀 수 없는 측면이다. 시험 성적이 낮을 때 조이는 학습 습관처럼 바꿀 수 있는 구체적인 행동에 초점을 맞추지 않는다. 그 대신 반사적으로 자기 성격을 지목한다. “내가 멍청해서 C 학점을 받은 거야.” 학습 습관은 바꿀 수 있다. 멍청함은 바꾸기 어렵다. 개인화에 익숙한 사람은 본인의 믿음을 철저히 추적해서 문제의 원인을 통제하고 바꿀 수 있는 행동에 돌리는지,

바꿀 수 없는 확고한 성격 특성으로 돌리는지 파악해야 한다. 문제의 원인이 본인이라고 믿는데다가 바꿀 수 없는 측면에 주목한다면 고통은 배가되고 회복력이 크게 손상된다. 이렇듯 개인화와 그 밖의 사고의 함정이 결합한 것이 과잉 일반화이다. 과잉 일반화는 여섯 번째 사고의 함정에서 자세히 다룰 것이다. 지금은 본인의 실시간 믿음에 계속 유의하라. 그것이 중요하다.

사고의 함정 5 : 외현화

외현화는 개인화와 정반대이다. 문제의 원인이 본인이라고 믿는 개인화는 회복력을 약화시킨다. 그렇다고 문제가 일어날 때마다 무조건 타인을 비난해야 한다는 말이 아니다. 외현화라는 사고의 함정 역시 대가를 치른다. 다양한 분야에서 일하는 영업 사원들의 사고 양식을 조사한 결과, 분명한 패턴을 관찰할 수 있었다. 즉, 그들이 보기에 문제는 거의 언제나 본인 잘못이 아니다. "어느 누구도 이런 가게에서는 물건을 사지 않아." "이런 싸구려 제품을 살 사람은 없지." "마케팅 부서가 그럴듯하게 광고만 했더라도." 이 사고 양식은 영업 사원의 자부심을 해치지 않고 자기 의심을 막아 준다. 자기 의심은 영업 분야에서 특히 악영향을 끼친다. 그러나 반사적인 외현화 역시 결점이 있다. 외현화에 익숙한 사람은 본인 행동과 본인이 통제할 수 있는 요소가 역경의 진짜 원인일 때도 포착하지 못한다. 그래서 영업 전략을 바꾸거나 고객을 늘리지 못한다. 타인의 실망스러운 행동만 눈에 보이기 때문이다. ABC 연결 관계 측면에서 보면, 외현화의 함정에 빠진 사람은 슬픔과 죄책감은 피할 수 있지만 그 대신 자주 분노한다.

사고의 함정 6 : 과잉 일반화

> 교사인 마거릿은 십대인 딸 사만다와 요즘에 더 자주 다툰다. 사만다의 옷차림이나 귀가 시간 등, 원인은 대체로 사소하다. 적어도 마거릿이 보기에는 그렇다. 하지만 몇 달 전부터 다툼은 확실히 더 잦아지고 격렬해졌다. 사만다가 수학 시험에서 D 학점을 받아 온 어제, 싸움은 극에 달했다. 마거릿은 불같이 화를 냈다. 사만다에게 열심히 공부하라고 지금껏 수없이 일렀지만 소용이 없었다. 마거릿은 자기가 사만다를 우울하게 만든다고 믿었다. 싸움 도중에는 열심히 공부하지도 않고 귀가 시간도 어기는 사만다에게 화가 치밀었다. 하지만 실시간 믿음처럼, 딸과 싸울 때마다 떠오르는 생각이 있었다. "나는 나쁜 엄마야."

마거릿의 설명에 의하면, 딸과 싸우는 이유는 자기가 나쁜 엄마이기 때문이다. 빠른 시간 안에 쉽게 바뀌지 않는 성격적 결함을 탓하는 것이다. 마거릿은 모든 문제에 언제나 본인을 지목한다. 앞서 말한 이중의 고통이다. 객관적인 관찰자는 최근에 벌어진 말다툼을 보며 다른 원인을 찾아낼 수 있다. 그것은 마거릿보다 사만다와 더 밀접한 관계가 있다. "지금 사만다는 다른 아이들처럼 한창 반항적인 사춘기이다." 또는 "사만다는 요즘 감정 변화가 심하다." 등이 그 예이다. 전적으로 마거릿의 책임인 원인도 있을 것이다. 하지만 그것은 그들 관계의 세부적인 면에만 영향을 미친다. "사만다가 낮은 성적을 받아 오자 마거릿이 인내심을 잃었다." 또는 "사만다가 말을 듣지 않고 귀가 시간을 넘겨 늦게 들어오자 마거릿은 화가 치밀었다." 등이 그런 원인이다. 확고한 사고 양식 때문에 마거릿은 그 원인을 보지 못한다. 이 상황의 ABC를 찾아보라. "나는 나쁜 엄마야."라는 믿음을 고수한다면 마거릿이 사만다의 숙제를 도와주거나 십대 아이의 부모로서 아이의 자유를 규제하거나 사춘기의 문제에 관해 대화하는 등의 해결책을 고려할 가능성이 있을까? 책임을 회피함으로써 마거릿은 가장 두려워하는 것, 즉 '나쁜 엄마'를 자초한다. 자기 충족적 예언을 실현하는 것이다.

과잉 일반화는 문제의 원인을 본인에게 국한시키지 않는다. 과잉 일반화와 개인화가 결합하면 자기 성격을 비난하고, 과잉 일반화와 외현화가 결합하면 타인의 성격을 비난한다. 가까운 사람과 싸울 때 당신은 어떤 생각을 더 자주 하는가? "남편은 언제나 너무 이기적이야."라고 생각하는가, 아니면 "남편은 나를 배려하지 않았어."라고 생각하는가? 부하 직원이 업무를 제시간에 끝내지 못할 때는 어떤가? "그는 게으르고 의욕이 없어."라고 생각하는가, "시간 관리를 제대로 못했군." 하고 생각하는가? 자녀와 다툴 때는 주로 어떻게 생각하는가? "아주 버르장머리가 없어."인가, "요즘 기분이 별로 안 좋은가 봐."인가? 전자에 치중하는 사람은 외현화와 과잉 일반화의 함정에 빠져 있다. 문제의 원인을 타인의 행동이 아닌 성격에 돌린다. 이 방법으로는 동기를 부여할 수 없다. 언제나 타인의 성격을 원인으로 지목할 때 당신은 그에게 통제력이 없다고 믿는다. 과잉 일반화와 개인화에 빠진 사람이 본인에게 통제력이 없다고 믿는 것과 마찬가지다. 다음에 이렇듯 두 가지 함정에 동시에 빠진 것을 알아차리면 자문하라. 내 행동이나 타인의 행동이 이 문제의 원인일 수도 있을까? 행동이 원인일 때는 그 행동을 바꾸려는 동기가 생긴다.

사고의 함정 7 : 마음 읽기

어느 해 여름, 한 컴퓨터 회사 직원들을 상대로 워크숍을 실시한 적이 있다. 참여자 중 한 명인 루이즈는 아주 유쾌하고 발랄했다. 더없이 솔직하고 자기 주장이 뚜렷하고 선동가적 기질이 다분해서 나는 첫날부터 루이즈가 마음에 들었다. 워크숍을 시작하기 전에는 언제나 참여자들에게 질문지를 나눠 주고 작성하게 한다. 그들이 알고 있는 본인의 강점과 약점은 물론이고 직장과 가정에서 겪는 역경 등에 관한 질문지였다. 루이즈의 대답이 유독 기억에 남는다. 강인하고 총명하고 야심만만한 여성의 전형적인 대답이어서, 루이즈가 입사한 지 8년이 넘은 그때까지도 낮은 지위에 있는 것이 의아할 정도였다. 워크숍 도중에 워크시트를 작성하면서 루이즈의 믿음이 드러났다. 편견 때문에 승진하지 못한다는 것이다. "입사한 후 승진할 기회가 대여섯 번 있었어요. 저는 승진할 자격이 충분해요. 하지만 흑인 여자는 절대로 승진시키지 않아요."

직장에서 편견을 접하지 않은 사람은 없다. 편견은 진짜 해결책이 필요한 진짜 문제이다. 하지만 그 컴퓨터 회사에는 고위직에 오른 흑인 여성들이 있었다. 그래서 루이즈에게 승진 면접이 대체로 어떻게 진행되었는지 최대한 자세하게 묘사하고 면접 도중에 시시각각 떠오른 생각을 기억해 보라고 했다. 지난 승진 면접의 ABC를 질문한 것이다. 루이즈는 이렇게 말했다. "저는 철저히 준비해서 면접에 응했어요. 제가 흑인 여자여서 면접이 불리하게 진행되리라는 걸 알고 있었어요. 그래서 제게서 결점을 찾을 수 없게 그 새로운 지위의 모든 면을 확실하게 숙지했어요. 누가 승진 심사 위원으로 선정되고 누가 제 면접을 담당할지도 알아 두었지요. 그런데도 조금 충격적이었어요. 그들은 드러내 놓고 백인을 선호하더군요. 면접 초반에는 잘돼 가는 것처럼 보였어요. 그때 저의 실시간 믿음은 '이번에는 승진할 것 같아.'였지요. 세상이 다 내 것 같은 느낌이었어요. 하지만 갑자기 일이 틀어지고 있다는 생각이 들었어요." 생각이 갑작스레 바뀌기 직전에 어떤 일이 있었는지 정확히 떠올려 보라고 하자 루이즈는 이렇게 말했다. "글쎄요, 승진 심사 위원 두 명이 귀엣말을 주고받기 시작한 것 같아요. 맞아요, 바로 그거예요. 마크 시몬스가 저에게 질문을 했어요. 고객이 불만을 제기할 경우 따라야 할 절차에 대해 묻더군요. 그 질문에 대답하는데 론다 젠킨스와 봅 카사마티스가 서로 속삭였어요. 어떤 말을 하는지는 들리지 않았어요. 그들이 고개를 돌리고 말해서 표정도 보이지 않았지요. 하지만 그때 저는 이번에도 승진하지 못한다는 것을 알았어요." 나는 어떤 이유로 그렇게 확신했는지 물었다. "그들이 저를 승진시키지 않을 방법을 찾고 있다는 걸 알았으니까요. 저를 무능해 보이게 하려고 결코 대답할 수 없는 질문을 궁리하고 있었을 거예요. 승진 심사 위원들은 흑인 여자가 그 자리에 오르는 걸 원하지 않았어요. 저는 알아요. 그들의 제스처를 보면 다 알 수 있어요. 그들은 어쩔 수 없이 면접을 보는 거예요. 승진 기회조차 주지 않는 것은 너무 노골적인 인종차별이니까요. 그들은 모두 면접이 아주 훌륭했다고 말했어요. 하지만 저는 승진하지 못했어요. 처음부터 그렇게 정해져 있었던 거예요. 저는 그들이 무슨 생각을 하는지 알 수 있어요."

루이즈는 말을 이었다. "심사 위원 둘이 속삭이는 걸 보자마자 불안해지기 시작했어요. 이 회사에서 나는 미래가 없다고 생각했기 때문일 거예요. 그러자 그 모든 게 시간 낭비라는 생각이 들었어요. 무기력하고 아무 의욕도 안 나더군요. 그때부터는 질문에 건성으로 대답하고 말았어요. 그러고는 심사 위원들이 내 미래를 좌우하고 있다는 게 너무 불공평하다고 생각했어요. 정말 화가 치밀더군요. 그래서 결국 이렇게 말했죠. '이보세요, 그건 제 업무 이력서에 다 있어요. 왜 그런 쓸데없는 질문을 하는 거죠? 시간 낭비일 뿐이에요. 제 업무 이력서나 읽어 보세요.'"

인종차별주의는 승진을 좌우하는 요인이 될 수 있다. 얼마든지 승진에 영향을 미친다. 하지만 루이즈가 초래한 자기 충족적 예언에 주목할 필요가 있다. 승진 심사 위원들의 인종차별주의 때문에 승진할 수 없을 거라는 루이즈의 믿음은 심사 위원과 회사에 대한 분노와 그 감정을 표현하려는 충동으로 이어졌다. 자리를 박차고 나감으로써 또는 적어도 자신이 인종차별주의를 감지하고 있음을 암시함으로써 분노를 표출하려는 충동을 초래한 것이다. 심사 위원들이 인종차별과 성차별 의사가 결코 없더라도, 공정하게 승진을 심사하고 있더라도 루이즈는 그 눈에 띄는 분노 때문에 승진하지 못할 것이다. 심사 위원들이 인종차별주의자라는 루이즈의 믿음은 옳은가? 옳을지도 모른다. 하지만 루이즈가 그 결론에 도달하는 데 이용한 정보는 미심쩍다. 직접 들을 수 없었던 두 심사 위원의 속삭임을 근거로 그 결론에 이른 것이다. 그들이 무슨 생각을 하는지 알고 있다고 믿었다. 그 두 사람이 루이즈를 승진에서 탈락시킬 방법을 궁리하고 있었다는 것이다. 루이즈는 상대방의 마음을 읽고 있었다.

사람들은 대체로 상대방의 마음을 읽는다. 주변 사람들이 어떤 생각을 하는지 알고 있다고 믿고는 그에 따라 행동한다. 어떤 사람들은 자기가 무슨 생각을 하는지 상대방이 알고 있을 거라고 믿는다. 직장에서 고달픈 하루를 마치고 집에 왔는데 배우자가 마음을 몰라줘서 절망한 적이 얼마나 되는가? 이것은 부부들이 가장 자주 빠지는 사고의 함정 중 하나이다. 자녀를 둔 부부가 특히 그렇다. "어떻게 오늘 같은 날 외식을 하자는 거지? 회사에서 얼마나 힘들었는데. 그저 뜨거운 물에 목욕하고 조용히 쉬고 싶은 맘뿐인데, 어떻게 그걸 모를 수 있지?" 또는 "나더러 아이들을 데리고 공원에 가라니, 도저히 이해할 수가 없어. 오늘 하루는 정말 지옥이었는데, 잠시도 쉴 틈을 안 주고 계속 집안일을 시키네. 내가 얼마나 힘들고 피곤한지 모르는 걸까?" 그렇다. 아내는 당신이 얼마나 힘들고 피곤한지 모른다. 당신이 뜨겁게 목욕하고 조용히 쉬고 싶어 하는 것을 남편은 모른다. 사람들은 타인의 마음을 읽지 못한다. 하지만 읽을 수 있다고 믿는다.

개인화와 과잉 일반화가 주로 동시에 일어나듯이, 마음 읽기도 다른 사고의 함정과 자주 결합한다. 마음을 읽는 사람들은 속단하는 경향이 있다. 게리의 사례는 그 두 가지 사고의 함정이 어떻게 상호 작용해서 그의 리더십을 약화시켰는지 정확하게 보여 준다. 게리는 의과 대학의 행정 직원으로 그 밑에는 풀타임 직원 7명과 파트타임 직원 3명이 있다. 업무가 별로 없을 때 게리는 다정하고 자상하며 공정하다. 부하 직원들의 말을 진심으로 경청해서 그들은 게리 밑에서 일하는 것을 좋아한다. 그러나 당연히 언제나 한가할 수는 없다. 연구비 산정 마감 시한을 두어 주 앞둔 9월 말쯤에 게리의 사무실은 긴장감이 팽배해서 피부로 느껴질 정도이다. 연구비 산정 기간이 게리에게는 가장 힘든 역경이다. 그것은 게리의 최악의 면들을 들춰낸다.

게리와 부하 직원들은 수백만 달러짜리 연구 20개의 예산안을 처리하느라 정신이 없다. 정오에 정신의학과 학과장에게서 이메일이 온다. 다음 날 정오까지 일부 예산안이 필요하다고 한다. 원래 일정보다 열흘 정도 빠른 것이다. 게리는 회의에 참석하기 위해 일찍 퇴근해야 한다. 그래서 직원들에게 각각 이메일을 보내서 그날 오후에 처리해야 할 일을 구체적으로 자세하게 지시한다. 다음 날 아침, 게리는 출근하자마자 직원들이 일을 얼마나 처리했는지 보고받는다. 마리아는 주어진 일을 하나도 끝내지 못했다고 미안해한다. 게리는 생각한다. "그게 얼마나 다급한 일인지 뻔히 알고도 하나도 안 했어. 어떻게 저럴 수 있지?" 게리는 화가 치밀고 감정을 통제할 수가 없어서 그대로 폭발한다.

그런데 마리아는 시간이 촉박하다는 것을 알고 있었을까? 게리는 일정이 앞당겨졌다는 것을 직원들에게 한마디도 하지 않았다. 이메일에는 그런 말이 없었다. 마리아가 자기 마음을 읽지 못한 것에 화를 냈다. 마음 읽기 사고의 함정에 빠지자 게리는 너무 쉽게 속단해 버렸다. 게리의 실시간 믿음은 계속되었다. "내가 지시한 것을 따르지 않았어. 우리 부서를 위해 헌신적으로 일하지 않는 거야. 나는 그런 사람과는 절대 같이 일하고 싶지 않아." 평소에는 직원들의 말을 경청하던 게리는 마리아에게 말할 기회를 주지 않는다. 마리아가 일을 끝내지 못한 이유를 설명하려 하자 순간을 모면하려는 거짓말로 치부하고 눈에 띄게 경멸하는 표정으로 그녀의 말을 묵살한다. 사고의 함정 때문에 게리는 충동적으로 행동했고, 그런 행동은 권위를 손상시켰다.

게리가 빠진 사고의 함정은 마리아에게는 부당한 처사이며, 또한 중요한 점은 문제 해결을 방해한다는 것이다. 게리는 화가 나서 마리아를 불신한다. 그래서 예산안 처리 업무를 마리아에게 맡기지 않고 이미 할 일이 많은 다른 직원에게 떠맡긴다. 게리가 조금 진정하고 문제의 원인을 찬찬히 찾아보았다면 마리아가 왜 일을 끝내지 못했는지 알았을 것이다. 마리아는 아픈 아이를 학교에서 데려오기 위해 일찍 퇴근할 수밖에 없었다. 그녀는 앞으로 열흘 동안 예산안을 처리하면 된다는 생각으로 일을 했고, 어제 오후에 하지 못한 일은 주말에 끝낼 계획이었다. 그날도 기꺼이 늦게까지 남아서 가능한 한 많은 일을 했을 것이다. 하지만 게리는 마리아의 업무를 다른 직원에게 맡기고 그녀를 경멸했다. 그로 인해 마리아는 게리의 태도를 도저히 이해할 수도 없고 아무 의욕도 없어서 5시에 퇴근해 버렸다.

마음 읽기 사고의 함정에 빠져서 다른 사람을 부당하게 대우하거나 문제를 해결하지 못한 적이 있는가? 다음번에 누군가가 당신의 마음을 헤아리지 못해서 또는 당신이 누군가의 마음을 정확히 알고 있다고 믿어서 화가 치민다면 일단 잠시 멈추고 진정하라. 그리고 상대방에게 질문을 해서 어느 지점에서 소통이 단절되었는지 정확히 찾아내라. "마리아, 이해하기 어렵군요. 시간이 촉박하다는 것을 몰랐어요?" 게리가 이 질문만 했더라면 문제는 해결되었을 것이다. 하지만 그는 오히려 문제를 악화시켰다.

사고의 함정 8 : 감정적 추론

웬디는 어느 해 겨울, 한 통신 회사의 회복력 훈련에 참여한 마케팅 부장이었다. 웬디는 그 당시 업무에서 한 가지 패턴이 되풀이되면서 문제가 생기고 있다고 털어놓았다. 그에게는 본인이 제안한 마케팅 전략의 이점을 다른 사람들에게 확신시키는 것이 삶의 활력소였다. 그 능력은 웬디의 가장 큰 강점 중 하나였다. 그리고 웬디의 실적은 놀라울 정도로 뛰어났다. 웬디는 설득력이 탁월했다. 훈련 첫날 후반부에 웬디가 성공적으로 논쟁하는 것을 보고 그 능력을 직접 확인할 수 있었다. 웬디는 마케팅 부서 임원진과 부사장 앞에서 본인이 강구한 마케팅 전략을 소개했다. 누구의 전략을 채택해서 대규모 마케팅 프로젝트를 맡길지 결정권을 쥔 이들이었다. 지금까지는 웬디의 설득 방식이 먹혀들었지만 최근에는 번번이 좌절을 맛보았다. "저는 임원진을 설득했다고 믿으며 회의실을 나서요. 따로 시간을 내어서 그 마케팅 프로젝트를 준비하죠. 그리고 나중에야 제가 그 프로젝트를 맡지 못했다는 걸 알게 돼요. 얼마 전에 한 임원에게 다른 사람의 마케팅 전략을 채택한 것이 뜻밖이라고 솔직히 말했어요. 그랬더니 그 자리에서 저를 지지한 사람은 거의 없었다고 하더군요. 어안이 벙벙했어요." 웬디는 이렇게 물었다. "이것이 모두 사고 양식의 문제라면 제 사고 양식에 어떤 문제가 있는 거죠? 제 마케팅 감각이 둔해진 걸까요?"

처음에 나는 웬디의 문제가 터널 시야라고 여겼다. 리처드처럼, 본인의 의견에 반대하는 신호를 못 보는 함정에 빠진 것 같았다. 아니면 엘런처럼, 확대 및 축소가 문제일 수도 있었다. 반대 신호를 보기는 하지만 호의적인 제스처나 찬성하는 한두 마디에 치중해서 그 신호를 경시할 수도 있었다. 그러나 회의 도중에 떠오른 웬디의 믿음을 철저히 조사하자 웬디는 리처드나 엘런과는 완전히 다른 함정에 빠져 있었다.

웬디의 문제는 최근에 일어났다. 웬디가 마케팅 총괄 임원으로 승진할 유력한 후보자라는 것은 공공연한 비밀이었다. 웬디는 승진을 원했다. 임원진과 부사장 앞에서 프레젠테이션을 할 때마다 홈런을 날릴 기회라고 여겨서 환영하는 한편 스트라이크아웃을 당할 수도 있다고 생각했다. 회의실에 들어서기 전에 불안감이 엄습했다. 신입 사원 시절 이후로는 경험하지 못한 감정이었다. 그래도 해야 할 일은 훌륭하게 해냈다. 프레젠테이션은 순조롭게 진행되었고, 마칠 무렵에는 스트라이크아웃을 당하지 않았음을 알았다. 그 순간, 안도감이 밀려오면서 기분이 좋아지고 불안과 긴장이 서서히 잦아들었다.

프레젠테이션 막바지에 웬디는 어째서 기분이 좋아진 걸까? 이것이 바로 웬디가 빠진 사고의 함정을 드러내는 효과적인 질문이었다. 기분이 좋아진 이유를 묻자 웬디는 이렇게 대답했다. "제가 임원진을 설득했다고 확신하기 때문이에요. 지지자를 충분히 확보했다고 믿기 때문이죠." 나는 미심쩍은 생각이 들었다. 그래서 지난번 프레젠테이션의 마지막 순간을 정확히 떠올려 보라고 했다. 그때 느낀 감정을 되살리고 그 이유까지 있는 그대로 묘사하라고 했다. 웬디는 나를 쳐다보더니 빙긋이 웃으며 고개를 끄덕였다. "네, 맞아요. 제가 기분이 좋아진 이유는 다 끝나서 안도하기 때문이에요."

웬디가 긍정적인 감정을 느낀 이유는 프레젠테이션을 망치지 않았기 때문이었다. 까다로운 질문을 한 임원도 없었고 무관심을 암시하는 신호도 없었다. 사실 웬디는 그 자리에 모인 임원 중 일부가 그 전략에 반색하는 것을 감지할 수 있었다. 하지만 기분이 좋아진 이유가 그 프로젝트를 떠맡는 목표를 달성했기 때문이라고 믿는 실수를 저질렀다. 웬디는 이렇게 생각했다. "지금 기분이 좋은 걸 보니까 내가 마케팅 프로젝트 적임자라는 것을 임원진에게 확실히 각인시킨 게 틀림없어." 여기서 논리적 오류를 찾아보자. 프로젝트를 맡았다면 웬디는 당연히 기분이 좋을 것이다. 하지만 이 사례에서는 긍정적인 감정을 일으킬 수 있는 다른 원인도 존재한다. 프레젠테이션이 실패하지 않아서 기분이 좋을 수도 있다. 그런데 웬디는 어떤 객관적인 증거도 없이 그저 본인 감정을 토대로 결론을, 즉 잘못된 결론을 내리고 있다. 이러한 사고의 함정을 감정적 추론이라고 부른다.

감정적 추론을 더욱 확실하게 보여 주는 예는 바로 나(앤드류)의 경험이다. 대학에 다닐 때 내 절친한 친구 중 한 명이(마크라고 하자) 스카이다이빙에 열광했다. 그는 아주 뛰어난 스카이다이버였다. 마크를 포함한 4인조 호주 팀은 세계 챔피언이었다. 나 같은 겁쟁이가 보기에 그들의 행위는 그야말로 미친 짓이었다. 그들이 함께 비행기에서 펄쩍 뛰어내려 다양한 몸짓으로 하늘에 무늬를 그리면 심판은 그들이 허공에서 저지른 그 무모한 행위의 난이도와 창의성을 채점하고, 그들은 안전한 착륙을 희망하며 지상으로 내려온다. 마크는 나를 이름도 불길한 그 '자유 낙하'에 끌어들이려고 부단히 꼬드겼으나 나는 매번 거절했다. 마크를 비롯해서 내 친구들은 법학을 공부했지만 나는 영원히 실업자로 살 수도 있는 철학을 전공했다. 충분히 위험한 삶을 살고 있었다. 그러던 어느 날 밤, 즐겁게 술을 한두 잔 마시다가 마크의 끈질긴 유혹에 피터가 첫 번째 점프에 나서기로 약속하고 말았다. 계획이 한 달쯤 후로 잡혔다.

피터의 충동적인 약속에 호기심을 느낀 내가 단도직입적으로 물었다. "피터, 점프하다가 네가 죽을 확률이 얼마라고 생각하니?" 피터는 아주 태연했다. 잠깐 곰곰이 생각하더니 이렇게 대답했다. "글쎄, 1년에 1,000만 번 정도 점프하고 사망자는 한두 명이라니까, 그러면 500만분의 1 정도 되겠네." 피터의 논리는 대단히 인상적이었다. 그리고 한 달 후 점프하기 전날, 우연히 셋이 다시 만났다. 다정하고 우호적인 친구답게 내가 또 물었다. "피터, 내일 점프하다가 네가 죽을 확률이 얼마라고 생각하니?" 피터가 진지하게 대답했다. "아주 낮아. 1만분의 1 정도 될 거야."

1만분의 1이라니. 한 달 전에 피터는 500만분의 1이라고 추정했다. 스카이다이빙이 한 달 새 훨씬 더 위험해진 걸까? 물론 그렇지 않다. 그러면 피터는 어떤 이유로 높게 추정한 걸까? 4장에서 보았듯이, 미래 위협에 대한 믿음은 불안을 초래한다. 우리는 위험의 세 가지 측면에 대한 인식에 근거해서 위험 수준을 추정한다. 첫째, 얼마나 위험한가. 둘째, 그 위험이 실제로 닥칠 확률은 얼마인가. 셋째, 그 위험이 실제로 닥치기까지 시간이 얼마나 남았는가. 한 예로 흡연자는 건강 이상을 초래할 확률이 높은 매우 위험한 행위에 참여하고 있다. 하지만 건강 이상이 아주 먼 훗날의 일이라고 인식하기 때문에 불안 수준은 대체로 매우 낮다. 금연의 필요성을 느끼지 못할 정도로 낮다. 우리는 교내 총격 사건이 일어난다는 것을 알고도 아침마다 아이들을 학교에 보낸다. 아이가 죽을 수도 있다는 것보다 더 큰 위험은 없다. 그리고 그 위험은 아주 가까운 시간 내에 닥칠 수도 있다. 그날 아침에 일어날 수도 있는 것이다. 하지만 우리는 총격 사건이 내 학교에서, 내 아이에게 일어날 확률은 매우 낮다고 인식한다. 그래서 불안을 잠재울 수 있다. 피터의 경우, 위험이 임박한 수준이 달라졌다. 한 달에서 시간 단위로 바뀐 것이다. 위험에 직면할 시간이 가까워 오자 불안감이 크게 증가했다. 증가한 불안감 때문에 피터는 위험이 닥칠 확률, 즉 점프하다가 죽을 확률이 훨씬 더 높다고 잘못 추정한다. 감정적 추론에 빠진 것이다.

나는 자유 낙하에 동참하지 않았다. 비행기에 함께 올라타지도 않았다. 하지만 그곳에 있다고 상상했다. 피터가 낙하산을 착용하고 허공을 바라보며 문가에 서 있다. 마크는 손가락을 튕기며 피터를 격려한다. 그들은 함께 점프한다. 나는 안전한 비행기 안에서 거센 바람을 뚫고 피터에게 소리쳐 묻는다. "피터, 이 점프에서 네가 죽을 확률이 얼마라고 생각해?"

피터가 지상으로 급강하하면서 대답한다. “2분의 1이야!!!”

마크와 피터 모두 무사히 돌아왔다.

우리는 왜 사고의 함정에 빠질까

지금까지 회복력을 위협하는 8가지 사고의 함정을 다루었다. 이제 본인이 가장 자주 빠지는 두세 가지 사고의 함정을 찾아낼 수 있을 것이다. 다음 6장에서는 비합리적인 믿음을 찾아내는 방법을 익히고, 사고의 함정에서 빠져나오거나 함정을 아예 피하게 해 주는 질문을 배울 것이다. 그러나 사고의 함정을 피하는 방법을 배우기 전에 우리가 그 함정에 어떻게 그리고 왜 빠지는지, 그 과정과 이유부터 살펴보자.

우리가 더욱 논리적으로 사고한다면 사고의 함정을 피할 수 있을 것이다. 하지만 연구에 따르면, 인간은 그다지 논리적이지 않다. 예를 들어 보자. 다음 두 전제가 참이라고 하자.

모든 X는 Y가 아니다.
모든 Y는 Z이다.

X와 Z에 대해 어떤 결론을 내릴 수 있을까? 사람들은 대개 “모든 X는 Z가 아니다.”라고 속단을 내린다. 당신도 그런가? 형식 논리학의 관점에 의하면 이 결론은 틀렸다. 반드시 위의 두 전제에서 나온 결론은 아니기 때문이다. X, Y, Z라는 뼈에 현실의 살을 붙여 보면 보다 명확하게 이해할

수 있다.

다음은 위의 예와 똑같은 구조지만 더 친숙한 단어로 표현했다.

> 모든 소녀는 소년이 아니다.
>
> 모든 소년은 옷을 입는다(또는 더 정확하게, 모든 소년은 옷을 입은 인간이다).
>
> 그러므로 모든 소녀는 옷을 입지 않는다.

이제 X와 Z의 예에서 저지른 오류를 깨달을 수 있을 것이다. 왜 많은 사람들이 잘못된 속단을 하는 걸까? 논리적인 사고는 왜 어려운 걸까? 그 이유는 논리적 사고 과정이 현실 세계에서 우리가 반드시 해야 하는 정보 처리 과정과 많이 다르기 때문이다. 형식 논리학에서는 존재하는 모든 정보를 마음껏 이용할 수 있다. 그리고 주어진 정보로부터 어떤 결론을 도출해야 한다. 한 예로, 정언 삼단논법에서는 우선 일반적인 규칙, 즉 대전제가 주어진다. "모든 인간은 죽는다." 그다음에는 이 대전제와 구체적인 사실을 연결하는 정보, 즉 소전제가 주어진다. "소크라테스는 인간이다." 이제 해야 할 일은 연역적 추론이다. 즉, 이미 알고 있는 정보로부터 결론을 도출하는 것이다. 따라서 이런 결론에 이른다. "그러므로 소크라테스는 죽는다." 이 연역적 추론을 통해 우리는 일반적인 규칙에서 구체적인 결론으로 나아간다.

문제는 인생은 논리학이 아니라는 것이다. 형식 논리학의 논법에서 전제가 주어지는 것과 달리, 현실에서는 세상에 대한 일반적인 정보가 거의 주어지지 않는다. 사실 세상을 이해하려면 우리는 세상의 작동 방식에 대한 일반적인 규칙들을 보통 혼자 힘으로 짜 맞춰야 한다. 인간의 사고 과정은 주로 지적 능력을 사용하고 경험에 기초해서 세상에 대한 보편적인 규칙 또는 패턴을 탐지하는 것이다. 이것이 귀납적 추론이다. 즉, 축적된 구체적인 사실들을 토대로 일반적인 규칙을 이끌어 내는 것이다.

우리 조상들은 귀납적 추론에 능해야 살아남을 수 있었다. 무엇이 안전하고 무엇이 위험한지에 대한 일반적인 규칙이 지극히 중요했다. 이빨이 날카로운 호랑이를 난생처음 마주쳤을 때 우리 조상인 트록은 재빨리 규칙을 배운다. "이빨이 날카로운 호랑이는 위험해." 이빨이 날카로운 호랑이를 전부 만나 봐야만 그렇게 추론할 수 있는 것은 아니다. 긍정적인 사건도 마찬가지다. 호랑이와 마주치는 위기일발의 순간을 적게 경험하고도 호랑이가 위험하다는 규칙을 배울 수 있는 조상이 끝까지 살아남아서 그 규칙을 후세에 물려줄 확률이 훨씬 더 높다. 귀납적 추론에 관한 한, 햄릿이 옳다. 우리의 능력은 다른 동물들의 능력을 능가한다. 그런데 문제가 있다. 우리가 연역적 추론이 필요한 상황에 귀납적 추론을 자주 적용한다는 것이다. 예를 들어 보자.

린다라는 허구 인물에 관한 다음 문단을 읽어 보라.

> 린다는 31세의 독신 여성으로 총명하고 의견을 거침없이 표현하며 철학을 전공했다. 학생 시절에는 사회 정의와 차별 문제에 깊이 관여했고 반핵 데모에 참가하기도 했다.

이제 확률을 고려해서 다음 진술의 순서를 매겨라. 즉, 참일 확률이 가장 높다고 생각되는 진술에 1, 확률이 두 번째로 높을 것 같은 진술에 2를 적는 식이다.

1. 린다는 초등학교 교사이다. ___
2. 린다는 서점에서 일하며 요가 수업을 듣는다. ___
3. 린다는 페미니즘 운동에 적극적으로 참여한다. ___
4. 린다는 정신 보건 사회복지사이다. ___
5. 린다는 여성 유권자 동맹 회원이다. ___
6. 린다는 은행원이다. ___
7. 린다는 보험 영업 사원이다. ___
8. 린다는 은행원이며 페미니즘 운동에 적극적으로 참여한다. ___

이 린다 문제는 유명한 심리학자인 대니얼 카너먼과 아모스 트버스키가 개발했다.[4] 6번과 8번 진술에 어떻게 대답했는가? 8번 진술이 6번 진술보다 참일 확률이 더 높다고 판단했는가? 그렇더라도 걱정하지 말라. 대다수가 그렇게 판단한다. 하지만 그것은 논리 규칙에 어긋난다. 왜 그럴까? 은행원 수보다 페미니즘 운동에 적극적으로 참여하는 은행원 수가 더 많을 수는 없기 때문이다. 사람 수보다 머리칼이 갈색인 사람 수가 더 많을 수 없는 것과 똑같은 이치다. 우리는 귀납적 추론을 중단하지 않기 때문에 이런 실수를 되풀이한다. 우리는 린다의 이미지를 상상한다. 린다가 어떤 사람인지 묘사하는 그 이미지에는 린다의 정치적 신념도 들어 있다. '확률'을 추정하라는 구체적인 지시에도 우리는 각 진술이 린다에 대해 우리가 이미 알고 있는 정보와 이미 완성한 린다의 이미지와 얼마나 일치하는가에 근거해서 추정한다. 그냥 은행원보다는 페미니즘 운동에 적극적인 은행원이 우리가 완성한 린다의 이미지에 더 잘 들어맞는다.

평소에는 귀납적 추론이 유용하다. 그것은 소중한 어림 대중, 즉 체험적 지식이다. 하지만 이미 확인했듯이, 우리는 연역적 추론이 필요한 상황에서 부적절하게 귀납적 추론을 적용할 때가 있다. 그리고 귀납적 추론을 적용해야 옳은 상황에서도 그것을 잘못 적용할 때가 많다.

1년에 상어에 물려 사망할 확률과 번개에 맞아 사망할 확률 중에서 어느 것이 더 높을까? 사람들은 대개 '상어'라고 대답한다. 하지만 상어가 가장 자주 출몰하는 캘리포니아 주와 플로리다 주를 보더라도 그 대답은 분명히 틀렸다. 1959년부터 1990년까지 그 두 개 주에서 번개에 맞아 사망한 사람은 331명인 데 비해 상어와 관련된 사망자 수는 10명이다. 우리는 세상에 대해서 왜 이리도 틀린 그림을 그리는 걸까? 언론은 상어의 공격을 더 떠들썩하게 보도한다. 우리가 그 사건에 원시시대부터 전해져 온 관심을 보이기 때문이다. 따라서 확률을 추정할 때 번개보다 상어 공격의 피해자를 훨씬 더 많이 떠올린다. 간단히 말해서, 세상에 관한 잘못된 믿음 탓에 우리는 진짜 위험이 닥칠 확률을 낮춰 잡고, 그 때문에 그 위험에 적응하지 못하고 위험을 예방하지 못한다.

이것이 모두 사고의 함정이다. 시간이 흐르면서 우리는 귀납적 추론을 적용해서 본인과 세상에 대한 일반적인 규칙을 구축한다. 그 규칙을 새로운 상황에 적용할 때 우리는 속단을 내린다. 개인화에 익숙한 사람은 문제의 원인으로 본인을 지목하는 일반적인 규칙을 갖고 있다. 외현화의 함정에 빠진 사람이 보기에 문제의 원인은 타인이다. 일반적인 규칙을 하나 취해서 그것과는 아무 상관이 없는 상황에까지 두루 적용할 때는 과잉 일반화의 함정에 빠진다. 이러한 함정에 계속 빠지는 이유는 귀납적 추론이 대체로 유용하기 때문이다. 하지만 우리는 자기의 결점을 알아야 한다. 즉, 주변 정보를 모두 이용하지는 않는다는 점을 확실히 알고 있어야 한다. 또한 문제를 종합적으로 숙고한다고 자신하지 말아야 한다. 잘못된 판단을 토대로 에너지를 소비할 때 문제가 일어난다. 틀린 믿음을 토대로 행동할 때 회복력이 감소한다.

이제 사고의 함정 피하기 기술을 배워 보자. 이것은 귀납적 추론을 통해 자신과 세상에 대한 일반적인 규칙을 구축하지 못하게 가로막는 기술이 아니다. 오히려 귀납적 추론 과정에서 우리가 가장 자주 범하는 실수를 깨닫고 귀납적 추론에 더 유능해지게 도와준다.

일상에서 사고의 함정 피하기 기술 활용법

게리의 사례로 돌아가자. 마음 읽기 함정에 빠진 게리가 마리아와 갈등을 겪은 후 사고의 함정 피하기 기술을 어떻게 활용했는지 한번 보자. 회복력 기술을 배우는 도중에는 보통 역경에 처한 순간이 아니라 그 이후에 해당 기술을 적용한다. 새로운 기술을 익힐 때는 언제나 그렇게 하는 것이 좋다. 감정이 가라앉고 시간이 어느 정도 지난 후에 기술을 연습하는 것이 더 쉽다. 러시아워에 도로에서 운전 연습을 하지는 않을 것이다. 감정에 압도당할 때 회복력 기술을 익히려고 해서는 안 된다. 예전에 겪은 역경에 이 기술을 적용하라. 그렇게 여섯 번 정도 연습한 다음에, 역경을 겪은 후 가능한 한 빨리 이 기술을 활용하라. 3주 정도 하다 보면 사고의 함정을 거의 즉시 알아차릴 수 있을 것이다.

회복력 기술을 활용할 때는 맨 먼저 상황을 A, B, C로 나눈다. 최근에 겪은 역경을 한 가지 고르고, 다음에 소개하는 게리의 방식대로 따라 해

보라. 이 기술들을 처음 활용하는 사람은 펜과 종이를 사용해도 좋다. 역경에 처하는 순간 회복력 기술을 머릿속으로 활용하는 방법은 9장에서 보여 줄 것이다. 자, 게리는 다음과 같이 적었다.

역경(A) : 다음 날 아침, 나는 사무실에 출근했다. 마리아는 내가 이메일로 지시한 일을 하나도 끝내지 않았다(A를 훌륭하게 묘사했다. 객관적이고 구체적이며 본인의 믿음을 주입하지 않았다. 역경을 절대 과장하지 말고, 자기의 믿음을 배제하여 상황을 반드시 객관적으로 묘사해야 한다).

믿음(B) : 마리아는 시간이 촉박하다는 것을 알고 있었어. 하지만 전혀 개의치 않은 게 틀림없어. 어떻게 그렇게 무책임하지? 도저히 이해할 수가 없어. 마리아는 성실하지 못하고 우리 부서를 위해 헌신하지 않아. 나는 그런 사람과는 결코 함께 일하고 싶지 않아(믿음을 훌륭하게 묘사했다. 믿음을 검열하지 않았고 진실해 보인다. 실시간 믿음을 적을 때는 역경의 순간에 속으로 한 말을 있는 그대로 써야 한다. 거친 표현을 듣기 좋게 바꿔서는 안 된다).

결과(C) : 나는 머리끝까지 화가 나서 마리아가 이유를 설명하려고 할 때마다 말을 잘랐다. 마리아가 당황하고 있다는 것을 알았지만 솔직히 아무 상관없었다. 5분 정도 마리아에게 불같이 화를 낸 후, 마리아의 업무를 제니에게 맡겼다. 그날 하루 종일 마리아를 외면했지만 그녀가 힘들어하고 있으며 다른 직원들이 모두 마리아에게 동조하고 있다는 것을 알 수 있었다. 어쨌든 이 일은 정말로 바람직하지 않은 직원 관리 방식을 보여 주는 좋은 경험이었다(게리는 역경의 결과로 일어난 감정과 행동을 훌륭하게 묘사했다. 또한 본인의 믿음이

다른 직원들에게 어떤 영향을 미쳤는지도 묘사했다. 역경의 순간에 어떤 감정을 느꼈는지 정확하게 기억나지 않으면 B—C 연결 관계를 참고해서 거의 정확하게 추정할 수 있다).

상황을 ABC로 분석하자 게리는 본인의 믿음을 더 자세히 검토할 수 있었다. 게리는 실시간 믿음을 사고의 함정 리스트와 대조했다. 이 기술을 연습할 때는 8가지 사고의 함정을 리스트로 만들어서 가까이 두면 편리하다. 하지만 사람들은 서너 주 동안 이 기술을 활용한 후 가장 자주 빠지는 두세 가지 함정을 확인하고 그것에만 초점을 맞춘다.

사고의 함정 리스트를 훑어보면서 게리는 세 가지 함정에 빠졌음을 깨달았다. 당신도 사고의 함정을 찾아낼 수 있는가? 게리는 마리아가 자기 마음을 읽을 거라고 예상했다. 이 점은 앞에서 지적했다. 마감 시한이 앞당겨졌다는 것을 게리가 알려 주지 않았으므로 마리아는 알지 못했다. 게리는 또한 지시한 일을 하지 않았다는 이유로 마리아가 불성실하고 부서에 헌신하지 않는다고 속단해 버렸다. 그렇게 속단하면서 동시에 세 번째 함정에 빠졌다. 게리는 마리아가 일을 끝내지 못한 이유가 무엇이라고 믿고 있는가? 그가 원인으로 지목한 것은 불성실, 무책임, 헌신성 결여 등 성격적 결함이었다. 시간 관리 실패, 따르기 어려운 지시 사항 등 구체적이고 변화 가능한 원인은 고려하지 않았다. 게리는 사건의 객관적인 사실은 하나도 모르면서 반사적으로 마리아의 성격을 비난했다. 과잉 일반화의 함정에 빠진 것이다. 실제 사례에서 당신은 자동적으로 어떤 생각을 하고 어떤 판단을 내렸는가?

사고의 함정을 피해 가는 간단한 질문

실시간 믿음의 정확성을 검증하고 유용성을 판단함으로써 사고의 오류를 바로잡는 방법은 나중에 배울 것이다. 하지만 그 방법을 몰라도 간단한 질문을 통해 사고의 함정에서 벗어날 수 있다.

자주 속단해 버리는 사람은 속도가 적이라는 것을 안다. 따라서 목표는 속도를 늦추는 것이다. 그렇다면 자문하라. 나는 어떤 증거를 토대로 결론을 내린 걸까? 그 증거가 사실이라고 확신하는가, 아니면 사실일 거라고 추측하는가?

터널 시야에 쉽게 빠질 때는 역경의 순간을 재검토하면서 큰 그림에 초점을 맞춰야 한다. 자문하라. 이 생각은 전체 상황을 공정하게 판단한 것인가? 큰 그림은 무엇인가? 이쪽 한 면은 큰 그림에서 얼마나 중요한가? 이 질문들은 시야를 확장하는 데 도움이 된다.

과잉 일반화에 자주 빠지는 사람은 사건과 관련된 행동을 더욱 자세히 관찰할 필요가 있다. 자문하라. 내가 기정사실로 간주한 원인보다 더 지엽적인 원인이 있는가? 그 사건을 초래한 구체적인 행동이 있는가? 내 (또는 타인의) 성격을 비난하는 것은 나에게 어떤 이익이 있는가? 이 구체적인 사건에 근거해서 내 (또는 타인의) 성격 그리고(또는) 인간으로서의 가치를 지적하는 것이 논리적인가?

부정적인 사건은 확대하고 긍정적인 사건은 축소하는 사람은 균형을 잡으려고 노력해야 한다. 자문하라. 일어난 일 중에 좋은 일이 있는가? 내가 잘한 것이 있는가? 부정적인 사건을 축소하는 사람은 이렇게 자문하라. 나는 문제를 간과하고 있는가? 내가 그 중요성을 외면하고 있는 부정적인 요소들이 있는가?

개인화에 익숙한 사람은 밖을 내다보는 것을 배워야 한다. 자문하라. 다른 사람 또는 다른 어떤 것이 그 사건의 원인이었나? 문제의 원인 중에서 내 책임은 어느 정도이며 다른 사람의 책임은 어느 정도인가?

습관적으로 외현화에 치중하는 사람은 이제 본인에게 책임을 물어야 한다. 자문하라. 나는 이 문제에 어떤 책임이 있는가? 문제의 원인 중에서 다른 사람 책임은 어느 정도이고 내 책임은 어느 정도인가?

마음 읽기 함정에 자주 빠지는 사람은 타인에게 솔직하게 말하고 질문하는 것을 배워야 한다. 하지만 먼저 자문하라. 내 생각이나 감정을 직접 분명하게 알려 주었는가? 관련 정보를 빠짐없이 전달했는가? 나는 상대방이 내 욕구나 목표를 저절로 알아주기를 바라고 있는가?

끝으로 감정적 추론에 빠지는 사람은 본인의 감정과 객관적인 사실을 구별하는 연습을 해야 한다. 자문하라. 내 감정이 어떤 사건의 객관적인 사실을 정확히 반영하지 못한 적이 있었나? 그 객관적인 사실을 알아내기 위해 나는 어떤 질문을 해야 할까?

기억하라. 극심한 스트레스 역경에 처할 때 사고의 함정에 가장 자주 빠진다. 그러니 특히 취약한 역경에 직면할 때 실시간 믿음에 열심히 귀를 기울여라. 지금부터 두세 주 동안 본인의 사고 양식을 포착하고, 자주 빠지는 사고의 함정이 감정과 행동에 어떤 영향을 미치는지 확인하라. 사고의 함정을 정확하게 집어낼 수 있다면 부정확한 믿음을 실시간으로 찾아내는 연습을 하라. 그리고 사고의 함정을 확인하자마자 거기서 벗어나는 질문을 하라. 8가지 사고의 함정을 능숙하게 피할수록 회복력을 훼손하는 부정확한 믿음을 더 쉽게 떨쳐 버릴 수 있다.

지금까지 회복력을 해치는 8가지 사고의 함정을 소개했다. 또한 자주 빠지는 두세 가지 함정을 확인하고 거기서 얼른 빠져나오는 방법도 제시했다. 우리가 귀납적 추론을 선호하고 세상에 대한 일반적인 규칙을 구축하는 이유와, 그 추론 방식이 대체로 어떤 역할을 하는지도 보았다. 귀납적 추론은 우리를 사고의 함정에 빠뜨린다. 귀납적 추론을 엉뚱하게 적용한 구체적인 사례도 보았고, 사고의 함정에 자주 빠지게 하는 요인들도 검토했다. 그러면 이제 실시간 믿음에서 한걸음 더 나아가 더욱 뿌리 깊은 믿음과 핵심 가치들을 조사해 보자. 그 확고한 믿음이 우리의 감정과 행동에 영향을 미치며 회복력의 발전을 가로막는다.

• 6장 •

빙산 찾아내기

지나치게 강렬한 감정을 느낀 적이 있는가? 조금 미안한 정도가 아니라 끔찍한 죄책감에 시달리거나 조금 슬픈 정도가 아니라 극도로 우울한 적이 있는가? 또는 본인의 감정이 터무니없이 불합리해 보여서 의아해한 적이 있었는가? 죄책감을 느껴야 당연한 상황에서 분노하거나 화가 치밀어야 할 때 당혹감에 얼굴이 붉어졌는가? 자기 행동이 지나치다고 느낀 적이 있었을 것이다. 사람들 앞에서 친구가 짓궂게 놀렸다는 이유로 한동안 절교하거나 설거지를 하지 않았다고 배우자에게 버럭 화를 낸다. 그럴 수밖에 없었는가?

실시간 믿음으로는 특정 사건에 대한 강렬한 반응을 설명할 수 없을 때가 있다. 그것은 근저에 자리한 믿음이 당신의 반응에 영향을 미치고 있다는 신호이다. 세상이 어떻게 돌아가야 하는지, 그 세상에서 살아가려면 어떤 감정을 느껴야 하는지에 대한 뿌리 깊은 믿음의 영향을 받고 있는 것이다. "나는 모든 일을 성공적으로 해내야 해." "감정에 휘둘리는 것은 약하다는 증거야." 등이 근저 믿음의 예이다. 이 확고한 믿음과 핵심 가치들은 우리를 충동질하고 역경에 대응하는 방식을 결정한다. 이 근저 믿음, 즉 빙산은 보통 의식의 표면 저 밑에 존재한다. 그 빙산을 의식할 수 없기 때문에 그것을 찾아내는 특별한 기술이 필요하다.

'빙산 찾아내기' 기술을 마스터하는 것은 회복력 지수에서 감정 조절 능력, 공감 능력, 적극적 도전 능력 점수를 높이는 데 중요하다. 더 중요한 것은 그 기술로 인간관계를 크게 개선할 수 있다는 것이다. 직장에서 '성격'이 충돌하는 주요 이유는 빙산 믿음이 각자 다르기 때문이다. 또한 이 근저 믿음은 부부나 연인 사이에 일어나는 많은 갈등의 원인이기도 하다. 빙산 찾아내기 기술을 활용함으로써 본인의 핵심 가치와 동기, 소중한 주변 사람들의 핵심 가치와 동기를 더 잘 이해할 수 있다.

표면 믿음 대 근저 믿음

실시간 믿음이란 역경에 처하는 바로 그 순간에 떠오르는 생각으로 감정과 행동을 촉발한다. 이 실시간 믿음을 표면 믿음으로 여길 수 있다. 의식의 표면 위에서 떠다니는 믿음이기 때문이다. 역경의 순간에 실시간 믿음을 즉시 알아채지 못하더라도 그것에 비교적 쉽게 주의를 기울일 수 있으며 자기가 속으로 무슨 말을 하고 있는지 포착할 수 있다. 하지만 표면 믿음을 피상적인 믿음이나 역경과 무관한 믿음과 혼동하지 말아야 한다. 거의 모든 역경에서 표면 믿음은 그 역경에 특정 방식으로 대응하는 이유를 알려 주는 열쇠이다. 하지만 실시간 믿음으로는 그 특정 반응을 설명할 수 없을 때가 있다. 그것은 당신이 실시간 믿음에 반응하는 것이 아니라 그 밑에 놓인 근저 믿음에 반응하고 있다는 뜻이다. 당신 자신과 이 세상에서 당신의 역할에 대한 근본적이고 뿌리 깊은 믿음이 영향을 미치고 있는 것이다. 근저 믿음은 세상이 어떻게 작동해야 하며 본인이 거기서 어떻게 기능해야 하는지에 대한 일반적인 규칙이다. 일반적인 규칙이므로 근저 믿음은 서로 다른 수많은 역경에 적용된다. 또한 일반적인 규칙이므로 그 믿음을 일단 찾아내고 그것에 반박하면 인생의 많은 영역에서 회복력을 더 많이 발휘할 수 있다.

빙산 찾아내기 기술을 이용해서 근저 믿음을 끄집어내면 그것의 옳고 그름을 판단하고 무엇이 당신의 반응을 촉발하는지 알아낼 수 있다. 그렇게 한 후에야 그 근저 믿음이 유익한지 아니면 더 유용한 다른 믿음으로 대체해야 유리할지 결정할 수 있다.

빙산 믿음

빙산 믿음 중에는 적응적 이점을 갖고 있는 것이 있다. 그런 빙산 믿음은 행복과 성공을 촉진하는 행동을 부추긴다. "타인을 존중하는 것이 중요하다." "나는 정직을 중시한다." "어떤 것이 어렵다고 금방 포기해서는 안 된다." 등은 크게 유용한 근저 믿음이다. 하지만 모든 믿음이 도움이 되는 것은 아니다. 역경에 효과적으로 대응하는 능력을 약화시키고 심지어 심각한 정서 장애까지 초래하는 근저 믿음도 많다. 별명이 '울화통'인 마크에게는 확고한 믿음이 하나 있다. "사람들은 믿을 수가 없어. 기회가 있을 때마다 나를 이용할 거야."이다. 이 근저 믿음이 수많은 표면 믿음에 영향을 미친 결과, 마크는 거의 모든 사건을 편향적으로 해석한다. 그런 근저 믿음이 바로 빙산 믿음이다. 한자리에 단단히 얼어붙은 믿음으로서 알아차리기 어렵고 의식의 저 밑에 숨어 있어서 당신을 가라앉힐 수도 있기 때문이다. 빙산 믿음은 주로 일상적인 사건에 더 자주 적용되는 일반적인 전제, 즉 삶의 규칙이다. "세상은 위험하다." "나는 언제나 존중받아야 한다." "여자는 착하고 다정해야 한다." "남자는 감정을 드러내서는 안 된다." 등이 빙산 믿음의 예이다. 실제로 많은 사람이 빙산 믿음을 갖고 있는데, 그 믿음은 대체로 세 범주 중 하나에 해당한다. 그 세 범주는 바로 성취, 인정, 통제이다.

성 취

"성공하는 것이 가장 중요하다." "실패는 약하다는 증거이다." "나는 결코 포기하지 않는다." 이 믿음들이 마음에 와 닿는가? 그렇다면 당신은 성취지향적인 사람이다. 성취를 지향하는 사람은 성공이 인생에서 가장 중요하다는 근저 믿음을 갖고 있다. 당연히 성공 욕구가 강하다. 스스로 높은 기준을 세우고 본인의 실수와 결점에 지나치게 초점을 맞춘다. 한 조직의 지부장인 스튜는 "실패보다 더 나쁜 것은 없다."고 믿었다. 이 빙산 믿음 탓에 그는 해고될 뻔했다. 무슨 수를 써서라도 성공해야 한다는 열망이 강해서 형편없는 리더가 되었기 때문이다. 지부장으로서 그는 인내력과 진취력의 모범을 보여야 했고 부하 직원들이 필요한 능력을 키우게 도와야 했다. 그들이 일을 잘할 때는 아낌없이 지지했지만 곤경에 처할 때는 실패에 대한 두려움이 엄습했다. 그는 그들을 격려하고 문제를 찾아내서 바로잡게 도와주기는커녕 오히려 화를 내며 비판했다. 그러고는 그들과 협력하지 않고 업무를 혼자 떠맡았다. 성공하려면 그 방법밖에 없다고 믿었기 때문이다. 하지만 그 방법은 지부장으로서의 임무에 어긋났다. 그는 부하 직원들이 발전하고 성장하게 도와주지 않았다. 번번이 끼어들어서 그들을 밀어내고 배제했다. 실패에 대한 지나친 두려움 때문에 리더로서의 실패를 자초하고 말았다.

성취 지향적인 사람들은 완벽주의에 대한 빙산 믿음도 갖고 있다. 사고의 함정 중 하나인 터널 시야에도 자주 갇힌다. 대학생인 로라는 "완벽에 조금이라도 못 미치는 것은 곧 실패다."라고 믿었다. 펜실베이니아 대학교에서 크게 성취하겠다는 야망과 욕망을 갖고도 로라는 공부와 과제를 미루고 회피했다. 리포트를 써도 터널 시야 때문에 지속하기가 어려웠다. 리포트 초고가 마음에 들지 않으면 그대로 계속 쓰는 것이 불가능했다. 로라의 눈에는 장점은 하나도 안 보이고 결점만 보였다. 그래서 충동적으로 포기하고 말았다. 실제로 2학년 말에 로라는 두 과목에서 낙제했다. 완벽주의에 사로잡혀서 힘든 과정을 버티지 못하고 포기했기 때문이다. 로라는 당혹했고, 대학 생활이 왜 고달픈지 이해할 수가 없었다. 역사 리포트를 쓰려고 할 때 떠오르는 실시간 믿음이 무엇인지 묻자 로라는 이렇게 말했다. "정말로 뛰어난 리포트를 쓰고 싶어. 윌리엄 교수님께 좋은 인상을 심어 주고 그 수업에서 가장 우수한 리포트를 쓰고 싶어." 이 욕구가 불안감을 강하게 조성해서 리포트 쓰는 일을 회피하게 했을 수 있다는 것을 로라는 깨닫지 못했다(로라는 그 회피 행동의 유일한 장점은 학교에서 가장 완벽한 옷장을 갖추게 되었다는 것이라고 말했다). 표면 믿음, 즉 실시간 믿음으로는 로라의 감정과 행동을 설명할 수 없었다. 따라서 당혹감을 느낀 것은 당연했다. 로라는 빙산 찾아내기 기술을 배워서 숨어 있는 확고한 빙산 믿음을 깨달았다. 바로 "완벽에 조금이라도 못 미치는 것은 곧 실패이다."였다. 그제야 무엇 때문에 무기력해졌는지 이해할 수 있었고, 그때부터 문제를 통제하게 되었다.

인 정

"인생에서 가장 중요한 것은 사랑받는 것이다." "사람들을 즐겁고 기쁘게 해 주는 것이 내 임무이다." "나는 사람들이 언제나 나의 가장 좋은 면을 떠올리기를 바란다." 이 믿음이 귀에 익은가? 이 믿음들은 인정의 문제, 즉 타인에게 사랑받고 인정받고 칭찬받고 포함되고 싶은 욕구와 관계가 있다. 인정 욕구가 강한 사람은 대인 갈등과 경멸의 신호를 좀 더 쉽게 알아차리고 과잉 반응할 가능성이 더 크다. 인정 지향적인 사람은 대체로 속단과 마음 읽기 사고의 함정에 자주 빠진다. 상사가 인사를 받아 주지 않거나 친구가 회신 전화를 하지 않는 등 모호한 상황에서 그들은 상대방이 호감을 거두었다고 가정하고, 이 가정은 빙산 믿음을 강화한다.

고객 서비스 부서에서 일하는 제임스의 의식 밑에서는 다음과 같은 빙산 믿음이 작동한다. "누가 나를 좋아하지 않는다는 것은 내게 어떤 큰 문제가 있다는 뜻이야." 거부를 견디지 못하는 고객 서비스 직원. 이보다 더 나쁜 조합이 있을까? 그런 사람은 경쟁을 회피하는 운동선수만큼이나 비참하다. 고객이 무례하게 말하면 제임스는 자기가 어떤 잘못을 했다고 여겨서 그 고객을 설득하느라 시간을 많이 허비한다. 서비스 제공보다는 호감 얻기에 중점을 두기 때문에 제임스의 응대는 효과가 없다. 처음에 고객들은 제임스의 격의 없고 사적인 응대 방식을 좋아한다. 하지만 고객에게 호감을 얻으려고 농담을 하거나 고객을 더 자세히 알기 위해 사적인 질문을 하는 등의 격의 없는 태도가 점차 도를 넘어감에 따라 고객들은 더는 참지 못하고 전화를 끊어 버린다. 동료가 무뚝뚝하고 쌀쌀맞으면 그를 즐겁게 해 주려고 별의별 짓을 다해서 아첨꾼이라는 별명까지 얻었다. 제임스의 아이러니는 눈에 보이듯 뻔하다. 사랑받으려는 필사적인 욕구가 부추긴 행동이 오히려 사람들의 애정을 앗아가는 결과를 초래한 것이다.

캐럴은 요리사이다. "내가 해낸 일은 칭찬받아 마땅해."라는 근저 믿음에 사로잡혀서 모든 성취를 자랑하고 자기도취에 빠져서 언제나 초점을 본인에게만 맞춘다. 시내의 유명 레스토랑에 채용되자 친구들에게 일일이 연락해서 그곳에서 나눈 대화 내용을 시시콜콜 들려주었다. 캐럴의 말에 의하면, 친구들은 처음에는 즐겁게 들어 주지만 곧바로 자기의 성공을 질투하고 더 이상은 그 이야기에 관심이 없었다. 친구들 관점에서 보면, 처음에는 캐럴의 성취에 진심으로 기뻐했지만 끝없이 되풀이되는 똑같은 이야기에 차차 신물 난 것이다. 제임스와 비슷하게, 인정과 칭찬에 대한 지나친 갈망이 캐럴의 인간관계를 약화시켰다. 캐럴이 나를 찾아올 무렵, 함께 살던 남자 친구는 이사할 예정이었다. 그가 이렇게 말했다. "캐럴은 성마르고 권위적이고 언제나 자기 위주예요. 저는 캐럴이 필요로 하는 것을 결코 채워 줄 수가 없어요. 캐럴이 100퍼센트의 관심을 원할 때 제가 그렇게 해 주지 못하면 토라져서 한마디도 안 해요. 친구들이 캐럴의 떠들썩한 자화자찬을 잠자코 듣다가 지겨워서 자기네 이야기를 하려고 하면 캐럴은 친구들에게 마구 화를 내고 그들이 질투한다고 비난해요. 캐럴의 애정 결핍이 모든 사람을 밀어내고 있어요. 하지만 캐럴은 그걸 전혀 몰라요." 캐럴의 인간관계는 대체로 오래가지 않는다.

통 제

"본인 문제를 해결하지 못하는 사람은 나약하다." "도움 요청은 책임감이 없다는 증거이다." "통제력이 없는 사람은 나약하다." 이런 믿음을 고수하는가? 통제력을 추구하는 사람은 사건을 책임지고 지배하는 것의 중요성에 관한 근저 믿음을 갖고 있다. 통제력에 대한 빙산 믿음을 지닌 사람은 자기가 책임지지 못하거나 결과를 바꿀 수 없는 사건에 대단히 예민하게 반응한다. 사람들은 통제력 상실에 대체로 불안해한다(롤러코스터 타기, 성관계 등 짧은 시간 동안의 통제력 상실은 예외이다). 하지만 만사를 본인이 지배하려는 '통제광'에게 통제력 상실은 위협적인 경험이다. 그들은 통제력 상실을 실패로 간주하기 때문이다. 필라델피아 주의 한 소방관은 세계 무역 센터가 무너진 후 구조 활동을 충분히 하지 못했다는 것에 엄청난 죄책감을 느낀다고 말했다. 그의 빙산 믿음은 두 가지였는데, 그것이 죄책감을 일으켰다. "나는 언제나 책임을 다해야 한다." 그리고 "소극적인 태도는 나약하고 비겁하다는 뜻이다."였다. 이 빙산 믿음은 다양한 방식으로 동기를 부여했다. 소방관이라는 직업은 그의 강한 통제 욕구를 보여 주는 선택이었다. 다른 사람들은 절망하고 무력감에 빠질 화재 현장에서 그는 책임을 지고 통제력을 발휘했다. 테러 사건 후 초기에는 통제력에 관한 빙산 믿음 덕분에 타 지역 소방관들을 규합해서 구조 활동에 조직적으로 참여할 수 있었다. 하지만 열심히 구조 활동을 벌였음에도 충분히 도와주지 못했고, 그는 그것을 본인의 성격적 결함 때문이라고 믿었다. 로라처럼, 그도 본인의 반응에 당황했다. 많은 소방관들이 그 비극적 인 사건에 몸서리치고 어떻게든 도와야 한다는 압박감을 느꼈다. 그들은 뉴욕을 떠나면서 죄책감을 심하게 느꼈다. 하지만 그가 느끼는 죄책감은 정도가 심하고 광범위했다. 밤중에도 잠을 못 이루고 집중력이 흐트러졌다. 그는 바싹 야위었다. 빙산 믿음이 대체로 그렇듯이, 그 소방관의 빙산 믿음 역시 지나치게 엄격하고 유익하기보다는 유해했다.

빙산 믿음의 손익 비율을 판단하는 것이 중요하다. 빙산 믿음을 찾아낸 후에는 다음 질문을 스스로 해보아야 한다. 이 믿음은 나에게 어떤 손해를 끼치는가? 이 믿음은 나에게 어떻게 도움이 되는가? 어떻게 하면 그 믿음을 바꾸어서 손해를 줄이고 이익을 늘릴 수 있을까? 모든 빙산 믿음이 언제나 반생산적이고 해로운 것은 아니다. 때때로 인생의 일부 영역에서는 큰 도움이 되고 다른 영역에서는 방해가 되기도 한다. 일반 사무직원인 질이 좋은 예이다. 질의 사무실은 언제나 질서 정연하다. "무질서는 성격 결함을 의미한다."라는 질의 빙산 믿음 덕분이었다. 그리고 질은 업무 능력도 탁월하다. 그 빙산 믿음이 부추기는 질서 정연한 행동들이 질의 직업에 유용하기 때문이다. 그런데 또 다른 직업이 생겼다. 엄마가 된 것이다. 일상이 하루가 다르게 변해서 일상이라고 할 수 없을 정도였다. 갓난아기와 함께 찾아온 혼돈과 무질서가 빙산 믿음과 충돌하면서 이미 불안하고 어수선한 산후 몇 달을 훨씬 더 힘들게 했다. 무질서는 정말로 성격 결함을 의미하는 걸까? 통제 지향적인 사람들처럼, 질 역시 과잉 일반화의 함정에 빠졌다. 통제할 수 없다고 느낄 때마다 통제력 상실은 자신이 결함 있는 인간이라는 뜻이라고 믿었다. 질은 그 빙산 믿음의 합리성을 따져 보았다. 또한 그 밖의 핵심 가치들도 정확하게 묘사했다. 한 예로, '침착하고 다정한 엄마'는 질이 중요시하는 가치인데, 침착하고 다정한 엄마가 되려면 혼돈과 무질서를 더 잘 견딜 수 있어야 했다. 질은 빙산 믿음을 바꾸었다. "나는 모든 것을 질서 정연하게 유지하는 것을 좋아해. 한가하고 느긋한 것도 좋아하고 아기와 즐겁게 노는 것도 좋아해. 따라서 나는 모든 것을 완벽하게 유지하는 대신 적당히 질서 정연하게 유지할 거야."로 재구성한 것이다. 질은 아기를 돌보고 목욕물은 그대로 두는 연습을 해야 했다.

당신은 어떤 사람인가? 성취 지향적인가, 인정 지향적인가, 통제 지향적인가? 기회로부터 뒷걸음치는 이유는 실패가 두려워서인가? 거부 당할까 봐 불안한가? 통제력 상실을 걱정하는가? 인간관계에 문제가 있는 이유는 개인적 삶에는 소홀하고 직업적 삶에만 치중하기 때문인가? 아니면 상대방에게 지나치게 요구해서인가? 본인이 모든 것을 지배하려고 하기 때문인가? 자녀의 성공이나 실패가 당신 자신의 성공이나 실패 못지않게 중요한가? 자녀가 당신을 거부하고 외면하면 크게 상심하는가? 일상의 작은 변화에도 지나치게 불안하거나 분노하는가? 이 세 가지 범주는 상호 배타적이지 않으며, 빙산 믿음을 총망라한 것도 아니다. 어떤 사람들은 성취와 인정을 동일한 정도로 중시하고, 그 두 범주의 빙산 믿음이 충돌해서 문제가 벌어지기도 한다. 구체적으로 성 역할에 관한 빙산 믿음을 고수하는 사람들도 있다. 빙산 찾아내기는 자신을 알기 세 가지 기술 중 마지막 기술이다. 이 기술을 배울 때는 자기 자신을 더없이 자세하게 묘사해야 한다. 그래야만 어떤 빙산 믿음이 동기를 부여하는지 더 정확하게 알아낼 수 있다.

빙산 믿음이 조성되는 과정

본인의 빙산 믿음이 어디에서 생겨난 것인지 궁금할 것이다. 빙산 믿음은 어떻게 형성될까? 당신은 통제 지향적인 믿음을 갖고 있는데 배우자는 성취 지향적인 믿음을 지닌 이유는 무엇일까? 건강 염려증 환자들이 있다. 건강 염려증이란 당사자는 아프다고 믿지만 의학적인 질병 증상은 보이지 않는 장애이다. 그들에게는 한 가지 공통점이 있다. 환자가 있는 가정에서 자랐다는 것이다. 부모가 장기간 병원을 들락거리며 별의별 검사를 다 받았을지도 모른다. 그들은 부모가 질병 증상을 끊임없이 관찰하고 새로 나타난 증상을 확인하는 것을 직접 보았다. 그 결과, 성인이 된 그들 역시 신체 증상을 끊임없이 관찰하며 미세한 모든 통증과 이상에 극도로 유의해서 있지도 않은 증상을 포착한다.

건강 염려증 환자들이 부모에게서 그 행동을 배우듯이, 모든 사람은 어린 시절에 가족에게서 빙산 믿음을 배운다. 부모의 세계관, 즉 핵심 가치들을 배운다. 물려받는 것이 아니라 학습한다. 어린아이는 주변 사람들에게서 인간은 어떻게 행동해야 하고 세상은 어떻게 작동해야 하는지에 대한 메시지를 흡수한다. 부모가 존중을 특히 중요시했다고 하자. 부모는 연장자를 존경해야 한다고 끝없이 강조했고, 당신이 조금이라도 무례하게 굴면 언제나 꾸짖었다. 그 결과, 당신은 일종의 '존중 레이더'를 갖게 된다. 주변을 훑어보며 존중받아야 할 자기 권리가 침해당한 사례가 있는지 찾아보고, 그것을 포착할 때마다 분노한다. 또는 조부모님을 봉양하는 것이 가장 중요하다는 부모의 대화를 여러 번 엿들었고, 조부모님을 잘 봉양하지 못한다며 부모가 죄책감에 시달리는 것을 감지했다. 그러면 어른이 된 당신은 타인의 권리에 대한 침해에 지나치게 예민하고, 따라서 죄책감을 자주 느낄 것이다. 어떤 일을 완벽하게 하지 못했다며 아버지가 절망하는 것을 보고 자란 당신은 "완벽하지 않은 것은 실패작이야."라는 믿음을 키운다. 사고가 나서 응급실에 실려 갈지도 모르니 집 밖에 나갈 때는 깨끗한 속옷을 입어야 한다는 말을 들으며 자랐는가? 무슨 일이 있어도 가문의 명예를 지켜야 하며 그것을 훼손하여 가족을 욕되게 하는 것은 용서받지 못한다는 말을 수없이 들었는가? 그러면 타인의 기대에 부응하지 못할 때마다 지나치게 예민해지는 것은 당연하다. 그 결과, 당신은 실패와 당혹감에 대한 두려움 때문에 기회를 받아들이지 못한다.

빙산 믿음이 초래하는 문제들

빙산 믿음은 4가지 문제를 일으키며, 각 문제는 회복력을 약화시킨다.

① 빙산 믿음은 예기치 않은 순간에 활성화되어서 부적절한 감정과 반응을 촉발한다.
② 활성화된 빙산 믿음은 그 사건에 어울리지 않는 감정과 행동으로 이어진다.
③ 상반되는 빙산 믿음들은 의사 결정을 어렵게 만든다.
④ 빙산 믿음은 점차 엄격해져서 같은 감정에 자꾸 휩쓸리게 만든다.

문제 1과 2 : 돌발 상황에 활성돼 부적절한 감정 촉발, B—C 단절

"당신 머그잔이 내 탁자 위에 있어. 물이 줄줄 흐르는 머그잔이 내 깔끔한 원목 탁자에 놓여 있다고. 거기 쌓아 둔 컵 받침 안 보여? 가이, 도대체 이해할 수가 없어. 젖은 머그잔을 컵 받침도 깔지 않고 내 원목 탁자에 자꾸 올려놓는 이유가 뭐야? 제발 설명 좀 해 줘. 정말로 궁금해!" 나(캐런)는 신랄한 어조로 꼬치꼬치 따지고 들었다. 침착하게 말하려고 안간힘을 쓰지만 화가 머리끝까지 치밀었다. 약혼자 가이는 거센 공격에 말문이 막혀 우두커니 서 있었다. 그 순간에 그 말을 공손하게 전할 방법은 없었다. 나는 완전히 이성을 잃었다.

이 '컵 받침 사건'은 10년 전 일이지만, 지금까지도 B—C 단절 관계를 소개하는 좋은 예로 자주 언급하고 있다. B—C 단절 관계란 실시간 믿음으로는 강렬한 감정과 행동을 설명할 수 없는 것을 이른다. 위의 예에서 역경(A)은 약혼자 가이가 젖은 머그잔을 컵 받침도 깔지 않고 캐런의 원목 탁자에 올려놓은 것이다. 그것을 보자 캐런은 화가 치밀어서 사납게 따지고 들었고, 가이는 의아한 표정으로 입을 다물었다. 가이에게 따지면서 캐런은 또한 절망감과 혼란스러움도 느꼈다. ABC 이론에 따르면, 실시간 믿음은 그 결과, 즉 캐런의 거센 비난을 설명할 수 있어야 한다. 캐런은 실시간 믿음에 귀를 기울였다. "나는 사람들이 컵 받침을 쓰길 원해. 그걸 가이도 알고 있어. 그런데 그는 컵 받침을 보고도 쓰지 않아. 그것은 분명히 잘못이야." 그런데 이 믿음은 너무 약했다. 그 믿음으로는 캐런의 강렬한 반응을 설명할 수 없었다. 그 실시간 믿음은 본인의 권리 침해에 관한 것이었다. 그래서 화 또는 짜증으로 이어져야 하지만, 격렬한 분노의 이유로는 미흡했다.

B—C 단절 관계에서는 감정이 사건과 어울리지 않고 행동은 부적절해 보인다. 실시간 믿음을 찾아낸 후에도 본인의 반응을 이해할 수 없어서

여전히 혼란스럽다. 이런 일이 일어나는 이유는 빙산 믿음이 활성화되어서 침입했기 때문이다.

빙산 찾아내기 기술을 배울 때 사람들은 본인이 비합리적으로 행동한 경험을 좀처럼 털어놓지 않는다. 그래도 다행히 기꺼이 앞으로 나서는 사람이 한 명 정도는 있기 마련이다. '컵 받침 사건'을 풀어 놓으면 그때부터 다양한 이야기가 흘러나온다. 컨설팅 회사의 임원인 존은 학력이 높고 의욕이 충천하며 크게 성취한 인물이다. 하지만 끝없이 되풀이되는 한 가지 역경 때문에 당황하고 절망했다. 집 안팎을 손봐야 할 때 아내는 존에게 부탁한다. 물이 새는 수도꼭지를 고치거나 페인트칠을 하는 일 등이다. 존은 공구 벨트를 매고 어린아이처럼 신나서 만면에 웃음이 가득하다. 하지만 어쩐 일인지 웃음은 곧 사라지고 점차 그 집안일에, 자신에게, 아내에게 절망한다. 존은 지난 주 일요일에도 똑같은 일을 겪었다고 했다. "아내가 손님방에 블라인드를 달아 달라고 했어요. 쉬워 보였지요. 저는 줄자와 수평계를 들고 일을 시작했어요. 나사못을 박을 지점을 정확하게 표시하고 드릴로 못을 박았지요. 다 끝내고 두세 걸음 떨어져서 제 작품을 보며 감탄하는데 아내가 들어왔어요. 바로 그때 블라인드가 삐뚤어졌다는 걸 깨달았어요. 왼쪽이 오른쪽보다 많이 내려왔더라고요. 아내도 당연히 그것을 보았지요. 아내는 빙긋 웃더니 아주 잘했다고 하더군요. 하지만 표정은 전혀 그렇지 않았어요. 아내는 제가 해 놓은 일과 저에게 크게 실망했어요."

존의 역경은 블라인드의 수평이 맞지 않았다는 것이다. 아내의 표정을 보았을 때 떠오른 실시간 믿음이 무엇이냐고 묻자 존은 이렇게 대답했다. "저는 속으로 생각했어요. '이 일을 괜히 했어. 차라리 쉬면서 아내더러 직접 하라고 하는 게 백번 나을 뻔했어. 일을 해 줬으면 예의상으로라도 고맙다고는 해야 하는 거 아니야?'"

이 실시간 믿음을 고려할 때 존이 어떤 감정과 행동을 보였을지 예상해 보라. B—C 연결 관계에서 보면 존의 믿음은 어떤 범주에 들어갈까? 존은 아내가 고마워하지도 않고 예의도 없다고 믿는다. 이 두 가지 믿음 모두 본인의 권리 침해와 관계가 있다. 그러므로 존이 분노할 거라고 예상할 수 있다. 하지만 존은 자기 반응을 이렇게 설명했다. "저는 토요일에도 일을 해요. 그래서 아내와 함께 시간을 보낼 수 있는 날은 일요일밖에 없어요. 하지만 너무 속상해서 아내의 얼굴을 마주할 수가 없더군요. 아내가 실망하는 표정을 보자마자 방에서 뛰쳐나올 수밖에 없었지요. 저는 차고로 가서 차를 손보았어요. 그날 하루 종일 그러면서 아내를 피했지요. 제가 느낀 모욕감을 떨칠 수가 없었어요."

'컵 받침 사건'에서 캐런은 실시간 믿음과 어울리지 않는 강렬한 분노로 반응했다. 캐런이 지닌 빙산 믿음이 하나 활성화되면서 실시간 믿음과 그 결과의 연결 관계를 끊어 놓은 것이다. '블라인드 사건'으로 존은 실시간 믿음과는 어울리지 않는 종류의 감정을 경험했다. 분노가 아닌 모욕감을 느낀 것이다. 빙산 믿음이 하나 활성화되어서 그가 느껴야 할 감정을 바꿈으로써 실시간 믿음과 그 결과를 단절시킨 것이다. 빙산 찾아내기 기술을 이용해서 이 두 사건을 판단하고 예방할 수 있다.

문제 3 : 상반되는 빙산 믿음들은 의사 결정을 어렵게 만든다

지금까지 한 가지 빙산 믿음이 활성화되어서 개인의 감정과 행동에 부정적인 영향을 미치는 상황을 살펴보았다. 그러나 특정 사건이 빙산 믿음을 하나 이상 활성화시키는 경우도 많다. 그리고 그 믿음들은 자주 서로 충돌한다. 성취 지향적인 빙산 믿음과 인정 지향적인 빙산 믿음이 충돌하면 그 결과 의사 결정 불능 상태에 빠질 수 있다. 제인이 바로 그 피해자이다.

제인은 대도시의 고등학교 교장으로 두 어린아이를 두고 있다. 중요한 일을 도저히 결정할 수가 없어서 갈수록 실망스럽다면서 도움을 청했다. 상황은 이러했다.

"현 교육감이 내년에 퇴직할 예정이에요. 주변에서 저더러 그 자리에 지원하라고 격려하고 있어요. 다들 제가 즉시 지원할 거라고 예상했어요. 저 역시 그랬고요. 하지만 저는 지원을 해야 할지 말아야 할지 도대체 결정할 수가 없어요. 아침에는 지원할 거라고 결정했다가 저녁에는 지원하지 않을 거라고 결정해요. 정말 피곤해요! 이것 때문에 다른 업무에 몰두할 수가 없어요."

처음에 제인은 무엇 때문에 결정이 어려운지 이해하지 못했다. 하지만 대화를 나누다 보니 두 가지 빙산 믿음이 동시에 활성화되었음이 드러났다. 제인은 여성도 남성과 똑같이 기회를 추구해야 하며 최고의 경력을 쌓아야 한다는 핵심 믿음을 토대로 일을 해 왔다. 그 믿음은 의식적인 사고가 아니었다. 제인은 직업과 관련해서 과거에 내린 결정들을 검토하고 그 결정에 영향을 미친 믿음에 초점을 맞추었다. 그리고 "여성은 남성과 똑같이 야망을 품고 성공해야 한다."는 빙산 믿음이 거의 모든 상황에서 작동했다는 것을 깨달았다. 제인은 여성들이 강인하고 직업을 최우선시하는 가정에서 자랐다. 제인의 어머니는 유명한 생물학자였다. 할아버지가 갑자기 돌아가시자 할머니가 식료품점을 떠맡았다. 할머니의 탁월한 리더십 하에 식료품점은 구멍 가게에서 미국 도처에 매장을 거느린 대규모 사업체로 성장했다. 집안 여성들은 결속력이 강했다. 집안 딸들은 남들보다 돋보이는 가장 확실한 방법은 공부를 잘하는 것이며 지금껏 여성을 배제해 온 직업을 갖는 것이라고 배웠다. 여동생 하나만 예외였다.

야망에 관한 이 근저 믿음이 제인이 뛰어난 경력을 쌓아 온 이유를 설명해 주었다. 게다가 파트타임 일이나 소위 '여자다운' 직업에 만족하는 여동생과 친구들을 제인이 때때로 혹평하는 이유도 알려 주었다.

여성과 직업에 대한 빙산 믿음의 활성화는 제인이 교육감에 지원하려는 충동도 설명해 준다. 그런데 제인의 망설임은 무엇으로 설명할 수 있을까? 제인은 어머니와 할머니를 무척 존경했고, 그들이 남자의 영역에서 거둔 성공에 크게 감탄했다. 하지만 어릴 때 제인은 외로웠고, 엄마와 함께 더 많은 시간을 보낼 수 있기를 갈망했다. 학교에서 터덜터덜 걸어와 텅 빈 집으로 들어서던 순간이 기억났다. 엄마는 매일 쪽지를 남겨 놓았다. 저녁을 어떻게 데워 먹어야 하는지, 엄마가 언제 돌아오는지, 제인을 얼마나 사랑하는지, 주말에 함께 어떤 놀이를 할 예정인지가 적혀 있었다. 맨 밑에 동그라미와 직선으로 엄마와 딸이 손잡고 있는 작은 그림을 그려 넣는 것으로 끝을 맺었다. 제인은 그 쪽지를 전부 상자에 모아 두었다. 엄마가 그리우면 동그라미와 직선으로 그린 엄마와 딸 그림을 들여다보며 토요일에 함께할 즐거운 놀이를 상상했다. 이 기억을 들려줄 때 또 하나의 빙산 믿음이 떠올랐다. "내 아이들이 최우선이어야 해." 그제야 제인의 딜레마를 이해할 수 있었다.

문제 4 : 빙산 믿음은 특정 감정에 사로잡히게 만든다

빙산 믿음은 동일한 감정을 자꾸 일으킨다. 그 감정을 느끼는 것이 당연하지 않을 때도 그렇다. 즉, 빙산 믿음이 활성화되면 특정 감정은 지나치게 많이 느끼고 다른 감정들은 지나치게 적게 느끼게 된다. 회복력 수준이 높은 사람은 모든 감정을 느낀다. 분노, 슬픔, 고독, 행복, 죄책감, 자부심, 당혹감, 기쁨, 질투, 흥분, 이 다양한 감정을 전부 경험한다. 그리고 이 감정을 적절한 순간에 적절한 수준으로 경험한다. 회복력 수준이 낮은 사람은 대체로 한 가지 감정에 사로잡힌다. 이 경향은 역경에 생산적으로 대응하는 능력을 해친다.

마크는 걸핏하면 분노한다. 그를 조종하는 빙산 믿음은 "사람들은 믿을 수가 없어."이다. 이것은 분노를 촉발하는 실시간 믿음을 부추긴다. 자주 분노할수록 직장에서의 효율성은 감소하고 마크를 좋아하는 사람들은 자꾸 멀어진다.

마크의 하루를 보자. 아침 식사 중에 식탁에서 청구서가 눈에 띈다. 진작 냈어야 하는데 아내가 깜박 잊은 것이다. 잠을 설친 탓인지, 조금 전에 다퉈서인지 "사람들은 믿을 수가 없어." 믿음이 쉽게 활성화된다. 그 빙산 믿음은 아내의 실수를 해석하는 방식에 영향을 미친다. 마크는 생각한다. "아내한테는 어떤 것도 믿고 맡길 수가 없어." 마크는 짜증이 난 채 집을 나선다. 이미 활성화된 빙산 믿음은 일종의 레이더가 되어서 주변을 훑어보며 권리 침해 사례를 찾는다. 의식적으로 하는 일이 아니다. 그 반대이다. 레이더는 미묘하고 은밀하게 작동한다.

출근길에 마크는 교통 체증에 걸린다. 오전 9시로 예정된 동료와의 회의에 늦지 않으려고 헐레벌떡 사무실로 달려간다. 정각에 도착하니 그 동료에게서 음성 메시지가 와 있다. 길이 너무 막혀서 20분 정도 늦을 거란다. "사람들은 믿을 수가 없어." 레이더가 권리 침해 사례를 포착하고 경고음을 발한다. 그의 실시간 믿음은 이렇다. "나는 늦지 않으려고 정신없이 뛰었는데 그는 산책하듯 한가하게 걸어오다니, 그건 옳지 않아." 다른 날 같으면 동료의 지각을 크게 문제 삼지 않았을지도 모른다. 하지만 오늘, 그것은 명백한 권리 침해 사례로 각인된다. 빙산 믿음이 먼저 활성화되어서 마크가 그 사소한 사건을 고의적인 권리 침해로 해석하게 미리 준비시켰기 때문이다.

빙산 믿음의 레이더 끄기, 왜 힘들까

그러면 궁금해진다. "사람들은 믿을 수가 없어." 레이더를 그냥 꺼 버릴 수는 없을까? 마크는 어째서 레이더를 끄지 못하는 걸까? 냉소적이고 부정적으로 생각하지 말자고 다짐하면 되지 않을까? 문제는 일단 레이더가 작동하면 두 가지 과정, 즉 동화와 확증 편향이 작용해서 레이더를 끄기가 아주 어렵다는 것이다. 인지심리학 연구에 따르면, 개인의 레이더가 경계 태세에 돌입할 경우, 평소에 긍정적인 사건으로 간주하는 것조차 왜곡하거나 재해석해서 그 사건을 본인의 믿음에 끼워 맞춘다. 이 과정이 바로 동화이다.

동화는 마크에게 어떤 영향을 미칠까? 마크는 동료가 오기를 기다린다. 그때 부하 직원이 탄력 근무제에 관한 회사의 새로운 방침을 알려 준다. 마크는 좀 더 유연하고 탄력적인 근무제의 필요성을 강력하게 주장해 왔다. 따라서 다른 직원들처럼 이번 방침을 개선된 것으로 간주해야 한다. 그러나 마크는 그 방침이 별반 달라진 게 없다고 비웃는다. 속으로 이렇게 말한다. “직원들이 관심을 보이니까 또 한 번 사탕발림하는 것뿐이야. 직원을 배려하는 것처럼 행동하지만 실제로는 그렇지 않아.” 이것은 의식적인 사고가 아니다. 하지만 이미 활성화된 “사람들은 믿을 수가 없어.” 믿음이 사건 해석 방식에 영향을 미친다. 그래서 긍정적인 사건임에 틀림이 없는데도 이미 활성화된 빙산 믿음을 잠재우는 방식이 아니라 그것을 오히려 고수하는 방식으로 그 사건을 해석한다.

레이더를 끄기 어렵게 하는 두 번째 요인은 확증 편향이다. 사람들은 본인 믿음을 반박하는 증거보다는 지지하는 증거를 훨씬 더 잘 인식하고 기억한다. 이 경향을 확증 편향이라고 한다. 나는 그것을 벨크로-테플론 효과(Velcro-Teflon effect)라고 부른다. 본인 믿음이 옳다는 것을 입증하는 증거에 우리는 벨크로처럼 반응한다. 그 증거에 딱 달라붙는 것이다. 하지만 그 믿음이 틀리다는 것을 입증하는 증거에는 테플론처럼 대응한다. 그 증거를 즉시 미끄러뜨린다. 확증 편향이 작용하는 예를 보자.

완다는 1년 전에 이혼했다. 완다 부부는 결혼 생활을 유지하려고 최선을 다했으나 그렇게 끝이 났다. 이혼은 상호 합의 하에 순조롭게 마무리되었다. 하지만 완다는 이제 삶을 공유할 다른 사람을 찾을 수 없을 거라며 크게 걱정했다. 나와 만날 무렵에 완다는 막 데이트하기 시작했는데 잘될 거 같지 않다고 했다. 완다에게는 인정에 관한 빙산 믿음이 있었다. “좀 가까워졌다 싶으면 그때부터 사람들은 나를 좋아하지 않아.”라는 믿음이었다. 최근 데이트에 대해 완다는 이렇게 말했다. “토드와는 서너 번 만났어요. 함께 많은 시간을 보냈지요. 우리는 정말 잘 어울리는 것 같았어요. 그런데 토드가 며칠 동안 생각할 시간이 필요하다고 하더군요. 그 순간 이런 생각이 떠올랐어요. ‘또 이렇게 되었군. 남자들은 나와 가까워지자마자 달아나 버려.'" 그 믿음이 옳다는 증거가 무엇인지 물었다. "아주 확실한 증거가 있어요. 우리는 거의 매일 만났어요. 그런데 갑자기 속도를 늦추자고 말하잖아요. 제가 화요일에 전화했는데 수요일 밤까지 연락이 없었어요. 아, 그리고 음식점에서도 우연히 만났어요. 친구들과 식사하고 있더군요. 그런데 저에게 합석하자는 말을 하지 않았어요."

완다의 말을 액면 그대로 받아들인다면 그 실시간 믿음이 실제로 정확해 보인다. 적어도 이 경우에는 그렇다. 완다의 생활을 비디오로 찍었다면 그녀가 말한 내용이 전부 담겨 있을 것이다. 하지만 그 비디오는 다음 장면도 보여 준다.

- 몇 주 전에 토드는 실연을 당한 지 얼마 되지 않았고 그 언짢은 감정 때문에 완다와의 교제에 문제가 생기는 것을 원치 않는다고 말했다.
- 토드는 완다가 화요일에 한 전화에는 회신하지 않았지만 화요일에도 어김없이 메일을 보냈다.
- 토드는 음식점에서 완다에게 합석하자는 말은 안했지만 완다 자리에 15분 동안 앉아 있었고, 거기서 우연히 만난 것이 정말 반가운 것 같았다.

완다는 본인 믿음을 지지하는 증거만 보고, 그 믿음을 끝까지 고수하려고 한다. 부모, 교사, 고용주들에게 확증 편향을 설명할 때 자주 듣는 질문이 있다. 각자 빙산 믿음과 일치하는 증거만 인식하고 기억한다는 것을 깨닫는지의 여부이다. 확증 편향이 옹고집, 증거 조작, 벽창호로 일컬어지는 성향을 정확하게 묘사하는 용어라고 말하는 사람들도 있다. 부모들은 선생님이 자기를 미워한다고 철석같이 믿고 토라진 아이에 대해 이야기한다. 부모 눈에는 오히려 상반되는 증거가 보이는데도 그렇다. 사장들은 공격적인 직원에 대해 말한다. 그는 상대방의 태도에서 어떻게든 적대성을 찾아내고 그럴 때마다 공격적으로 반응한다. 확증 편향은 의식적인 현상이 아니다. 이 점을 기억하는 것이 중요하다. 물론 자신이 옳다는 것을 입증하려고 계획할 때가 있다. 하지만 확증 편향은 동기나 계획에 따라 작동하지 않는다. 무의식적으로 일어난다. 그렇기 때문에 극복하기가 그리도 어려운 것이다.

내 빙산 믿음 찾아내기

빙산 찾아내기 기술의 목표는 다음과 같은 빙산 믿음을 깨닫는 것이다.

- 실시간 믿음이 예측하는 것과는 다른 방식으로 무심코 반응하거나 과잉 반응하게 만드는 믿음(캐런의 사례)
- 의사 결정 능력을 방해하는 믿음(제인의 사례)
- 특정 감정을 지나치게 자주 촉발하는 믿음(마크의 사례)

이 빙산 믿음을 찾아내는 것이 왜 중요할까? 행동을 부추기는 믿음을 확인하지 않으면 그것의 옳고 그름을 판단할 수도 없고, 필요할 경우 그 믿음을 바꿀 수도 없다. 특정 사건에 대응하는 방식이 부적절할 경우, 그 반응을 촉발한 것이 실시간 믿음이 아니라면 실시간 믿음을 바꾸는 것은 어리석은 짓이다. 반응을 일으키는 것이 무엇인지 통찰하기 전에는 감정과 행농을 통제할 수도, 회복력을 높일 수도 없다. 자신을 알기 3가지 기술의 목표는 통찰이다. 이제 그 통찰을 적용해서 효과적인 변화를 꾀할 것이다.

지금부터 빙산 믿음을 깨닫게 하는 일련의 질문에 자문자답해야 한다. ABC를 분석할 때보다 훨씬 더 깊이 파고들기 위한 질문들이다. 더 깊이 더 철저히 파고들수록 더 크고 더 광범위하게 믿음을 찾아낼 것이다. 진짜 크기를 가늠할 수 없었던 빙산이 차차 수면 위로 드러나는 것과 마찬가지다. 이 수준에 이르면 그 믿음은 당면한 사건에만 국한되지 않고 핵심 가치, 즉 삶의 규칙처럼 보이기 시작한다. 질문들은 빙산 믿음의 정확성을 따지지는 않는다. 하지만 그 믿음이 당신에게 얼마나 중요하고 어떤 의미가 있는지 깨닫게 해 준다. 이 점이 무엇보다 중요하다. 나중에 '믿음에 반박하기' 기술과 '진상 파악하기' 기술을 활용해서 그 빙산 믿음의 정확성과 유용성을 검증할 것이다.

주의할 점이 있다. 빙산 찾아내기는 가장 부담스러운 기술 중 하나이다. 이 기술을 가르치고 이제 한번 시도해 보라고 하면 사람들은 갑자기 몸을 뒤틀고 서로 속삭이고 음성 메시지를 확인하느라 부산하다. 그들은 자주 이렇게 말한다. "제 빙산 믿음을 꼭 알아야 하는지 잘 모르겠어요." "도무지 찾을 수가 없어요. 아무래도 그냥 놔두는 게 좋겠어요." 의식 밑에서 얼어붙은 믿음을 탐구하는 것은 불안하고 두렵다. 불안하고 두렵지만 반드시 탐구해야 한다. 처음에는 머뭇거려도 참여자들은 이 기술이 지금까지 배운 가장 효과적인 기술 중 하나라고 말한다. 빙산 찾아내기 기술은 당신이 간직한 핵심 가치들을 명확하게 알려 주고 본인과 세상에 대한 근저 믿음을 탐구하게 도와준다. 그리하여 오래전부터 당신이 혼란스러워한 감정과 행동 반응을 마침내 이해하게 된다.

사소한 사건에 지나치게 반응하거나 그 사건 때문에 하루를 망친 실제 경험을 떠올려 보라. 그리고 캐런의 '컵 받침 사건' 차후 분석을 보기로 삼아서 그 사건을 판단하라. 현실에서는 어떤 사건에 걸맞지 않게 과잉 반응하는 것을 알아차리자마자 이 기술을 적용할 것이다.

빙산 믿음을 찾아내는 첫 번째 단계는 ABC를 묘사하는 것이다. 모든 회복력 기술이 그렇듯이, 먼저 겪은 사건을 객관적인 사실들로 쪼개고 실시간 믿음을 나열하고 그 순간의 감정과 행동을 확인해야 한다. 그리고 이렇게 찾아낸 정보들을 적어야 한다. 그래야만 본인의 믿음이 드러날 때 그것을 계속 추적할 수 있다. 캐런은 아래와 같이 적었다.

ABC를 묘사한 후 B—C 연결 관계를 확인하라. 이때 3가지 주제에 초점을 맞춰야 한다.

① 결과(C)의 강도가 실시간 믿음(B)과 걸맞는지 확인한다.

② 결과(C)의 종류가 실시간 믿음(B)의 범주와 어긋나는지 확인한다. 즉, 실시

빙산 찾아내기 워크시트
1단계 : 역경(A), 실시간 믿음(B), 결과(C)를 묘사하라.
역경(A) : 컵 받침이 바로 앞에 있는데도 가이는 그것을 깔지 않고 머그잔을 탁자에 올려놓았다.
실시간 믿음(B) : 나는 사람들이 컵 받침을 쓰길 원해. 그걸 가이도 알고 있어. 그런데 그는 컵 받침을 보고도 쓰지 않아. 그것은 분명히 잘못이야.
결과(C) : 극도로 화가 치밀었다. 분노 지수 10점 만점에 11점. 10분 정도 고함치며 따진 후 밖으로 나가서 주변을 걸으며 마음을 가라앉혔다.

간 믿음은 분노를 일으켜야 하는데 슬픔을 느낀다거나, 실시간 믿음은 타인의 권리 침해에 관한 것인데 죄책감 대신 당혹감을 느끼는 경우가 그렇다.

③ 겉보기에는 사소한 것을 도저히 결정할 수 없는지 확인한다.

이 3가지 중에서 하나라도 해당한다면 이때가 바로 빙산 찾아내기 기술을 활용할 적기이다. 어느 것에도 해당하지 않으면 빙산 믿음을 확인할 필요가 없다. 그런 감정을 느끼고 행동한 이유를 이미 알고 있기 때문이다. 빙산 찾아내기 기술을 적용할 때 사람들이 가장 자주 겪는 문제는 빙산이 없는데도 찾으려 애쓰는 것이다. 실시간 믿음으로 반응을 충분히 설명할 수 있는데도 빙산 믿음을 찾느라 고생한다. 믿음(B)이 결과(C)에 합당하다면 더 깊이 파고들 필요가 없다.

빙산 찾아내기 기술을 적용할 필요가 있다고 판단되면 자문하라.

- 그 사건이 무엇을 의미하지?
- 그 사건의 무엇이 가장 언짢은 거지?
- 그 사건의 무엇이 가장 큰 문제인 거지?
- 그 사건은 나에 관해 무엇을 알려 주지?
- 그 사건의 무엇이 그렇게 나쁜 거지?

이 다섯 가지 질문은 모두 '왜' 아닌 '무엇'을 묻는다. '무엇' 질문은 본인 믿음이 의미하는 것을 더욱 철저하게 묘사해 준다. 반면에 '왜' 질문은 방어적인 태도를 조장한다. 왜 그렇게 느끼는지, 왜 그렇게 믿는지 물으면 사람들은 괴로워하고 공격을 받는다고 느낀다. 따라서 감정이나 믿음을 이해하려고 애쓰지 않고 오히려 어떻게든 방어하려고 든다. 빙산 믿음을 찾아내려면 '왜' 질문은 배제하고 '무엇' 질문에 집중하는 것이 중요하다.

실시간 믿음부터 시작하라. 캐런의 사례에서 실시간 믿음은 "나는 사람들이 컵 받침을 쓰길 원해. 그걸 가이도 알고 있어. 그런데 그는 컵 받침을 보고도 쓰지 않아. 그것은 분명히 잘못이야."이다. 이제 '무엇' 질문을 자문하라. 질문하는 순서는 중요하지 않다. 다섯 가지 질문을 모두 자문할 필요도 없다. 적절해 보이는 질문을 골라서 파고들어라. 그 방법을 보여 주기 위해 캐런의 자문자답을 소개하겠다.

질문 : 그래, 가이는 컵 받침을 깔지 않았어. 그게 내게 무엇을 의미하지?

캐런 : 나는 가이가 컵 받침을 깔기를 원해. 그가 컵 받침을 깔지 않는다는 것은 내가 원하는 것에 아무 관심이 없다는 뜻이야.

질문 : 그래, 내가 원하는 것에 가이가 아무 관심이 없다고 치자. 무엇이 그렇게 나쁜 거지?

캐런 : 나는 서로의 욕구를 배려하는 것을 중요시해. 가이도 그 점을 알고 있어. 내가 모든 것을 지배하려는 성향이 조금 있는 건 사실이야. 하지만 가이가 컵 받침을 쓰지 않는 것은 내 욕구를 존중하지 않고 내 유별난 점을 받아들이지 않는다는 걸 입증하는 거야.

질문 : 그게 사실이라고 치자. 그러니까 가이는 내 욕구를 존중하지 않고 내 유별난 점을 받아들이지 않는다고 하자. 무엇이 가장 큰 문제지?

캐런 : 가장 큰 문제는 우리가 결혼할 예정이라는 점이야. 나는 남편이 나를 지지하고 이해해 주길 원해. 컵 받침 까는 것조차 귀찮아한다면 중요한 문제에 가이가 나를 지지해 줄 거라고 어떻게 확신할 수 있겠어?

질문 : 중요한 문제에 가이가 나를 지지해 줄지 확신할 수 없다고 하자. 그게 무엇을 의미하지?

캐런 : 그건 가이와의 결혼이 큰 실수일지도 모른다는 걸 의미해. 또한 가이가 본인이 말하는 것과는 다른 사람이라는 것도 의미해. 가이는 내 결점까지도 사랑한다고 말하지만 사실은 내 결점을 문제시해서 나를 바꾸려고 할 거야.

질문 : 그래서 무엇이 가장 큰 문제지?

캐런 : 그건 가이가 지금까지 나를 교묘하게 기만하고 조종했다는 말이야. 바로 그 점이 가장 큰 문제야. 나는 있는 그대로, 정말 있는 그대로 사랑받아야 해.

아하! 캐런은 가이가 컵 받침을 쓰지 않아서 화가 난 것이 아니다. 그 사건을 자신이 있는 그대로 사랑받지 못한다는 것을 의미한다고 해석해서 격분한 것이다. 캐런의 빙산 믿음 "나는 있는 그대로, 정말로 있는 그대로 사랑받아야 해."가 가이의 사소한 거부에 활성화된 것이다. 그렇게 한번 활성화되자 그 믿음은 예의의 문제라기보다는 배신과 훨씬 더 밀접한 관계가 있는 감정을 일으켰다. 근저 믿음을 알고 나면 캐런의 반응이 얼마든지 이해된다. 캐런의 반응을 충동질한 믿음을 이렇게 찾아냈으니 이제 그 믿음이 정확하고 유용한지 여부도 판단할 수 있다.

빙산 찾아내기 기술을 처음 배울 때 참여자들은 둘씩 짝을 지어 연습한다. 한 사람은 상대방이 빙산 믿음을 탐구할 수 있게 이끌어 주고, 다시 역할을 바꾸어서 똑같은 과정을 되풀이한다. 이 기술을 적용할 때는 믿을 만한 친구에게 부탁하는 것이 좋다. 그래야 역할을 바꿀 필요 없이 대답을 탐구하는 일에만 집중할 수 있다. 이 기술을 처음 시도할 때는 자꾸 옆길로 빠지고 자기 믿음을 더 철저히 탐구하기보다 오히려 합리화하려고 든다. 다음은 존이 빙산 찾아내기 기술을 처음 시도했을 때의 대화 내용이다. 존이 언제 샛길로 빠지는지, 존을 제 길로 데려오기 위해 상대방이 '무엇' 질문을 어떻게 사용하는지도 참고로 설명한다.

질문 : 당신의 실시간 믿음은 무엇이었나요?

존 : 저는 그때 이렇게 생각했어요. "이 일을 괜히 했어. 차라리 쉬면서 아내더러 직접 하라고 하는 게 백번 나을 뻔했어. 일을 해 줬으면 예의상으로라도 고맙다고는 해야 하는 거 아니야?"

질문 : 어떤 감정을 느끼고 어떤 행동을 했나요?

존 : 모욕감과 슬픔을 느꼈어요. 그리고 그날 하루 종일 아내를 외면했어요.

질문 : 좋아요, 아내가 고마워하지도 않았다고 칩시다. 무엇이 그렇게 언짢았나요?

존 : 나는 바쁜데도 따로 시간을 내서 아내를 위해 블라인드를 달았어요. 그런데 아내는 내가 해 놓은 일에 실망하는 빛이 역력했다는 거예요(존은 더 깊이 파고들고 있다. "아내는 내가 해 놓은 일에 실망했다."는 믿음을 찾아냈다).

질문 : 아내가 실망한 게 확실해요? 블라인드가 살짝 삐뚤어진 걸 몰랐을 수도 있잖아요? 무슨 근거로 아내가 그걸 알았다고 확신하죠?(이 질문 때문에 존은 샛길로 빠진다. 이 질문은 존이 그 믿음의 의미를 파헤치기보다는 믿음을 합리화하게 만든다).

존 : 아, 아내는 틀림없이 알아차렸어요. 완벽주의자거든요. 본인과 타인에 대한 기준이 아주 높아요. 사실 저는 아내의 그런 면을 좋아해요.

질문 : 자, 그러면 아내가 실망했다고 합시다. 그것이 무엇을 의미하죠?(이 질문에 존은 제자리로 돌아간다).

존 : 그건 아내가 제가 블라인드를 다는 간단한 일도 할 줄 모른다고 믿는다는 걸 의미해요.

질문 : 좋아요, 아내가 그렇게 믿는다고 합시다. 무엇이 가장 큰 문제인가요?

존 : 집 안의 각종 시설이 제대로 돌아가게 손보는 일은 제 책임이에요. 그런데 그 사건으로 아내는 제가 그걸 책임질 능력이 없다고 믿을 거예요. 그 사건은 남자가 해야 할 일을 아내가 제게 믿고 맡길 수 없다는 걸 의미하죠. 바로 그 점이 큰 문제예요(존은 빙산 믿음에 점차 가까워지고 있다).

질문 : 세상에, 존. 당신은 자신에게 지나치게 엄격하군요. 고작 살짝 삐뚤어진 블라인드 때문에 아내가 남자의 할 일을 당신에게 믿고 맡길 수 없다고 일반화할 거라니요? 왜 그렇게까지 생각하세요?(이 질문은 존이 믿음의 정확성을 판단하게 격려하지만 시기상조이다. 존이 아직도 자기의 반응을 이해하지 못하기 때문이다. 이 시점에서는 아내의 믿음이 아닌 존 본인의 믿음에 초점을 맞춰야 한다).

존 : 맞아요, 아내가 그렇게까지 일반화하진 않을 거예요. 제가 너무 비판적인 것 같아요.

질문 : 좋아요, 그러면 아내가 당신이 집수리하는 일을 책임질 능력이 없다고 믿는다고 칩시다. 그것이 무엇을 의미하죠?

존 : 그것은 제가 결혼할 당시에 아내가 생각한 그런 남자가 아니라는 걸 의미해요. 그리고 제가 바람직하다고 배워 온 남자가 아니라는 것도 의미하죠(존은 더 깊이 들어가고 있으며, 이제 아내의 기대치가 아닌 자신의 기대치에 초점을 맞추고 있다).

질문 : 그것이 무엇이 그렇게 언짢은가요?

존 : 저희 집안은 남자에 대한 특정한 기대치가 있어요. 아버지는 어떤 문제든 처리할 수 있는 남자였죠. 크건 작건 모든 문제를 해결하셨어요. 자동차

나 전기 설비나 수도 배관에 문제가 생겨도 일꾼을 부를 필요가 전혀 없었지요. 아버지는 그 점을 자랑스러워하셨어요. 그리고 저희 형제들도 그렇게 키우셨어요. 자기 집을 완벽하게 돌보는 남자가 훌륭한 진짜 사나이라는 메시지를 확실하게 전달하셨죠. 그것이 내가 훌륭한 진짜 사나이라면 블라인드를 똑바로 달 수 있어야 한다는 믿음으로 압축된 것 같아요(이것이 존의 빙산 믿음이다).

이제 이해가 된다. 존이 모욕감을 느끼고 아내를 피한 이유는 블라인드를 똑바로 달지 못한 사건이 자신이 진짜 사나이가 아니라는 것을 폭로했다고 믿었기 때문이다. 존의 실시간 믿음은 본인 권리에 대한 침해와 관계가 있다. 하지만 빙산 믿음은 상실, 즉 자존심 상실에 관한 것이었고, 아내가 그것을 목격했다. 그 믿음이 모욕감을 촉발한 힘이고, 그 이후에 존이 아내를 외면한 이유이다.

빙산 찾아내기 기술에 관해 가장 자주 듣는 질문이 하나 있다. "이 자문자답이 언제 끝날지 어떻게 알죠?" 자문자답을 시작하면 실제로 영원히 끝나지 않을 것 같은 느낌이 든다. 하지만 확실한 종착점이 있다. "아하!" 하는 깨달음의 순간이 찾아올 때, 더 이상 본인의 반응이 부적절해 보이지 않을 때, 느끼는 감정의 종류가 타당할 때, 의사 결정이 힘든 이유를 이해할 수 있을 때가 자문자답을 끝낼 때이다. 하다 보면 알 수 있다.

타인의 빙산 믿음 찾아내기

빙산 찾아내기는 공감 능력을 키우고 인간관계를 개선하는 유용한 기술이다. 오래전 어느 목요일 밤, 연구비 신청서 제출 마감 시한이 촉박해서 앤드류는 서재에 틀어박혀 일에 몰두했다. 마감 시한은 다음 날 오후 5시였다. 해야 할 일이 산더미였다. 다 마치려면 그날 밤을 꼬박 새워야 했다. 앤드류는 이미 짜증이 나고 예민해진 상태였다. 조금 후 쓰레기차가 다가오는 소리가 들렸다. 아주 천천히 거리를 따라 이동하다가 끼익 멈춰 서고 유압 압축기 돌아가는 소음이 이어졌다. 베로니카도 그 소리를 들었는지 계단을 쿵쿵 딛고 올라와 2층 서재로 다가오는 소리가 들렸다. 그리고 퉁명스럽게 불쑥 내뱉었다. "쓰레기차가 왔어. 쓰레기 버리는 거 당신 차례야."

앤드류는 억지로 빙긋 웃으며 고개를 끄덕였지만 일어날 마음은 없었다. 베로니카는 서재에서 나갔다. 그 즉시 이어진 자신의 정서적 반응에 앤드류는 깜짝 놀라서 어안이 벙벙했다. 극도로 화가 치민 것이다. 더 이상 격렬할 수는 없는 분노였다. 마감 시한이 촉박하다는 것을 베로니카도 알고 있었으니 쓰레기를 대신 버려 줄 수도 있었다. 앤드류는 빙산 찾아내기 기술을 활용해서 왜 화가 났는지 알아보았다. 질문을 하나씩 던지면서 파고들자 빙산 믿음이 그 반응을 촉발했다. 앤드류의 빙산 믿음은 존중과 관계가 있었다. 그는 "베로니카가 나를 방해하는 것은 내가 하는 일을 존중하지 않는다는 뜻이야."라고 믿었다. 앤드류에게는 일이 아주 중요했다. 따라서 그의 일을 존중하지 않는다는 것은 그를 존중하지 않는다는 말이었다. 이제야 자신의 반응이 이해되었다. 하지만 베로니카의 반응은 이해할 수가 없었다.

앤드류는 엄청난 스트레스를 받고 있었고 집 안에는 긴장감이 감돌았다. 그러니 조금 나중에 베로니카와 대화하는 것이 좋을 것 같았다. 이튿날 저녁, 어느 정도 긴장이 풀어지자 앤드류는 그 문제를 꺼냈다.

앤드류 : 어젯밤에 당신이 나더러 쓰레기를 버리라고 했을 때 정말 화가 났어. 당신도 무척 화났다는 거 알아. 내 차례지만 당신이 버려 줄 수도 있었어. 어째서 당신이 버리지 않은 거지?

베로니카 : 그래, 화가 났지. 당신이 바쁘다는 거 알고 있어. 하지만 두어 달 전에 우리가 합의한 거 기억해? 당신은 논문을 읽고 있었어. 직장 여성들에 관한 논문이었지. 회사에서 남자들과 똑같은 시간을 일하고도 여자들은 집에 오면 집안일까지 혼자 떠맡는다는 거였어. 그리고 그게 당연시된다는 거지. 당신도 나도 우리는 절대 그렇지 않을 거라고 말했어. 쓰레기 버리는 것은 당신이 하기로 합의한 일 중 하나야.

앤드류 : 그래, 알아. 하지만 그 일로 당신이 왜 그렇게까지 화가 났는지 아직도 모르겠어.

베로니카 : 서재에서도 쓰레기차 소리를 들을 수 있어. 내가 화난 이유는 그 소리를 듣고도 당신이 내려오지 않았기 때문이야.

앤드류 : 그러니까 내가 내려오지 않아서 나를 나쁜 놈이라고 생각했어?

베로니카 : 글쎄, 나는 당신이 합의 사항을 어기고 있다고 생각했어.

앤드류 : 그러니까 그게 바로 당신이 화난 이유로군.

베로니카 : 그래, 당신은 내가 내 몫 이상의 집안일을 해 주길 바라는 것처럼 보였거든.

앤드류 : 이제 알겠어. 공정성의 문제였군.

베로니카 : 맞아, 어떤 면에서는 당신이 나를 존중하지 않는다는 느낌이 들었어.

그것이 바로 베로니카가 계단을 뛰어 올라올 정도로 화가 난 이유였다. 표면 믿음만 가지고 대화했다면 그들의 싸움은 그치고 잊혔을 것이다. 하지만 싸움의 근본 원인은 여전히 저 밑에 숨어서 기다리다가 사소해 보이는 또 다른 사건이 일어날 때 다시 떠오를 것이다. 갈등의 진짜 원인이 되는 빙산 믿음을 결코 알아채지 못해서 고통을 겪는 부부나 연인이 많다.

앤드류는 베로니카에게 자기도 무척 화가 났는데, 그것은 베로니카가 그의 일, 더 나아가서 그를 존중하지 않는다고 믿었기 때문이라고 말했다. 그들은 각자의 권리 침해 레이더가 얼마나 빨리 작동하는지에 관해 의견을 나누었다. 가장 중요한 점은 두 사람 모두 만족하는 계획을 궁리했다는 것이다. 앤드류는 마감 시한이 아무리 촉박해도 쓰레기 버릴 시간은 있었다는 것을 인정했다. 그리고 집안일을 할 수 있는 방법을 더 열심히 찾아보기로 약속했다. 베로니카는 두 사람 모두 일이 최우선이어야 할 때가 있다는 것을 인정했다. 그리고 가끔씩 앤드류가 일에 몰두하더라도 자기를 존중하지 않는다고 속단하지 않기로 약속했다.

빙산 찾아내기 기술의 도움으로 서로 빙산 믿음을 확인할 수 있고, 그렇게 해서 그것에 대해 솔직하게 대화할 수 있다.

빙산 찾아내기 기술은 역경에 효과적으로 대응하는 능력을 저해하는 근저 믿음을 확인하게 도와준다. 이 기술을 연습하다 보면 다양한 상황에서 감정과 행동에 자꾸 영향을 미치는 중요한 빙산 믿음이 있다는 것을 깨닫는다. 그 빙산 믿음이 무엇인지 알아내었다면 자신을 가로막는 그 믿음을 바꾸어야 한다.

• 7장 •

믿음에 반박하기

지금까지 소개한 방법을 모두 해낸 사람은 힘겹고 고통스러운 자기 분석 과정을 마쳤으므로 자부심을 느껴도 좋다. 본인과 본인 삶을 정직하게 인식하는 데는 용기가 필요하다. 자기 분석은 생활양식, 개성, 다소 변덕스러운 성격까지도 스냅사진처럼 보여 준다. 회복력을 키울 때는 약점과 결점을 인정하는 것도 중요하다. 당신은 이미 그 일을 해냈다.

그러면 다음 단계로 넘어가자. 이제 그 약점의 어떤 면에 개입할 수 있는지, 즉 무엇을 바로잡을 수 있는지 결정해야 한다. 회복력 기술을 배우면 이전에는 없었던 선택의 자유가 생긴다. 자신을 있는 그대로 받아들이고 지금까지 살아온 대로 계속 살아갈 수도 있다. 아니면 변할 수도 있다. 이제부터 배울 4가지 기술은 그 변화를 가능케 하는 방법을 알려 준다. 이제 당신은 자신이 어떤 사고 양식을 갖고 있는지 알고 있다. 따라서 그 사고 양식을 더 정확하게 바꾸고 문제를 더 잘 해결하고 감정과 행동에 휘둘리지 않고 역경에 더 잘 대응하는 기술을 배울 것이다. 한마디로 회복력 수준을 높이는 기술을 익힐 것이다.

믿음이 중요하다. 따라서 변화 가능성을 조금이라도 의심한다면 4가지 변화 기술이 제공하는 혜택을 충분히 누릴 수 없다. 변화 기술을 배울 때는 "변화는 소용없는 짓이야." 또는 "변하기는 어려워." 등의 실시간 믿음이 떠오르는지 세심하게 유의해야 한다. 새로운 것을 배우거나 익숙한 행동을 바꾸려고 할 때 당신은 어떤 생각을 하는가? "늙은 개에게는 새로운 재주를 가르칠 수 없다."는 속담에 맞장구치는 사람은 실패를 자초하는 것이다. 변화가 가능하다는 믿음이 중요하다. 그 믿음의 유무에 따라서 변화 기술을 배울 수 있는지, 회복력 수준을 꾸준히 키울 수 있는지 여부가 결정된다.

변화하기 기술

4, 5, 6장에서 보았듯이, 3가지 자기 인식 기술은 회복력을 증가시키는 막강한 도구이기도 하지만 변하기 기술의 토대이기도 하다. 믿음을 바꾸려면 우선 그 믿음이 무엇인지부터 알아야 한다. ABC 확인하기 기술을 이용해서 실시간 믿음을 포착하든지 빙산 믿음 찾아내기 기술을 적용해야 한다. 역경에 처한 순간에 어떤 감정을 느끼고 어떤 행동을 할지 결정하는 데 중요한 역할을 하는 믿음을 모두 확인해야 한다. 그다음에 그 믿음이 얼마나 정확한지, 즉 얼마나 현실적인 믿음인지 판단하고, 필요할 경

우 더 정확한 믿음으로 바꾸어야 한다. 이미 말했듯이, 변화 기술은 4가지이다. '믿음에 반박하기' 기술을 익히면 역경의 원인에 대한 믿음을 분석할 수 있다. '진상 파악하기' 기술에서는 역경이 초래할 결과를 더 잘 예측할 수 있다. '진정하기 및 집중하기' 기술은 부정적인 감정을 직접 공격하거나 비합리적인 믿음을 몰아내는 데 효과적이다. 실시간 회복력 기술은 역경에 처한 바로 그 순간에 믿음에 반박하기 기술과 진상 파악하기 기술을 활용할 수 있게 해 준다.

문제 해결 : 역경에 처할 때 "왜?"라고 묻는 이유

역경이 닥치는 순간, 맨 먼저 어떻게 반응하는가? 관련 연구는 사람들의 일반적인 대응 방식을 예측할 수 있다고 주장한다. 예를 들어, 문제에 부딪힐 때 사람들은 대체로 "왜?"라고 자문한다. 문제의 원인과 관련된 질문을 하는 것이다. "이 일이 왜 일어났을까?" "내 잘못일까?" "이것을 해결할 수 있을까?" 이 질문이 저절로 떠오른다. 그 대답이 바로, 직면한 역경의 원인을 바라보는 본인의 믿음이다.

실패(실직 또는 데이트 요청을 거절당한 것), 예기치 못한 사건(잘할 거라고 예상한 일을 잘하지 못한 것, 정직하다고 믿은 사람의 부정직한 행동을 목격한 것), 대인 갈등(연인과의 싸움)을 겪을 때 원인 믿음이 가장 자주 등장한다. 성공(취업, 데이트 요청이 수락된 것), 예상한 사건(잘하지 못할 거라고 예상한 일을 잘하지 못한 것, 정직하다고 믿은 사람의 정직한 행동을 목격한 것) 후에는 보통 이유를 묻지 않는다.

우연히 맞아떨어진 해결책

믿음에 반박하기 기술은 문제 해결 능력을 향상시킨다. 사실이다. 하지만 그저 운이 좋을 때도 당연히 있다. 문제가 생기자 맨 처음 떠오른 원인 믿음에 따라 충동적으로 문제 해결을 시도했는데 그것이 효과 만점일 때가 있는 것이다. 실제로 역사를 훑어보면 그런 예가 한둘이 아니다. 당신이 3만 년 전 구석기시대의 초기 인류라고 하자. 지금의 페루 지역 동굴에 살고 있다. 어느 날, 친구가 이상하게 행동하기 시작한다. 감정이 들쑥날쑥하고 허공을 보며 중얼거리고 아무것도 없는데 뭐가 보인다고 한다. 구석기시대의 페루인인 당신은 친구의 기이한 행동을 어떻게 설명할까? 당연히 친구의 몸에 사악한 영혼이 들어갔기 때문이라고 믿는다. 석기시대의 조상들은 정신 질환을 목격할 때 바로 그렇게 믿었다. 그리고 그 원인을 토대로 해결책을 내놓았다. 환자의 두개골에 구멍을 뚫어서 악령을 내보낸 것이다. 인류학자들은 관거술(trephining)이라는 이 시술을 자세히 연구하고 환자 중에서 적어도 일부는 수술에서 살아남았다는 것을 입증했다. 두개골 유골의 수술 구멍 언저리에 상처가 아문 흔적이 있기 때문이다. 관거술은 고대에도 수세기 동안 시행되었다. 이 사실 역시 관거술이 틀림없이 긍정적인 결과를 낳았음을 암시한다. 수술 후에도 환자들의 이상 행동이 지속되었다면 관거술을 중단했을 것이기 때문이다. 물론 현대 과학자들은 고대인의 해결책이 효과가 없었다고 확신한다. 그 방법은 결코 영혼을 내보내지 못한다. 보다 그럴듯한 설명은 관거술을 최초의 전두엽 절제술로 간주할 수 있다는 것이다. 전두엽의 일부를 제거함으로써 환자의 문제 행동 역시 사라졌다. 다른 수많은 정상 행동도 함께 사라졌을 것이다. 석기시대 조상들이 찾아낸 원인은 논리적인 해결책으로 이어졌다. 엉뚱한 원인이었고, 따라서 엉뚱한 해결책이었지만 그들은 운이 좋았다. 그 틀린 해결책으로 우연히 문제를 해결한 것이다. 그러나 그 대가로 무엇을 희생했을까?

이제 물어보자. 당신은 석기시대 조상처럼 문제를 해결하는가? 얼마나 자주 그러는가? 우연히 찾아낸 해결책이 도움이 되기보다는 해를 끼치는 경우는 얼마나 빈번한가?

실패와 예기치 못한 사건은 원인 믿음을 조장하지만, 성공과 예상한 사건은 그렇지 않은 이유는 무엇일까? 그것은 인간의 생존이 부정적인 사건을 종결하거나 예방하는 방법을 찾는 능력에 달려 있는 반면, 긍정적인 사건에 대응하는 방식은 그렇게 중요하지 않기 때문일 것이다. 생존에 관한 한, 트록은 사냥에 성공한 이유보다는 실패한 이유를 깨닫는 것이 더 중요하다. 실패에 주의를 기울이는 경향은 진화적 반응이다.

진화는 우리로 하여금 왜 역경을 겪는지 숙고하게 함으로써 뛰어난 문제 해결 능력을 부여한다. 원인을 찾지 못하면 문제를 해결할 수 없다. 또한 문제의 진짜 원인을 빨리 찾을수록 해결책도 빨리 내놓을 수 있다. 따라서 사고의 함정에서 보았듯이, 원인을 재빨리, 사실상 거의 즉시 확인하게 해 주는 정신적 지름길을 발전시킨다. 하지만 역시 사고의 함정에서 보았듯이, 정신적 지름길 즉 체험적 지식은 때때로 실수를 낳는다. 엉뚱한 원인을 찾으면 엉뚱한 해결책을 내놓을 수밖에 없다.

믿음에 반박하기 7단계

믿음에 반박하기 기술은 문제를 명확하게 이해하고 더 효과적이고 더 영구적으로 해결책을 찾게 한다. 우선 ABC부터 확인해야 한다.

1단계. ABC 분석

현재 겪고 있는 역경, 얼마 전부터 씨름하고 있는 역경을 하나 골라라. 고작 미봉책이나 적용하거나 아니면 점점 더 무기력해지고 절망하고 있는 역경이다. 당신은 승진에서 밀려나서 더 젊고 경험도 적은 사람이 기회를 잡고 주요 업무를 맡고 당신이 차지했어야 하는 자리에 오르는 것을 지켜봐야 했을지도 모른다. 사춘기 아들과 매일 주도권 싸움을 하고 있을 수도 있다. 또는 직장과 가정의 균형을 이루기가 어려워 고민할지도 모른다. 어떤 역경이든지 다음에 소개하는 ABC 워크시트에 적어라. 반드시 객관적인 사실만 적어라. ABC 확인하기 기술에서 배웠듯이, 그 역경과 관련하여 '누가, 언제, 어디서, 무엇을' 이것만 적어야 한다. 지금은 역경

(A)만 살펴보자. B와 C는 조금 후에 다룰 것이다. 이해를 돕기 위해 한 남성의 사례를 가지고 7가지 단계를 거칠 것이다. 당신은 본인의 역경으로 이 과정을 따라해 보라.

출장 와 중서부의 호텔방에 머물고 있는 키이스는 일과 가정의 균형이라는 딜레마에 빠져 있었다. 노스캐롤라이나 주에서 오리건 주로, 토론토에서 댈러스로 북미 대륙을 종횡무진 누빈 빡빡한 일정 끝에 도착한 마지막 출장지였다. 아내 펠리시아에게 다음 주는 집에서 보낼 거라고 약속해 두었다. 키이스는 창밖으로 보이는 번화가를 감상하고 싸구려 호텔방의 요란한 커튼과 카펫을 둘러보며 자기 집을 실제로 이렇게 꾸미는 사람이 있을까 궁금해하고 있었다. 그때 사장에게서 전화가 왔다.

전화 요지는 토론토의 한 고객이 예기치 않게 사업을 제안했다는 것이다. 하지만 그 기회가 다른 회사에 넘어갈 수도 있으니 누군가가 서둘러서, 적어도 다음 주에는 그곳에 가야 했다. 키이스는 아무 말 없이 듣고만 있었다. 분노가 끓어올랐다. 심장이 요동치고 얼굴이 벌겋게 달아올랐다. 전화에 대고 고함치고 싶은 충동을 억누르는 데는 초인적인 의지력이 필요했다. 그는 극심한 스트레스 사건을 겪고 있었다.

문제 분석의 첫 번째 단계는 문제를 ABC로 쪼개는 것이다. 당신도 똑같이 해야 한다. 문제를 냉정하고도 객관적으로 정의하라. '누가, 언제, 어디서, 무엇을'만 적어라. 4장 ABC 확인하기에서 A, 즉 역경을 객관적으로 묘사할 때 원인 믿음을 배제하라고 배운 것이 기억날 것이다. 예를 들어, 키이스는 역경을 "사장은 내 사생활을 존중하지 않는 나쁜 인간이다."라고 적을 수도 있었다. 하지만 그 묘사에는 몇 가지 믿음이 포함되어 있다. 그 역경을 보다 객관적으로 묘사한 예는 다음과 같다.

역경 : 사장이 전화해서 일주일 동안 다른 지역으로 출장을 가라고 나에게 '부탁'했다. 그 일주일은 내가 펠리시아에게 가족과 함께 보내겠다고 약속한 기간이다.

가장 최근에 역경을 겪은 순간을 떠올려 보라. 눈독을 들인 프로젝트를 맡지 못한 순간, 얼마 전에 아이와 다툰 순간, 여러 가지 일을 동시에 처리하느라 너무 바빠서 일과 가정의 균형을 이루지 못한 순간을 기억하라. 그 역경을 겪을 때 떠오른 실시간 믿음을 찾아내라. 그것을 워크시트의 '믿음' 란에 적어라. 키이스의 실시간 믿음은 다음과 같다.

믿음 1. 지금 참을 수 없이 화가 나.

믿음 2. 펠리시아가 이 일을 알면 정말로 화낼 거야.

믿음 3. 사장은 내 사생활을 존중하지 않아.

믿음 4. 펠리시아는 내게 너무 많은 것을 기대해.

ABC 워크시트
역경 : 믿음 : 결과 감정 : 행동 :

끝으로, 그 결과(C)로 일어난 감정과 행동을 적어라. 다음은 키이스의 결과이다.

C(감정) : 나는 무척 화가 났다. 분노 지수 10점 만점에 6점 또는 7점

C(행동) : 화가 나서 씩씩거리며 호텔방을 서성거리고, 아무 생각 없이 텔레비전 채널을 여기저기 돌렸다.

당신이 겪은 역경의 ABC를 모두 적었다면 이제 B에 주목하라. 4장에서 보았듯이, 실시간 믿음은 그 종류가 다양하다. 키이스의 첫 번째 실시간 믿음은 일종의 묘사이다. 즉, 감정 변화를 있는 그대로 적었다. 두 번째 믿음은 결과 믿음, 즉 펠리시아의 반응을 예측한 것이다. 믿음 3과 4는 원인 믿음이다. 키이스가 겪고 있는, 일과 가정의 균형 문제의 원인을 이야기한다. 믿음에 반박할 때는 원인 믿음에 초점을 맞춘다.

2단계. 원인 믿음 분석 원형 그래프

믿음에 반박하기의 두 번째 단계는 원인 믿음과 그것이 문제 해결에 미치는 영향을 더욱 명확히 파악하게 한다. 워크시트를 보면서 역경의 순간에 떠오른 실시간 믿음을 검토하라. 원인 믿음을 따로 떼어 놓아라. 그것이 실제로 원인 믿음인지, 즉 문제를 일으킨 원인을 숙고하고 있는지 확인하라. 몇 가지 사례로 연습해 보자.

훨씬 더 어린 직원이 중요한 업무를 맡은 것을 알게 된 사람의 실시간 믿음은 다음과 같을 것이다. "믿을 수가 없어. 부장이 이 업무를 로레인에게 맡겼어. 나는 이번에도 밀려난 모양이야. 로레인의 근무 연수는 내

절반밖에 안 돼. 정말 짜증 나." 이것은 원인 믿음이 아니다. 역경과 그것에 대한 반응을 묘사한 것이다. 이 사람의 실시간 믿음을 추적하면 다음과 같을지도 모른다. "이번 일은 내 경력에 오점이 될 거야. 이 회사에서 나는 미래가 없는 것 같아. 우리 부서를 축소한다는 소문도 있어. 이 업무를 맡지 못한 것은 내가 해고 대상자 명단에 올랐다는 뜻일지도 몰라." 이것 역시 믿음에 반박할 때 초점을 맞춰야 하는 원인 믿음이 아니다. 이 실시간 믿음은 결과 믿음이다.

믿음에 반박할 때는 구체적인 원인과 관련된 믿음을 검증해야 한다. "나는 이 업무를 맡지 못했어. 부장에게 내가 적임자라는 확신을 심어 주지 못해서 그런 것 같아. 그리고 사람들과 사이좋게 못 지내기 때문이지. 아니 직원들과의 관계는 괜찮아. 단지 윗사람들에게 적극적인 모습을 보여 주지 못하고 있어." 이것이 원인 믿음이다.

사춘기 아들과 하루가 멀다고 싸우는 부모 마음에 떠오른 실시간 믿음을 구별해 보자. "똑같은 문제로 또 싸우고 있다니, 정말 우울해(묘사). 엄마한테 저런 식으로 말하다니, 정말 마음에 안 들어(묘사). 저 아이는 곤경을 자초하고 있어(결과 믿음). 계속 이렇게 성적이 낮으면 대학에도 못 가고 괜찮은 직업도 얻지 못할 거야(결과 믿음). 저 아이는 요즘 완전히 비합리적으로 굴고 있어(원인 믿음). 걸핏하면 화내는 아이가 되었어(원인 믿음). 회사에서 스트레스 받다가 집에 와서 또 화내는 아들을 상대하다 보니까 나도 점점 참을성이 줄어드는 것 같아(원인 믿음)."

역경에 대한 원인 믿음을 찾아내라. 흔하지는 않지만 개중에는 실시간 믿음이 온통 묘사와 결과 믿음이고 원인 믿음은 하나도 없는 사람들이 있다. 당신도 그렇다면 역경을 일으킨 것이 무엇인지 자문하고, 맨 먼저 떠오르는 원인 믿음을 적어라. 그것을 초기 원인 믿음으로 삼아라.

키이스의 실시간 믿음을 다시 보자. 그중에서 원인 믿음은 두 가지이다. "사장은 내 사생활을 존중하지 않아."와 "펠리시아는 내게 너무 많은 것을 기대해."이다. 이 믿음이 떠오르는 순간에 키이스가 깨닫지 못하는 것이 있다. 잠재의식은 두 원인 중 어느 것이 역경의 주요 원인인지 이미 파악하고 있다는 것이다. 이것은 문제 해결을 시도할 때 모든 인간이 거치는 과정으로서 수백만 년 동안 진화해 온 또 하나의 적응적 이점이다. 문제의 주요 원인을 확인하면 당연히 그것을 바로잡는 데 모든 에너지를 투입해야 한다. 그러기 위해서는 확인한 원인들이 문제에 각기 어느 정도 책임 있는지 추정해야 한다. 이것을 원형 그래프로 나타낼 수 있다. 조각 크기는 해당 원인이 상대적으로 어느 정도 책임이 있는지 보여 준다. 호텔방에서 사장과 통화하던 순간에 키이스는 자신이 겪고 있는 일과 가정

2단계 : 원인 믿음 원형 그래프

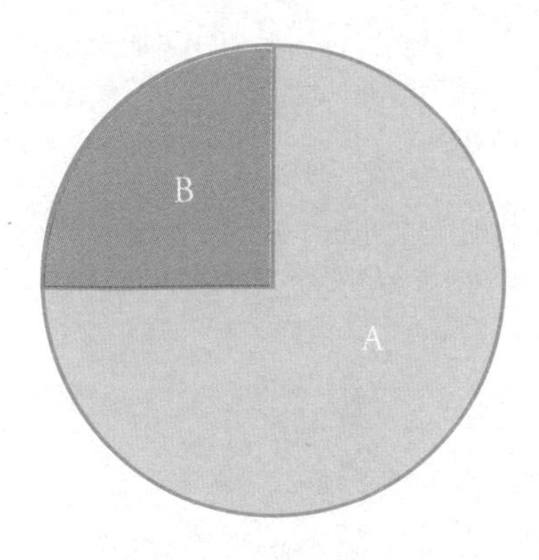

A. 사장은 내 사생활을 존중하지 않아. : 75%
B. 펠리시아는 내게 너무 많은 것을 기대해. : 25%

균형 문제의 주요 원인은 사장의 태도라고 믿었다. 그것이 문제에 75퍼센트 정도 책임이 있다. 그리고 아내의 과도한 기대는 덜 중요한 원인으로 그 책임은 25퍼센트라고 믿었다.

다음 워크시트를 이용해서 당신의 원인 믿음을 원형 그래프로 표시해 보라.

지금까지 맨 처음에 떠오르는 원인 믿음을 찾아냈고, 각 원인 믿음의 책임 정도를 백분율로 표시했다. 그런데 곤란한 점이 있다. 문제의 원인을 모두 바꾸거나 바로잡을 수는 없다는 것이다. 문제를 해결할 때 우리 잠재의식은 그 원인을 자기가 얼마나 바꿀 수 있는지 끝없이 자문한다. 키이스는 사장의 독단적인 태도를 자신이 바꿀 수 없다는 것을 직감으로 안다. 사장을 바꾸기 위해 키이스가 할 수 있는 일은 거의 없다. 차라리 아내의 기대치를 바꿀 가능성이 더 크다고 키이스는 판단한다. 그 근거로

역경의 순간에 맨 처음 떠오르는 원인 믿음들은 역경의 원인에 관한 초기 믿음이다.

역경에 처하는 순간, 이 그 역경을 어떻게 바라보는지에 의거해서 각 원인이 역경의 발생에 어느 정도 책임이 있는지 원형 그래프에 표시하라. 그 원인들의 책임 정도를 모두 합하면 100%가 되어야 한다.

각 원인을 숙고하며 그것을 결코 바꿀 수 없는지(★), 조금 바꿀 수 있는지(★★), 얼마든지 바꿀 수 있는지(★★★) 판단하라.

1. ______________ %
2. ______________ %
3. ______________ %

역경의 원인과 그 원인의 변화 가능성에 대한 직감이 즉각적인 해결책의 종류를 결정한다.

그들 부부가 사이가 좋고, 따라서 아내는 사장보다 더욱 열린 태도로 키이스의 말을 들어줄지도 모른다는 것이다. 이런 상황에서는 변화 가능성이 가장 큰 원인에 치중해서 문제 해결을 시도하는 것이 최선이다. 그 원인이 문제를 일으킨 주요 원인은 아니더라도 이것에 초점을 맞춰야 한다. 이제 당신도 해보라. 원형 그래프를 보면서 역경의 순간에 떠오른 원인들을 얼마나 바꿀 수 있다고 믿는지를 별표 개수로 표시하라. 그리고 변화 가능성이 가장 큰 원인에 주목하라.

역경의 초기에 그것을 처리하는 과정이 문제 해결 노선 즉 문제를 해결하기 하기 위해 어떻게 시작할지 결정한다. 역경이 닥치는 순간 그것을 재빨리 검토하면서 키이스는 두 가지 원인을 떠올린다. 그리고 그중 하나는 바꿀 수 있다고 인식한다. 이 재빠른 검토는 키이스가 어떤 해결책을 떠올릴지를 좌우한다. 본인의 원인 믿음을 토대로 키이스는 쓸쓸한 호텔방에서 펠리시아에게 전화를 걸어 다음 주에 토론토로 출장을 가야 한다는 소식을 전하며 그들이 계획한 외식과 그 밖의 외출 일정을 취소하라고 부탁할 것이다. 펠리시아의 분노와 실망을 예상하며 키이스 역시 분노와 좌절이 밴 목소리로 자기도 계속 출장 다니는 것이 싫지만 가족을 위해 어쩔 수 없다고, 그래야 그들이 원하는 삶을 살 수 있다고 말할지도 모른다. 이제 부부 싸움이 이어질 수도 있다.

다행히 키이스는 충동적으로 행동하지 않는다. 아직 문제의 진짜 원인을 확인하지 않았다는 것을 알기 때문이다. 키이스는 터널 시야 또는 확대와 축소 사고의 함정처럼 특정 원인에 초점을 맞추고 다른 원인들은 의도적으로 외면하는 설명 양식을 갖고 있음을 인정한다. 당신 역시 고유한 설명 양식을 갖고 있다. 그것이 당신이 문제를 어떤 식으로 바라보는지,

어떤 해결책을 선택하는지에 영향을 미친다.

3단계. 설명 양식 확인

1장과 3장에서 설명 양식을 소개했다. 설명 양식이란 개인이 사건에 대응하는 일반적인 방식으로 그 사건의 원인을 미리 규정하는 태도를 말한다. 설명 양식은 3가지 차원 즉 원인의 주체(내 탓/남 탓), 원인의 지속성(항상/가끔), 원인의 만연성(전부/일부) 측면에서 묘사할 수 있다. 설명 양식은 문제 해결 능력을 제한한다. 설명 양식 때문에 우리는 역경의 진짜 원인들의 일부에만 초점을 맞추고, 따라서 가능한 해결책의 일부만 선택하여 적용한다. 믿음에 반박하기 과정의 다음 단계는 설명 양식이 문제 해결 능력을 어떻게 해치는지 검토하는 것이다. 이제부터 위의 세 차원을 이용하여 연습하고, 본인의 설명 양식을 확인해 보자.

원인의 주체 : 내 탓 vs 남 탓

문제가 일어날 때 보통 그 원인이 자신이라고 믿는가? 아니면 타인 또는 상황을 비난하는가? 복도에서 상사와 마주쳤다. 당신이 "안녕하세요."라고 인사했는데, 상사는 아무 반응이 없다. 어떤 생각이 들겠는가? 상사의 침묵을 당신이 저지른 어떤 잘못 때문이라고 여길지도 모른다. "지난번 보고서에서 내가 무슨 실수를 한 게 틀림없어. 나한테 화가 난 건가?" 이 생각이 '내 탓' 믿음이다. 아니면 그 사건의 원인을 상사 또는 다른 상황으로 돌릴 수도 있다. "부장이 오늘 기분이 안 좋아 보여. 누군가와 다툰 모양이야." 또는 "부장은 원래 월요일 아침마다 자기만의 세계에 빠져 있어." 이것은 '남 탓' 믿음이다. 흔히들 겪는 또 다른 역경을 상상해 보자. 단짝 친구의 자동 응답기에 몇 번이나 음성 메시지를 남겼는데 회신 전화가 없다. 이유가 무엇일까? '내 탓' 반응은 "요즘에 내가 친구 노릇을 제대로 못 했어. 나한테 화가 나서 연락을 안 하는 거야."이다. '남 탓' 반응은 "그 친구는 너무 자기중심적이야."이다.

당신의 설명 양식은 한 가지 패턴을 따르지 않고 상황에 따라 다르다고 주장할지도 모른다. 옳은 말이다. 역경의 원인을 알려 주는 명확한 정보를 갖고 있을 때가 있다. 복도에서 마주친 상사에게 "안녕하세요."라고 인사했더니 그가 버럭 소리를 지른다. "안녕할 수가 있겠어? 자네 보고서는 엉망진창이야. 그걸 사장님께 그대로 올렸다면 우리 부서 전체가 웃음거리가 됐을 거야. 자네 같은 사람한테 왜 월급을 주는지 모르겠어." 이 정보를 고려하면, 그리고 상사가 지금 남들 앞에서 지나치게 가혹하다는 사실을 배제하면, 제아무리 '남 탓'에 익숙한 사람도 '내 탓' 믿음을 가질 것이다. 하지만 설명 양식은 우리 눈을 가려서 객관적인 사람이 보기에는 절대적인 사실인 원인을 못 보게 만든다. 그 영향이 얼마나 강력한지 확인하면 깜짝 놀랄 것이다. 예전에 한 청년이 심리 치료실을 찾은 적이 있었다. 그의 설명 양식은 아주 완고한 '남 탓, 가끔, 일부' 양식이었다. 심리 치료 중에 그는 파티에서 만난 여성에 대해 이야기했다. 전화번호를 알려 줘서 그가 대여섯 번 음성 메시지를 남겼지만 한 번도 응답이 없었다. 그러다 마침내 음성 메시지가 왔다. "이제 전화 그만하세요. 나는 당신과 말하고 싶지도 않고 만나고 싶지도 않아요. 미안해요, 하지만 사귀고 싶은 마음이 전혀 없어요. 다시는 전화하지 않았으면 고맙겠어요." 그 여성이 어째서 그와 사귀고 싶은 마음이 없는지 진짜 이유를 우리는 모른다. 하지만 그녀가 정말로 그를 다시는 만나고 싶어 하지 않는다는 것은 알 수 있을 것이다. 그런데 완고한 '남 탓, 가끔' 설명 양식 때문에 그 청년은 '내 탓, 항상' 원인을 인정하지 못했다. 그리고 심리 치료사에게 이렇게 물었다. "어째서 음성 메시지로 그렇게 말했을까요? 그 무렵에 그저 스트레스가 심해서 그런 거니까 일주일쯤 후에 제가 전화하면 되겠죠?" 이 사례에서 그 확고한 설명 양식은 그가 주어진 정보를 해석하는 방식에 영향을 미쳤다. 정보를 왜곡하여 해석하도록 만든 것이다. 또한 설명 양식은 이용할 수 있는 정보가 없을 때 그 빈 공간을 메운다. 그것이 바로 지름길의 특성이다. 원인이 모호할 때 우리는 지름길을 취한다. 같은 역경이 있었는지 곰곰이 되살려보고, 그 순간에 맨 처음 떠오르는 믿음을 기억해 내라. 설명 양식이 '내 탓' 양식인지, '남 탓' 양식인지 구별할 수 있는가?

원인의 지속성 : 항상 vs 가끔

당신이 확인한 원인은 지속적인가 아니면 비교적 일시적인가? 영업 사원이 중요한 고객들에게 제품을 설명한다. 제품 설명회가 끝나자 고객들은 그가 열심히 설명해 준 것에 고마워하지만 구매 의사가 없음을 확실히 알린다. '항상' 설명 양식을 갖고 있다면 그 사원은 이렇게 생각할 것이다. "나는 잠재 고객을 실구매자로 만드는 방법을 모르고 있어." '가끔' 설명 양식에 치중한다면 어깨를 으쓱하며 이렇게 말할 것이다. "오늘 제품 설명회는 조금 미흡했어. 어젯밤에 잠을 충분히 못 자서 그런 것 같아." 당신이 프로젝트 책임자인데, 마감 시한을 이미 넘겼다고 하자. 팀원들의 고정적인 성격 특성에 관하여 '항상' 설명 양식을 지닌 책임자는 이렇게 믿는다. "내 팀원들은 너무 게을러." 반대로 '남 탓' 양식이기도 한 '가끔' 설명 양식은 이렇게 말할 것이다. "내 팀원들이 요즘 일을 열심히 하지 않아. 많은 업무를 서둘러서 처리하려다 보니 다들 지친 모양이야. 휴식이 필요할 것 같아." 회사에서 상사와 의견이 달라서 충돌할 때 그 즉시 어떻게 반응하는가? '항상' 설명 양식에 치우쳐서 "부장은 전문가야. 나는 이 업무에 그렇게 유능하지 않은 게 틀림없어."라고 생각하는가? 아니면 '가끔' 설명 양식에 몰두하는가? "업무 우선순위가 잘못되었다고 부장이 여러 번 알려 주었는데, 내가 너무 가볍게 듣고 넘겼어." 이 두 가지 모두 '내 탓' 설명 양식이지만 '항상/가끔' 차원에서 차이가 있다는 것에 주의하라. 일상적인 역경을 재빨리 훑어보는 것으로 본인의 설명 양식이 '항상' 양식에 가까운지, 대체로 '가끔' 양식인지 직감으로 알 수 있는가?

원인의 만연성 : 전부 vs 일부

특정 문제의 원인이 인생의 모든 영역에 영향을 미칠 거라고 믿는지, 아니면 일부 영역에만 영향을 미칠 거라고 믿는지, 그 정도를 판단하는 것이 만연성 차원이다. 문제가 일어날 때 당신의 실시간 원인 믿음은 무엇인가? 그 일이 직장 생활, 결혼 생활, 사교 생활 등 인생에 전반적으로 영향을 미칠 거라고 믿는가? 아니면 대체로 세부적인 영향을 예상하는가? 팀원들이 프로젝트를 제날짜에 끝내지 못할 때 '전부' 설명 양식을 지닌 책임자는 "나는 무책임해."라고 믿는다. 이 양식은 당면한 문제에만 국한되지 않고 모든 업무에, 여가 생활에, 친구와 가족과의 관계에까지 적용된다. '일부' 설명 양식의 예는 "나는 이런 종류의 프로젝트를 제대로 해낸 적이 없어. 잘하는 법을 아예 모르는 것 같아."이다. 그런데 이 두 가지 원인 믿음 모두 '내 탓'과 '항상' 믿음이다. 친구가 부엌을 개조하려고 목수를 고용했다. 일이 절반 정도 끝났는데 친구 남편이 개조 비용을 전부 지불했다. 목수는 서너 달 후에야 일을 마무리했다. "사람들은 믿을 수가 없어."라고 친구는 말한다. "그 목수는 믿을 수가 없어." 또는 "일을 끝내기도 전에 돈을 받은 목수는 믿을 수가 없어." 또는 "목수는 믿을 수가 없어."라고 말하지 않았다. 친구의 자동적인 첫 번째 믿음은 이 사건을 모든 사람에게 일반화시킨 것이다. 이것은 아주 확고한 '전부' 믿음이다. 단지 부엌 개조만이 아니라 친구 인생의 모든 영역에 영향을 미치기 때문이다. '전부' 양식과 '일부' 양식 중에서 당신은 어느 것에 더 가까운가?

무엇보다 설명 양식을 파악하는 것이 중요하다. 역경에 처할 때 저절로 떠오르는 믿음이 그 양식을 반영하기 때문이다. 설명 양식이 문제의 원인을 전방위적으로 고찰하지 못하게 방해함으로써 문제에 건설적으로 대응하는 능력을 제한한다.

설명 양식 해석하기 및 내 설명 양식 파악하기

키이스의 사례로 돌아가서 그가 확인한 2가지 원인 믿음을 다시 살펴보자. 이제 7점 척도를 이용해서 그 2가지 믿음을 3가지 차원에서 측정할 것이다. 극단적인 '내 탓', '항상', '전부' 믿음은 1점으로 정한다. 극단적인 '남 탓', '가끔', '일부' 믿음은 7점이다. 물론 1점에서 7점 사이의 점수를 모두 사용한다. 한 예로, 어떤 원인 믿음이 문제의 원인으로서 본인과 타인에게 절반씩 책임을 돌린다면 7점 척도에서 그 믿음은 4점이 된다.[2] 키이스의 원인 믿음을 측정해 보자.

이것은 비교적 극단적인 '남 탓' 믿음이다. 책임을 공감하지 않는다. 키이스는 "사장은 내 사생활을 존중하지 않고, 그가 일을 맡길 때 나는 제대로 선을 긋지 못해."라고 말하지 않는다. 그러니 이 믿음을 6점으로 매기

원인 믿음 1.	“사장은 내 사생활을 존중하지 않아.”	
전적으로 내 탓이다.	1 2 3 4 5 (6) 7	전적으로 타인 또는 상황 탓이다.
항상 그럴 것이다.	1 (2) 3 4 5 6 7	이번 한 번으로 끝날 것이다.
내 인생의 모든 것에 영향을 미친다.	(1) 2 3 4 5 6 7	오직 이 상황에만 영향을 미친다.

자. 또한 이 믿음은 ‘항상’ 믿음이다. 키이스는 일과 가정 균형 문제의 이유가 사장의 태도 때문이라고 믿는다. 그것은 장기간에 걸쳐 굳어진 태도일 가능성이 크고, 따라서 바뀔 여지가 별로 없다. 지속성 차원에서 이 믿음을 2점으로 정하자. 끝으로 이것은 ‘전부’ 믿음처럼 보인다. 일과 가정의 균형에 관한 사장의 태도는 키이스의 인생에서 가장 중요한 모든 영역에 영향을 미친다. 따라서 1점으로 매길 수 있다.

원인 믿음 ‘남 탓’ 믿음이다. 아내의 높은 기대치에 대해 키이스는 그 책임을 본인에게 돌리지 않는다. 따라서 극단적인 ‘남 탓’에 가까운 6점짜리 믿음이다. 또한 원인 믿음 1과 똑같이 ‘항상’ 믿음이다. 기대치는 대체로 장시간에 걸쳐 형성되고, 따라서 변화에도 시간이 걸린다. 지속성 차원에서는 3점으로 정한다. 펠리시아의 기대치는 키이스의 가정생활 전반에 영향을 미치고 직장 생활에도 어느 정도는 영향을 미친다. 따라서 만연성 차원에서 그는 이 믿음을 3점으로 매긴다.

원인 믿음 2:	“펠리시아는 내게 너무 많은 것을 기대해.”	
전적으로 내 탓이다.	1 2 3 4 5 (6) 7	전적으로 타인 또는 상황 탓이다.
항상 그럴 것이다.	1 2 (3) 4 5 6 7	이번 한 번으로 끝날 것이다.
내 인생의 모든 것에 영향을 미친다.	1 2 (3) 4 5 6 7	오직 이 상황에만 영향을 미친다.

키이스의 두 가지 원인 믿음은 모두 '남 탓, 항상, 전부' 믿음이다. 다른 역경들의 원인 믿음을 측정하더라도 그는 일반적인 사고 양식으로 간주할 수 있는 동일한 패턴을 확인할 것이다.

240쪽의 원형 그래프에 써 넣은 원인 믿음을 다음 지시에 따라 측정하고 본인이 어떤 설명 양식을 갖고 있는지 확인해 보라.

원인 믿음의 각 차원별 점수는 당신의 설명 양식에 관해 무엇을 알려주는가? 설명 양식을 더욱 정확하게 알기 위해서는 갖가지 역경에서 떠오른 여러 가지 원인 믿음을 측정해야 한다. 그것이 중요하다. 직장에서 곤경에 처할 때와 가정에서 문제가 생길 때 완전히 다른 설명 양식에 의지하는 사람들이 있기 때문이다. 한 예로, 직장에서 어떤 일이 어긋날 때는 타인을 비난하는 사람이 가정에서 일어나는 문제에는 주로 자신을 비

원형 그래프에 적은 원인 믿음을 설명 양식의 3가지 차원에서 측정하라.
각 차원에 따라 각 믿음에 점수를 매겨라.

이 과정을 통해 역경의 원인을 설명하는 방식을 자세히 검토할 수 있고, 그 설명 양식을 한눈에 확인할 수 있다. 다음 척도를 사용하라.

전적으로 내 탓이다.	1 2 3 4 5 6 7	전적으로 타인 또는 상황 탓이다.
항상 그럴 것이다.	1 2 3 4 5 6 7	이번 한 번으로 끝날 것이다.
내 인생의 모든 것에 영향을 미친다.	1 2 3 4 5 6 7	오직 이 상황에만 영향을 미친다.

아래에 각 원인 믿음의 점수를 적어라.

	내 탓/남 탓	항상/가끔	전부/일부
믿음 1			
믿음 2			
믿음 3			

난할지도 모른다. 설명 양식을 공정하게 측정하려면 실제로 겪은 부정적인 사건 중에서 직업적 삶과 관련된 사건과 개인적 삶과 관련된 사건을 골고루 섞어서 적어도 10가지 이상 철저히 검토하며 일정한 패턴을 찾아야 한다. 그리고 기억하라. 두루뭉술한 패턴도 설명 양식의 하나이다! 역경에 처할 때마다 본인과 타인을 절반씩 비난한다면 그것이 바로 당신의 설명 양식인 것이다. 주로 자기를 탓하거나 주로 타인을 탓하는 것이 설명 양식 중 하나인 것과 마찬가지다.

어떤 설명 양식이 바람직할까

설명 양식을 확인할 때 사람들이 공통적으로 하는 질문이 있다. "그렇다면 제가 가져야 할 바람직한 설명 양식은 무엇입니까?" 지난 25년 동안 심리학자들은 답을 찾아왔다. 연구에 따르면, 설명 양식마다 그 나름대로 장점과 단점이 있고, 어떤 설명 양식이든 그 한계가 있다. 따라서 우리는 유연하고 정확하게 사고하는 것을 목표로 삼아야 한다.

예전 심리학자들은 사람들이 통제 불가능한 역경에 처할 때 금방 무기력해지는 것을 관찰했다. 그들은 무기력에 침잠했고, 자신이 실제로 통제할 수 있는 역경에도 무기력하게 대응했다. 1978년에 마틴 셀리그만 연구진이 그 이유를 알아냈다. 어떤 사람이 무기력해지고 어떤 사람이 회복력을 발휘하는지 결정하는 것은 역경의 종류가 아니었다. 바로 역경의 원인을 설명하는 방식이었다. 무기력과 회복력의 차이는 개인의 설명 양식의 차이였던 것이다. '내 탓, 항상, 전부' 설명 양식을 지닌 비관주의자는 자주 무기력하고 우울해졌다. '남 탓, 가끔, 일부' 설명 양식을 지닌 낙관주의자는 회복력을 유지하고 우울증도 없었다.

렌의 이야기 : 유연성과 정확성

1999년 11월, 나는 미국 교육훈련협회(American Society for Training and Development)의 전미 리더십 컨퍼런스에서 강연을 했다. 그 자리에 50여 명이 참석했는데, 한 사람이 특히 눈에 띄었다. 중년 남성으로 품위 있는 외모에 나무랄 데 없는 옷차림으로 꼿꼿하게 앉아서 꿰뚫을 듯이 나를 응시했다. 지금은 그런대로 괜찮은 강사지만 당시만 해도 나는 청중들이 몰입할 정도로 훌륭하게 강의한 적이 별로 없었다. 강연이 끝날 무렵에 그는 감정이 북받친 것 같았다. 눈물이 그렁그렁한 눈으로 가끔씩 고개를 돌리는 것이 보였다. 강연 내용 중에서 어떤 것에 깊이 감동한 것 같았다. 강연이 끝나고 사람들이 모두 나가자 그가 다가왔다. 내게 악수를 청하고 강연을 잘 들었다며 고마워했다. 그리고 자기 이야기를 들려주었다. 그때까지 청중에게서 들은 가장 가슴 아픈 이야기 중 하나였다.

렌은『포춘』지 선정 100대 기업에 드는 회사에서 승승장구했다. 30대 후반에 벌써 부사장에 올랐다. 그는 탁월한 자기 효능감에 그 공을 돌렸다. 렌은 이렇게 말했다. "저는 성공하는 방법을 언제나 알고 있었어요. 그리고 그것을 최대한 활용했지요. 저의 가장 훌륭한 자산은 바로 제 태도였어요. '나는 어떤 문제든지 해결할 수 있다고 확신한다.' 이런 태도를 갖고 있었지요. 제가 모든 것을 통제할 수 있다고 믿었어요. 아니 모든 것을 실제로 통제한다고 알고 있었지요. 경영 분야에서 적어도 나만큼 성공하지 못한 사람과 제 차이점이 있다면 저는 모든 문제에는 해결책이 있다고 믿었다는 겁니다. 더 오래 더 열심히 찾으려고만 한다면, 그저 그 정도만 더 노력하면 반드시 해결책을 찾을 거라고 믿었어요."

그는 말을 이었다 "선생께서 오늘 알려 주신 용어를 빌리자면, 저는 철저히 '내 탓, 가끔, 일부' 설명 양식을 고수하는 사람이었지요."

강연 중에서 렌을 감동시킨 것은 유연성과 정확성의 중요성에 관한 내용이었다. 이 책에 소개한 대로, 나는 다양한 설명 양식이 감정과 행동에 미치는 영향을 설명했다. 모든 설명 양식은 나름대로 장점과 단점이 있고, 어떤 양식이든 한계가 있어서 역경의 진짜 원인을 근시안적인 관점에서만 바라보게 만든다고 말했다. 따라서 회복력의 열쇠는 유연성과 정확성이라고 주장했다. 이 말이 렌의 마음을 흔들어 놓았다.

"저는 제가 모든 것을 완벽하게 해낸다고 생각했어요. 모든 걸 해결할 수 있다고 믿었지요. 다발경화증 진단을 받았을 때도 얼마든지 이겨 낼 수 있다고 확신했어요. 40대 중반에 진단을 받고서 직장을 그만두고 주식을 매도하고 치료법을 찾아 나섰습니다. 세계 각지를 돌며 의사를 만났어요. 세계 최고의 의사들이었지요. 그렇게 10년 정도 보낸 후에야 절망했습니다. 다발경화증은 불치병이더군요. 치료법이 없었어요. 그 문제를 해결하기 위해 제가 실제로 할 수 있는 일이 거의 없었어요. 저는 낙천적인 사고방식을 갖고 있었어요. 저를 기업의 정상에 올려놓은 성격이었지요. 그것이 제 설명 양식이라는 것을 오늘 알았습니다. 제 커리어에 원동력이 되어 준 그 양식은 제가 병에 걸리자 저를 추락시켰어요. 지금까지 겪은 가장 큰 역경을 해결해야 할 때는 오히려 방해물이 되었지요. 그 설명 양식 때문에 저는 치료법을 찾느라 10년이나 헛수고를 했습니다. 시간을 되돌릴 수 있으면 좋겠어요. 그 10년을 되돌려서 가족과 보낸다면 얼마나 좋을까요."

연구 결과는 더없이 명확하고 확정적이었다. 연구자들은 비관주의가 큰 장애물인 다른 영역들까지 연구 범위를 넓혔다. 결과는 쉽게 얻을 수 있었다. 비관적인 보험회사 영업 사원은 낙관적인 동료들에 비해 영업 실적은 훨씬 더 낮았고 퇴사율은 더 높았다. 비관적인 대학생은 낙관적인 또래들보다 학점이 더 낮았다. 고등학교 성적과 SAT 점수를 배제해도 결과는 마찬가지였다. 낙관적인 운동선수는 패배 후 더 좋은 결과를 내놓았지만 비관적인 선수는 수행 수준이 오히려 감소했다. 셀리그만은 낙관성을 옹호했지만 실생활에서는 오직 현실이 허락하는 한에서 비관주의는 나쁘고 낙관주의는 좋다고 가정하게 되었다.

그러나 최근의 연구는 낙관성도 장애물일 수 있다는 것을 밝혀냈다. 대학생을 상대로 조사한 결과, 극단적인 낙관주의자들은 보통 수준의 낙관주의자보다 성적이 더 낮았다. 이제 심리학자들은 유연한 태도와, 확고한 설명 양식을 깨뜨리는 것이 가장 중요하다고 주장한다. 그에 못지않게 중요한 것은 현실적이어야 한다는 것이다. 즉, 역경의 원인을 정확하게 집어내야 한다. 4단계에서는 더욱 유연하게 사고하는 법을, 5단계에서는 더욱 정확하게 사고하는 법을 소개할 것이다.

4단계. 유연한 사고

> 어리석음 탓에 역경에 빠졌다면 그 어리석음 덕에 역경에서 빠져나올 수 있다.
>
> —윌 로저스

케케묵은 똑같은 문제를 케케묵은 똑같은 방법으로 해결하려 하다가 번번이 좌절한 적이 있는가? 누구나 한두 번은 그런 경험이 있다. 우리가 의지하는 설명 양식이 감정과 행동을 이끈다. 우리는 본인의 설명 양식이 외면하는 원인은 보지 못한 채, 눈에 익은 원인에 주목하고 익숙한 해결책을 적용해서 원인을 개선하려고 하다가 또 한 번 실패한다. 이 악순환에서 벗어나려면 본인의 설명 양식을 깨뜨려야 한다. 더욱 유연하게 사고해야 한다는 말이다.

우연의 일치이지만 우리 둘은 초등학교 시절에 놀라울 정도로 비슷한 경험을 했다. 캐런은 미국에서, 앤드류는 호주에서 자랐다는 사실을 고려하면 정말로 희한한 일이다. 그때 미술 시간에 캐런은 펠트로 콜라주를 만들었고, 앤드류는 먹물로 그림을 그렸다. 미술 선생님은 교실을 돌아다니며 현명하게 조언해 주었다. "수전, 먹물을 너무 많이 쓰고 있구나. 책상이 온통 먹물 천지야." "존, 그 젖소가 붙잡고 있는 게 뭐니?" "테리, 사람이 건물보다 더 크네." "앤드류/캐런, 조금 더 창의적으로 해봐."

조금 더 창의적으로! 정확한 지적일지는 모르지만 조언이라고 하긴 어렵다. 그 말은 진단이다. 처방이 아니다. '틀을 벗어난 사고'라는 말이 연상된다. 이 표현을 들은 적이 있을 것이다. 직원 교육 과정이나 자기 계발 서적에서 접했을지도 모른다. 실제로 요즘에는 그 말을 안 쓰는 곳이 없다. 하다못해 패스트푸드 체인점 타코벨의 텔레비전 광고까지도 모험심을 발휘하여 새로 나온 타코벨 샌드위치를 먹어 보라며, 그들 표현대로 '번빵에서 벗어난 사고'를 부추긴다. 나는 '틀을 벗어난 사고'라는 말이 영 마음에 안 든다. 미술 과목에서 C 학점을 받았기 때문만은 아니다. 우리는 사고 양식의 틀에 단단히 갇혀 있다. 따라서 그저 부추기는 말 한마디로 거기서 벗어날 수는 없다. 부모와 교사와 사회의 도움을 받아 가며 수십 년 동안 사고의 틀을 쌓아 왔다. 사고의 함정에 빠져서 레이더를 작동시키고 주변을 훑어보며 권리 침해, 상실, 미래 위협 신호를 찾는다. 확증 편향으로 그 틀을 더욱 단단하게 다지고 틀과 상반되는 정보는 일부러 배제하고 일치하는 정보만 받아들인다. 이 중 어느 것도 옳지는 않지만 사람은 누구나 사고 양식의 틀을 쌓았다. 그렇다면 "창의적으로 하라."고 고작 한마디 던져 놓고 상대방이 창의적으로, 즉 유연하게 사고하기를 바랄 수는 없는 것이다.

원인 믿음에 관한 설명 양식의 3가지 차원이 우리가 갇혀 있는 사고의 틀이다. 하지만 세 단계를 통해 '내 탓/남 탓, 항상/가끔, 전부/일부' 설명 양식에 관해 충분히 알았으니, 설명 양식에 유의하며 사고할 수 있다. 역경의 원인은, 특히 심각한 역경의 원인은 대개 하나가 아니다. 서로 다른 수많은 원인이 그 역경을 일으킨다. 그중 일부는 자신과 관계가 있고 일부는 타인 또는 상황과 관계가 있다. 아주 다루기 힘든 원인도 있고 비교적 쉽게 바꿀 수 있는 원인도 있다. 하지만 후자의 경우라 해도 단호하고도 철저하게 노력해야 바꿀 수 있을 것이다. 어떤 원인은 인생의 모든 영역에 영향을 미치고, 또 어떤 요인은 세부 영역에만 영향을 미친다. 창의적으로, 틀을 벗어나 사고하려면 설명 양식의 3가지 차원을 이용해서 맨 처음에 떠오른 원인 믿음을 분석하고 역경을 초래한 다른 원인들도 생각해 내야 한다.

키이스의 사례로 돌아가자. 일과 가정 균형 문제에 관한 키이스의 두 가지 원인 믿음은 모두 '남 탓, 항상, 전부' 믿음이며, 그의 설명 양식과 일치한다. 이것을 깨달았으면 3가지 차원을 이용해서 이 문제의 원인일 수 있는 다른 요인들을 생각해 내야 한다. 애써 이렇게 하는 이유가 무엇일까? 가능한 다른 원인을 고려하지 않는다면 일과 가정 균형 문제의 원인 중 일부만 보기 때문이다. 그의 설명 양식이 골라서 보여 주는 원인들만 보는 것이다. 일부 원인만 바라보면 일부만 해결할 수 있다. 이 문제를 정말로 해결하고 싶으면 키이스는 원인들을 포괄적으로 바라보고 가장 쉽게 바꿀 수 있는 원인에 집중해서 문제를 해결해야 한다.

키이스는 외현화의 함정에 빠진 사람이다. 역경의 원인을 자신에게 돌리지 않는다. 호텔방에서 순간적으로 떠오른 두 가지 원인 믿음에는 본인에 대한 언급이 한마디도 없다. 따라서 더욱 유연하게, 즉 설명 양식에서 벗어나 사고하기 위해 제일 먼저 해야 할 일은 '내 탓' 믿음을 여러 개 찾아내는 것이다. 정말로 유연하게 사고하려면 '가끔' 믿음과 '일부' 믿음까지 찾아봐야 한다. 키이스는 잠재 원인을 더 많이 떠올려 보려고 노력한다. 이 단계에서는 아예 터무니없지만 않으면 잠재 원인을 빠짐없이 고려하는 것이 중요하다. 창의성을 발휘하여 설명 양식의 틀을 벗어나 사고하는 것은 쉬운 일이 아니다. 키이스는 5단계, 정확한 사고를 이용해서 현실과 맞지 않는 원인 믿음은 모두 제외할 것이다.

키이스는 일과 가정 균형 문제에 대한 '내 탓' 대안 믿음을 몇 가지 떠올릴 수 있었다. 그 문제에서 자기 책임일 수도 있는 부분을 찾아낸 것이다. '내 탓' 믿음을 떠올리는 도중에 '항상/가끔' 차원과 '전부/일부' 차원의 믿음도 찾아낼 수 있었다.

대안 원인 믿음은 좋은 대안 원인 믿음일까? 키이스의 '남 탓, 항상, 전부' 설명 양식에 해당하지 않는다면 좋은 원인 믿음이다. 실제로 그런지 알아보자. 이 믿음은 확실히 '내 탓' 믿음이다. 그 역경에 키이스 자기가 책임이 있을지도 모른다는 것을 암시하기 때문이다. 전부/일부 차원에서 채점하면 보통 수준이다. 키이스는 자신이 모든 사람의 지시를 거부하지

대안 원인 믿음 1 :	“나는 사장의 지시를 거부하지 못해.”	
전적으로 내 탓이다.	1 (2) 3 4 5 6 7	전적으로 타인 또는 상황 탓이다.
항상 그럴 것이다.	1 2 3 4 (5) 6 7	이번 한 번으로 끝날 것이다.
내 인생의 모든 것에 영향을 미친다.	1 2 3 (4) 5 6 7	오직 이 상황에만 영향을 미친다.

못한다고 말하지는 않는다. 그저 사장 한 사람의 지시를 거부하지 못한다고 말한다. 하지만 사장의 지시를 거부하지 못함으로써 일과 가정의 균형이 깨지고, 그 불균형이 인생의 많은 영역에 영향을 미친다. 따라서 키이스의 수동적인 태도는 더욱 광범위한 영향력을 갖고 있다고 할 수 있다. 전부/일부 차원에서 키이스는 이 믿음을 4점으로 판단한다.

'항상/가끔' 차원에서 이 믿음은 몇 점일까? 그 점수는 다음 질문에 키이스가 어떻게 대답하느냐에 따라 달라진다. 키이스는 이렇게 자문해야 한다. “나는 왜 사장의 지시를 거부하지 못할까?” “내가 나약해서.” 이것은 고정적인 성격적 결함을 의미한다. 따라서 그렇게 대답하면 이 믿음은 '항상' 믿음에 가깝다. 하지만 수동적인 이유가 “사장의 지시를 거부하고 내가 원하는 결과를 얻는 최선의 방법을 모르기 때문에.”라고 대답한다면 이 믿음은 '가끔' 믿음에 가깝다. 한 예로, 키이스의 동료가 사장의 요구를 제한하는 효과적인 방법을 알고 있다고 하자. 그러면 사장의 지시를 거부하지 못하는 문제는 그 동료에게 방법을 물어보는 일로 간단하게 해결할 수도 있다. 키이스는 원래 수동적인 사람이어서가 아니라 사장에게 대응하는 방법을 전혀 모르기 때문이라고 판단했다. 그래서 '항상/가끔' 차원에서는 그 믿음을 5점으로 매겼다.

키이스는 '내 탓' 원인 믿음을 하나 더 생각해 냈다.

이렇게 원인 믿음을 하나씩 채점하면서 키이스는 점차 더 신속하고 능숙하게 점수를 매길 수 있게 되었다. 다른 두세 가지 역경에서도 이 대안 원인 믿음을 확인했다. 그는 이렇게 말했다. "이것은 확실히 '내 탓' 믿음입니다. 주로 저와 관계가 있어요. 쉴 새 없이 위기가 이어지는 근무 환경 때문에 스트레스가 조금 심하긴 하지만 그래도 제가 주요 원인입니다. 그래서 '내 탓/남 탓' 차원에서는 2점으로 매겼어요. 그리고 시간 관리 능력 부족은 사실 직장에만 해당하는 원인이에요. 제 개인적인 삶에 전반적으로 영향을 미치긴 하지만요. 그래서 전부/일부 차원에서는 5점으로 보았어요. 또 이것은 '가끔' 믿음입니다. 시간 관리하는 법은 배울 수 있으니까요. 타고나야만 가질 수 있는 능력은 아니죠. 그래서 항상/가끔 차원에서는 6점으로 정했어요."

키이스는 유연한 사고 단계, 즉 '남 탓, 항상, 전부' 설명 양식에서 벗어나는 과제를 아주 훌륭하게 해냈다. 출장지 호텔방에서 역경의 순간에 원인으로 처음 떠오른 초기 원인 믿음을 설명 양식의 3가지 차원에 따라 채점했다. 그리고 그 방법을 이용해서 틀을 벗어나 사고할 수 있었다. 문제의 원인을 다른 시각에서 바라보고, 그렇게 해서 3가지 차원에서 다른 점수를 얻은 그 밖의 원인들을 확인할 수 있었다. 이제 정확한 사고 단계로

대안 원인 믿음 2 : "나는 시간 관리를 잘 못해. 주중 계획을 더 잘 세운다면 주말마다 일할 필요가 없을 테고, 가족과 친구들과 좀 더 많이 시간을 보낼 수 있을 거야."

전적으로 내 탓이다.	1 (2) 3 4 5 6 7	전적으로 타인 또는 상황 탓이다.
항상 그럴 것이다.	1 2 3 4 5 (6) 7	이번 한 번으로 끝날 것이다.
내 인생의 모든 것에 영향을 미친다.	1 2 3 4 (5) 6 7	오직 이 상황에만 영향을 미친다.

나아갈 준비가 된 것이다.

5단계. 정확한 사고

우리는 지금 후퇴하는 것이 아니다. 다른 방향으로 전진하고 있는 것이다.

— 더글러스 맥아더 장군

원인 믿음의 정확성을 확인하는 일은 믿음에 반박하기 과정에 꼭 필요한 단계이다. 이 단계를 거치지 않은 사람은 극단적인 낙관주의자인 폴리애나가 된다. 맥아더처럼, 망상에 가까운 긍정적인 주장을 고수할 위험이 있다. 정확한 사고 단계는 과학자의 연구 과정과 비슷하다. 이 단계에서는 역경의 순간에 저절로 떠오른 원인 믿음과 애써 찾아낸 대안 원인 믿음을 모두 검증해야 하기 때문이다. 또한 명탐정이 수사하는 과정과 비슷하기도 하다. 아동의 회복력 훈련에서는 이렇게 비유한다. 셜록 홈즈가 범죄 현장에 도착하자마자 무작정 밖으로 나가서 처음 눈에 띄는 사람을 체포하는 일은 없다. 그보다는 더욱 체계적으로 범죄에 접근한다. 그는 첫 번째 용의자(실시간 원인 믿음)가 반드시 진범은 아니라는 것을 알고 있으며, 연루 가능성이 있는 용의자들(4단계의 대안 원인 믿음들)을 모두 고려한다. 그런 다음에 실제로 누가 범인인지 확실하게 알려 줄(더 정확하게 사고하게 해 줄) 실마리를 찾는다.

정확한 사고를 가로막는 가장 큰 방해물은 확증 편향이다. 이것 때문에 우리는 자기 설명 양식에 일치하는 증거는 수용하고 모순되는 증거는 배제한다. 이미 굳어진 믿음을 옹호하지 않는 세부 증거는 외면한다. 그러므로 각 믿음을 지지하는 증거와 반박하는 증거를 모두 찾아야 한다. 이 단계를 연습할 때 어떤 사람들은 자신이 과학자나 탐정이나 판사라고 상상한다. 증거를 객관적으로 검토해서 역경의 진짜 원인을 찾아낸다. 제일 친한 친구가 각 믿음에 지지하는 증거와 반박하는 증거로 어떤 것을 제시할지 추측해 보는 사람들도 있다.

정확한 사고를 연습할 때는 아래 표를 사용하라. 원인 믿음을 지지하는 증거와 반박하는 증거를 체계적으로 정리하는 데 유용하다.

초기 원인 믿음 1 : "사장은 내 사생활을 존중하지 않아."

이 믿음에서는 어떤 것을 증거로 내세울 수 있을까? 사장이 키이스에게 주말 근무를 자주 강요하고 명절에 장거리 출장을 지시하고 줄곧 야근을 시킨다면 이것은 사장이 키이스의 사생활을 존중하지 않는다고 믿을 만한 충분한 증거이다. 하지만 이 원인 믿음을 조금 더 검토하니 그것에 반박하는 증거가 떠오른다. 키이스가 아내와 주말여행을 떠났을 때 사장이 호텔방으로 샴페인을 보내 준 일이 있었다. 또한 디너파티에 키이스 부부를 초대하기도 했다. 휴가철에 키이스와 펠리시아가 예정대로 여행을 떠

원인 믿음	지지 증거	반대 증거
믿음 1		
믿음 2		
믿음 3		
믿음 4		

날 수 있게 사장이 휴가 계획을 바꾼 적도 있다. 이런 사례를 하나씩 적음으로써 키이스는 사장이 많은 것을 요구하기는 하지만 사생활을 존중한 적도 여러 번이라는 것을 확인할 수 있다. 지지 증거와 반대 증거가 서너 가지씩 있다.

대안 원인 믿음 1 : "나는 사장의 지시를 거부하지 못해."

키이스가 사장의 지시를 거부한 적은 몇 번이었을까? 업무에 관해서는 사장의 의견에 얼마든지 반대하지만 근무 시간에 관해서는 그렇게 하지 못한다. 이 증거는 키이스가 이 원인 믿음을 구체화하고 수정하는 데 아주 큰 도움이 된다. 키이스는 사장에게 무조건 고분고분하지는 않다. 오직 일과 가정 균형 문제에서만 자기주장을 하지 못한다. 따라서 이 믿음은 '일부' 원인 믿음에 더 가깝다. 이것을 깨닫자 키이스가 예전 직장에서도 일과 가정 균형 문제를 겪었는지 여부가 궁금해진다. 그때도 똑같은 문제로 힘들었던 기억이 떠오르면 이것은 빙산 믿음을 탐구할 완벽한 기회이다. 사생활 문제와 관련된 윗사람의 부당한 처사에 맞서는 능력에 틀림없이 영향을 미치고 있는 빙산 믿음을 찾아야 한다.

심도 있고 객관적인 질문을 통해 키이스는 초기 원인 믿음과 대안 원인 믿음을 일일이 분석했다.

6단계. 원인 믿음 재분석 후의 원형 그래프

정확한 사고 단계에서 각 원인 믿음의 지지 증거와 반대 증거를 열거하다 보면 그 원인이 어느 정도로 중요한지 직감으로 아는 능력이 생기고 발전한다. 특정 원인 믿음을 지지하는 증거를 많이 찾아낼수록 그것을 역경의 진짜 원인으로 삼을 가능성이 커진다. 그 반대도 마찬가지다. 특정 원인 믿음에 반박하는 증거가 많을수록 그것을 진짜 원인으로 돌릴 가능성이 작아지는 것이다. 원인 믿음 중 어떤 것은 지지 증거가 하나도 없을 수도 있다. 그렇기 때문에 원형 그래프를 새로 그려야 한다. '유연한 사고' 단계는 첫 번째 원형 그래프에 적을 원인 믿음을 더 많이 찾게 해 준다. 두 번째 원형 그래프는 자기의 설명 양식이 유도한 원인 믿음을 제압하는 좀 더 정확하고 종합적인 분석을 반영해야 한다.

역경에 관한 원형 그래프를 다시 그려라. 지지 증거가 있는 초기 원인 믿음 또는 대안 원인 믿음만 적어 넣어라. 정확하고 종합적인 분석을 토대로 키이스는 두 번째 원형 그래프를 다음과 같이 그렸다. 앞서 채점한 원인 믿음뿐 아니라 지지 증거가 있는 믿음을 모두 포함했다.

처음에 키이스는 펠리시아의 높은 기대치가 문제에 25퍼센트 책임이 있다고 믿었다. 그런데 분석을 하다 보니 그 믿음을 지지하는 증거가 하나도 없다는 것을 깨달았다. 그래서 두 번째 원형 그래프에서는 그 원인 믿음을 제외했다. 하지만 문제의 원인으로 삼을 수 있는 새로운 요인을

6단계 : 두 번째 원형 그래프

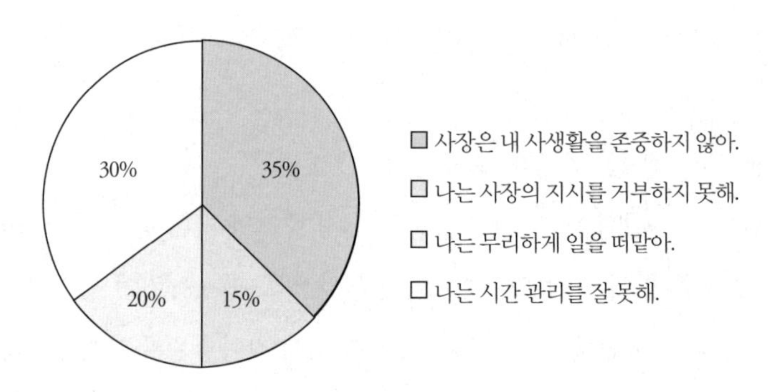

3가지 더 확인했다.

새로 그린 원형 그래프가 첫 번째 그래프와 다른가? 두 그래프가 똑같다면 처음부터 정확하고 종합적인 관점에서 문제를 검토한 것이다. 믿음에 반박하기 과정에서 문제의 원인에 대해 추가 정보를 얻지는 못했지만 당신은 증거를 모음으로써 초기 관점이 정확했다고 확신할 수 있다. 하지만 내 경험에 의하면, 약 95퍼센트의 사람들이 두 번째 원형 그래프에 새로운 조각을 그려 넣는다. 95퍼센트의 사람들이 역경과 관련하여 증거에 기초한 새로운 원인을 찾아냈다는 뜻이다. '정확한 사고' 단계 없이 설명 양식이 유도한 원인 믿음을 토대로 문제 해결을 시도했더라면 그 새로운 원인은 고려하지 않았을 것이다. 뒤늦게 찾아낸 원인 믿음들은 새로운 해결책을 보여 준다. 선택할 수 있는 해결책이 많을수록 올바른 해결책을 찾을 가능성이 커진다.

7단계. 새로운 해결책

이제 두 번째 원형 그래프에 적어 넣은 각 원인의 변화 가능성을 따져 보자. 그 원인을 얼마나 쉽게 바꿀 수 있을까? 키이스는 아직도 자기가 사장의 태도를 바꿀 수는 없을 거라고 믿을지도 모른다. 하지만 사장이 다른 동료들보다 키이스의 사생활을 좀 더 경시하는 경향이 있다는 생각이 든다. 따라서 일과 가정 균형 문제에 관한 여러 가지 주제와 자기 의견을 구체적으로 정리해서 사장과 대화하는 것이 해결책일 수 있다. 바꿀 수 있는 또 다른 원인이 있을까? 키이스는 시간을 더 잘 관리하는 방법을 틀림없이 찾을 수 있다. 좋아하는 업무에 할애하는 시간을 줄여야 할 것이다. 좋아하는 업무와 싫어하는 업무를 번갈아 가며 해야 할지도 모른다.

골치 아픈 업무를 끝낸 후 그 보상으로 흥미로운 업무에 몰두하는 방식일 수도 있다. 믿을 만한 부하 직원을 선별해서 혼자 처리하던 업무를 일부 맡길 수도 있다. 키이스는 자기가 무리하게 일을 떠맡는다는 믿음을 인정하고 받아들여야 한다. 그리고 대체로 어떤 상황에서 능력 이상으로 일을 떠맡는지 확인해야 한다. 그러면 다음번에 같은 상황에 처할 때 그 믿음에 반박하고 회복력을 극대화할 수 있다.

믿음에 반박하기 과정은 키이스가 선택할 수 있는 해결책의 범위를 드라마틱하게 바꾸어 놓았다. 이 과정에 앞서서 그가 확인한 유일한 해결책은 아내에게 기대치를 낮추라고 요구하는 것이었다. 이제 몇 가지 해결책이 드러났다. 더 중요한 것은 이 새로운 해결책은 역경을 바라보는 더욱 정확하고 종합적인 관점에서 나왔다는 것이다.

믿음에 반박하기 기술은 슬픔, 분노, 죄책감, 당혹감과 씨름하는 사람들에게 특히 유용하다. 자주 분노하는 사람, 결과 믿음에 골몰하는 사람은 다음에 배울 기술이 고마울 것이다. 바로 진상 파악하기 기술이다.

• 8장 •

진상 파악하기

나는 살면서 많은 비극을 겪었다. 그중 몇 가지는 실제로 일어났다.

— 마크 트웨인

꼭두새벽에 깨어나서 걱정과 불안으로 괴로워하는가? 최근에 그런 적이 있는가? 금세 잠이 달아나고 온갖 근심에 심란해서 다시 잠들지 못한다. 누구나 그런 경험이 있다. 밤을 지새운 이유를 물으면 생각을 멈출 수가 없었다고 대답한다. 직장, 시험, 결혼, 자녀, 부모님 건강 등 꼬리를 물고 이어지는 생각을 결코 떨칠 수가 없었다는 것이다.

많은 사람들이 불안에 사로잡혀서 파멸을 예상한다. 현재 겪고 있는 역경에 몰두하고, 비극적인 사건이 연달아 일어나는 것을 상상한다. 한 여성은 십대 아들과의 끝없는 말다툼으로 고통스러워하며 악화된 모자 관계가 초래할지 모를 끔찍한 일에 골몰했다. "이렇게 매일 싸우니까 제 아들은 집을 나갈 거예요. 그리고 그 불량한 친구들과 훨씬 더 자주 만나겠지요. 마약도 할까요? 지금은 안하지만 곧 할 거예요. 경찰에 잡혀가면 어쩌죠? 대학을 보내려는 꿈은 모두 무너질 거예요. 그 아이는 패스트푸드 점에서 일하게 되겠죠. 직업이라도 하나 얻을 수 있으면 말이에요. 수시로 재활 치료원을 들락거려서 어떤 직업을 얻든지 잠깐 하다 그만두고 말 거예요. 그 아인 자기 문제를 모두 부모 탓으로 돌리고 우리와 아예 절연할 거예요." 이 연이은 파국적 믿음과 그것이 촉발하는 극렬한 불안은 영혼을 잠식하는 어두운 그림자가 된다.

이런 불황기에 직업을 잃으면 어떻게 될까? 잘 맞는 배우자를 찾을 수 있을까? 우리 결혼 생활이 오래 이어질까? 내가 없으면 아이들은 어떻게 될까? 우리 부부가 아기를 가질 수 없다면 어떤 일이 일어날까? 이런 질문에 파멸을 예상하며 대답하는 사람들이 있다. 어떤 사람들은 건강을 놓고 파국적 사고에 빠진다. 그들에게는 모든 통증과 애매한 증상이 심각한 건강 이상의 전조이다. 누군가의 이름이 기억나지 않는 것은 알츠하이머병의 초기 단계를 암시하고, 버스를 타려고 달려갈 때 숨이 찬 것은 심장병의 신호이다. 극도의 피로감은 암을 의미한다.

사소한 것을 지나치게 과장하고 골몰하는 사람, 시도 때도 없이 불안에 휩싸이는 사람은 이 시점에서 해야 할 일이 있다. 가장 걱정하는 것이 무엇인지 적어 보는 것이다. 걱정거리를 정확하게 알아야만 '진상 파악하기' 기술을 즉시 적용할 수 있다.

4장에서 B—C 연결 관계를 배우면서 확인했듯이, 불안은 앞으로 다가올 위협에 대비할 수 있게 해 준다. 하지만 불안이 결코 그런 역할을 하지 않을 때도 있다. 꼭두새벽에 벌떡 일어나서 불안할 때, 닥칠지도 모를 비극적인 사건에 골몰할 때, 당신의 육체와 정신과 정서는 그 위협을 피할 행동을 준비하는가? 그렇지 않다. 육체는 지치고 사고는 뒤죽박죽이고 정서는 황폐해진다. 문제나 실패에 생산적으로 대응할 상태가 아닌 것이다. 진상 파악하기는 미래 위협에 대한 믿음을 바꿈으로써 불안을 다룰 수 있는 수준으로 낮추는 기술이다. 위협의 진짜 위험도에 걸맞은 수준으로 불안감을 줄여 준다. 바로 그런 때라야 역경이 실제로 초래할 결과에 가장 잘 대비할 수 있다.

믿음에 반박하기 기술처럼, 진상 파악하기 기술 역시 더욱 정확한 사고를 가능케 한다. 그러나 믿음에 반박하기 기술은 역경이 일어난 이유를 찾는 원인 믿음에 적용되는 반면, 진상 파악하기 기술은 그 역경이 미치는 영향에 관한 믿음을 다룬다. 지금 닥친 역경 때문에 앞으로 일어날 일에 관한 결과 믿음에 초점을 맞춘다. 믿음에 반박하기는 슬픔, 분노, 죄책감에 시달릴 때 애용되는 기술이다. 역경의 원인이 무엇이라고 믿느냐에 따라 경험하는 감정이 달라진다. 본인의 성격적 결함이 역경의 원인이라고 믿으면 슬픔을 느낀다. 본인 행위가 타인에게 해를 끼쳤다고 믿으면 죄책감을 느낀다. 하지만 역경이 자기의 결점이나 실수가 아니라 타인 때문에 일어났다고 믿을 때는 분노한다. 이 감정들 모두 문제의 원인에 대한 자기 믿음, 즉 과거에 일어난 어떤 일에 대한 믿음에서 생겨난다. 진상 파악하기는 미래에 대한 믿음을 바꾸는 과정이다.

설명 양식과 미래에 대한 믿음, 즉 결과 믿음은 당연히 서로 밀접한 관계가 있다. '항상, 전부' 설명 양식을 지닌 사람은 비극적인 결과 믿음을 떠올릴 위험이 있다. '항상' 설명 양식에 익숙한 사람은 지금 겪고 있는 역경의 원인이 앞날에 중요한 역할을 할 거라고 예상한다. 또한 '전부' 원인 믿음을 자주 떠올리는 사람은 문제가 장기간 지속될 것이며 게다가 인생의 모든 영역에 영향을 미칠 거라고 생각한다. 이별의 원인이 "나는 그와 잘 맞지 않았어."라고 믿으면 이 사람은 다음 연애를 부정적으로 예측하는 게 아니다. 하지만 이별의 원인 믿음이 "나는 어떤 사람과도 결코 가까워질 수가 없어."인 사람은 앞으로 연애에도 문제가 있을 거라고 예측하고 있다.

진상 파악하기 기술은 여러 방면으로 도움이 된다. 이 기술은 당혹감에 대한 두려움과 불안을 줄여 준다. 역경의 순간에 기정사실인 듯 처음 떠오르는 미래 위협 믿음에 사로잡히지 않는 법도 가르쳐 준다. 또한 최악의 경우를 예상해서 생긴 두려움을 줄임으로써 미래에 대해 낙관적인 태도를 갖게 해 준다. 진상 파악하기 기술을 활용해서 두려움을 검토하고 그 수준을 낮추면 마음껏 더 멀리 도전해서 자기 앞에 놓인 수많은 기회를 이용할 수 있다.

미래에 겪을 위험을 축소하는 사람들도 있다. 그들은 불안을 지나치게 적게 느낀다. 진상 파악하기 기술로 인간관계, 경력, 건강을 정말로 위협하는 요인을 확인할 수 있다. 이 기술은 비현실적인 낙관성을 현실적인 낙관성으로 바꿔 준다. 이렇듯, 진상 파악하기 기술을 활용해서 과도한 불안을 잠재울 수도 있고 실제 위협에 좀 더 조심할 수도 있다. 어떻게 활용하든지 이 기술은 더 뛰어난 감정 조절 능력, 충동 통제력, 현실적인 낙관성을 통해 회복력 수준을 크게 높여 준다.

파국적 사고의 시작 : 미래 위협 믿음

한 가지 사례를 통해 비극적 사고의 주요 특징을 알아보자. 래리는 대단히 성공한 영업 사원이다. 회복력 수준도 상당히 높고 영업 경력도 풍부하고 회사의 최우수 영업 사원으로도 선정되었다. 그런데 어느 날, 중요한 잠재 고객에게 제품 팸플릿을 편집해서 우편으로 보내 준다고 약속해 놓고 잊어버렸다. 까맣게 잊고 있다가 다음 날 새벽 3시 30분에야 기억이 났다. 엄청난 실수를 저질렀다는 것을 깨닫고 그는 화들짝 놀라서 벌떡 일어났다. 래리의 파국적 사고가 어떻게 시작되었는지 보려면 먼저 역경을 ABC로 분석해야 한다.

역경 : 아주 중요한 잠재 고객에게 핵심 제품을 소개하는 팸플릿을 보내는 것을 잊었다.

다음은 그 순간에 떠오른 래리의 실시간 믿음이다. 미래에 일어날 수 있는 비극적인 사건에 래리가 어떤 식으로 초점을 맞추는지 주목하라.

믿음 : 맙소사, 잠이 오지 않아. 벌써 세 시간째 이러고 있어. 어제도 온종일 아주 열심히 죽도록 일했는데. 이런, 헛소리하고 있군. 팸플릿 보내는 거 잊어버렸잖아. 오늘 아침 일찍 팸플릿을 편집해서 보내지 않으면 그 고객을 놓치고 말 거야. 하지만 그걸 편집하려면 한두 시간은 족히 걸릴 텐데, 그러면 전화로 고객을 설득할 시간이 부족해. 일이 그런 식으로 밀리기 시작하면 끝장이야. 그러니까 판촉 전화를 해야 해. 판촉 전화를 하지 않으면 주도권을 잡을 수 없고, 주도권을 놓치면 제품을 팔 수가 없고, 제품을 못 팔면 수수료도 없어. 이건 영업의 철칙이야. 결국 나는 해고될 거야. 그러면 무슨 일을 하지? 내가 아는 건 영업밖에 없는데. 다른 직업을 찾아 간신히 취직할 수는 있

겠지. 하지만 보수는 터무니없이 적을 테고, 나는 끝없이 부업을 구해야 할 거야. 주택 대출금을 갚아야 하니까. 그러다 또 해고될지도 몰라. 대출금을 못 갚아서 집을 빼앗기면 어떻게 하지? 그러면 결혼 생활까지 위험해질 거야. 아내와 이혼하게 될까? 우리 가족의 삶이 허물어지고 있는데, 아내는 어떻게 잠을 잘 수 있는 거지?

그런 다음에 래리는 이 믿음이 일으킨 결과를 나열했다.

결과(감정) : 극도의 불안(불안 지수 10점 만점에 10점)

결과(행동) : 3시간 동안 거실을 서성였다. 잠에서 깬 아내와 다투었다. 결국 회사에서 실적도 못 올리고 비생산적인 하루를 보냈다.

이제 당신 차례이다. 역경을 이용해서 진상 파악하기 과정에 돌입하라. 파국적 사고에 빠진 때를 기억해라. 그리고 래리처럼, ABC를 적어라. 역경을 객관적으로 묘사하고 미래 위협에 대한 실시간 믿음, 즉 최악의 경우를 예상하는 믿음을 빠짐없이 찾아내고, 느낀 감정의 종류와 그 강도, 그리고 한 행동을 확인하는 것이 중요하다.

잠깐 래리의 사례로 돌아가자. 객관적인 독자의 눈에는 래리의 실시간 믿음이 다소 터무니없어 보일 것이다. 하지만 새벽 3시 30분, 바로 그 시각에 래리에게 떠오른 미래 위협 믿음은 추측이 아닌 확신이었다. 그것만이 아니다. 대출금을 갚지 못해 온 가족이 집에서 쫓겨나 이삿짐을 싸들고 거리에 나앉는 장면까지 생생하게 그려지고 끈질기게 자꾸 되살아났다. 그 상상이 못 견디게 고통스러운데다가 실시간 믿음들까지 더욱 기승을 부리자 래리는 결국 침대에서 벌떡 일어나 거실로 나갔다. 아내 일레인도 남편이 왜 그러는지 궁금해서 따라 나왔다. 하지만 래리가 아내에 대해 어떤 생각을 하는지 보라. "우리 가족의 삶이 허물어지고 있는데." 아내가 아무 걱정 없이 잠자는 것을 보고 래리는 절망했다. 남편이 정말로 걱정돼서 따라 나온 일레인에게 래리는 퉁명스럽고 적대적으로 굴었다. 팸플릿 사건에 대해 간단히 말하고 자기의 파국적 믿음을 한두 가지 슬쩍 언급했다. 일레인은 남편을 위로하려고 애쓰며 그 믿음이 근거도 없고 지금 과잉 반응하고 있다고 말했다. 이 말은 오히려 래리의 화를 돋울 뿐이었다. 해결책을 함께 고민하지 않는 것도 서운하지만 엄연한 문제를 부인하는 데는 정말로 울화통이 터졌다. 두 사람은 말다툼을 벌였고, 결국 일레인이 체념하고 침실로 들어갔다. 업무를 시작할 무렵에 래리는 이미 진이 다 빠졌다. 겨우 팸플릿을 편집해서 고객에게 우편으로 보내고 전화를 걸어서 깜빡 잊은 것을 사과했다. 그러고는 영업 부장이 화낼 거라고 짐작해서 하루 종일 그의 눈을 피해 다녔다. 래리는 고객을 만나러 간다는 핑계를 대고 오후 3시에 퇴근해서 낮잠을 잤다. 누가 봐도 참으로 비생산적인 결과이다. 래리가 현실을 직시하고 불안을 더 잘 다룰 방법은 없었을까? 물론 있다. 진상 파악하기 기술이 그 방법을 알려 줄 것이다.

래리의 역경을 이용해서 진상 파악하기 과정의 5가지 단계를 소개할 것이다. 다음 박스가 그 과정을 보여 준다. 당신도 똑같은 박스를 그린 후, 맨 위에 겪은 역경을 적어라. 그 밑 칸에는 다음과 같이 제목을 적는다. 1단계 : 최악의 시나리오, 2단계 : 실현 확률, 3단계 : 최상의 시나리오, 4단계 : 실현 확률이 가장 높은 사건, 5단계 : 해결책. 이 박스를 이용해서 각 단계를 밟아 가며 파국적 믿음에 굴복한 순간을 분석하라.

1단계. 꼬리 무는 실시간 믿음 적기

파국적 사고에 빠진 그 순간을 되돌아보라. 첫 번째 단계는 그 순간에 떠오른 미래 위협 실시간 믿음을 적는 것이다. 꼬리를 물고 이어진 파국적 믿음을 하나씩 적어라. 래리의 역경은 깜빡 잊고 고객에게 제품 팸플릿을 발송하지 않은 것이다. 이 역경이 부추긴 실시간 믿음, 즉 최악의 경우를 예상한 시나리오는 다음과 같다.

누가 봐도 래리는 파국적 사고에 빠져 있다. 제품 팸플릿을 하루 늦게 보냈다고 해서 여생을 노숙자로 지내야 할 거라는 결론은 지나친 비약이라는 것을 우리는 안다. 래리가 침소봉대하고 있다는 것을 알고 있다. 물론 래리는 이것을 파국적 사고라고 여기지 않는다. 그에게는 앞으로 일어날 일을 정확하게 예측하는 것으로 보인다. 이렇게 구체적인 파국적 사고의 함정에 빠진 사람은 드물겠지만, 최악의 경우를 예상하는 믿음이 걷잡을 수 없이 이어지던 경험은 누구에게나 있다.

래리의 실시간 믿음은 파국적 사고의 일반적인 세 가지 특징을 보여 준다. 첫째, 그 믿음은 모두 미래에 일어날 사건에 대한 예상이다. 그 사건들은 아직 일어나지 않았으므로, 실제로 일어날지는 확실치 않다. 각 사건이 실제로 일어날 확률을 추정할 수는 있다. 또한 래리는 그 사건을 하나씩 이어서 이야기를 잣고 있다. 일종의 예언을 하고 있는 것이다. 차례로 이어지는 사건들은 뒤로 갈수록 더 먼 미래의 일이다. 그 연결 고리에서 한 사건이 일어나지 않으면 그 이후의 사건들은 일어날 수 없다. 래리는 깨닫지 못하지만, 먼 미래에 일어날 사건일수록 실제로 일어날 확률은 더 낮아진다.

둘째, 한 사건과 그다음 사건이 비교적 서로 밀접하게 연결되어 있다.

역경 = 잠재 고객에게 제품 팸플릿을 보내는 것을 잊었다.				
1단계 최악의 시나리오	2단계 실현 확률	3단계 최상의 시나리오	4단계 실현 확률이 가장 높은 사건	5단계 해결책
판촉 전화할 시간이 부족할 것이다, 그래서 ▼ 판촉 전화를 하지 못한다, 그래서 ▼ 주도권을 놓친다, 그래서 ▼ 제품을 팔지 못한다, 그래서 ▼ 판매 수수료를 받지 못한다, 그래서 ▼ 직장에서 해고된다, 그래서 ▼ 여러 가지 직업을 전전하고 생활비가 모자라서 언제나 부업을 하다가 다른 직장에서도 해고될 것이다, 그래서 ▼ 주택 대출금을 갚지 못할 것이다, 그래서 ▼ 결혼 생활이 위기에 빠진다, 그래서 ▼ 아내와 이혼한다, 그래서 ▼ 노숙자가 되어 거리에서 지낼 것이다.				

래리는 판매 수수료를 받지 못하면 해고될 거라고 믿는다. 어떻게 그런 믿음을 갖게 되었는지는 쉽게 이해할 수 있다. 물건을 못 파는 영업 사원은 계속 고용할 가치가 없다. 또한 래리는 매우 논리적으로 이렇게 생각한다. 회사에서 쫓겨나면 그런 일이 또 일어날 수 있다는 것이다. 그러므로 자꾸 해고당해서 여러 가지 직업을 전전할 수도 있다는 믿음은 그리 터무니없는 비약은 아니다. 실제로 그렇게 되면 주택 대출금을 갚지 못할 거라는 믿음도 충분히 이해가 된다. 그리고 논리적인 사람이라면 그런 재정 문제로 결혼 생활이 위기에 처할 수 있음을 알고 있다. 각 사건은 아주 사소하고 아주 합리적이고 아주 논리적으로 보인다. 따라서 래리가 그 연

쇄 고리의 유혹에 어떻게 말려들었는지 쉽게 이해할 수 있다. 파국적 사고에서는 그 어떤 사건도 지나친 비약이 아니고 믿기 어려울 정도로 엉뚱하지도 않고 의심하지 말고 무조건 믿으라고 강요하지도 않는다. 그래서 그 연쇄적인 믿음이 합리적이고 사실이라는 것을 의심할 이유가 없다.

연쇄적인 파국적 사고의 유혹은 점차 강렬해진다. 연쇄 고리를 이루는 믿음들이 모두 사실이기 때문이다. 그 믿음이 실현될 확률이 높아서 사실이 아니라, 다른 믿음에서 논리적으로 파생된 믿음이라는 점에서 사실이다. 그 믿음은 하나씩 순리대로 이어진다. 래리는 주로 판촉 전화로 제품을 판다. 판촉 전화를 하지 못하면 주도권을 잡지 못한다. 주도권을 놓치면 제품을 팔지 못한다. 제품을 팔지 못하면 판매 수수료를 받지 못한다. 이 말은 모두 사실이다. 100퍼센트 확실한 사실이다. 파국적 사고를 구성하는 이 믿음들은 논리적으로 타당하다. 그래서 사람들은 다음 믿음으로 쉽게 넘어가고 더 쉽게 받아들인다. 한술 더 떠서 이 연쇄 고리에서 믿음이 하나씩 늘어날 때마다 불안감이 증가하고, 커지는 불안감 때문에 비극적인 상상을 훨씬 더 쉽게 믿어 버린다. 이렇듯 연쇄 고리의 강한 유혹이 불어나는 불안감과 결합하기 때문에 파국적 사고에 빠진 사람에게는 그 믿음들이 누가 뭐래도 사실처럼 보인다.

이 연쇄 고리에는 당연히 논리적인 비약이 존재한다. 래리가 한두 시간 동안 팸플릿을 편집한다고 판촉 전화를 할 수 없을까? 그렇지 않을 것이다. 자기 충족적 예언에 빠지지 않는 한, 즉 전화할 수 없다는 것을 기정사실로 여기고 전화하는 것을 포기하지 않는 한, 그렇지 않다. 전화할 시간이 조금 줄어들 수는 있다. 팸플릿을 편집하고 발송하는 데 걸리는 시간만큼 줄어들 것이다. 논리적 비약, 즉 불안이 낳은 사고의 오류는 판촉 전화를 하지 못할 거라는 미래 위협 믿음으로 이어졌다. 거실을 서성일 때 래리는 끝내 노숙자가 될 확률을 60퍼센트 정도로 예상했다고 한다. 래리처럼, 파국적 연쇄 사고에 곧장 빠져드는 사람들에게는 미래 위협 믿음이 실제로 일어날 확률을 정확히 측정하게 도와줄 도구가 필요하다.

2단계. 최악의 시나리오가 실현될 확률 추정

파국적 사고를 중단하는 비결은 당연히 미래 위협 믿음의 연쇄 고리를 끊는 것이다. 그리고 그 고리를 끊는 최선의 방법은 객관적인 사실이라고 알고 있는 것에 밑줄을 긋는 것이다. 래리가 온전히 확신할 수 있는 객관적인 사실은 팸플릿 발송을 잊었다는 것밖에 없다. 나머지는 추측이고 가정이다. 그러면 그 객관적인 사실을 이용해서 래리의 미래 위협 믿음이 실제로 일어날 확률을 추정해 보자. 이튿날, 팸플릿 편집 때문에 판촉 전화할 시간이 줄어들 확률은 얼마인가? 그것이 꽤 높다는 것에 누구나 동의할 것이다. 래리가 하루에 9시간 동안 일하고 팸플릿 편집에 한두 시간을 소비한다면 전화할 시간이 조금 줄어들 것이다. 따라서 그 확률은 75퍼센트 정도로 추정할 수 있다. 팸플릿 발송을 잊어서 하루 종일 판촉 전화를 아예 하지 못할 확률은 얼마일까? 래리의 부정적인 사고와 불안이 자기 충족적 예언을 조장하지 않은 이상, 그날 내내 판촉 전화를 한 통도 못 할 확률은 매우 낮다. 아마도 1,000분의 1 정도일 것이다. 하지만 그게 끝이 아니다. 그는 판매 수수료를 받지 못해서 해고될 거라고 예측했다. 고작 하루 판촉을 못 한다는 이유로 진짜 해고될 수도 있을까? 아마도 몇 주 동안 판촉 전화를 하지 않고 제품을 팔지 못해야 가능할 것이다. 따라서 더욱 알맞은 질문이 있다. 래리가 판촉 전화를 영영 하지 못할 확률은 얼마일까? 당연히 아주 낮다. 그럴 가능성은 전혀 없다고 단정하는 사람도 있을 것이다. 일어날 수는 있지만 그 확률은 극히 낮다고 여기는 사람이 많을 것이다. 워크숍 참여자들은 이 확률을 대체로 100만분의 1 이하로 추정한다.

판촉 전화를 영영 못 할 확률이 100만분의 1이라면, 직업을 전전할 확률은 훨씬 더 낮다. 파국적 사고의 연쇄 고리에서 더 멀리 있는 사건들이 실제로 일어날 확률은 100만분의 1보다 훨씬 더 작기 때문이다. 래리는 각 사건이 일어날 확률을 추정하고 박스의 두 번째 칸에 적었다.

팸플릿 발송을 잊었다는 이유로 직업을 전전할 확률은 200만분의 1이다. 끝내 노숙자가 될 확률은 1,000만분의 1이다. 실현 확률이 1,000만분의 1에 불과한 사건에 그렇게 많은 시간과 에너지를 소모하며 고민해야 할 이유가 있을까? 당연히 없다. 이것은 정서적 자원을 유용하게 소비하는 방법이 아니다. 그 파국적 사고 때문에 래리는 일어날 가능성이 희박한 일을 걱정하느라 에너지를 허비하고 팸플릿 문제가 초래할 수 있는 실제 위협에 처했다. 이 실제 위협은 4단계에서 다룰 것이다. 당치도 않은 해고 걱정에 시간을 허비할수록 팸플릿을 해결하고 판촉 전화하는 데 쓸 시간은 더 적어진다. 따라서 래리는 실현 확률이 가장 높은 사건이 무엇인지 확인하고 그에 대비하는 것이 가장 유익하다.

3단계. 최상의 시나리오 구상

파국적 사고에 빠지면서 래리는 이혼하고 노숙자로 산다는 등, 미래 위협 믿음의 실현 확률을 처음에는 60퍼센트라고 추정했다. 그리고 2단계를 거치면서 그 확률이 실제로는 100만분의 1이라는 것을 깨달았다. 이 깨달

역경 = 잠재 고객에게 제품 팸플릿을 보내는 것을 잊었다.				
1단계 최악의 시나리오	2단계 실현 확률	3단계 최상의 시나리오	4단계 실현 확률이 가장 높은 사건	5단계 해결책
판촉 전화할 시간이 부족할 것이다, 그래서 ▼	75%			
판촉 전화를 하지 못한다, 그래서 ▼	100만분의 1			
주도권을 놓친다, 그래서 ▼	100만분의 1			
제품을 팔지 못한다, 그래서 ▼	100만분의 1			
판매 수수료를 받지 못한다, 그래서 ▼	100만분의 1			
직장에서 해고된다, 그래서 ▼	100만분의 1			
여러 가지 직업을 전전하고 생활비가 모자라서 언제나 부업을 하다가 다른 직장에서도 해고될 것이다, 그래서 ▼	200만분의 1			
주택 대출금을 갚지 못할 것이다, 그래서 ▼	300만분의 1			
결혼 생활이 위기에 빠진다, 그래서 ▼	300만분의 1			
아내와 이혼한다, 그래서 ▼	500만분의 1			
노숙자가 되어 거리에서 지낼 것이다.	1,000만분의 1			

음만으로도 충분히 다시 정상 궤도에 들어서고 실현 확률이 가장 높은 사건을 확인할 수 있다. 하지만 내 경험을 돌아보면 아직 충분하지 않다. 창의적이 되라거나 틀을 벗어나 사고하라는 조언은 효과가 없다. 마찬가지로 현실을 직시하라는 단순한 격려는 유용한 방법이 아니다. 그렇다면 파국적 사고의 함정에서 벗어나기 위해서는 어떻게 해야 할까? 바로 최상의 경우를 예상한 시나리오를 구상해야 한다.

최악의 시나리오처럼 실현 가능성이 희박한 최상의 시나리오를 상상하는 것은 두 가지 이점이 있다. 첫째, 최악의 경우를 예상하는 파국적 사고를 일단 중지시킨다. 터무니없이 환상적인 미래를 잠깐 상상해 봄으로써 실제로 일어날 사건을 좀 더 명확하게 사고할 수 있다. 암울한 사건에 골몰하는 뇌의 영역을 잠재웠기 때문이다. 둘째, 당신을 웃게 만든다. 불안 수준을 낮추고 당면한 진짜 문제를 좀 더 잘 다루게 하는 데는 유머가 최고이다. 최상의 경우를 예상한 시나리오에 웃음이 나지 않으면 아직 환상적인 시나리오가 아니다. 그러니 너무 엉뚱해서 저절로 웃음이 터져 나올 때까지 더욱 환상적인 미래를 상상하라.

래리는 아주 창의적인 최상의 시나리오를 내놓았다. 그는 IT 기업의 주가가 폭등하던 2000년도 무렵에 이 과정을 연습한 게 틀림없다.

래리가 상상한 최상의 시나리오는 흥미진진하다. 하지만 그것을 실현

역경 = 잠재 고객에게 제품 팸플릿을 보내는 것을 잊었다.

1단계 최악의 시나리오	2단계 실현 확률	3단계 최상의 시나리오	4단계 실현 확률이 가장 높은 사건	5단계 해결책
판촉 전화할 시간이 부족할 것이다, 그래서 ▼	75%	나는 해고된다, 그래서 ▼		
판촉 전화를 하지 못한다, 그래서 ▼	100만분의 1	퇴직금을 갖고 실리콘 밸리로 간다, 그리고 ▼		
주도권을 놓친다, 그래서 ▼	100만분의 1			
제품을 팔지 못한다, 그래서 ▼	100만분의 1	내가 겪은 역경에 착안해서 제품 팸플릿을 제작 발송해 주는 벤처 기업을 세운다, 그런 다음에 ▼		
판매 수수료를 받지 못한다, 그래서 ▼	100만분의 1			
직장에서 해고된다, 그래서 ▼	100만분의 1			
여러 가지 직업을 전전하고 생활비가 모자라서 언제나 부업을 하다가 다른 직장에서도 해고될 것이다, 그래서 ▼	200만분의 1	그 기업을 상장한다, 그리고 ▼ 백만장자가 된다. ▼		
주택 대출금을 갚지 못할 것이다, 그래서 ▼	300만분의 1			
결혼 생활이 위기에 빠진다, 그래서 ▼	300만분의 1			
아내와 이혼한다, 그래서 ▼	500만분의 1			
노숙자가 되어 거리에서 지낼 것이다.	1,000만분의 1			

하려고 노력하는 것은 시간 낭비이다. 래리가 노숙자가 살기 좋은 길거리를 찾아보는 것이나 판촉 전화할 시간에 자기의 벤처 기업 로고를 디자인하는 것이나 회복력과는 거리가 먼 대응이다. 회복력은 실현 확률이 가장 높은 사건을 집어내서 문제를 해결하는 일에 달려 있다. 진상 파악하기 과정의 마지막 단계가 바로 그 일을 가능케 해준다.

4단계. 실현 확률이 가장 높은 사건 확인

최악의 시나리오와 최상의 시나리오를 박스에 일목요연하게 적어 놓으면 실제로 일어날 확률이 가장 높은 사건을 쉽게 찾아낼 수 있다. 그 모든 사건이 역경, 즉 부정적인 사건에서 시작되었다는 점을 기억하라. 따라서 실현 확률이 높은 사건도 모두 부정적인 사건일 것이다. 고통스러운 역경을 미화하라고 권하는 게 아니다.

래리가 진상 파악하기 과정을 연습한 시기는 제품 팸플릿 발송을 잊은 지 일주일 정도 지난 후였다. 그 역경을 바로잡기에는 이미 너무 늦은 시점이었다. 하지만 시간을 돌려서 래리에게 다시 한 번 기회를 주자. 일주일 전의 새벽 3시 30분으로 돌아간다면 래리는 그 극도의 불안에 어떻게 다르게 대응했을까? 진상 파악하기 기술을 알고 있었다면 다음과 같은 결론에 도달했을 것이다. "내가 지금 예상하는 비극 중에서 실제로 일어날 일은 하나도 없어. 팸플릿을 잊은 건 경력에 오점이 되겠지. 그건 안타까운 일이야. 하지만 이 실수로 해고될 가능성은 거의 없어. 내가 벤처 기업을 차려서 백만장자가 될 가능성만큼이나 희박해. 확실한 사실은 내가 팸플릿 발송을 잊었다는 거야. 엄청난 실수지. 팸플릿 편집에 시간이 조금 걸릴 거야. 아마 한두 시간 정도 들겠지. 판촉 전화할 시간이 그만큼 줄어들 테고. 하지만 그게 전부야. 그래도 전화를 몇 통은 할 수 있을 거야. 내일부터는 예전처럼 많은 고객에게 전화할 수 있어. 그 고객은 팸플릿을 기다리고 있겠지만, 만사를 제쳐 놓고 팸플릿만 학수고대하지는 않을 거야. 진짜 문제는 이 실수를 영업 부장에게 보고하는 거야. 잔뜩 화가 나서 호통을 치겠지." 래리는 실현 확률이 가장 높은 사건을 다음과 같이 박스에 적어 넣었다. 래리처럼, 당신도 최악의 시나리오와 최상의 시나리오를 일일이 적은 후, 박스의 네 번째 칸에 실현 확률이 제일 높은 사건을 적어라.

그 실수 때문에 실제로 일어날 가능성이 제일 큰 사건을 하나씩 적은

역경 = 잠재 고객에게 제품 팸플릿을 보내는 것을 잊었다.				
1단계 최악의 시나리오	2단계 실현 확률	3단계 최상의 시나리오	4단계 실현 확률이 가장 높은 사건	5단계 해결책
판촉 전화할 시간이 부족할 것이다, 그래서 ▼	75%	나는 해고된다, 그래서 ▼	오늘 안에 제품 팸플릿을 편집해서 발송해야 한다.	
판촉 전화를 하지 못한다, 그래서 ▼	100만분의 1	퇴직금을 갖고	판촉 전화할 시간이 한두 시간 정도 줄어든다.	
주도권을 놓친다, 그래서 ▼	100만분의 1	실리콘 밸리로 간다, 그리고 ▼		
제품을 팔지 못한다, 그래서 ▼	100만분의 1	내가 겪은 역경에 착안해서 제품	내 실수를 알면 영업 부장은 무척 화가 나서 호통을 칠 것이다.	
판매 수수료를 받지 못한다, 그래서 ▼	100만분의 1	팸플릿을 제작 발송해 주는 벤처		
직장에서 해고된다, 그래서 ▼	100만분의 1	기업을 세운다, 그런 다음에 ▼		
여러 가지 직업을 전전하고 생활비가 모자라서 언제나 부업을 하다가 다른 직장에서도 해고될 것이다, 그래서 ▼	200만분의 1	그 기업을 상장한다, 그리고 ▼ 백만장자가 된다. ▼		
주택 대출금을 갚지 못할 것이다, 그래서 ▼	300만분의 1			
결혼 생활이 위기에 빠진다, 그래서 ▼	300만분의 1			
아내와 이혼한다, 그래서 ▼	500만분의 1			
노숙자가 되어 거리에서 지낼 것이다.	1,000만분의 1			

후, 래리는 진짜 문제는 고작 두 가지라는 것을 깨달았다. 팸플릿을 편집 발송하고 판촉 전화할 시간을 최대한 확보하는 것과 영업 부장의 분노에 대처하는 것이었다. 이제 무엇이 문제인지 확인했으니 문제 해결에 나설 수 있다

5단계. 진짜 문제 해결

진상 파악하기 기술을 갖추었으므로 래리는 최악의 시나리오를 떨쳐 낼 수 있을 것이다. 래리처럼, 미래 위협 믿음에 골몰하는 사람이 이 기술을 모른다면 파국적 사고의 함정에 빠질 수밖에 없다. 그날 새벽 3시 30분에 이 기술을 알고 있었더라면, 실제로 일어날 일을 확인할 수 있었더라면 완전히 다르게 행동했을 거라고 래리는 말한다. 그는 박스의 다섯 번째 칸에 해결책을 적었다. 당신도 그렇게 하라. 역경이 초래한 진짜 문제를 바로잡을 수 있는 방법을 한두 가지 찾아내라.

래리는 이렇게 말했다. "저는 최악의 경우를 예상하며 겁에 질려 있었어요. 실제로 일어날 확률이 가장 높은 일에 초점을 맞췄다면 명확한 해결책이 보였을 겁니다. 이렇게 생각했을 거예요. '어쨌든 지금 일어났으니까 일찍 출근해서 팸플릿을 편집해서 보내자.'고요. 그러면 늦어도 8시 30분에는 그 일을 끝냈을 테고, 여느 때처럼 판촉 전화할 준비를 했겠죠. 그 고객에게 전화하고 팸플릿을 제가 직접 갖고 갔을지도 몰라요. 그렇게 일대일로 만났더라면 그 고객과 관계가 더욱 돈독해지고 제품을 더 많이 팔 수도 있었을 겁니다. 그때 이 기술을 알고 있었더라면 다른 문제도 다르게 해결했을 겁니다. 하루 종일 영업 부장을 피하는 대신에 오히려 당당하게 먼저 찾아가서 있었던 일을 보고했겠지요. '부장님, 제가 실수를

역경 = 잠재 고객에게 제품 팸플릿을 보내는 것을 잊었다.				
1단계 최악의 시나리오	2단계 실현 확률	3단계 최상의 시나리오	4단계 실현 확률이 가장 높은 사건	5단계 해결책
판촉 전화할 시간이 부족할 것이다, 그래서 ▼	75%	나는 해고된다, 그래서 ▼	오늘 안에 제품 팸플릿을 편집해서 발송해야 한다.	한두 시간 정도 일찍 출근해서 팸플릿을 편집 발송한 후 일정대로 판촉 전화를 한다.
판촉 전화를 하지 못한다, 그래서 ▼	100만분의 1	퇴직금을 갖고 실리콘 밸리로 간다, 그리고 ▼	판촉 전화할 시간이 한두 시간 정도 줄어든다.	
주도권을 놓친다, 그래서 ▼	100만분의 1			그 잠재 고객에게 전화해서 팸플릿 발송을 잊었다고 사과한다. 고객과의 관계가 어긋나지 않게 조심한다. 팸플릿을 갖고 직접 찾아가겠다고 말한다.
제품을 팔지 못한다, 그래서 ▼	100만분의 1	내가 겪은 역경에 착안해서 제품 팸플릿을 제작 발송해 주는 벤처 기업을 세운다, 그런 다음에 ▼	내 실수를 알면 영업 부장은 무척 화가 나서 호통을 칠 것이다.	
판매 수수료를 받지 못한다, 그래서 ▼	100만분의 1			
직장에서 해고된다, 그래서 ▼	100만분의 1			
여러 가지 직업을 전전하고 생활비가 모자라서 언제나 부업을 하다가 다른 직장에서도 해고될 것이다, 그래서 ▼	200만분의 1	그 기업을 상장한다, 그리고 ▼ 백만장자가 된다. ▼		영업 부장에게 내 실수와 그것을 바로잡기 위해 취한 행동을 보고한다.
주택 대출금을 갚지 못할 것이다, 그래서 ▼	300만분의 1			
결혼 생활이 위기에 빠진다, 그래서 ▼	300만분의 1			
아내와 이혼한다, 그래서 ▼	500만분의 1			
노숙자가 되어 거리에서 지낼 것이다.	1,000만분의 1			

했습니다. 하지만 이러이러해서 그 일을 바로잡았습니다.' 영업 부장은 제 행동에 감탄했을 겁니다." 훌륭한 해결책이다. 회복력 수준이 높은 사람은 바로 이렇게 행동한다.

연쇄 고리가 없는 단일 파국적 사고

걱정을 달고 사는 사람들은 래리처럼 꼬리에 꼬리를 무는 파국적 사고에 빠진다. 하지만 그것과는 종류가 다른 파국적 사고에 사로잡혀 불안해하는 사람들도 많다. 샌드라는 회복력 트레이너 과정에 참여한 여성이다. 진상 파악하기 기술을 가르치면서 나는 연쇄적인 파국적 사고의 특징을 설명하고 참여자들에게 그런 사고에 빠진 경험을 떠올려 보라고 했다. 다들 경험이 있었다. 샌드라만 예외였다. 샌드라는 파국적 사고와는 거리가 먼 사람이 결코 아니었다. 미래에 닥칠 위험을 끊임없이 경계하는 사람이었다. 샌드라는 남편과 아들이 필라델피아까지 80마일을 달려서 U2 공연을 보러 갔던 때의 일을 들려주었다. 걱정을 달고 사는 샌드라는 자기가 그들 여행 일정을 낱낱이 꿰고 있다고 자신했다. 공연이 몇 시에 끝나고 몇 시에 집에 돌아올지 정확히 안다고 믿었다. 예정된 시각에서 30분이 지났는데도 두 사람이 돌아오지 않자 불안감이 솟구치기 시작했다. 1시간이 흐르자 공포에 질려서 정신이 혼미했다. 교통사고가 나서 그들이 죽었을 거라고 믿었다. 가슴을 졸이며 거실을 서성였다. 그 순간에는 그 어떤 것으로도 남편과 아들이 무사하다는 확신을 줄 수 없었을 것이다. 샌드라는 ABC를 다음과 같이 적었다. 회복력 기술을 활용할 때는 이 일을 우선적으로 해야 한다.

역경 : 남편과 아들이 공연에서 돌아올 시간이 1시간이 넘었는데도 오지 않는다.

믿음 : 그들은 교통사고로 죽었다. 아직 집으로 연락이 안 오는 이유는 끔찍한 화재로 자동차가 전소되어서 경찰이 사망자의 신원을 확인할 수 없기 때문이다.

결과(감정) : 두려움과 공포

결과(행동) : 서성거린다. 교통사고 소식이 있는지 보려고 텔레비전을 켠다. 지역 병원에 전화해서 새로 들어온 교통사고 환자가 있는지 확인한다.

샌드라는 파국적 사고의 종착점에 이르렀다. 하지만 연쇄 고리의 나머지, 즉 그 종착점에 이르기까지의 중간 사건들이 없다. 오직 시작과 끝만 있다. 그 중간에 있을 법한 미래 위협 믿음을 찾아보려고 샌드라의 기억을 조금 더 파고들었지만 하나도 찾지 못했다. 이 사례처럼, 가족의 안전에 관한 미래 위협 믿음이 포함된 역경에서 샌드라는 오직 두 가지 상태만을 경험했다. 지극한 평온과 지극한 불안이었다.

샌드라의 파국적 믿음은 불안을 줄일 반대 증거를 모두 차단하고 있다. 객관적인 제3자라면 샌드라에게 남편과 아들이 틀림없이 신분증을 소지했다는 것을 상기시키고, 그들에게 아무 일이 없으니까 경찰이 연락하지 않는 거라고 말해 줄 것이다. 하지만 샌드라의 고성능 미래 위협 레이더는 '화재' 요소를 추가함으로써 그 논리를 제압해 버린다. 그 요소 때문에 샌드라의 파국적 믿음은 어떤 반박에도 끝까지 꿋꿋하다.

샌드라처럼 단일 파국적 사고에 빠진 경우에는 진상 파악하기 과정을 조금 수정해서 최선의 결과를 얻어야 한다. 샌드라에게 남편과 아들의 귀가가 늦는다는 것을 전제로 그들이 교통사고로 죽었을 확률을 추정해 보라고 한다면 비현실적으로 높은 확률을 제시할 것이다. 이것이 바로 파국적 사고의 특징이다. 우리는 끔찍한 사건이 실제로 일어날 확률을 부풀린다. 연쇄적인 파국적 사고에 빠질 때는 각 믿음의 실현 확률을 실제 역경과 대조해서 추정함으로써 비현실적인 확률을 단계적으로 낮출 수 있다. 그 확률을 하나씩 단계별로 더욱 정확하게 추정함으로써 고질적인 파국적 사고의 함정에서 조금씩 빠져나올 수 있다. 연쇄 고리가 없을 때는 진상 파악하기 기술을 어떻게 적용해야 할까?

나는 샌드라에게 재앙이 일어날 확률을 추정하라고 지시하지 않고 상상할 수 있는 최상의 경우를 상상해 보라고 격려했다. 샌드라가 구상한 최상의 시나리오는 이렇다. "남편과 아들은 U2 공연을 정말 신나게 즐겼어요. U2의 보컬인 보노는 아버지와 아들이 함께 공연을 보러 멀리서 찾아왔다는 것에 감동해서 그들을 무대 뒤로 초대했어요. 그들은 U2 멤버들과 함께 한두 시간 동안 즐겁게 이야기했어요. 그건 정말로 환상적인 경험이어서 그들 부자는 예전보다 훨씬 더 가까워졌어요. 보노 밴드는 해외 공연 투어에 같이 가자고 부탁했어요. 남편과 아들이 제게 전화해서 공항으로 나오라고 해요. U2의 다음 공연지인 리비에라로 가야 하니까요. 저는 무대에 올라 보노와 함께 노래해요. 군중이 제 노래에 열광해서 저는 곧바로 소니 뮤직과 수백만 달러짜리 계약을 해요." 믿을 수 없는 이야기인가? 샌드라도 믿지 않았다. 하지만 최상의 시나리오를 구상하면서 샌드라는 그제야 걱정을 접고 웃음을 터뜨리며 실제로 일어날 확률이 가장 높은 사건을 볼 수 있었다.

다들 짐작하듯이, 샌드라의 남편과 아들은 U2 밴드와 따로 만나지 않았다. 사실은 공연 후에 교통이 무척 혼잡하자 음식을 조금 먹으면서 도로가 한산해질 때까지 기다리기로 한 것이다. 그래서 두어 시간 정도 늦긴 했지만 아주 건강한 몸으로 무사히 귀가했다.

비현실적인 낙관성 : 긍정적 환상

지금까지 진상 파악하기 기술을 적용해서 심각한 걱정꾼을 도와주었다. 그런데 정반대 사람에게도 이 기술을 적용할 수 있다. 진상 파악하기는 비현실적인 낙관주의자에게도 유용한 기술이다. 파국적 사고가 당신을 곤경에 빠뜨리듯이, 낙관성도 못지않게 재앙을 초래할 수 있다. 결코 불안해하는 법이 없는 사람, 만사가 언제나 잘될 거라고 믿는 사람, 뻔히 보이는 위험을 감수하고 투자해서 재정적 위기에 빠진 적이 있는 사람, 정크 푸드를 먹고 운동도 안 하면서 언제나 건강할 거라고 자신하는 사람은 이제부터 하는 이야기에 관심을 가져야 한다.

위험을 경시하는 사람을 주변에서 흔히 찾아볼 수 있다. 흡연자는 본인이 폐질환에 걸릴 확률을 얼마로 추정할까? 그들의 추정치는 미국인의 폐질환 발병률보다 훨씬 더 낮다. 위험한 성생활을 하거나 마약 주사기를 돌려쓰는 사람들도 마찬가지다. 그들은 자신이 에이즈에 걸릴 가능성이 별로 없다고 믿는다. 그들이 추정한 확률은 동일하게 고위험 행동을 하는 사람들의 에이즈 발병률보다 더 낮다. 그들은 비현실적으로 낙관적이다. 해결할 문제가 있다는 것을 깨닫지 못하고, 문제 해결에 착수해야 한다는 생각은 더더욱 하지 못한다.

영국 심리학자인 웬디 미들턴, 피터 해리스, 마크 서먼은 비현실적인 낙관성을 실험실이 아닌 현실 세계에서 연구하기로 결정했다. 그래서 낙관적 편견에 대한 엄격한 연구 기준에 부합하는 위험 상황, 즉 생명이 위험할 수도 있는 진기한 실제 사건을 하나 찾아냈다. 바로 번지 점프였다.

영국 번지 클럽은 그 연구가 수행된 1996년에 영국에서 약 10만 명이 번지 점프를 시도했다고 추산한다. 비현실적인 낙관성에 대한 이전 연구들의 결점 중 하나는, 피험자가 위험 수준을 추정할 때 연구자는 그의 낙관성이 비현실적이라고 결코 확언할 수 없다는 것이다. 예를 들어, 피험자는 하루에 한 갑씩 담배를 피우지만 유전적으로 폐와 심장이 아주 튼

튼할 수도 있다. 운전 실력이 뛰어난 사람은 교통사고가 날 위험이 실제로 더 적을 것이다. 마찬가지로 암벽 등반이나 스카이다이빙 같은 위험한 활동에서도 어떤 사람들은 특출한 능력을 타고난다. 눈과 손의 협응력이 우수하거나 팔과 다리가 유난히 강건할 수도 있는 것이다. 덕분에 그들은 평균적인 일반인보다 실제로 덜 위험하다. 하지만 암벽 등반이나 스카이다이빙과 달리 번지 점프는 능력이나 기술이 필요하지 않다. 피해 보상 서약서에 이름을 쓰고 서명만 할 줄 알면 그만이다. 참여자가 발판에서 뛰어내리는 방식에는 위험 수준에 영향을 미칠 만한 것이 하나도 없다. 피해가 발생할 경우, 그 원인은 언제나 장비 결함이다.

미들턴, 해리스, 서먼은 번지 점프를 처음 시도하는 사람들이 서명을 하고 점프대로 올라가는 도중에 질문을 했다. 구경하러 온 친구와 가족들에게도 물었다. 번지 점프하다가 본인이/친구가/가족이 다칠 확률이 얼마라고 생각하세요? 연구진은 또한 번지 점프 사고율도 측정했다. 이 연구 결과는 중요한 사실을 알려 준다. 땅 위에서 지켜보는 사람들이 추정한 확률은 실제 사고율과 차이가 없었다. 그러나 번지 점프 차례를 기다리던 사람들은 자신이 위험에 처할 확률이 실제 사고율보다 상당히 더 낮다고 믿었다. 기꺼이 위험을 감수하는 사람들의 마음속에는 비현실적인 낙관성이 틀림없이 작동하고 있었다.

비현실적인 낙관성은 우리로 하여금 해로울 수도 있는 행동에 참여하게 만든다. 실재하는 위험을 경시하기 때문이다. 그렇다면 어째서 그렇게 많은 사람이 장밋빛 안경을 쓰고 있는 것일까? 그것은 모두 믿음의 문제로 귀착된다. 우리는 자신에 대한 믿음, 강점과 약점, 능력에 대한 믿음을 갖고 있다. 또한 사람들이 교통사고를 당하는 이유, 콜레스테롤 수치가 높고 폐암에 걸리고 번지 점프 도중에 다치는 이유에 관한 믿음도 갖고 있다. 비현실적인 낙관주의자는 다른 사람을 위험에 빠뜨리는 약점(암 유전자 등)이 본인에게는 없다고 믿는다. 또는 다른 사람에게는 없는 강점(뛰어난 운전 실력 등)을 갖고 있어서 위험이 비껴간다고 믿는다. 그들은 자신이 전형적인 '피해자'와는 다르다고 믿으며, 따라서 실제 위험에 처해 있다는 사실을 깨닫지 못할 때가 많다.

긍정적 환상을 탐구한 연구자들은 비현실적인 낙관주의자의 자기중심적 성향에 주목했다. 참으로 거만해 보이는 사람이 알고 보니 사실은 자신감이 부족한 사람이었던 경험이 있을 것이다. 비현실적인 낙관주의자의 자기중심성 역시 표면적인 특성일 때가 많다. 긍정적 환상은 그가 위험에 처할 때 연약한 자부심을 보호하는 역할을 한다고 연구자들은 확신한다. 그는 위험한 싸움에 끼어들지 않을 뿐만 아니라 타인이 역경을 겪을 때 피해자를 비난할 수도 있다. 그는 생각한다. "그 사람은 문제를 피할 수 있었어. 나라면 확실히 피할 수 있었을 거야." 이 생각은 불안을 줄이고 자기 효능감을 제공해 준다. 하지만 그는 거짓 평온, 거짓 통제감, 부정확한 거짓 믿음 속에서 안락을 누리는 것이다.

비현실적인 낙관주의자도 진상 파악하기 기술을 이용할 수 있다. 하지만 반대로 적용해야 한다. 최악의 시나리오를 작성할 필요는 없다. 그러나 지금 겪고 있는 역경이 초래할 수 있는 부정적인 사건을 생각해 내는 것은 중요하다. 회복력 기술이 언제나 그렇듯이 유연성과 정확성이 비결이다. 유연한 사고를 통해 지나친 낙관성에서 벗어나야 한다. 그럼으로써 잠재 위험을 확인하고 그것에 필요한 계획을 세울 수 있다.

지금까지 회복력 구축을 도와줄 5가지 기술을 배웠다. 다음 9장에서는 감정에 압도될 때 마음을 진정하고 집중하는 방법과, 발끈하는 순간에 회복력 기술을 즉시 적용하는 방법을 배울 것이다.

• 9장 •

속성기술

: '진정하기 및 집중하기'와 '실시간 회복력'

신속한 대응이 필요할 때

믿음에 반박하기와 진상 파악하기는 거의 모든 상황에 적용할 수 있는 기술이다. 하지만 강렬한 감정에 휩싸여서 아무 생각도 할 수 없을 때, 사건을 찬찬히 분석할 시간 여유가 없을 때, 혼란의 와중에 마음을 가라앉힐 간단하고도 효과적인 방법이 필요할 때는 적절한 기술이 아니다. 그런 때는 빠른 어떤 것이 필요하다. 이 9장에서는 신속한 대응을 가능케 하는 2가지 기술을 소개할 것이다. 이 기술은 비합리적인 감정이나 행동이 시작되자마자 그것을 바꾸는 데 활용된다. 여섯 번째 기술인 진정하기 및 집중하기는 감정을 통제할 수 없을 때 감정을 가라앉히고, 온갖 생각이 끊이지 않을 때 집중력을 유지하고, 과도한 스트레스에 짓눌릴 때 스트레스 수준을 낮춰

주는 강력한 도구이다. 일곱 번째 기술은 실시간 회복력이다. 이 기술은 믿음에 반박하기와 진상 파악하기의 핵심 요소들을 이용해서 비합리적인 믿음을 몰아낸다.

이 두 속성 기술은 각기 독립적인 완전한 기술이지만 자주 함께 사용된다. 때때로 사람들은 일단 감정을 가라앉히고 생각을 가다듬으면 그 즉시 앞으로 나아갈 수 있다. 그들에게는 진정하기 및 집중하기 기술 하나만으로도 효과가 있다. 더 나중에 반추할 시간이 있을 때 철저하고 체계적인 기술 중 하나를 적용해서 그 역경과 그것에 대한 믿음을 분석할 수 있다. 또 어떤 때는 실시간 회복력 기술을 이용해서 역경의 순간에 떠오르는 믿음에 즉시 반박할 수 있다. 또한 감정이 지나치게 강렬한 경우에는 우선 진정하기 및 집중하기 기술을 적용해서 그 감정을 가라앉힌 후에 실시간 회복력 기술을 사용할 수도 있다. 2가지 기술 모두 회복력 구축에 중요한 역할을 한다. 그러면 이제부터 그 두 기술을 적용하기에 가장 알맞은 상황을 알아보자.

워런은 누구에게서든 언제나 천천히 하라는 말을 듣는다. 아침에 일어나는 순간부터 밤에 잠들 때까지 그는 마치 시간과 경쟁하듯이 움직인다. 면도하면서 커피를 홀짝이고 운전하면서 아침을 먹는다. 사무실에서 늦게까지 일하고 집에 와서는 가족이 잠든 후 자정이 훨씬 넘은 시각까지 일한다. 수면 시간은 고작 5시간이다. 그는 뭐든 빨리빨리 하는 것을 좋아했고, "끝내야 할 일이 있다면 바쁜 사람에게 부탁하라."는 속담이 정답이라고 믿었다. 하지만 얼마 전부터 스트레스가 부쩍 심해지고 있었다. 작년에는 지난 5년간 앓은 것보다 더 자주 아팠다. 아프지 않을 때도 몸이 썩 좋은 상태가 아니다. 활기차고 낙천적이던 태도가 변덕스럽고 침울하게 변했다. 워런은 스트레스가 매우 심하다고 투덜대지만 그것을 어떻게 해결해야 할지 알지 못한다.

제레미는 다혈질이다. 감정이 순식간에 치솟는다. 그 속도는 스포츠카보다 더 빨라서 눈 깜짝할 새에 영에서 시속 100킬로미터에 도달한다. 직장 동료에게 제레미는 요주의 인물로 찍혔다. 그가 주위에 있으면 아내와 아이들은 혹시라도 화를 돋울까 봐 전전긍긍한다. 다른 사람들은 무심하게 넘길 일에도 그는 적대적이고 공격적으로 반응한다. 주차 공간을 못 찾거나 어린 아이가 참견하거나 비디오 가게에 빌리려는 영화가 없을 때도 그렇다. 화가 나지 않을 때는 한걸음 물러서서 자기가 과잉 반응하고 있다는 것을 알아차리지만 어떻게 통제력을 되찾을지 알지 못한다. 그가 아는 유일한 방법은 감정이 스스로 놓아줄 때까지 무작정 기다리는 것이다.

캐서린의 문제는 자기 대화가 너무 많다는 것이다. 한마디로 걱정꾼이다. 광고 회사의 영업 부장으로서 캐서린이 해야 할 일은 매우 다양하다. 세심하게 경청해야 하고 유능하게 설득해야 한다. 하지만 마음속에서 들려오는 수다를 무시하기 어려울 때가 많다. 중요한 프레젠테이션 도중에도 걱정이 끊이지 않는다. "내가 저 광고주에게 우리 회사가 적임자라는 확신을 심어 줄 수 있을까? 내가 지금 자신만만하게 말하고 있는 걸까? 내가 질문에 명확하게 대답한 걸까? 내가 지금 괜찮아 보일까?" 그 후에는 그 일을 곰곰이 되씹는다. "나는 명확하게 설명하지 못했어. 도대체 어째서 제대로 하지 못하는 걸까?" 이런 자기 의심은 캐서린의 활력과 재능을 해친다. 캐서린은 집중력을 되찾고 초점을 맞추는 방법을 알지 못한다.

평정심 상실, 통제력 상실, 집중력 상실, 이 세 문제는 회복력을 고갈시킨다. 그 문제들은 직장에서 소중한 시간을 허비하게 만들고 인간관계를 크게 훼손하고 심지어 질병을 일으킬 수도 있다. 당신의 스트레스 정도를 가늠해 보라. 워런의 이야기에 공감하는가? 몸이 아프고 쑤시지만 병원에 갈 시간이 없는가? 집중력이나 기억력이 예전에 비해 떨어졌는가? 수면에 문제가 있는가? 이 모두가 스트레스를 암시한다. 스트레스를 줄이는 법을 배우지 않으면 건강에 심각한 이상이 생길 수도 있다. 이 9장에서는 스트레스가 회복력을 훼손하지 않도록 스트레스 수준을 최소화하는 법을 배울 것이다.

제레미의 사례는 어떤가? 당신도 그런가? 지난 두 주일을 돌아보라. 버럭 화를 내거나 두려움에 사로잡힌 적이 있었는가? 당신이 곁에 있을 때는 가족들이 살얼음판을 걷듯 극도로 조심하는가? '감정을 자제할' 필요가 있다는 말을 들은 적이 있는가? 그 격렬한 감정이 사라지면 그제야 상황을 다른 관점에서 바라보고, 감정에 휘말려 있을 때는 보지 못한 중요한 정보를 알아차리는가? 그렇다면 당신은 4장에서 소개한 편도체 장악을 경험했거나 권리 침해에 관한 빙산 믿음에 반응한 것이다. 어느 경우에 해당되는지 이제부터 강렬한 감정에 휩쓸리는 즉시 상황을 파악하는 법과 감정을 가라앉히는 법을 배울 것이다. 그러면 다시 논리적으로 사고할 수 있다.

감정을 통제하지 못한 적은 없었을지도 모른다. 그러면 정신이 산란해서 당면한 과제에 집중하기 어려운 때가 있었는가? 캐서린처럼, 당신의 실시간 믿음은 온통 걱정투성이인가? 소가 되새김질을 하듯이, 지난 경험을 떠올리고 세세하게 수없이 반추하지만 정작 해결책은 하나도 못 찾아내는가? 업무, 건강, 인간관계에 대해 지나치게 걱정하는가? '주제에서 벗어난' 생각, 해야 할 일과는 무관한 생각들 때문에 불안하고 사고의 흐름이 끊기고 그 수많은 생각에 짓눌려서 간단한 아이디어도 못 내놓는가? 잡다한 생각에 빠져서 할 일을 미루는가? 실시간 믿음이 불안을 초래하고 현재를 즐기지 못하게 만들 때가 있다. 따라서 집중력을 되찾고 해야 할 일에 초점을 맞추는 방법을 소개할 것이다.

먼저 스트레스가 회복력에 미치는 영향을 살펴보자.

스트레스가 회복력에 미치는 영향

진정하기 및 집중하기 기술을 많이 연습하고 실시간 회복력을 키울수록 스트레스에 잘 대처할 수 있다. 이것이 중요하다. 스트레스는 정신 건강과 신체 건강을 심각하게 위협하기 때문이다. 직업이 무엇이든, 돌봐야 할 어린 자녀가 몇 명이든, 나이가 몇 살이든 간에 한 가지는 분명하다. 당신은 스트레스를 느낀다. 사실상 날마다 스트레스를 받는다. 스트레스는 인생의 피할 수 없는 일부이다. 그런데 그것은 괜찮다. 적당한 스트레스는 실제로 유익하기 때문이다. 우리를 자극하고 동기를 부여해서 당면한 난제를 잘 대처하게 해 준다. 스트레스는 불안을 일으킨다. 다룰 수 있는 수준의 불안은 훌륭한 동기 유발 요인이 된다. 중요한 회의를 앞두고 조금도 불안하지 않다면 따로 시간을 내서 회의를 준비할 가능성이 있겠는가? 승리에 대한 불안감이 없다면 골프 스윙을 수없이 연습할까? 스트레스가 문제가 되는 것은 통제하지 못하고 오히려 압도당할 때뿐이다.

요즘 건강이 어떤가? 직장 동료가 병이 나면 당신도 틀림없이 몸이 아파 오는가? 연구에 따르면, 그 이유는 당신의 인생에 스트레스가 너무 많기 때문이다. 한 연구진은 스트레스가 감기 발병에 영향을 미치는지 여부를 검증했다. 400여 명의 건강한 피험자를 모은 후 수많은 질문을 통해 그들이 현재 겪고 있는 스트레스 수준을 측정했다. 그러고 나서 그들 코에 호흡기 바이러스가 들어 있는 점비액을 주입했다. 다음 7일 동안 피험자들을 격리 수용하고, 감기 증상을 측정했다. 피험자 개인이 사용한 휴지 개수를 세는 것도 증상 측정 방법 중 하나였다. 연구 결과, 스트레스 지수가 가장 높은 사람이 감기에 걸릴 확률은 스트레스 지수가 가장 낮은 사람이 발병할 확률의 두 배에 달했다.

감기는 성가신 질병이지만 반드시 생명을 위협하지는 않는다. 그러나 관상동맥 질환은 생명이 위험하다. 의사들은 스트레스와 심장 혈관 질환의 상관관계를 인정하는 추세이다. 관상동맥 환자의 경우, 극심한 스트레스는 심장으로 흘러 들어가는 혈액량을 감소시킨다. 이것을 심근 허혈이라고 한다. 실제로 스트레스는 격렬한 육체 활동만큼이나 심근 허혈을 정확하게 예측한다. 게다가 관상동맥 환자가 만성 우울증까지 겪고 있다면 예후가 좋지 않다. 만성 우울증의 주요 원인은 만성 스트레스이다. 간단히 말해, 우울한 관상동맥 환자는 우울하지 않은 관상동맥 환자들보다 더 일찍 사망한다.

스트레스를 받으면 어째서 질병에 더 취약해지는 걸까? 스트레스를 겪고 있을 때는 비현실적으로 사고하기 쉽다. 건강에 유익한 행동을 쓸모없는 짓으로 여기기도 한다. 아버지와 할아버지 모두 심근경색으로 일찍 돌아가셨는데 내가 식단을 바꿔 봐야 무슨 소용이 있겠어? 이런 믿음은 틀림없이 해로운 결과로 이어진다. 연구 결과, 스트레스를 받으면 바이러스 감염 세포와 암세포를 공격해서 죽이는 자연 살해 세포(natural killer cell)의 활동이 둔화한다. 다시 말해서 스트레스는 면역 체계를 손상시키고, 면역 체계가 손상되면 질병에 더 자주 걸린다.

그렇다면 무엇이 스트레스를 일으킬까? 스트레스와 스트레스 요인을 구별하는 것이 중요하다. 스트레스란 스트레스 사건에 노출되었을 때 신체와 정신에서 벌어지는 일을 말한다. 통증, 피로감, 면역계 손상, 우울증, 불안은 만성 스트레스 증상이다. 반면에 스트레스 요인은 개인에게 스트레스를 일으키는 사건 또는 상황을 말한다. 스트레스 요인은 가벼운 사건(세탁소에 맡긴 옷을 깜빡 잊고 찾아오지 않은 것, 지하철을 놓친 것, 새 옷에 커피를 흘린 것 등)에서 심각한 사건(사랑하는 사람의 죽음, 자연 재해, 폭력을 당한 것 등)까지 광범위하다. 스트레스 요인은 대체로 외적 사건들, 즉 외부에서 자신에게 가해진 사건이다. 하지만 내적 사건일 수도 있다. 배우자에게 느끼는 분노, 비관적인 사고, 지속적인 불안처럼 내면에서 벌어지는 사건도 스트레스 요인이다. 긍정적인 사건 역시 스트레스를 일으킬 수 있다. 결혼식 계획을 짜거나 아기를 낳아 퇴원한 사람은 알고 있을 것이다. 큰 행복을 안겨 주는 경험은 큰 스트레스까지 함께 안겨 준다. 스트레스 연구자들에 따르면, 변화가 스트레스 요인이다. 즉, 긍정적이든 부정적이든 변화가 스트레스를 일으킨다. 그리고 변화는 끊이지 않는다.

임박한 위험 같은 스트레스 요인에 직면하면 신체는 소위 스트레스 반응을 일으켜서 아드레날린과 코르티솔을 분비한다. 진짜 위험이 존재할 때는 아드레날린이 제공하는 힘이 필요하다. 그 힘 덕분에 우리 조상들은 사나운 호랑이에게서 목숨을 구할 수 있었다. 그 힘 덕분에 응급 구조원은 구조 작업을 더 빨리 할 수 있고, 몸무게가 49킬로그램인 돈나는 남편이 자동차에 깔리자 차를 번쩍 들어 올려서 남편을 꺼낼 수 있었다. 하지만 일상에서 느끼는 스트레스 반응 속도는 생존을 좌우하는 사건에서 비롯되는 경우가 드물다. 마감 시한을 맞추고 아이를 제시간에 등교시키고 온 가족이 평화롭게 식사하는 것이 중요하다. 이 중 어떤 것도 인간 생존과 성공적인 유전자 전달을 위협하지는 않는다. 대다수 인간이 정기적으로 직면하는 스트레스 요인의 종류가 이렇게 완전히 달라졌음에도 스트레스 반응은 조금도 변하지 않았다. 사냥감을 찾아 마을을 나서는 트록이든 고객을 찾아 회의실을 나서는 탐이든, 일단 스트레스 반응이 시작되면 그 결과는 똑같다.

스트레스는 개인차가 심하다

각자가 스트레스 요인을 해석하는 방식과 그것에 반응하는 방식이 스트레스 수준에 크게 영향을 미친다. 이 연구 결과는 ABC 연결 관계와 놀라우리만치 비슷하다. 뉴욕 시립 대학교의 심리학자 수잔 코바사 박사는 똑같은 스트레스 요인을 겪으면서도 어째서 어떤 사람은 잘 지내고 어떤 사람은 그렇지 못한지를 연구한다. 즉, 동일한 환경에서도 다른 사람보다 스트레스를 더 많이 받고 더 탈진하고 더 자주 아픈 사람들이 있다. 수천 명의 회사 임원을 연구한 결과, 코바사는 3가지 중요한 요인이 있다는 것을 발견했다. 바로 통제력, 헌신, 도전이다. 이 세 요인이 스트레스에 더 취약한 사람과 회복력을 발휘하는 더 강인한 사람을 구별해 준다.

① 회복력 수준이 높은 사람은 인생에서 일어나는 사건에 본인이 직접 영향을 미칠 수 있다고 믿으며 그 믿음을 행동으로 옮긴다. 다시 말해, 그들은 자기에게 통제력이 있다고 믿는다. 일어난 사건을 통제할 수 없는 사람이나 자기에게 통제력이 없다고 믿는 사람은 역경에 처할 때 스트레스를 더 많이 받는다. 한마디로, 통제력이 없는 사람은 심지어 그것이 믿음의 문제

일 때조차 사건의 피해자가 되고 스트레스에 압도당한다. 반대로 인생의 모든 면을 책임지는 사람은 문제와 곤경에 처할 때 통제력을 발휘하여 오히려 더욱 성장한다.

② 회복력 수준이 높은 사람은 하고 있는 일에 더욱 열심히 헌신한다. 그들에게 직업은 단순히 직업이 아니다. 인생의 의미를 부여하는 원천이다.

③ 회복력 수준이 높은 사람은 변화를 스트레스 요인이 아닌 성장의 기회로 삼을 가능성이 더 크다.

코바사의 연구는 스트레스를 겪을 때 사고 양식이 중요하다는 것을 지적한다. 물론 우리가 통제할 수 없는 사건이 있다. 사랑하는 사람의 죽음이나 자연 재해 같은 사건은 통제하지 못한다. 사고 양식에 상관없이 그러한 사건은 극도의 스트레스를 유발한다. 하지만 대다수의 스트레스 요인은 통제력 측면에서 중간 수준에 해당하는 사건들이다. 이 스트레스 사건에는 바꿀 수 없는 요소도 있지만 얼마든지 바꿀 수 있는 요소도 있다. 업무 마감 시한, 칭얼대는 아이, 여행 등 일상에서 접하는 스트레스 사건의 경우, 통제할 수 있다는 믿음의 유무와 대응 방식이 각자의 스트레스 수준을 결정하는 데 결정적인 역할을 한다.

진정하기 기술로 스트레스 줄이기

회복력 수준을 높이려면 스트레스를 잘 다룰 수 있어야 한다. 스트레스 사건을 겪을 때 사고 양식을 바꿔서 스트레스를 예방하거나 최소화하는 법을 배울 수 있다. 하지만 솔직히 말해 스트레스를 완전히 면할 수는 없다. 따라서 스트레스에 짓눌릴 때 마음을 가라앉히는 방법도 배워야 한다. 바로 그 시점에서 진정하기 기술이 쓰인다.

스트레스 퇴치 기법은 대개 긴장 상태에서 이완 상태로 돌아가는 방법을 가르침으로써 몸과 마음의 스트레스 반응 통제력을 배양하는 데 치중한다. 이완이 효과적인 이유는 아주 간단하다. 인체는 이완 상태와 긴장 상태에 동시에 놓일 수 없다. 두 상태는 양립할 수 없는 것이다. 따라서 이완하는 방법을 배우면 스트레스 수준을 통제할 수 있다.

스트레스 사건에 대응하는 방식을 개선하기 위해 모든 기법을 이용할 필요는 없다. 이 점을 기억하는 것이 중요하다. 이 기술들을 일종의 메뉴로 여겨라. 그중에서 알맞은 것을 고르면 된다. 본인에게 특히 효과적인 기술이 있을 것이다.

심호흡

스트레스와 불안감이 커질 때 호흡이 어떻게 변하는가? 대체로 얕아지고 빨라진다. 폐 밑에 있는 반구 모양의 근육인 횡격막으로 호흡하지 않고 가슴으로 호흡한다. 폐의 맨 윗부분만 공기로 채워지고 있다는 말이다. 폐로 들어가는 산소가 줄어들기 때문에 혈관을 통해 순환하는 산소도 감소한다. 산소량의 변화는 뇌에서 경고 신호를 발하고 아드레날린이 더 많이 분비된다. 이 때문에 불안감이 훨씬 더 증가하고 호흡은 더 얕아지고 빨라지며, 따라서 순환하는 산소량이 더 적어진다. 악순환에 돌입한 것이다.

횡격막으로 호흡할 때 인체는 다르게 반응한다. 호흡이 더 깊어지고 느려지며 더 충만하다. 호흡으로 노폐물을 씻어 내는 느낌이 든다. 숨을 들이쉬면 배가 나오고, 숨을 내쉬면 배가 꺼진다. 본인이 이렇게 복식호흡을 하는지 가슴호흡을 하는지 알아보는 가장 좋은 방법은 바닥에 반듯이 눕는 것이다. 손을 배 위에 올려놓으면 숨을 들이쉬고 내쉴 때 배가 올라가고 내려가는지 확인할 수 있다. 호흡을 해도 배의 움직임이 없다면 복식호흡이 아니다.

심호흡하는 방법은 다양하다. 하지만 조사 결과, 다음 방법이 가장 유용하다. 일단 기본적인 방법을 완전히 익힌 후 다양한 방법을 시도하면서 몸과 마음을 가장 완벽하게 이완시켜 주는 방법을 찾아내라. 적어도 하루에 한 번은 이 방법을 실천해야 한다.

연습

- 팔걸이가 없는 의자에 똑바로 앉아서 두 발을 바닥에 붙인다. 두 손을 무릎 위에 편안하게 놓는다.
- 배가 팽창하는 느낌이 들 때까지 코로 숨을 들이쉰다.
- 천천히 가만히 숨을 들이쉬면서 폐가 공기로 차오르고 있다고 상상한다. 숨을 들이쉬면서 아주 천천히 하나부터 넷까지 센다. 풍선이 부푸는 상상을 하면 도움이 되기도 한다. 이 과정 내내 반드시 가슴과 어깨의 긴장을 풀어야 한다.
- 코로 천천히 숨을 내쉰다. 역시 하나부터 넷까지 세면서 숨을 완전히 내쉰다.
- 천천히 심호흡하는 이 과정을 적어도 3분 동안 반복한다.
- 생각을 멈추고 호흡에 집중한다. 어깨, 등, 배, 다리에 어떤 느낌이 드는지 주목한다. 생각이 떠오르기 시작하면 의식적으로 호흡에 다시 집중한다. 이 단계가 가장 어렵다. 그러니 인내심을 갖고 지속하도록. 심호흡 연습이 익

숙해지면 호흡에 집중하기가 더욱 쉬워진다.

점진적인 근육 이완법

심호흡과 함께 사용할 수 있는 또 다른 기법은 점진적인 근육 이완법이다. 신체의 모든 근육을 체계적으로 이완시키는 방법이다. 스트레스를 받으면 몸이 딱딱하게 굳는다. 등에 통증이 있을 수도 있다. 목이 뻣뻣해지는 느낌도 든다. 근육이 씰룩거린다는 사람도 있다. 점진적인 근육 이완법은 신체 각 부위의 근육을 조였다가 풀어 주는 과정이다. 근육이 긴장할 때와 이완할 때 어떤 느낌인지 확인하고 비교해 보면 된다.

연습

- 편안한 자세를 취한다. 바닥에 눕거나 등을 곧게 펴고 의자에 앉는다. 발은 바닥에 붙이고, 두 팔은 무릎 위에 편안하게 놓는다.
- 눈을 감는다. 2분 동안 앞서 배운 방법대로 심호흡한다.
- 두 손과 아래팔부터 시작한다. 가능한 한 마음을 비우고 숨을 들이쉬면서 주먹을 쥐고 손과 아래팔의 근육을 힘껏 조인다. 다른 신체 부위나 팔뚝 전체를 조이지 말고 오직 두 손과 아래팔의 근육만 긴장시킨다. 근육을 바짝 조여야 하지만 통증을 느낄 정도여서는 안 된다. 그렇게 15초 동안 손과 아래팔의 근육을 긴장시킨다.
- 계속 심호흡을 하면서 손과 아래팔의 긴장한 느낌에 집중한다. 어느 부위 근육이 가장 탄탄하게 조여드는가? 그 근육이 언제 탄탄해지는가? 그 주변 근육은 어떤 느낌이 드는가? 15초 동안 근육을 조인다.
- 숨을 내쉬면서 손과 아래팔의 근육을 이완시킨다. 근육의 긴장을 재빨리 풀

어 주고, 그 이완된 느낌에 집중한다. 근육을 풀자 호흡과 심장박동 수가 어떻게 달라지는가? 계속 심호흡한다. 한두 번 심호흡한 후에는 근육의 긴장이 완전히 풀어진 느낌이 들어야 한다. 그렇게 이완된 상태를 30초 동안 유지한다. 동일한 근육에 집중하면서 이 과정을 또 한 번 반복한다.

- 손과 아래팔의 근육을 조였다 푸는 과정을 2번 실행한 후, 1분간 쉰다. 그러고 나서 다음 부위 근육으로 넘어간다. 계속 심호흡을 하면서 신체 각 부위의 근육을 긴장시켰다가 이완시킨다.
- 손과 아래팔 근육을 조였다가 풀어 주듯이, 다른 부위의 근육도 동일한 방법으로 긴장과 이완을 반복한다. 즉, 15초 동안 바짝 조였다가 30초 동안 완전히 풀어 준다. 숨을 들이쉴 때 근육을 조이고, 한두 번 심호흡한 후에 숨을 내쉬면서 근육을 풀어 준다. 근육이 조여든 느낌에 집중하고, 목표로 삼은 근육만 긴장시켜야 한다. 근육을 이완시킬 때 그 느낌에 집중하고, 최대한 완전히 이완시킨다.
- 한 부위의 근육을 2번에 걸쳐 긴장과 이완을 되풀이한 후, 1분 동안 쉬고 나서 다음 근육으로 넘어간다.

이 과정을 모두 마치는 데는 20분 정도 걸린다. 처음 2주 동안은 몸 전체의 근육을 이 방법대로 조였다가 풀어 주는 것이 좋다. 적어도 하루에 한 번은 실행해야 한다. 그 후에는 통증이 있거나 뻣뻣한 부위의 근육에만 이 방법을 적용한다.

이 점진적 근육 이완법을 처음 배우고 실행할 때 사람들은 흔히 세 가지 문제에 부딪힌다.[7] 첫째, 한 부위의 근육만 따로 조였다가 풀어 주는 것이 어렵다. 어려운 것이 정상이다. 요가나 스트레칭에 익숙한 사람이 아니라면 다양한 근육을 일부러 따로따로 구분한 적이 없을 것이다. 꾸준히 실행하다 보면 점차 능숙해지고 수많은 근육이 서로 어떻게 연결되어 있는지 좀 더 잘 감지하게 될 것이다.

둘째, 이완이 오히려 긴장을 증가시킨다. 점진적 근육 이완법 등 이완 기법을 처음 두세 번 정도 행할 때 근육이 점점 더 딱딱하게 굳는 사람들이 있다. 긴장을 풀어야 한다는 생각만으로 심장박동 수가 증가하고 호흡이 얕아진다. 데이비드 발로와 론 라페이는 점진적 근육 이완법을 이용해서 불안을 줄여 주는 전문가이다. 그들 연구에 따르면, 이완의 이 역설적인 특징은 지배욕이 강한 사람과 쉽게 불안해지는 사람에게서 가장 자주 나타난다. 그들은 몸의 긴장을 푸는 것, 심지어 그저 눈을 감는 단순한 행위조차 불편하게 느낀다. 본인의 믿음을 토대로 그것을 통제력 상실로 해석하기 때문이다. 불안증 위험이 있는 사람들의 경우, 이완하라는 지시가 더 많은 불안 증상을 일으킨다. 이 현상을 이르는 용어도 있다. 바로 '이완으로 인한 불안'이다. 한 남성은 이렇게 말했다. "'긴장을 풀라.'는 말을 듣자마자 제 실시간 믿음이 시작돼요. '긴장을 못 풀면 어떡 하지? 다른 사람은 모두 긴장을 푸는데 나 혼자만 점점 더 불안해지는 것을 들키면 어떻게 하지? 이렇게 가쁘게 숨을 쉬고 있다는 걸 남들이 눈치 채면 어쩌지?'" 당신도 그렇다면 먼저 진상 파악하기 기술을 적용해서 파국을 예상하는 결과 믿음을 확인해야 한다. 일단 그 과정을 마친 후에야 점진적인 근육 이완법을 효과적으로 이용할 수 있을 것이다. 또한 이 이완법을 실행할 때 눈을 뜬 채 벽이나 바닥의 한 지점을 응시하는 것도 도움이 된다.

세 번째 문제는 조금 후에 잠들어 버린다는 것이다. 당신도 그렇다면 많이 피곤한 상태이므로 수면 시간을 늘리는 것이 바람직하다. 20분의 쪽

잠은 아주 달콤하다. 하지만 근육 이완을 시도할 때마다 어김없이 잠든다면 효과적으로 실천하는 방법을 배울 수 없다. 이를 활용할 수 있는 상황은 아주 많다. 교통 체증에 갇힐 때, 성관계를 갖기 전에, 회사에서 중요한 일을 앞두고 있을 때 등이 그렇다. 그런 상황에서 긴장을 푸는 것은 유익하지만 잠에 빠져드는 것은 곤란하다.

점진적 근육 이완법에 능숙해지고 이완의 수준 차이를 느끼는 사람은 '고급 단계'의 이완법을 시도해도 좋다. 이 방법은 스트레스 상황에서 최대한 빨리 최대한 이완할 수 있게 도와준다. 집에서 혼자 20분 동안 체계적으로 푸는 것과 혼잡한 구내식당에서 서둘러 점심을 먹어야 하는 5분 동안 푸는 것은 완전히 다른 이야기다.

점진적 근육 이완법을 언제 어디서나 활용할 수 있으려면 아주 짧고 간단한 방법으로도 동일한 수준에 도달하도록 연습을 해야 한다. 모든 근육을 조였다 푸는 데 능숙해지면 긴장시키는 근육의 수를 줄여 나간다. 각 부위의 근육이 어느 정도 긴장하는지, 그 수준에 따라 근육을 분류한다. 그러고 나서, 별로 긴장하지 않는 근육은 제외하고 가장 자주 딱딱하게 긴장하는 근육 위주로 점진적 근육 이완법을 연습한다. 연습 시간을 20분에서 15분이나 10분으로 줄여라. 2주 정도 연습한다면 단축된 방법으로도 20분짜리를 실행했을 때와 동일한 수준으로 몸을 이완시킬 수 있다. 단축된 이완법을 마스터하면 미약한 긴장도 감지할 수 있고, 긴장한 근육만 따로 구별해서 다시 긴장시킬 필요 없이 곧바로 이완시킬 수 있다.

또한 집중을 방해하는 산만한 환경에서도 능수능란하게 이완할 수 있어야 한다. 어떤 사람은 아이들이 개를 쫓아 온 집 안을 휘젓고 달릴 때, 또 어떤 사람은 소란한 사무실에서 이 기법이 필요할지도 모른다. 우선 자기가 혼란스럽고 산만해지는 장소들을 적어라. 이완하기가 가장 쉬운 장소에서 맨 먼저 점진적 근육 이완법을 실행하고, 조금씩 더 까다로운 장소로 옮겨 가면서 가장 어려운 장소에 대비하라. 어떤 여성은 라디오를 크게 틀어 놓은 집에서 맨 먼저 점진적 근육 이완법을 연습했다. 그다음에는 쇼핑몰에서 세 딸과 저녁을 먹으면서 실천했고, 마침내 스트레스가 극도에 달하는 사건인 중역 회의에 참석했을 때 이 이완법을 활용했다.

긍정적 이미지 상상

진정하기 기술의 세 번째 기법은 긍정적 이미지이다. 심호흡이나 점진적 근육 이완법을 실행하는 모든 상황에 이 기법을 활용할 수 있다. 지금 시도해 보라. 눈을 감은 후 평온하고 한가한 장면을 상상하라. 더없이 느긋하고 편안하고 행복한 장소를 떠올려라. 2, 3분 동안 그 장면을 그려 보고, 그 이미지 속에서 긴장을 풀고 쉬어라.

다음 두 가지 보기 중 어느 것이 당신이 상상한 이미지와 더 비슷한가? 구체적인 묘사가 아니라 이미지의 선명함과 상세한 정도에서 어느 것이 당신 그림과 더 비슷한지 판단해 보라.

장면 1 : 나는 해변에 있다. 태양은 찬란하지만 뜨겁지는 않다. 나는 타월 위에 누워서 해변으로 밀려오는 파도 소리를 듣고 있다.

장면 2 : 나는 해변에 있다. 태양은 찬란하고, 내 몸을 따스하게 감싸는 햇살이 느껴진다. 나는 타월 위에 누워서 해변으로 밀려오는 파도 소리를 듣고 있다. 저 먼 바다에서 일어난 파도가 서서히 몸집을 불리며 해변으로 다가오는 것이 보인다. 수평선 멀리 있는 파도는 희미하고 부드럽게 속삭인다. 해변에 가까워지면서 점차 소리를 높여 포효하고 모래에 세차게 부딪히며 산산이 부서진다. 나를 위로하는 바다의 목소리를 듣고 있자니 머리 위로 날아다니는 새소리도 들려온다. 대기는 향긋한 선탠로션과 따뜻한 비와 갓 베어 낸 싱그러운 풀 냄새로 가득하다.

어느 장면이 상상한 이미지와 더 비슷한가? 그 이미지의 상세한 정도가 장면 1과 비슷하다면 더욱 생생하게 이미지를 상상하는 연습을 해야 한다(여행 잡지나 연애 소설을 읽으면 도움이 된다). 이 점이 왜 중요할까? 상상한 이미지가 자세하고 선명할수록 긴장이 더 쉽게 풀리기 때문이다. 다음 요령이 유용하다.

- 심호흡을 하면서 긴장을 푼다.
- 눈을 지그시 감는다. 본인이 영화의 무대 디자이너라고 상상한다. 이제 해야 할 일은 고요하고 평화로운 장면을 가능한 한 사실적으로 창조하는 것이다. 그 장면을 구성하는 주요 요소들에 집중한다. 당신이 있는 곳은 어디인가? 사람들이 흔히 떠올리는 고요한 장소는 산이나 해변이다. 물 흐르는 소리가 들리는 곳이 보통 마음을 진정시킨다.
- 오감을 총동원해서 그 장면의 세세한 부분을 채워 나간다. 무엇이 보이는가? 무슨 소리가 들리는가? 어떤 냄새가 나는가? 어떤 감촉이 느껴지는가? 장면을 자세히 상상할수록 좋다.
- 생생하고 평화로운 그림을 상상한 후 속으로 긍정적인 말을 되풀이한다. "나는 느긋하고 한가하다." "나는 편안하고 평화롭다." 등이면 충분하다. 또

는 스트레스가 몸에서 흘러나가는 장면을 상상할 수도 있다. 이 방법이 감상이라고 여기는 사람들도 있다. 그렇다면 이 과정을 건너뛰어라.

이 시각화 개입은 규칙적으로 활용할 때 아주 효과적이다. 자주 실행할수록 더욱 쉽게 이완할 수 있다. 마음이 상상한 이미지와 이완 상태를 연합하기 때문이다. 사실 당신은 그 이미지와 이완을 연합하게끔 몸을 조건 형성하고 있는 것이다. 시각화 개입을 서너 주 동안 실행하면 상상한 이미지를 떠올리자마자 긴장이 풀리는 것을 확인할 수 있다.

긍정적 이미지 개입을 이용해서 곧 있을 스트레스 사건에 대비할 수도 있다. 이미 일어난 스트레스를 줄일 목적이 아니라 예방 차원에서 활용하는 것이다. 먼저 심호흡으로 시작하라. 하지만 특정 이미지를 상상하지 말고, 곧 겪어야 할 스트레스 사건을 떠올리고 그 역경을 자신 있게 유능하게 다루는 모습을 상상하라.

임박한 스트레스 사건을 능숙하게 해치우는 자신을 시각화하는 이 과정은 그 사건을 실제로 겪기 전에 서너 번 미리 연습할 경우, 최고로 효과적이다. 자세하게 시각화할수록 좋다. 그 사건이 실제로 일어나면 반드시 해야 할 일이 무엇인지 구체적으로 숙고하고, 그것을 실천하는 모습을 상상하라. 면접, 사장이나 친구와의 곤란한 대화 등, 미리 대비해야 할 사건이 대인 관계와 연관이 있다면 그 자리에서 실제로 해야 할 말을 연습하고 상대방의 질문에 자신 있게 대답하는 모습을 상상하라.

혼란하고 산만한 환경에서도 근육을 풀고 평온을 유지하는 것은 생산적인 대응에 중요하다. 따라서 몸과 마음이 스트레스 반응을 일으킬 때마다 진정하기 기술을 사용해야 한다. 관련 기법을 자주 활용할수록 스트레스에 압도되는 것을 쉽게 피할 수 있다.

침투 사고

스트레스는 큰 문제가 아닌데 불쑥불쑥 떠오르는 생각 때문에 고생하는 사람들이 있다. 앞선 사례에서 캐서린이 그렇다. 캐서린은 당장 해야 할 일에 집중할 수가 없었다. 잡다한 생각이 끊임없이 끼어들어서 집중을 방해하기 때문이다. 책상이나 식탁에 앉아 어떤 일에 집중하고 있다고 하자. 서류 작성, 리포트 쓰기, 친구와의 전화 통화 등 다양하다. 당신은 보통 얼마나 오래 집중하는가? 하고 있는 일에 몇 분이나 철저히 몰입하는가? 어떤 일을 하다가 다른 일에 한눈을 팔기까지 얼마나 걸리는가? 1분? 3분? 10분? 이렇게 말할지도 모른다. "그 일이 정말 하기 싫으니까 자꾸 딴짓을 하는 거야." 맞는 말이다. 좋아하지 않는 활동일수록 다른 일에 한눈을 팔 가능성이 더 커진다. 하지만 아주 좋아하는 활동을 하고 있을 때도 사람들 마음은 자꾸 다른 곳을 헤맨다. 운동선수들에게 가장 큰 문제 중 하나는 집중력 부족이다. 자유투를 하든 퍼트를 하든 타석에서 공을 치든 마찬가지다. 성관계 도중에 다른 것에 골몰한다고 말하는 여성들도 많다. 끝내야 할 업무나 식료품점에서 사야 할 물건이 자꾸 생각난다는 것이다. 이렇게 불쑥 끼어드는 생각은 당연히 쾌감을 방해한다.

이러한 침투 사고는 3가지 방식으로 회복력을 약화시킨다.

① 침투 사고는 주로 부정적인 경험에 관한 것이어서 당신을 우울하게 한다.

② 침투 사고는 당신 주의를 사로잡고 문제 해결을 방해한다.

③ 침투 사고는 당신의 시간을 허비한다.

침투 사고는 주로 부정적이고 파국적이다

심리학적으로 개입 한번 해보자. 마음을 비워라. 아무 생각도 하지 말라. 이것이 개입이다. 장담하건대, 그 상태를 오래 지속할 수 없을 것이다. 생각을 몰아내고 마음을 비우려고 아무리 애써도 결국 생각이 하나 끼어들 것이다. 어떤 생각이 주의를 사로잡았는지 확인하라. 아마도 당신이 끝내야 할 일, 또는 대화해야 할 사람, 해결해야 할 귀찮은 문제와 관계가 있을 것이다. 한 여성의 사례를 보자. 그녀는 가만히 앉아서 마음을 비우고 가능한 한 긴장을 풀고 느긋해지려고 노력했다. 그때 떠오른 실시간 믿음을 소리 내서 말해 보라고 하자 이렇게 대답했다. "전등에서 윙윙 소리가 나네. 꺼 버렸으면 좋겠어. 언제까지 이러고 있어야 하지? 피곤해. 등도 아파. 딱딱하게 굳어서 뻐근해. 요즘에는 기운이 다 빠져나간 느낌이야. 내가 일을 너무 많이 한다는 제프의 말이 맞아. 하지만 일을 줄일 방법을 모르겠어. 우리는 돈이 필요하고, 나한테는 일이 중요해. 일이 얼마나 중요한지 제프는 이해하지 못하는 것 같아. 아이들과 함께 있는 것도 좋아. 하지만 출근하지 않고 온종일 아이들만 돌본다면 견디기 힘들 거야. 제프는 왜 그걸 이해하지 못할까? 그는 내가 아이들과 함께 있는 모든 순간을 사랑하길 원해. 그건 결코 현실적인 바람이 아니야. 아이들 돌보는 일을 제프와 나눠서 하면 좋겠어. 이것에 관해 대화할 필요가 있어. 나로서는 정말 짜증 나는 문제니까."

이 여성의 연쇄적인 실시간 믿음을 들으니 어떤 생각이 드는가? 마음 비우기에 참여할 때 사람들은 두 가지 사실을 깨닫는다. 그 두 가지 모두 위의 사례에도 해당한다. 첫째, 마음을 비우기가 몹시 어렵다. 사실, 첫 단계조차 해내지 못하는 사람이 많다. 둘째, 무의미한 생각이 한동안 이리저리 떠돌다가 결국에는 부정적인 생각이나 파국적인 생각으로 귀착된다. 본인의 사고 양식이 그 텅 빈 공간을 채우는 것이다.

사례에서 맨 처음 그 여성의 주의를 사로잡은 것은 전등이 윙윙거리는 소리였다. '외부에 초점을 맞춘' 이 생각은 오래가지 않는다. 그녀의 마음은 외부 환경의 자극에서 내적인 자극으로 차츰차츰 옮겨 간다. 처음에는 등의 통증을 감지한다. 다음에는 정신없이 바쁜 일상을 떠올리고, 마침내 일과 양육의 어려움과 중요성이라는 주제에 안착한다. 그 주제에 골몰하자 생각이 남편과의 갈등과 남편의 태도로 이어진다. 그 여성은 자기가 일을 얼마나 중요시하는지 남편이 이해하지 못한다고 해석한다. 이러한 사고의 흐름을 따라가다 보면 결국 그 여성은 어떤 감정을 느끼게 될까? 남편에게 점차 짜증이 나고, 그 생각에 몰두할수록 더욱 화가 난다.

이제 당신은 이렇게 말한다. "무슨 말인지 알아요. 하지만 불현듯 떠오르는 생각들은 진짜 문제와는 아무 상관이 없어요. 그저 만약의 경우를 걱정하는 생각이 끝없이 이어져요. 그래서 불안에 휩싸이죠." 맞는 말이다. 우리 마음속 보초병은 있지도 않은 위험을 자주 경고한다.

침투 사고에 몰두하다 보면 문제를 발견할 수도 있다. 단 그렇게 발견된 문제가 진짜 문제일 경우에만 도움이 된다. 만약을 걱정하는 침투 사고에 골몰한다면 마음은 당신에게 불리한 방향으로 계속 흘러가고 진짜 문제를 효율적으로 다루는 능력을 위축시킨다.

당신은 인생의 여러 가지 문제를 현실적으로 바라보는가? 아니면 문제가 없는 곳에서 문제를 만들어 내는가? 8장에서 진상 파악하기 기술을 사용해서 최악/최상 시나리오와 실현 확률이 가장 높은 사건을 모두 고려함으로써 파국적 사고를 멈추는 방법을 알아보았다. 이 9장에서는 그와 동일한 목적지에 도착하기 위해 '만약에' 사고를 완전히 중단하는 방법을 배울 것이다.

강박적 침투 사고로는 문제를 해결할 수 없다

침투 사고가 진짜 문제와 관계가 있다고 하자. 어떤 문제에 사로잡히면 판이한 두 가지 사고 양식이 등장한다. 하나는 유용하고, 하나는 유용하지 않다. 다음 두 사례를 보고 사고 양식의 차이점을 알아내라.

토드와 메리는 결혼식을 계획하고 있다. 하지만 순조롭지 않다. 야생 버섯 파이를 전채 요리에 포함시키느냐 마느냐를 놓고 두 사람은 20분째 싸우고 있다. 그들은 속으로 이렇게 말한다.

토드 : "소시지 빵을 먹는 게 뭐가 어때서 그러지? 그만 싸우고 밖에 나가서 신나게 노는 게 좋을 것 같아. 지난번에 볼링장에 갔을 때 재밌었는데. 그러자고 할까? 그렇게 기분을 풀고 나서 오늘 밤에 전채 요리 리스트에 대해 다시 의논하면 되잖아."

메리 : "이 전채 요리 리스트는 정말 말도 안 돼. 어떻게 의견이 맞을 수 있겠어? 조짐이 안 좋아. 우리는 함께 결정해야 할 훨씬 더 중요한 문제들이 있어. 사소한 문제로 사사건건 싸워서 결혼식을 망치고 싶지는 않아. 나는 행복하길 원해. 결혼식은 즐거워야 해. 진짜 너무너무 화가 나. 우리에게 무슨 문제가 있는 게 틀림없어."

이 두 연쇄적 사고는 어떤 차이가 있을까? 토드는 문제를 해결하고 있다. 메리는 강박적 사고에 빠져 있다. 이것을 심리학자들은 강박 반추라고 부른다. 강박적으로 반추하는 사람은 문제를 개선할 행동이나 방법은 강구하지 않고 동일한 정보 조각들을 되새기고 또 되새긴다. 강박적으로 반추할 때 그들은 주로 감정, 그 감정의 원인과 의미, 그 감정이 초래할 결과에 초점을 맞춘다. 강박적으로 반추하는 사람은 ABC 분석에는 상당히 유능하다. 본인 감정과 행동을 오래 숙고하기 때문이다. 문제는 그렇게 얻은 정보를 토대로 건설적인 조치는 하나도 취하지 않는다는 것이다. 자기 인식 정보를 이용해서 문제 해결에 착수하지 않고 생각, 감정, 행동을 관찰하는 일에만 몰두한다.

그들의 의도는 주로 감정을 조절하고 이겨 내려는 것이다. 하지만 안타깝게도 강박적 반추 과정은 정반대의 효과를 낳는다. 감정에 골몰하는 것은 그 감정을 완화하기보다는 악화시키기 때문이다. 강박적으로 반추하는 사람의 문제는 우울증 영역에서 광범위하게 연구되었다. 자문하라. 슬퍼지기 시작할 때 당신은 주로 어떻게 하는가? 가만히 앉아서 감정을 숙고하는가, 아니면 일어나서 어떤 일이든 하는가? 우울증의 반응 양식 이론을 제시한 수전 놀런-혹스마 박사는 개인의 반응 양식이 슬픔의 지속 시간을 결정하는 데 중요하다는 것을 발견했다. 반응 양식 이론에 따르면, 우울해질 때 남성과 여성은 대체로 서로 다르게 반응한다. 남성은 주로 다른 일에 주의를 돌린다. 농구를 하거나 맥주를 한잔 마신다. 텔레비전을 보거나 볼링을 하러 간다. 반면에 여성은 강박적으로 반추한다. 슬플 때 친구에게 전화를 걸어서 자기의 감정을 이야기한다. 왜 슬픈지 그 이유에 초점을 맞춘다. 자기가 느끼는 감정의 미묘한 변화를 애써 탐구하고 감지한다.

반응 양식과 우울증 연구는 자기 파멸적인 사고를 멈추는 데는 주의 전환이 더 좋은 방법이라고 주장한다. 몇 가지 예외가 있기는 하지만 나도 그 주장에 동의한다. 진정하기와 집중하기 모두 '주의 전환' 기술이다. 반생산적인 믿음 즉 불안, 슬픔, 분노를 악화시키는 믿음에서 주의를 돌리게 도와준다. 그러면 더욱 생산적인 정서 상태로 돌아갈 수 있다. 하지만 주의 전환 반응 양식에 대해 좀 더 명확하게 설명할 필요가 있다. 사람들이 주의를 돌리는 방법은 다양하고 우울증을 줄일 수 있다. 그러나 그 방법 중 많은 것이 잘해야 근시안적인 방법이며, 최악의 경우 위험하다. 맥주 마시기(코카인 흡입하기, 초콜릿 먹기)는 생산적인 감정 관리 방법이 아니다. 우울할 때마다 헬스클럽에 가는 것은 집에 앉아서 우울에 침잠하는 것보다는 좋은 방법이다. 하지만 러닝머신은 당신을 우울하게 만든 원인을 바꿔 주지 못한다. 주의 전환은 단기적인 해결책이다. 우울한 감정에 빠진 당신을 꺼내 준다. 하지만 문제에 어떤 조치를 취하지 않는다면 그 감정은 언제든 돌아올 것이다.

건전한 방식의 주의 전환이 최우선이다. 그다음이 문제 해결이다. 한 연구에서는 경증 우울증 환자들을 두 집단으로 나눠서 한 집단은 강박적으로 반추하게 하고 다른 집단은 주의 전환 활동에 참여하게 했다. 그런 다음에 두 집단을 비교해서 강박적 반추가 문제 해결 능력에 어떤 영향을 미치는지 조사했다. 두 집단의 피험자는 모두 경증 우울증 환자이다. 따라서 두 집단의 문제 해결 능력에 차이가 있다면 우울증이 아닌 반응 양식의 차이 때문이라고 간주할 수 있다. 연구 결과, 강박적으로 반추한 피험자들은 네 가지 측면에서 문제 해결 능력을 크게 약화시키는 비합리적인 사고 양식을 갖고 있었다. 첫째, 강박적 반추 피험자는 주의 전환 피험자보다 문제를 더 심각하고 더 해결하기 힘든 것으로 판단했다. 하지만 피험자의 문제를 검토한 독립적인 심사위원들은 반추 피험자들의 문제가 주의 전환 피험자들의 문제보다 더 심각하거나 더 해결하기 어렵지는 않다고 판단했다. 둘째, 반추 피험자는 주의 전환 피험자보다 더욱 자기 비판적이고 문제의 원인으로 자신을 지목하는 확률이 훨씬 더 높았다. 즉, 문제가 일어날 때 강박적으로 반추하는 사람들은 주로 '내 탓' 설명 양식을 갖고 있었다. 이 '내 탓' 양식은 문제가 심각하고 해결할 수 없다는 인식('항상' 믿음)과 결합해서 문제 해결에 필요한 동기를 모두 앗아갔다. 셋째, 반추 피험자는 더욱 자기 비판적일뿐 아니라 훨씬 더 비관적이며, 설사 문제 해결을 시도하더라도 문제 해결 능력을 계속 의심했다. 넷째, 그들은 본인이 문제를 통제할 수 없다고 믿었으며 해결책을 적용하는 데도 소극적이었다. 자신을 계속 멀리하는 친구에게 어떻게 대응하겠느냐는 등의 문제를 제시했을 때 반추 피험자들이 내놓은 해결책은 주의 전환 피험자들의 것보다 훨씬 더 비효과적이라고 연구진은 판단했다.

이 모든 것을 종합하면 감정에 골몰하지 않는 법을 배우는 것이 왜 중요한지 명확해진다. 강박적으로 반추하는 사람은 문제 해결에 서툴다. 겪고 있는 문제가 심각하고 통제할 수 없다고 믿으며 자신을 문제의 원인으로 삼기 때문이다. 문제 해결책을 알고 있을 때조차 부정적인 사고 양식 때문에 그 해결책을 끝까지 적용할 가능성이 별로 없다. 또한 근본적인 문제를 해결하지 않는 탓에 자신과 세상에 대한 부정적인 시각을 강화하고 반추, 우울증, 문제 해결 불능의 악순환에 빠진다. 이 악순환을 끊으려면 속성 기술을 배워야 한다.

침투 사고는 당신의 시간을 허비한다

일을 얼른 끝내야 하는데 그 일과는 무관한 생각이 끊임없이 떠올라서 잠시도 집중하지 못한 적이 있을 것이다. 한 교사의 책상에 다음 날 수업 시간에 돌려줘야 할 학생들의 과제물이 한 무더기 쌓여 있다. 그 교사는 맨 위의 과제물을 집어서 읽기 시작한다. 2분쯤 지나서 문득 깨닫는다. "이런! 제인이 전화해 달라고 했는데 깜빡 잊었네. 중요한 일이 아니어야 할 텐데." 다행히 이 생각은 금방 떨칠 수 있어서 다시 과제물에 집중한다. 하지만 한 쪽 넘기자 또 이런 생각이 든다. "애런이 어젯밤에 심하게 칭얼댔는데, 아프지나 않은지 모르겠네." 아이의 건강을 걱정하기 시작하자 잇달아 떠오르는 생각에 소중한 15분을 허비한다. 그리고 아이 방으로 가서 확인해 보기로 마음먹는다. 아이를 보고 오는 길에 부엌에도 들르고 텔레비전 채널도 한 바퀴 돌려본 후 서재로 돌아와 과제물에 다시 집중한다. 그런데 이 무렵이면 이미 읽은 한 쪽 내용을 잊었기 때문에 처음부터 다시 봐야 한다.

시간 낭비는 침투 사고가 야기하는 세 번째 문제이다. 강박적 반추에 갇히지 않고 쓸데없는 생각이 고작 몇 초간 지속되었다 해도 하던 일에서 일단 벗어나면 그 일에 다시 집중하는 데는 몇 분이 걸린다. 바로 내일, 사무실에서든 집에서든 어떤 일을 시작할 때 당신 의식에 침투하는 수많은 생각에 주의를 기울여라. 그 생각 때문에 하던 일에서 벗어날 때마다 일일이 종이에 표시하라. 하루가 끝날 무렵, 표시한 개수를 확인하고 사람들은 깜짝 놀란다. 그렇게 한눈을 팔다가 다시 일에 몰두하는 데 걸리는 시간을 전부 합해 보고는 경악한다.

집중하기 기술로 침투 사고 물리치기

어떻게 하면 반생산적인 침투 사고를 중단할 수 있을까? 그 방법은 사실 꽤 간단하다. 한눈을 팔게 하거나 강박적 반추를 조장하는 생각을 멈추는 데 상당히 효과적인 기술은 많다. 그것을 집중하기 기술이라고 부른다. 진정하기와 마찬가지로 다양하게 모두 시도해 본 후에 가장 효과적인 기법을 애용하라.

심리 게임

심리 게임의 목적은 비합리적인 믿음에서 주의를 돌리는 것이다. 그러면 해야 할 과제에 계속 집중할 수 있다. 심리 게임이 효험이 있으려면 개인의 도전 의식을 자극해야 하지만 그가 절망하거나 부정적으로 변할 정도로 너무 어려워서는 안 된다. 또한 재미있어야 한다. 그래야 불안, 분노, 슬픔이 보다 긍정적인 정서로 바뀐다. 그리고 비교적 빨리 끝나야 한다. 심리 게임의 길이는 어느 정도는 상황에 따라 다르다. 강연을 하려고 연단에 서 있다면 게임은 아주 짧아야 하지만 면접을 보려고 기다리거나 책상에 앉아 일을 마치려고 할 때는 조금 더 길어도 괜찮다. 심리 게임은 아무리 길어도 2분 안에 끝나야 한다. 심리 게임에 능숙해지면 몇 가지를 조합해서 자기만의 게임을 만들어도 좋다.

- 범주. 범주를 하나 고르고, 그 범주에 속하는 것을 2분 안에 최대한 많이 생각해 내면 된다. 범주의 예 : 채소, 해수욕장, 과일, 항구, 유명작가 등. 게임을 조금 더 어렵게 하려면 그 범주에 속하는 것을 가나다 순서대로 나열한다.

- 끝말잇기. 낱말을 하나 고르고 2분 안에 최대한 많이 잇는다.
- 숫자 세기. 1,000부터 7단위로 거꾸로 세거나 구구단을 외운다.
- 추억. 당신을 가르친 선생님의 이름을 모두 떠올린다. 유치원 선생님부터 시작한다. 또는 어릴 때 살던 집을 기억해 본다. 가구 배치, 벽을 장식한 물건, 침실 벽에 붙여 놓은 유명인의 포스터를 떠올린다(어린 시절을 떠올릴 때 불안해지는 사람에게는 이 게임이 알맞지 않다).
- 노랫말. 기분을 바꾸는 아주 훌륭한 방법이다. 가장 좋아하는 노래의 가사를 외운다(통속적인 이별 노래나 블루스 같은 우울한 곡은 피한다). 신나고 활기찬 노래가 좋다.
- 시. 희망과 기쁨을 노래하는 시를 한 편 외워 두었다가 집중이 필요할 때 떠올린다.

진정하기 및 집중하기 기술로 감정 통제하기

4장에서 바브와 짐의 이야기를 했다. 바람을 피운 짐과 파혼한 후, 바브는 술집에서 다른 여자와 함께 있는 짐을 보고 불같이 화가 나서 한걸음에 달려가 술을 끼얹었는데 알고 보니 모르는 남자였다. 드라마 같은 순간에 익숙하지 않은 바브는 갑작스런 분노와 격렬한 충동에 무방비 상태가 되었다. 대부분 통제력을 잃으면서 상황을 미처 파악하기도 전에 감정과 행동이 제멋대로 작동하는 이런 순간을 경험한 적이 있다. 정상이다. 그런 순간이 빈번하지 않다면 회복력을 훼손하지 않는다. 하지만 통제 불능 순간을 자주 경험하는 사람들이 있다. 9장의 첫머리에서 소개한 제레미처럼, 자주 통제력을 상실하고 감정에 압도된다면 그 사람의 회복력은 크게 손상되었다. 그는 인간관계에서 심각한 문제를 겪고 있을 것이며 직장에서 '상종하기 힘든' 사람으로 간주될지도 모른다. 그런 사람은 진정하기 및 집중하기 기술을 배우는 것이 무엇보다 필요하다.

진정하기 기술은 감정이 너무 격렬해서 합리적으로 사고하기 어려운 순간을 위한 완벽한 도구이다. 나쁜 소식을 들었을 때, 두려울 때, 십대 아들이 술에 취한 채 휘청거리며 들어서는 것을 보았을 때는 진정하기 기술이 절대적으로 필요하다. 마음을 진정하면 합리적으로 사고할 수 있다. 감정의 강도가 약해지면 알맞은 기술을 적용해서 반응을 일으킨 것이 무엇인지 더 정확하게 파악할 수 있다. 즉, 빙산 찾아내기 기술을 활용해서 그 반응을 촉발한 근저 믿음을 확인하고, 그다음에 믿음에 반박하기 기술을 이용해서 그 믿음이 현실적이며 고수할 가치가 있는지, 아니면 이익보다 손해가 더 많은지 판단할 수 있다.

진정하기 기술보다 집중하기 기술을 선호한다면 노랫말 게임을 이용하라. 가장 쉬운 집중하기 방법 중 하나이다. 속으로 노래를 부르는 것은 정서에 큰 영향을 미친다.

제레미는 화가 치미는 순간을 감지하는 즉시 심호흡을 통해 이완하는 법을 배웠다. 이 방법만으로도 분노가 강렬해지는 것을 자주 참아 냈다. 하지만 진정하기 기술이 필요한 순간에 즉시 적용하지는 못했다. 따라서 심호흡에 이어서 실시간 회복력 기술을 이용해야 했다. 그럼 이제 이 마지막 기술을 배워 보자.

실시간 회복력

진정하기 및 집중하기 기술은 신속하고 언제 어디서나 활용할 수 있고 효과적이라는 점에서 아주 유용하다. 하지만 이 기술은 스트레스를 일으키고 업무 수행을 방해하고 강렬한 감정을 촉발하는 믿음에 반박하지는 않는다. 이런 점에서 진정하기 및 집중하기 기술은 임시방편이다. 역경의 순간을 무사히 통과하게 해 주지만 불합리한 믿음이 또 다시 떠오르는 것을 막지는 못한다. 일곱 번째 기술인 실시간 회복력은 진정하기 및 집중하기 기술 못지않게 신속하면서도 비합리적인 믿음이 떠오르는 즉시 그것에 반박함으로써 효험을 누린다. 이 기술에 능숙해지면 비합리적인 믿음의 수가 적어지고, 문득 떠올라도 그 강도가 약해졌음을 깨닫게 된다.

집중하기 기술을 활용하는 모든 상황에 실시간 회복력 기술을 적용할 수 있다. 사실 거의 모든 사람들이 실시간 회복력 기술이 더 효과적이라고 말한다. 제레미처럼, 우선 진정하기 기술을 이용해서 긴장을 푼 다음에 실시간 회복력 기술을 적용할 수도 있다. 이 기술은 감정이 너무 격렬해서 압도당할 위험이 있는 상황에서 특히 유용하다.

실시간 회복력 기술은 '믿음에 반박하기 기술'과 '진상 파악하기' 기술의 핵심 요소들을 취합하여 즉시 적용할 수 있게 함으로써 효과를 발휘한다. 바로 믿음에 반박하기 기술과 진상 파악하기 기술에 의지한다. 따라서 이 두 가지 기술을 많이 연습하면 실시간 회복력 기술에 능숙해질 것이다. 그 두 기술이 효과적인 이유는 복잡한 상황을 더욱 철저하게 파악할 수 있기 때문이다. 철저히 파악한 뒤에는 그 상황과 그것이 초래할 결과를 해결할 방법을 모색할 수 있다. 하지만 그 두 기술은 역경이 지속되는 도중에 일어난 사건을 해결하기 위해 사용한다. 실시간 회복력 기술은 역경이 닥친 바로 그 순간에 사용한다. 그렇기 때문에 더없이 강력한 도구이다.

이 기술을 활용할 때는 자기 대화를 해야 한다. 비합리적인 믿음이 떠오를 때마다 실시간 회복력 대응으로 공격할 것이다. 실시간 회복력은 부정적인 믿음을 단순히 긍정적인 믿음으로 대체하는 기술이 아니다. 믿음에 반박하기 기술과 진상 파악하기 기술과 마찬가지로, 목표는 정확성이다. 실시간 회복력 기술의 임무는 비합리적인 믿음을 아주 정확하고 강력한 믿음으로 바꾸어서 비합리적인 믿음을 일거에 몰아내는 것이다.

실시간 믿음을 즉각 바꾸어 주는 핵심 구절 3개

실시간 회복력 기술을 배울 때는 3가지 핵심 구절을 이용해서 믿음을 바꿀 수 있다. 이 기술을 마스터하면 그 경구는 더 이상 필요 없을 것이다.

대안 믿음 : 이 일을 좀 더 현실적으로 바라보자.

믿음에 반박할 때, 그 목표는 설명 양식의 3가지 차원에서 다양한 대안 믿음을 떠올리는 것이다. 그렇게 해서 틀에 박힌 설명 양식에서 벗어날 수 있다. 실시간 회복력 기술의 목표는 본인의 설명 양식과는 다른 양식을 하나 동원해서 초기 믿음보다 더 정확한 믿음을 떠올리는 것이다. "이 일을 좀 더 현실적으로 바라보자." 이 구절은 대안 믿음을 구성하는 데 도움이 된다.

예를 들어, 역경의 순간에 떠오른 부정적인 믿음이 "나는 너무 긴장해서 바보 같은 소리만 늘어놓을 테고, 그러면 이번 데이트는 완전히 망치고 말 거야.”라고 하자. 핵심 구절을 이용해서 그 믿음에 다음과 같이 대응할 수 있다. “이 일을 좀 더 현실적으로 바라보자. 나는 데이트 초반에는 조금 긴장해서 실수할지도 몰라. 그 사람도 그럴 거야. 하지만 조금 후에는 둘 다 긴장을 풀고 즐겁게 보낼 거야.”

증거 : 그렇지 않아, 왜냐하면……

두 번째 방법은 증거를 토대로 믿음의 정확성을 검증하는 것이다. 믿음에 반박하기 기술의 목표는 역경의 진짜 원인을 알려 주는 증거를 최대한 많이 찾아내고 증거를 공정하게 수집하는 것이다. 하지만 확증 편향 때문에 우리는 믿음을 지지하는 증거를 더 쉽게 찾아낸다. 그래서 “그렇지 않아, 왜냐하면…….” 이 구절이 필요하다. 이 구절로 시작해서 실시간 믿음에 대응하면 사고에 초점을 맞추고 확증 편향과 싸울 수 있다. 여기서 목표는 가능한 한 자세하고 구체적이어야 한다. 증거가 구체적이어야 더욱 효과적이다.

비합리적인 믿음이 “아이들은 내가 해 주는 것에 하나도 고마워하지 않아.”라고 하자. 핵심 구절을 이용해서 그 믿음에 대응할 수 있다. “그렇지 않아, 왜냐하면 어제 딸아이가 내가 분수 덧셈을 아주 쉽게 설명해 줘서 큰 도움이 되었다고 했어.”

결과 : 일어날 가능성이 더 높은 일은….
그걸 해결하기 위해 내가 할 수 있는 것은…….

진상 파악하기 기술은 세 단계를 거친다. 1단계, 최악의 경우를 예상하는 믿음을 모두 나열한다. 2단계, 최상의 경우를 예상하는 믿음을 모두 나열한다. 3단계, 실제로 일어날 확률이 가장 높은 사건을 확인하고 해결할 방법을 계획한다.

실시간 회복력 기술은 훨씬 간단하다. 실현 확률이 가장 높은 사건 하나만 찾아내고 그 해결책 역시 하나만 계획하면 그만이다. 그 일을 더 쉽게 하는 방법이 있다. "일어날 가능성이 더 높은 일은…. 그걸 해결하기 위해 내가 할 수 있는 것은…." 이 구절로 대응하는 것이다.

부정적인 믿음이 "나는 해고될 테고, 더 이상은 내가 좋아하는 일을 할 수 없을 거야."라면 다음과 같이 대응할 수 있다. "일어날 가능성이 더 높은 일은 내가 마감 시한을 넘겨서 부장이 화낼 거라는 거야. 그걸 해결하기 위해 내가 할 수 있는 것은 먼저 죄송하다고 말하고 내가 맡은 업무의 우선순위를 정하는 일을 도와달라고 부탁하는 거야."

이 세 가지 핵심 구절을 이용하면 실시간 회복력 기술을 훌륭하게 실행할 수 있다. 하지만 이 기술에 더욱 능숙해지면 이 구절들은 필요 없을 것이다. 커스틴의 사례를 통해 실시간 회복력 기술을 한층 더 발전된 수준으로 활용하는 법을 소개하겠다. 커스틴은 중요한 회의에 집중하기 위해 이 기술을 이용했다.

어린 두 아들을 둔 커스틴은 교육학 박사로 연구자이자 교육 컨설턴트로 일한다. 아주 유능하고 직장에서 상당히 성공한 여성이다. 하지만 일과 가정의 균형을 유지하는 문제로 날마다 고심하고 있다.

다음은 이른 아침에 동료 제이콥과 중요한 회의 장소로 가는 도중에 떠오른 커스틴의 자기 대화이다. 커스틴은 불안하다. 두 아들이 배탈이 난 데다 열까지 났기 때문이다. 제이콥과 커스틴은 이동하는 차 안에서 회의와 관련된 문제를 의논하기로 계획했다. 하지만 커스틴은 아이들 걱정 때문에 대화에 집중하지 못한다. 제이콥이 커스틴을 대화에 끌어들이려고 몇 번 애쓰다가 다정하게 말한다. "커스틴, 아이들 때문에 걱정이 많군요. 집에 있었으면 더 좋았을 텐데요. 하지만 우리는 이 문제를 반드시 의논해야 해요. 어떻게 하면 잠깐 걱정을 잊고 일에 집중할 수 있을까요?" 제이콥의 말에 커스틴의 마음속에서는 아래와 같은 생각들이 오간다. 그 실시간 믿음을 보면서 커스틴이 언제 어떤 사고의 함정에 빠지는지 찾아내라. 괄호 안에 설명해 두었다. 실시간 회복력 기술로 대응하는 것을 보면서 커스틴이 그 실시간 믿음이 틀린 이유를 알려 주는 증거를 이용해 더 정확한 대안 믿음을 내놓는지, 아니면 진상 파악하기 기술을 통해 그 믿음이 초래할 결과를 정확히 파악하는지 확인할 수 있다. 이것 역시 괄호 안에 설명했다.

커스틴의 실시간 믿음 : 아이들이 아파서 걱정하는 사람한테 어떻게 일에 집중하길 바라지? 정말 인정머리 없는 사람이야(→ 과잉 일반화 : 커스틴은 제이콥이 그렇게 말한 원인을 성격적 결함으로 돌리고 있다).

커스틴의 실시간 회복력 대응 : 제이콥은 인정머리 없는 사람이 아니야. 내가 너무 불안해하니까 15분 동안이나 함께 걱정해 주었어(→ 증거 : 제이콥의 구체적인 행동을 증거로 삼아 자기의 원인 믿음이 틀렸음을 입증하고 있다). 우리 가족을 진심으로 염려하니까 그런 거야. 우리는 지금 서너 가지 문제를 반드시 의논해야 해. 그래야 이번 회의를 성공적으로 끝낼 수 있어. 그건 제이콥도 알고 있고, 나도 원하는 일이야(→ 대안 믿음 : 제이콥의 행동을 더욱 정확하게 해석하고 있다).

커스틴의 실시간 믿음 : 그런데 도저히 집중할 수가 없어. 불가능해. 집에서 아이들을 돌보지 않고 밖에서 일하고 있다는 게 너무 불안해. 나 때문에 회의를 망치고 말 거야. 그러면 제이콥까지 손해를 입게 되고, 그는 언제까지나 이 일을 들먹일 거야(→ 파국적 사고).

커스틴의 실시간 회복력 대응 : 지금 집에서 아이들을 돌보지 못한다는 게 정말 속상해. 하지만 아이들이 아픈데도 출근해서 일을 하는 것이 이번이 처음은 아니야. 회의장에 도착하려면 아직 20분이 남았어. 그러니까 조금 더 노력해서 비합리적인 생각을 떨쳐 내자. 그러면 일에 집중할 수 있을 거야. 제이콥과 대화도 마무리할 수 있을 테고(→ 진상 파악하기 : 일어날 확률이 더 높은 일을 확인하고 그 일을 실현하기 위해 해야 할 일을 찾아낸다). 제이콥은 당연히 나를 이해할 거야. 지금보다 훨씬 더 나쁜 상황에서도 나를 이해해 준 적이 있어. 내가 연구진을 꾸리지 못해서 우리 둘이 그 많은 일을 다 해야 했을 때도 그랬지(→ 증거 : 제이콥의 지난 행동을 증거로 이용해서 그가 자신을 이해할 것이라고 믿는다).

커스틴의 실시간 믿음 : 그런데 나는 어떤 엄마일까? 좋은 엄마라고 말은 그럴듯하게 하지만 솔직히 언제나 일을 우선시하고 있어(→ 터널 시야 : 자신이 가족보다 일을 중요시한 경험만 기억하고 일보다 가족을 중시한 경험은 외면한다). 아이들은 나를 찾으며 하루 종일 울고 있을 거야. 그리고 내가 자기들을 사랑하지 않는다고 생각할 게 분명해(→마음 읽기).

커스틴의 실시간 회복력 대응 : 잠깐 생각해 보자. 무엇보다 나는 직장에서 좋은 기회를 거절하는 경우가 많아. 그 이유는 아이들과 함께 있고 싶어서야. 지난주만 해도 샌프란시스코에 갈 기회가 있었어. 그런데 사흘 동안 집을 떠나는 게 싫어서 거절했잖아(→ 아이들을 우선시한 증거). 아이들은 가끔 짜증을 부릴 거야. 엘리는 졸음이 오면 정말로 심하게 잠투정을 할 테고(→ 진상 파악하기 : 아이들이 얼마나 짜증을 부릴지 더 정확하게 파악하고 있다). 하지만 엄마가 함께 계시고, 아이들은 외할머니를 좋아해(→ 아이들이 괜찮을 거라는 증거). 그리고 아이들이 낮잠 잘 시간에 내가 전화해서 엘리가 제일 좋아하는 노래를 불러 줄 수도 있어(→ 진상 파악하기 : 실제로 일어날 일을 해결하기 위해 할 수 있는 것을 하나 찾아내고 있다). 어쨌든 아이들은 틀림없이 나를 사랑해. 어젯밤에 엘리가 엄마와 결혼할 거라고 했잖아. 그 이상 뭘 더 바라겠어?

커스틴의 실시간 믿음 : 다 헛소리야. 요점은 내가 그 모든 일을 해내려고 애쓰지만 제대로 하는 건 하나도 없다는 거야(→ 부정적 사건 확대하기와 긍정적 사건 축소하기). 제이콥은 내가 아이들 걱정으로 징징대는 것이 아주 지긋지긋할 거야(→ 마음 읽기). 그리고 제이콥이 새로 시작한 공동 작업에는 모두 다른 동료가 참여했어. 당연히 좀 더 헌신적으로 일하는 사람들과 작업하고 싶겠지(→ 속단). 불쌍한 내 남편은 또 어떻고? 우리가 둘만의 시간을 가진 게 언젠지 기억조차 없어. 결혼 생활이 올해 안에 끝장나지 않으면 그나마 다행이야(→ 파국적 사고).

커스틴의 실시간 회복력 대응 : 진정하자. 나는 많은 일을 잘 해내고 있어. 내가 작성한 연구비 신청서가 통과되어서 기금을 받았잖아. 지난주에 한 강연도 반응이 좋았어. 아이들은 행복해하고 우리는 함께 있으면 아주 즐거워(→ 증거). 제이콥은 우리 아이들을 좋아하고 아이들 이야기도 좋아해(→ 더 정확한 대안 믿음). 사실, 내가 아이들 얘기를 하는 것만큼 제이콥도 자기 개들 얘기를 하잖아. 그리고 다른 동료들과 공동 작업한다는 것이 나와 공동 작업을 꺼린다는 뜻은 아니야. 며칠 전에도 나더러 연구비 신청서를 함께 작성하자고 했잖아. 남편과 함께 보내는 시간이 거의 없는 건 사실이야. 하지만 엄마가 아이들을 일주일에 한 번씩 봐주시기로 했으니까 이제는 둘만의 시간이 더 늘어날 거야(→ 남편과 보내는 시간을 늘리려고 궁리한 해결책을 기억함으로써 진상을 파악하고 있다).

이 과정에 커스틴은 2, 3분 정도 소비했다. 일단 실시간 믿음에 반박하자 불안감이 줄어들었다. 그리고 회의장에 도착하기까지 남은 시간 동안 제이콥과 의논할 수 있었다.

실시간 회복력 기술 활용 때 저지르는 실수

실시간 회복력 기술을 처음 배울 때 사람들은 자주 회의적인 태도를 보인다. 손을 번쩍 들고 질문하는 사람이 반드시 있다. “더 합리적으로 사고하고 진짜 문제가 있을 때 곤경을 해결하는 방법을 가르치시는 거 아닙니까?” 부모와 교사들은 한걸음 더 나아가 이렇게 말한다. “제가 보기에는 오히려 아주 해로운 기술인 것 같아요. 아이들에게 책임을 더 잘 회피하게 하는 방법 따위는 결코 필요하지 않아요. 이 기술은 아이들에게 실제로 해로울 수도 있어요.”

“옳으신 말씀입니다.” 내 대답에 그들은 의아해한다. 그들 말이 옳다. 단, 한 가지 조건이 있다. 이 기술을 처음 배울 때 사람들은 특정한 실수를 저지른다. 제대로 바로잡지 않으면 그 실수들은 실제로 어떤 실수도 하지 않았다는 착각을 조장하고 모든 염려와 걱정을 차단한다. 하지만 흔히 범하는 이 실수들을 경계하고 바로잡는 방법을 배우면 실수는 곧바로 사라지고, 이 기술은 회복력 수준을 극적으로 향상시킨다. 이 책에 소개한 모든 기술이 그렇듯이, 이 기술을 적용해야 할 때와 올바로 적용하는 방법을 아는 것이 중요하다. 그리고 실시간 회복력 기술을 처음 배울 때 사람들은 의심하고 걱정하지만 실제로 활용한 후에는 그 기술이 왜 그렇게 꼭 필요하고 중요한지 깨닫는다.

실수 1. 극단적인 낙관성

초보자들이 가장 흔히 범하는 실수 중 하나는 극단적인 낙관성의 함정에 빠지는 것이다. 그들은 부정적인 믿음을 비현실적으로 낙관적인 믿음으로 대체한다. 좀 더 정확한 대안 믿음을 궁리하고 있을 때 이 실수를 가장 자주 범한다. 극단적으로 낙관적인 믿음은 공허하고 입에 발린 소리처럼 들린다. 그 믿음은 역경에 대한 객관적인 사실과는 아무 상관이 없다. 영업 팀장인 티나는 실시간 회복력 기술을 실천할 때 이 실수에 빠진다. 한 예로, "우리 팀원들은 너무 게으르고 불만이 많아. 더 이상은 같이 일 못 하겠어."라는 믿음이 떠오를 때 티나는 그 부정적인 믿음을 얼른 이렇게 바꾼다. "나는 팀원들과 아무 문제도 없어. 실제로 나는 그들과 함께 일하는 게 정말 좋아." 다른 사람이라면 몰라도 티나에게는 결코 해당하지 않는 사실이다. '행복한' 믿음이 반드시 회복력을 높여 주지는 않는다.

실시간 회복력 기술을 사용할 때 기억할 것이 있다. 이 기술의 목표는 정확성이지 낙관성이 아니다. 「새터데이 나이트 라이브」(미국의 유명한 코미디 프로그램)의 등장인물 스튜어트 스몰리처럼("나는 너무 똑똑해, 나는 너무 착해, 사람들은 나를 좋아해.") 말하는 사람은 낙관적이면서도 사건에 대한 객관적인 사실과 일치하는 믿음을 구성하려고 노력해야 한다. 그렇게 구성한 믿음이 현실적일 경우, 당신은 직감으로 알 수 있다.

실수 2. 진실 묵살

사람들이 흔히 빠지는 또 하나의 함정은 비합리적인 믿음에 담긴 약간의 진실을 묵살하는 것이다. 증거를 토대로 비합리적인 믿음에 반박할 때 이 실수를 자주 범한다. 비현실적인 실시간 믿음의 내용은 주로 지나친 과장이다. 하지만 그 과장된 표현 밑에 진실이 묻혀 있을 수도 있다. 그 진실을 인정하지 않으면 새로 구성한 대안 믿음을 신뢰하지 못해서 초기 믿음이 다시 떠오른다. 그 이유는 근본적인 문제를 해결하지 않았기 때문이다. 한 예로, 커스틴이 남편과 단둘이 보내는 시간이 거의 없는 것은 사실이다. 그런데 "불쌍한 내 남편은 또 어떻고? 우리가 둘만의 시간을 가진 게 언젠지 기억조차 없어."라는 실시간 믿음에 "그렇지 않아, 왜냐하면 데이브와 나는 함께 있는 시간이 아주 많아."라고 대응한다면 커스틴은 그 초기 믿음에 담긴 진실을 묵살하고 있는 것이다. 그리고 그 진실을 외면했기에 결코 신뢰하지 않을 새로운 믿음을 구성한 것이다. 커스틴이 해야 할 일은 우선 그 작은 진실을 인정하고, 그다음에 그것을 더 올바른 믿음을 바꾸는 방법을 찾는 것이다.

실수 3. 비난 게임

비난 게임은 실시간 믿음이 지닌 작은 진실을 보다 구체적으로 묵살하는 실수이다. 개인화 또는 외현화의 함정에 빠진 사람들이 자주 저지른다. 개인화에 갇혀서 '내 탓' 설명 양식을 고수하는 사람의 실시간 믿음 내용은 주로 자기 비난이다. 외현화에 빠져서 '남 탓' 설명 양식에 집착하는 사람의 실시간 믿음은 문제의 원인으로 언제나 타인을 지목한다. 이 둘 중 어느 것에든 해당하는 사람은 자기가 부정적인 실시간 믿음을 어떤 식으로 바꾸는지에 유의해야 한다. 그 믿음에 반박할 때 초보자들이 자주 범하는 실수는 무조건 비난의 대상을 바꾸는 것이다. 예를 들어, 언제나 자신을 비난하던 사람은 믿음을 바꾼답시고 타인을 비난한다. 타인을 비난하던 사람은 이제 자신을 비난한다. 이렇게 무분별하게 비난의 대상을 바꾸는 것은 역경을 통제하는 데 아무 도움이 되지 않는다.

실수 4. 최소화

최소화는 진상 파악하기 기술을 적용할 때 자주 저지르는 실수이다. 그 기술을 올바로 적용할 경우, 역경 때문에 실제로 일어날 확률이 가장 높은 사건을 확인하고 효과적인 해결책을 적어도 하나는 찾아낼 수 있다. 이때 하지 말아야 할 일이 역경의 중요성을 축소하는 것이다. 예를 들어, 당신이 해낸 일이 기대에 한참 못 미쳤다고 사장이 말하자 당신은 이렇게 생각한다. "그래, 맞아. 나는 무능해. 곧 해고당할 거야." 그런데 이 믿음에 "사장이 나한테 화가 났나? 상관없어. 해고하라지, 그게 뭐 대수야. 직장이야 또 구하면 그만이지."라고 대응한다면 이것이 바로 문제의 중요성을 축소하는 것이다. 이 대응은 그 비합리적인 실시간 믿음을 완전히 없애지 못한다. 현실을 무시하고 있기 때문이다. 진상 파악하기 기술을 적용하고 있을 때는 새로운 대안 믿음이 역경의 중요성을 경시하고 있는지 아닌지, 실현 가능성이 희박한 최악의 시나리오를 역시 터무니없는 최상의 시나리오로 대체하고 있는지 아닌지 확인해야 한다. 기억하라. 목표는 실제로 일어날 확률이 가장 높은 사건을 알아내고, 그다음에 그 해결에 전념하는 것이다.

일상에서 실시간 회복력 기술 활용법

다른 기술들과 마찬가지로, 실시간 회복력 기술 역시 자주 활용할수록 유익하다. 그런데 이 기술은 마스터하기가 가장 어렵다. 따라서 이 기술을 활용할 때는 현실적인 목표를 세우는 것이 중요하다. 다음 요령은 실시간 회복력 향상에 도움이 된다.

- 기술 4와 기술 5부터 먼저 실행하라. 믿음에 반박하기 기술과 진상 파악하기 기술에 능숙해지기 전에는 실시간 회복력 기술을 사용하지 말라. 이 마지막 기술을 효과적으로 활용하려면 대안 믿음을 구성하고 증거를 효과적으로 적용하고 실현 확률이 높은 사건을 정확하게 찾아내야 한다.
- 핵심 구절을 이용하라. 처음 몇 주 동안은 핵심 구절을 사용해서 실시간 믿음에 대응하라. 그 구절들은 대응력을 높여 준다.
- 구체적이고 자세한 증거를 찾아라. 구체적인 증거 한 가지가 일반적인 믿음 여러 가지보다 더 강력하다. 본인의 원인 믿음이 거짓이라는 사실을 스스로에게 입증해야 한다. 그럴듯한 눈속임은 아무 효과가 없다.
- 가장 효과적인 핵심 구절을 애용하라. 3가지 핵심 구절을 하나씩 시도해 보고, 그중 가장 효과적인 구절을 주로 활용하라. 그 세 구절을 모두 이용해서 세 번에 걸쳐 대응할 필요는 없다.
- 실수를 점검하라. 앞서 말한 4가지 실수 중에서 어떤 것이든 저지르게 될 것이다. 그 점을 예상하라. 이 기술을 활용하는 처음 몇 주 동안에는 실시간 믿음에 대응할 때마다 잠깐 시간을 갖고 실수가 있는지 점검하라. 실수를 확인하면 다시 대응하라.

- 속도보다 유효성이 중요하다. 이 기술을 적용하다 보면 비합리적인 실시간 믿음이 떠오르는 즉시 저절로 대응하고 싶어진다. 하지만 속도 때문에 유효성을 희생해서는 안 된다. 이 기술을 익히는 동안에는 일종의 예술 작품으로 여기는 것이 훨씬 더 좋다. 작품을 다듬고 또 다듬듯이, 몇 번이고 다듬어서 비합리적인 믿음을 쉽게 물리칠 수 있어야 한다.
- 매일 실행하라. 이 기술을 마스터한 사람과 그렇지 못한 사람의 차이는 실행 시간의 차이다. 매일 10분을 따로 할애해서 이 기술을 실행하라. 역경의 순간에 즉시 적용하려고 노력하라. 하지만 그 순간에 비합리적인 실시간 믿음을 포착하지 못하면 부정적인 믿음을 몇 가지 만들어 내고 그것에 대응하라.

속성 기술이 언제나 더 좋은 것은 아니다

'진정하기 및 집중하기' 기술과 '실시간 회복력' 기술에 능숙해지면 이 두 기술에만 치중하고 다른 기술은 모두 배제할지도 모른다. 우리 사회는 속도를 중시하고 빠른 해결을 선호한다. 비합리적인 믿음 때문에 당면한 과제에 집중하지 못할 때, 감정이 너무 격렬해서 이성적으로 사고할 수 없을 때, 엄청난 스트레스에 짓눌리고 있을 때는 속성 기술을 적용하는 것이 타당하다. 하지만 일상적인 문제들의 대다수는 즉각적인 대응을 요하지 않는다. 사실 우리가 실생활에서 자주 겪는 역경은 대체로 철두철미한 분석과 해결책과 계획을 필요로 한다. 인간관계에서의 갈등과 그 해결책을 찾는 일, 이직을 결정하는 일, 팀의 저조한 실적의 근본 원인을 파악하는 일에는 분석과 시간이 필요하다.

두 가지 속성 기술을 활용하고 그 외의 기술은 모두 배제하는 사람은 자문하라. 내가 회피하고 있는 기술이 있는가? 중요한 정보를 놓치고 있는가? 회복력은 때때로 즉각적인 행동을 요구한다. 하지만 그렇지 않을 때가 더 많다.

이제 7가지 회복력 기술을 모두 배웠다. 이 기술들은 심각한 역경에 대처하고 일상적인 곤경을 해결하는 능력을 키워 준다. 가능한 한 자주 실행하라. 그러면 역경에 더 잘 대비하고 역경에서 더 빨리 회복될 수 있다. 지금까지 혼란스럽고 불안하던 문제들에 이제는 논리적으로 확신을 갖고 대응할 수 있다. 좀 더 만반의 준비를 갖추었으므로 자신만만해질 것이다. 따라서 원하는 인생을 창조할 힘을 얻을 것이다.

3부에서는 이 7가지 기술을 실생활에 적용하는 방법을 소개한다. 인생의 중요한 영역 즉 인간관계, 직업, 양육, 직장, 삶의 의미 추구에서 자주 처하는 역경을 해결하는 데 초점을 맞춘다.

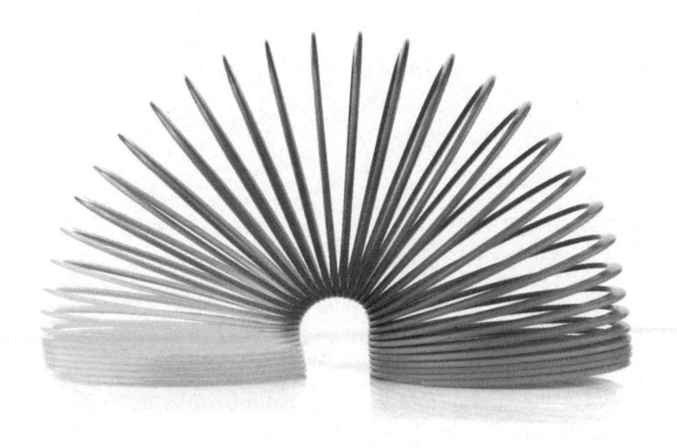

3부

회복력 기술의 적용

• 10장 •

결혼 생활 및 인간관계와 회복력

배우자와의 관계에서 당신이 원하는 것은 무엇인가? 사람들은 대체로 친밀감, 동반자 의식, 인정, 애정을 원한다. 이해받는 느낌과 성적 충족감을 원한다. 의미와 목적이 풍부한 삶을 원하고, 원하는 삶을 함께 창조하고 있다는 느낌을 원한다. 당신과 배우자의 관계는 기쁨과 보람의 원천이면서도 골치 아픈 문제가 산재해 있을지도 모른다. 그 관계 때문에 진이 다 빠질 때도 있다. 그래서 불만을 늘어놓는다. 다음은 부부들이 가장 자주 토로하는 불만이다.

- 상대방이 곁에 있는 것을 당연하게 여기며 우리 두 사람 관계를 우선시하지 않는다.
- 더 이상은 대화하지 않는다. 결혼하지 않았다면 친구로도 지내지 않았을 게

확실하다.

- 판에 박힌 생활을 하고 있다. 예전에 하던 일들을 계속 되풀이한다.
- 요즘에는 걸핏하면 싸우고, 싸움은 자주 험악해진다.
- 섹스? 그게 뭐지? 기억도 없다.

수많은 과학자가 결혼 생활의 성공 요인과 실패 요인을 연구해 왔다. 그리고 그 모든 연구에서 문제 두 가지가 어김없이 등장했다. 바로 소통 부족과 파괴적인 싸움이다. 이 문제는 관계의 토대 자체를 무너뜨린다. 어떤 부부든 배우자의 희망, 두려움, 욕망을 알아차리고 이해하려고 애써야 한다. 그런데 아주 많은 부부가 정직하고 생산적으로 대화하지 못한다. 아무리 사이가 좋아도 가끔은 의견이 엇갈리기 마련이다. 사소한 의견 충돌이든 험악한 싸움이든 갈등은 타인과 삶을 공유하는 과정에서는 정상적인 일부이다. 하지만 서로 '어떻게' 싸우느냐는 아주 중요하다. 이 10장에서는 7가지 회복력 기술을 이용해서 좀 더 효과적으로 소통하고 생산적으로 싸워서 원만하고 견고하게 관계를 유지하는 법을 소개한다. 하지만 솔직하게 대화하고 건전하게 싸운다는 것이 반드시 서로 친밀하다는 의미는 아니다. 따라서 그 7가지 기술을 활용해서 서로에게 손을 내밀고 애정을 강화하는 방법도 소개할 것이다.

그러나 두 사람 모두 최선을 다해도 관계가 끝장날 때가 있다. 이별은 상호 협의 하에 이루어지기도 하지만 반대 경우도 빈번하다. 결혼 생활이든 장기간의 동거든 열렬한 연애든, 그 관계의 종식은 고통스럽고 때로는 극한의 충격이다. 최고 수준의 회복력도 그 고통을 모두 없애 주지는 못한다. 인생의 중요한 일부를 상실한 것에 슬퍼하고 애석해하는 것은 당연하다. 하지만 회복력 기술은 그 아픈 이별에서 더 쉽게 헤어나서 적절한 시점에 다시 데이트할 수 있게 해 준다. 그러면 타인에게 손을 내밀고 새로운 관계를 다시 시도할 수 있다.

결혼 생활이 위태로운가

지금쯤 이렇게 중얼거리는 사람이 있을 것이다. "글쎄, 이 부분을 읽을 필요가 있을까? 물론 가끔 싸우긴 하지만 그런대로 괜찮은데." 그런대로 괜찮은 정도가 아니라 아주 사이가 좋은 부부들도 있다. 그들은 더없이 만족하고 친밀하고 행복하다. 하지만 명확한 통계치가 있다. 오늘 결혼한 부부 중에서 50퍼센트 정도가 이혼할 것이다. 그리고 그중 절반은 결혼 후 7년 안에 이혼한다. 재혼의 이혼율은 초혼보다 훨씬 더 높다. 아직 미혼이라면 이혼을 초래하는 요인들이 연인 관계도 종식시킨다는 것을 알아야 한다. 이혼 예측 요인 중에는 당신이 통제하거나 바꿀 수 없는 것이 많다. 이혼한 부모, 서로 다른 종교, 조혼 등이 통제 불가능한 요인의 예이다. 이런 일은 되돌릴 수가 없다. 하지만 결혼 생활을 위기에 빠뜨리는 요인 중에는 바꿀 수 있는 것도 많다. 바꾸는 방법만 알고 있다면 얼마든지 바꿀 수 있다.

한 예로, 배우자와 싸우는 방식이 비생산적일 수도 있다. 의견이 다르면 서로 성격을 탓한다. 이런 과잉 일반화는 사고의 함정으로서 상대방을 혹독하게 비난하게 만든다. 또는 배우자에 대한 기대가 비현실적으로 높을지도 모른다. 한번 실망하면 관계를 지속할 가치가 있는지 한다. 만사가 완벽하지 않으면 파국적 사고에 빠져서 사소해 보이는 공격에도 과잉 반응한다. 또는 서로 솔직하게 대화하지 못할 수도 있다. 어떤 일에 화가 나도 그것을 마음속에 차곡차곡 쌓아 두다가 더는 견딜 수 없을 때 폭발한다. 배우자가 감정을 털어놓아도 그가 무슨 말을 하고 있는지 도무지 이해할 수 없을지도 모른다. 침묵은 많은 결혼 생활을 파괴한다.

위의 예에 하나도 해당하지 않아서 배우자나 연인과의 관계에 아무 문제가 없다고 깨달은 사람도 있을 것이다. 싸우는 방식은 건전하고 생산적이며 의사소통은 원활하고 상대방에 대한 기대치는 명확하고 현실적이다. 그렇게 친밀하고 견고한 관계를 쌓는 데는 많은 노력과 능력이 필요하다. 그러니 자랑스러워할 일이다. 하지만 그런 사람에게도 이 10장은 흥미로울 것이다. 회복력을 타고난 사람을 가리켜서 "무의식적으로 유능하다."고 말한다. 특별히 배우지 않아도 원만한 관계를 유지할 수 있는 사람도 이에 해당한다. 회복력을 타고난 사람 중에는 일생 동안 그 기술을 배워 온 사람이 많다. 시행착오를 통해서 또는 타인을 본보기로 삼아서 배웠을 것이다. 그들은 문제와 역경을 훌륭하게 해결한다. 비결이 무엇이냐고 물어도 그들은 그 방법을 말로 표현하지는 못한다. 이런 사람들도 무의식적으로 실천하는 방법을 의식하게 된다면 더욱 이로울 것이다. 공용어를 사용하면 그 회복력 기술을 배우자와 함께 적재적소에 적용할 수 있다. 역경에 처해 극도로 혼란스러울 때도 사고의 함정을 조심하라거나 진상을 파악하라고 서로에게 조언할 수 있다. 각 기술에 이름을 붙이고 그것을 적용해야 하는 순간을 안다면 친구와 가족 등 주변 사람이 배우자나 연인과의 관계를 개선하도록 도울 수 있다. 그러니 계속 읽어라.

친밀함과 의사소통

사라는 부모 교육 프로그램에 참여한 마흔 살의 여성이다. 더 좋은 엄마가 되는 법을 배우려고 등록했지만 다른 참여자들처럼 주로 결혼 생활에 대해 이야기했다. "여전히 남편을 사랑해요. 남편도 저를 사랑하죠. 하지만 더 이상은 서로를 이해하지 못하는 것 같아요."

사라는 그들 부부의 소통 불능을 보여 주는 단적인 예를 들려주었다. 두 사람은 모두 근무 시간이 길어서 금요일 밤에는 완전히 녹초가 된다. 어느 날, 아들이 금요일에 친구들을 데려와 저녁도 먹고 밤새워 놀게 해 달라고 하자 허락하는 오판을 범했다. 금요일에 퇴근한 남편에게 사라가 말한다.

사라 : 도대체 우리가 무슨 생각을 한 거지? 허락하지 말았어야 했어. 친구들을 내일 데려오라고 할 수도 있었는데.

빌 : 나 혼자 허락한 거 아니잖아. 당신도 좋다고 허락한 일이야. 내 탓 하지 마.

사라 : 빌, 당신을 탓한 게 아니야. '우리'라고 말했잖아. 왜 내 말을 곡해하고 그래?

빌 : 이봐, 부정적인 태도는 이 일에 아무 도움이 안 돼. 이건 그렇게 큰 문제가 아니야.

사라 : 내가 이게 큰 문제라고 했어? 그저 아이들이 다른 날 왔으면 좋았겠다는 것뿐이잖아. 아, 그렇지, 어떤 것도 불평해서는 안 된다는 걸 잊었군. 내가 너무 피곤한가 봐.

빌 : 그래, 아주 피곤해 보여.

대화가 왜 이렇게 언짢게 흘러간 걸까? 사라는 그 이유를 알지 못했다. 남편도 마찬가지일 것이다. 이 대화는 주제를 벗어났다. 부부 문제 전문가 하워드 마크먼 박사가 '필터'라고 부르는 것 때문이다.[2] 필터는 일종의 실시간 믿음이다. 그 믿음이 감정을 이끈다. 필터는 배우자가 하는 말을 편견에 치우쳐서 해석하게 만든다. 메시지를 왜곡하고 명확한 소통을 방해한다. 기본적으로 4가지 필터가 있는데, 회복력 기술을 활용함으로써 그 영향을 최소화할 수 있다.

- 산만한 사고. 가장 기본적인 필터는 배우자가 하는 말에 단순히 주의를 기울이지 않는 것이다. 주의 산만의 원인이 환경일 때도 있다. 인기 드라마의 마지막 회를 보고 있거나 아이들이 소란스럽게 뛰어다닐 때는 배우자의 말을 경청하기가 어렵다. 실시간 믿음 또한 배우자가 하는 말에 집중하지 못하게 만든다. 예를 들어, 배우자가 값싼 항공권을 구했으니 휴가를 가자는 말을 하는데 당신은 다른 생각에 사로잡혀 있다. 끝내야 할 업무나 동료와의 갈등에 골몰하기도 하고 조금 전에 배우자와 나눈 언짢은 대화를 되씹고 있을지도 모른다. 배우자 말에 집중하기 어렵거나 끝없이 떠오르는 생각에 혼란스러울 때는 진정하기 및 집중하기 기술이 최선이다. 산만한 마음을 금방 가라앉히고 배우자에게 초점을 맞출 수 있다.
- 믿음. 두 번째 필터는 믿음이다. 배우자와의 모든 대화가 백지에서 시작되는 것은 아니다. 그날 겪은 일 또는 이전에 나눈 대화에서 생겨난 믿음이 그 대화에 끼어든다. 그리고 그 믿음은 배우자의 말을 해석하는 방식에 영향을 미친다. 귀가한 남편에게 아들과 한 약속에 관해 이야기할 때 사라가 모르고 있는 사실이 하나 있었다. 빌은 동료들 앞에서 퉁명스러운 사장에게 야

단을 맞고 퇴근한 길이었다. 이 사건은 분노를 촉발하고, 빌의 권리 침해 레이더를 작동시켰다. 귀가해서도 여전히 작동 중인 레이더 때문에 빌은 사라의 말을 비난으로 해석했다. 사라가 그저 걱정하고 있는 게 아니라 자신을 탓하고 있다고 해석한 것이다. 하지만 안타깝게도 빌은 그 해석의 정확성을 검증하지 못했다. 오히려 사라에게 총구를 겨누고 마구 공격했다. 믿음에 반박하기는 부부의 정확한 의사소통에 꼭 필요한 기술이다. 사고의 함정 때문에 문제가 일어나기도 한다. 속단 또는 마음 읽기 함정에 자주 빠지는 사람은 배우자가 하는 말을 있는 그대로 받아들이지 못한다. 그렇게 때문에 자신이 빠진 사고의 함정을 확인하고 거기서 빠져나오는 법을 배우는 것이 반드시 필요하다.

- 감정. 이미 감정이 고조된 상태에서 배우자가 어떤 주제를 꺼낸다면 또는 대화를 시작하자마자 격렬한 감정에 휩싸인다면 배우자의 말을 오해할 가능성이 있다. 빌은 회사에서 겪은 부정적인 사건 때문에 사라와의 대화에 곧바로 화가 난 것이다. 일단 화가 나자 이 감정은 그 이후에 사라가 하는 말을 해석하는 방식에 영향을 미쳤다. 이때 가장 좋은 방법은 타임아웃을 청하고, 그 시간에 감정을 파악하는 것이다. 진정하기 기술과 실시간 회복력 기술을 함께 사용하면 효과 만점이다.
- 소통 방식의 차이. 당신은 감정과 생각을 거리낌 없이 털어놓는데 배우자는 그렇지 않을 수도 있다. 그는 말보다는 행동으로 감정을 표현할지도 모른다. 소통 방식을 결정하는 것은 주로 빙산 믿음이다. "화내는 것은 옳지 않아." 또는 "남자는 말보다 행동이 우선이어야 해." 같은 빙산 믿음을 인식하지 못하면 소통 방식이 다른 배우자와 원활하게 대화하기 어렵고 서로의 말을 오해할 수밖에 없다. 빙산 믿음을 찾아내는 방법을 익히면 무엇 때문

에 배우자의 말을 오해하는지 이해할 수 있다.

회복력 기술을 적용한 생산적인 대화

회복력 기술을 활용하면 더욱 원활한 소통이 가능하다. 사라와 빌의 사례로 돌아가서 그 기술을 어떻게 적용하는지 보자. 그들은 아들이 친구들을 데려와 밤새 노는 것을 허락했다. 하지만 금요일이어서 두 사람 모두 너무 피곤했고, 사라는 그 감정을 빌에게 이야기하려고 한다. 그 순간에 그들이 속으로 어떤 생각을 하고 있는지부터 알아보자. 그 실시간 믿음은 그들이 겉으로 내뱉는 말과는 대조적이다. 다음은 사라와 빌의 실시간 믿음이다. 이 믿음이 그들이 하는 말에 어떤 영향을 미치는지 확인할 수 있다.

사라의 말 : 도대체 우리가 무슨 생각을 한 거지? 허락하지 말았어야 했어. 친구들을 내일 데려오라고 할 수도 있었는데.

빌의 실시간 믿음 : 집에 들어서자마자 싸움을 걸어오는군. 자기도 함께 허락한 일을 가지고 왜 시비야.

빌의 말 : 나 혼자 허락한 거 아니잖아. 당신도 좋다고 허락한 일이야. 내 탓하지 마.

사라의 실시간 믿음 : 대체 왜 저러지? 처음부터 방어적으로 나오네. 내 말은 한마디도 안 듣고 있잖아.

사라의 말 : 빌, 당신을 탓한 게 아니야. '우리'라고 말했잖아. 왜 내 말을 곡해하고 그래?

빌의 실시간 믿음 : 언제나 저렇게 부정적이야. 아이들도 지금 집에 와 있는데. 대통령을 위해 만찬을 차린 것도 아니면서. 어떤 일이든 큰 사건이나 터

진 것처럼 구는 건 정말 참을 수가 없어.

빌의 말 : 부정적인 태도는 이 일에 아무 도움이 안 돼. 이건 그렇게 큰 문제가 아니야.

사라의 실시간 믿음 : 자기가 실수한 것은 죽어도 인정하는 법이 없지. 언제나 만사가 아주 잘 돌아가는 척 가장해야 하니까. 그러고는 내가 조금이라도 투덜대면 계속 나를 비난하지.

사라의 말 : 내가 이게 큰 문제라고 했어? 그저 아이들이 다른 날 왔으면 좋았겠다는 것뿐이잖아. 아, 그렇지, 어떤 것도 불평해서는 안 된다는 걸 잊었군. 내가 너무 피곤한가 봐.

빌의 실시간 믿음 : 지금 농담하나? 사사건건 불평하면서. 저 사람한테는 모든 일이 언제나 재앙이지.

빌의 말 : 그래, 아주 피곤해 보여.

빌과 사라의 대화가 왜 불쾌하게 흘러갔는지 그 수수께끼가 이제 풀렸을 것이다. 빌이 7가지 회복력 기술 중 3가지만 이용했어도 대화는 완전히 다르게 흘러갔을 것이다. ABC 확인하기, 사고의 함정 피하기, 믿음에 반박하기 기술을 적용한 대화를 소개하겠다.

빌은 먼저 첫 번째 실시간 믿음이 비합리적이라는 것을 깨달아야 한다. 사라의 첫마디에는 아무런 적의가 없는데 빌은 곧바로 짜증을 낸다. 무엇인가가 그를 자극한 게 틀림없다. 일단 그 점을 알아차리면 타임아웃을 요청하여 진짜 감정을 확인할 수 있다. 그런 다음 ABC 확인하기 기술을 활용해서 짜증이 난 이유를 파악할 수 있다. 다음이 그 예상 과정이다.

빌 : 미안해, 사라. 왜 이렇게 짜증이 나는지 모르겠어. 조금 후에 이야기하자,

괜찮지? 나는 이제 막 퇴근했잖아. 지금은 이성적으로 생각하기가 어려워.

자신에게 : 좋아, 잠깐 생각해 보자. 아내는 아이들이 오늘 밤에 놀러 오는 것을 허락하지 않았더라면 좋았을 거라고 했어. 그 말이 전부야. 그런데 나는 왜 이렇게 화가 나는 걸까? 그 말을 내가 허락하지 말았어야 한다는 뜻으로 들은 모양이야.

빌은 역경과 그 결과를 확인했다. 역경은 아내의 말이고, 그것이 초래한 결과는 자신의 분노이다. 다음 단계에서는 믿음을 포착했다.

자신에게 : 아내는 그런 뜻으로 한 말이 아닌데, 내가 속단해 버렸어. 회사에서 언짢았던 일 때문에 아내 말을 그렇게 해석한 것 같아. 아내는 나를 탓하지 않았어. '우리'라고 말했잖아. 하지만 아이들이 자고 가도 좋다고 말한 사람은 나였지. 그때 아내는 썩 내켜하지 않았어. 그러니까 나를 원망하고 있을지도 몰라. 한번 물어보는 게 좋겠어.

빌은 사고의 함정을 확인하고, 이어서 대안 믿음을 떠올리고, 증거를 들어서 그 믿음의 정확성을 검증하고 있다.

빌 : 사라, 화내서 미안해. 오늘 회사에서 안 좋은 일이 있어서 당신 말을 오해한 것 같아. 당신이 '우리'라고 말한 건 알지만 아이들이 자고 가게 허락한 건 나야. 그것 때문에 나한테 정말 화난 거야? 이 일을 당신 혼자 결정했더라면 아마 허락하지 않았을 거야.

사라 : 아니야, 절대 그렇지 않아. 우리라는 말은 진짜 말 그대로야. 우리가

함께 허락한 거지. 나는 오늘 너무 피곤해서 조용히 쉬고 싶은 마음밖에 없어. 오늘 밤은 기운이 넘치는 남자아이들 뒤치다꺼리할 자신이 없어. 그게 다야.

빌 : 그래, 무슨 말인지 알아. 아이들을 지하실에 가둬 버릴까?

사라 : (크게 웃으면서) 당신은 올해의 아버지 상을 노리고 있잖아. 그런데 회사에서 무슨 일이 있었는데?

빌 : 아, 이야기해 줄까? 내가 막 퇴근하려는데 사장이 사무실로 들어오더니 하는 말이…….

대화가 이렇게 달라질 수도 있다! 고작 2, 3분 만에 빌은 실시간 믿음을 포착하고(ABC 확인하기 기술) 사고의 함정을 찾아내고(사고의 함정 피하기 기술) 믿음의 정확성을 검증했다(믿음에 반박하기 기술). 그리고 감정에 책임을 느끼고 마음을 진정시킴으로써 대화의 방향을 완전히 바꾸었다. 빌과 사라는 분노하고 외로워하는 대신 서로 위로하고 더욱 가까워진다. 집안은 십대 사내아이들로 여전히 시끌벅적하겠지만 이제 그들은 한 팀이고 아이들이 어서 잠들기를 함께 기다릴 수 있다.

공감 대화

빌은 감정에 책임을 지고 회복력 기술을 적용해서 아내와 더욱 솔직하게 대화했다. 빌이 기분을 바꾸자 사라의 기분 역시 바뀌었고, 대화는 좋은 분위기로 흘러갔다. 그러나 현실을 인정하자. 모든 대화가 이렇게 순조로워지는 것은 아니다. 회복력 기술을 적용한 후에도 배우자는 여전히 오해하고 기분을 빨리 바꿀 수 없을지도 모른다. 배우자는 자신이 특정한 감정을 느끼는 이유를 깨닫지 못하기도 한다. 아니면 자신의 감정을 당신이 정말로 이해하고 있다는 것을 확인한 후에야 앞으로 나아갈 수 있을 것이다. 당신은 B—C 연결 관계를 파악하고 빙산 찾아내기 기술을 이용해서 배우자에게 공감하고 서로 가까워질 수 있다.

시간이 흘러 일요일 저녁이라고 치자. 빌과 사라는 침실에서 와인을 한 잔 마시며 다가올 일주일을 위해 힘을 모으고 있다. 사라는 다음 주 일정을 재빨리 훑어보며 해야 할 일을 분배한다.

사라 : 어디 보자, 마이크는 화요일 7시에 야구 경기가 있어. 조이의 엄마가 마이크더러 수요일에 저녁을 함께 먹자고 했고. 비디오 프로젝트가 끝난 기념이래. 그리고 래니는 화요일 7시 30분까지 무용 교습을 받아야 해. 또 목요일에 뭐가 있는데, 그게 뭐였지? 도통 생각이 안 나네. 어머, 내 정신 좀 봐. 그게 뭐였더라? 아, 맞아. 목요일에 학교에서 명상 교실이 있어. 나는 화요일에 마이크의 야구 경기와 래니의 무용 교습을 맡을게. 당신은 수요일에 마이크를 조이네 집에 데려다 주고 목요일에 래니의 명상 교실을 맡는 게 어때?

빌 : 맙소사, 사라. 조금 천천히 해. 지금은 와인을 마시며 쉬는 시간이야. 시간 관리 시합을 벌이는 게 아니라고.

사라 : 아, 미안해. 하지만 해야 할 일이야. 오늘 정해 놓지 않으면 제대로 못할 거야. 그러면 다음 주는 온통 뒤죽박죽이 된다고.

빌 : 그럼 그러시던가. 내가 해야 할 일을 적어 줘. 당신이 하라는 건 뭐든지 할게(그는 침실을 나선다).

사라 : (빌이 나가는 걸 보며 중얼거린다.) 어머나, 분부 받잡겠다는 거야?

빌 : 당신이 우리 집 대장이잖아, 안 그래?

조용하고 즐거운 대화는 이 정도에서 마무리하자. 빌은 화가 난다. 사라는 서운하고 억울하다. 두 사람 모두 상대방의 감정을 결코 이해하지 못한다. 하지만 함께 이야기하고 B—C 연결 관계를 파악하고 빙산 찾아내기 기술을 활용함으로써 이 갈등을 해결할 수 있다. 10분 전으로 돌아가 보자.

빌 : 이봐, 사라. 그런 식으로 말하지 마. 당신은 뭐든 자기 맘대로 해야 하는 사람이야.

사라 : 내 말이 거슬렸을지도 몰라, 알아. 하지만 솔직히 난 이해할 수가 없어. 내가 뭐든 내 맘대로 하는 것처럼 보여?

분노는 타인이 본인 권리를 침해하고 있다는 믿음에서 생겨난다. 사라는 그것을 알고 있어서 빌이 어떤 믿음을 가졌는지 찾아내려고 한다.

빌 : 그럼 아니야? 내 의견은 한마디도 물어보지 않고 무조건 지시하는 식이었잖아. 나는 회사에서도 그런 태도를 감수해야 해. 하지만 집에서까지 그걸 참지는 않을 거야.

빌은 아직도 화가 난다.

사라 : 당신이 내게 무조건 지시한다고 느껴지면 나도 화가 나겠지. 하지만 당신은 진짜 화가 난 것 같아. 지나치게 화내고 있다고. 지금 시비 가리자는 게 아니야. 그저 당신이 왜 그렇게까지 화가 나는지 궁금해.

사라는 갈등을 아주 잘 다루고 있다. 자기 말을 해석하는 빌의 방식에서 옳고 그름을 따지지 않는다. 그렇게 했다면 빌은 방어적인 태도를 취했을 것이다. 빌의 실시간 믿음은 "아내가 나에게 지시하고 있다."이다. 그 믿음에 비해 빌의 분노가 지나치게 강렬하다는 것을 사라는 알아챘다. 즉, B—C 단절 관계를 감지한 것이다. 그래서 그 실시간 믿음의 배후에 빙산 믿음이 있다고 추측한다.

빌 : 이미 말했지만, 나는 회사에서 그런 고압적인 태도를 참아야 해. 하지만 집에서까지 그런 말투를 참고 싶지는 않아. 나는 당신이 맘대로 부릴 수 있는 하인이 아니야.

사라 : 그런 말투에 화가 나는 건 당연해. 내가 한 말 중에서 거슬린 게 있었던 모양이야. 이 문제에 대해 계속 이야기해도 괜찮아?

사라는 빌의 감정을 인정하고 더 철저히 파고들 준비를 한다. 하지만 계속 나아가기 전에 빌의 허락을 구한다.

빌 : 물론이지. 애매하게 놔두는 건 꺼림칙하니까. 내가 어떤 요일을 맡아야 하는지 이야기하는 당신의 말투에 화가 났어.

사라 : 그렇군, 내가 당신에게 고압적으로 지시했다고 해. 그것의 무엇에 그렇게 화가 난 거야?

사라는 질문을 통해 빌이 빙산 믿음을 찾아내게 도와준다.

빌 : 아까 말했지만 나는 사장의 그런 태도를 참아야 해. 하지만 집에서까지 그걸 참고 싶지는 않아.

사라 : 알았어, 그런데 집에서까지 그런 태도를 참아야 한다면, 무엇이 그렇게 큰 문제인 거지?

이번에도 사라는 '무엇' 질문으로 빌이 자신을 더 철저히 들여다보게 도와준다.

빌 : 나는 하인이나 몸종처럼 하찮게 취급받는 걸 결코 참을 수가 없어.

사라 : 무슨 말인지 알겠어. 하지만 그렇게 대우받는 것이 어떤 점에서 그렇게 화가 나는 거지?

사라는 빙산 믿음을 더 많이 찾아내는 일에 계속 집중한다.

빌 : 그러면 내가 바보가 된 거 같아. 존중받지 못하는데도 무조건 참는 바보라는 느낌이 들어.

사라 : 그래서 내가 당신을 무시하는 것처럼 느꼈구나. 그것에 그렇게까지 화가 난 이유가 뭐야?

빌 : 나는 사장에게 어떻게 대응해야 할지 도무지 모르겠어. 사장이 나한테 지시하는 태도는 뭐랄까, 마치 사나운 개가 마구 짖는 것 같아. 정말 골칫거리야. 사장은 상대하기 쉬운 사람이 아니거든. 그래서 이 문제를 사장에게 어떤 식으로 말해야 할지 모르겠어. 하지만 그런 태도는 두 번 다시 참고 싶지 않아.

이제 빌은 사라의 말투에 대해서는 더 이상 이야기할 필요가 없다. 그는 빙산 믿음을 찾았다. "자신을 존중하지 않는 태도를 참고 견디는 사람은 바보이다."이다. 따라서 당연히 초점의 대상을 바꿔서 자기가 느낀 분노의 진짜 원인에 집중한다. 이런 변화가 어떻게 가능했을까? 빌은 사라가 자기를 이해하고 자기의 감정에 공감한다고 느낀다. 심리 치료사들이 환자의 발언을 격려하려고 자주 하는 말(하지만 사람들은 어색하고 가식적이라고 느끼는 말)이 있다. "귀 기울여 듣고 있어요."이다. 사라는 이 말을 자주 할 필요가 없다. 그 말 대신 질문을 이용해서 빌의 생각과 감정에 관심이 있고 그의 경험을 충분히 이해한다는 것을 전달한다. 이것이 바로 공감 대화이다.

이 갈등 상황에서 사라 역시 빙산 믿음을 갖고 있을 것이다. 빌은 이제 이해받는다고 느끼지만 사라는 그렇지 않을지도 모른다. 그렇다면 두 사람은 이번에는 사라의 생각과 감정에 초점을 맞추고, 여러 가지 기술을 동원해서 그 경험을 더 잘 이해하려고 노력해야 한다. 어떤 부부는 이 과정을 즉시 이어서 시작하고, 어떤 부부들은 더 나중에 시도하거나 아예 잊어버리기도 한다. 한 팀으로서 이 과정을 성공적으로 마친 후에 느낀 친밀감 때문에 그 경험을 다시 들춰서 동일한 과정을 적용해야 할 필요성은 감소한다. 부부 중 한 사람이 언제나 상대방에게만 초점을 맞춰야 한다는 말이 아니다. 하지만 그런 일이 일어난다. 한 사람이 '길잡이' 역할에 더욱 유능하고 만족하는 부부의 경우 특히 그렇다. 본인의 경험과 배우자의 경험 중에서 어느 것을 주제로 자주 대화하는지 그 비율을 계속 확인할 필요는 없다. 하지만 지나치게 균형이 맞지 않는다면 그 문제에 관해 의논해야 한다.

이 책에 소개한 대화만 보면 이 과정이 아주 쉬워 보인다. 하지만 실제로 하는 것은 당연히 훨씬 더 어렵다. 이러한 대화는 적어도 초기에는 중단과 재개를 반복한다. 대화를 시도한 처음 몇 번은 결코 잘 진행되지 않는다. 어색하고 불편하다. 그래도 괜찮다. 사실 그것이 당연하다. 새로운 것을 시도하는데 어떻게 처음부터 자연스럽고 편안할 수 있겠는가? 하지만 꿋꿋이 버티면서 계속 실천하라. 그러면 빙산 찾아내기 기술에 점차 능숙해지고 대화를 순조롭게 이끌어 갈 자기만의 표현과 속도를 찾게 된다.

부부 싸움

공감을 쌓고 더 효과적으로 소통하고 배우자의 말을 있는 그대로 듣는 방법을 배운 것은 커다란 진전이다. 하지만 솔직해지자. 효과적으로 소통한다고 해도 배우자와의 관계가 완벽하지는 않을 것이다. 갈등이 또 일어난다. 사실 당신이 장담할 수 있는 것은 그것 하나뿐이다. 관련 연구에 따르면, 싸우는 방식이 가장 중요하다. 그런데 여기서 '싸움'은 말다툼을 의미한다. 신체적 폭력이 아니다. 부부 사이에 신체적 또는 정서적 학대가 행해진다면 즉시 상담이 필요하다.

다음의 부부 싸움을 보면서 어느 것이 당신 부부의 모습과 더 비슷한지 확인해 보라.

"당신 도대체 뭐 하는 사람이야?"

이른 아침, 줄리와 리치는 아이들 치다꺼리에 출근 준비로 정신이 없다. 리치가 초등학생인 두 아이의 옷을 입히는 동안, 줄리는 샤워하고 옷을 차려입는다. 줄리가 두 아이의 양말과 신발을 신기는 동안, 리치는 샤워하고 이메일을 한 통 보낸다. 7시 15분, 리치가 아래층으로 내려온다. 아이들은 텔레비전을 보며 아침을 먹고 있다. 그 시간에 줄리는 아이들 도시락을 싸고 베이비시터에게 막둥이를 놀이방에 데려갈 시간을 알려 주는 메모를 적는다.

아이들이 텔레비전을 보며 아침을 먹은 것이 싸움의 발단이다.

리치 : 당신 도대체 뭐 하는 사람이야? 어째서 아이들이 텔레비전을 보며 아침을 먹는 거지? 그러지 않기로 약속했잖아.

줄리 : 오늘도 지각할 수는 없으니까. 알겠어? 오늘까지 지각할 수는 없다고. 제발 부탁인데, 아침부터 이러지 마. 너무 피곤해서 싸울 기운도 없어.

리치 : 말도 안 되는 소리하지 마. 그런다고 시간을 얼마나 아낄 수 있을 것 같아? 이 문제로 다툰 게 벌써 스무 번도 넘어. 아이들을 반드시 식탁에서 먹게 하자고 약속했잖아.

줄리 : 좋아. 당신은 아이들이 식탁에서 먹기를 바란다는 거지? 훌륭하군. 그럼 그렇게 해. 지금부터 전부 당신이 맡아. 당신이 아이들 옷도 입히고 도시락도 싸고 아침도 먹이고 오줌도 뉘고 학교에도 데려다 줘. 그래, 어디 한번 열심히 해봐. 신나겠네.

리치 : 도대체 이해할 수가 없어, 줄리. 아이들에게 아침을 먹이고 학교에 데려다 주는 건 모든 엄마가 하는 일이야. 그리고 내가 아는 한, 그러면서 희생한다고 생각하는 엄마는 없어. 그런데 그 당연한 일이 어째서 당신에게는 그렇게 힘든 거지?

"당신 누구 편이야?"

메그와 조는 동거한 지 1년 6개월째다. 그들 동거에 반대하는 조의 어머니가 이번 주말에 들를 예정이다. 메그는 반갑지 않다. 조의 어머니는 비판적이고 부정적이다. 어머니의 그런 태도 때문에 메그와 조는 자주 다툰다. 메그는 조가 자신들의 관계를 적극적으로 옹호하고 자기 엄마에게 동거 문제는 거론하지 말라고 단호하게 말해 주기를 원한다.

메그 : 어머니께 미리 전화 드려서 우리 동거에 관해서는 더 이상 언급하지 마시라고 말씀드리면 안 돼? 그 이야기가 또 나올까 봐 주말 내내 긴장하지 않아도 된다면 내가 훨씬 더 편할 것 같아.

조 : 괜찮아, 메그. 뭐라고 하시든 신경 쓰지 마. 엄마는 옛날 분이잖아. 그저 우리와 의견이 다르신 것뿐이야. 엄마에게 어떤 말을 하지 말라고 요구할 수는 없어. 그냥 한 귀로 듣고 흘려버려. 엄마가 어떤 말씀을 하시든 우리 사이는 달라지지 않아.

메그 : 내 말은 그게 아니야. 주말 내내 긴장하기 싫어서 그래. 당신이 그 문제는 꺼내지 마시라고 확실히 말씀드리면 나는 어머니를 조금 더 편안하고 반갑게 맞을 수 있을 거야. 당신은 우리 관계를 옹호할 마음이 없는 것 같아. 내가 보기엔 그게 진짜 문제야. 당신 누구 편이야?

조 : 그런 말이 어딨어? 엄마는 주말에만 계실 거야, 메그. 기껏해야 주말 이틀이라고. 조금 더 이성적으로 따져 봐. 당신은 내가 언제나 당신보다 엄마 의견에 동조하는 것처럼 말하고 있어. 엄마는 6개월 만에 오시는 거야.

메그 : 고작 이틀이라는 거 알아. 하지만 솔직히 당신은 어머니가 우리에 대해 하시는 말씀을 그대로 듣고 넘길 때가 많아. 다른 사람이 그런 말을 했다

면 아마 참지 않았을 거야. 어머니는 너희는 입 다물고 듣기만 하라는 식으로 말씀하시잖아, 안 그래? 당신에게는 내가 최우선이었으면 좋겠어. 그게 너무 많이 바라는 거야?

조 : 당신이 최우선이야. 맹세코 나는 엄마한테 그렇게 고분고분하지 않아. 엄마가 어떤 분인지 당신도 알잖아. 언제나 상대방을 자극하는 분이야. 그래서 나도 주말에만 계시라고 말씀드렸어. 그건 잘한 거 아니야? 엄마가 일주일 동안 묵으려고 하셨던 거 당신도 알잖아? 그런 건 당연히 인정해 줘야지.

메그 : 그래, 맞아. 그건 정말 고마워. 그럼 하나만 약속해 줘. 어머니가 우리 동거 문제를 또 거론하시면 화제를 바꾸겠다고 약속해. 날 위해서 그렇게 해 줘.

조 : 좋아, 그럴게. 약속해.

위의 두 커플은 싸우는 방식이 다르다. 리치와 줄리는 서로 빈정대고 비난한다. 메그와 조는 불만을 명확하고도 구체적으로 표현한다. 부부 문제에 관한 연구에 따르면 싸우는 빈도보다 싸우는 방식이 그들 관계의 지속성과 친밀도 측면에서 훨씬 더 중요하다.[3] 모든 결혼 생활에는 노력이 필요하다. 어떤 부부든 힘겨운 시기를 겪기 마련이며 서로 의견이 다르고 싸우게 된다. 하지만 어떤 부부는 줄리와 리치처럼 서로에게 해로운 방식으로 싸우는 반면, 어떤 커플은 메그와 조처럼 건강하고 유연하게 싸운다.

파경으로 가는 부부 싸움 스타일

결혼과 가족 문제 전문가인 존 가트맨 박사는 이혼으로 이어지는 싸움 유형을 구체적으로 지적한다. 가트맨 연구진은 일련의 연구를 통해 어떤 커플이 관계를 오래 유지하고 어떤 커플이 결국 헤어질지를 90퍼센트 이상 정확하게 예측할 수 있었다. 그들의 발견에 따르면, 빈정대는 첫마디와 성격에 대한 비난이 관계를 망친다.

빈정대는 첫마디

아이들이 텔레비전을 보면서 아침을 먹는 것을 보고 리치가 처음 내뱉은 말은 이것이다. "당신 도대체 뭐 하는 사람이야?" 연구자들은 이 말을 '가혹한 시작'이라고 부른다. 비판적이고 모욕적인 말이기 때문이다. 그러한 말에는 상대방도 똑같은 말로 대꾸하게 된다. 그러면 그 커플은 비열한 전투에 돌입하고, 싸움은 점차 격렬해진다. 여기서는 서로 공감하거나 건설적으로 문제를 해결할 여지가 없다. 시작이 가혹하므로 그 싸움은 초점의 대상이 바뀐다. 즉, 문제 해결을 외면하고 배우자에게 상처 주는 것을 암묵적인 목표로 삼는다. 리치와 줄리가 싸움을 시작하는 것과 거의 동시에 목표가 바뀐다. 불만을 표현하고 갈등을 해결하려는 목표에서 더 철저히 상처 주고 모욕하려는 목표로 바뀌는 것이다. 아침에 벌인 싸움을 저녁 늦게 줄리가 어떤 식으로 거론하는지 들어보자.

> 줄리 : 오늘 아침에 당신이 그런 식으로 따지고 들 줄은 정말 몰랐어. 당신은 언제나 너무 오만하고 고압적이야. 자신이 세상에 둘도 없는 훌륭한 아빠인 것처럼 굴지. 지겨우니까 이제 그만 해.

리치가 아침 싸움에 대해 허심탄회하게 대화하길 원해도 이제는 어려울 것이다. 줄리의 말투는 처음부터 끝까지 모욕적이다. '언제나', "당신은 원래 그런 X이다." 같은 표현은 싸움소에게 흔드는 붉은 망토와 똑같다.

외면하기가 불가능한 자극이다. 그렇기 때문에 싸움을 처음 시작하는 말이 무엇보다 중요하다. 그 말은 대화의 어투를 결정한다. 냉소와 경멸로 시작하면 생산적인 어투를 유지하기가 아주 어렵다.

리치와 줄리의 싸움이 격화되는 순간은 그런대로 쉽게 포착할 수 있다. 하지만 본인의 싸움에서는 그것을 감지하기가 무척 어려울 것이다. 실제로 리치와 줄리가 목소리를 높이지 않고도 미묘하게 서로를 모욕하는 순간들이 있다. 다음 예를 보자.

리치 : 당신이 고기 볶은 프라이팬이 개수대에 그대로 있어.

줄리 : 알아. 저녁은 내가 차렸어, 그렇지?

리치 : 그래. 그러니까 시작한 사람이 끝을 내야지.

줄리 : 그런 말은 참 잘도 따르네. 당신은 쉬면서 뉴스나 보겠다는 거군.

리치 : 한 사람이 요리하면 다른 사람은 반드시 설거지를 해야 하는 건가? '가사 노동 분배' 원칙이 절대적 진리는 아니지. 그러니까 마음대로 해.

줄리 : 그래, 그렇게 가만히 앉아 있어. 나도 손 하나 까딱 안 할 테니까.

이들은 고함치지도 않고 상스러운 표현을 쓰지도 않는다. 하지만 메시지는 분명하다. 줄리는 가사 노동에 힘들어하고 리치가 더 해야 한다고 생각한다. 리치는 가사 노동 분배 원칙에도 예외는 있어야 한다고 생각한다. 두 사람 모두 옳을지도 모른다. 어찌 알겠는가? 하지만 한 가지는 확실하다. 이 대화는 그들을 가까워지게 하지 못했고, 근본적인 문제를 의논하게 하지도 못했다.

당신의 부부 싸움은 어떤 식으로 시작되는가? 당신과 배우자가 갈등을 처음에 어떻게 꺼내는지 그 방식에 세심하게 유의하라. 주로 냉소와 경멸로 시작한다면 당신 커플은 확실히 이익보다는 손해가 더 많을 것이다. 실시간 믿음이 가혹한 시작을 조장하는 경우가 많다. "좋은 말로 하면 남편은 내 말을 무시하고 아예 잊어버릴 거야." 또는 "아내는 말로는 못 당해, 그러니까 내가 하려는 말을 정말로 강하게 전달해야 해." 이런 실시간 믿음이 그 예이다. 그 믿음은 파괴적인 표현을 낳는다. 그런 표현 때문에 싸움은 진짜 문제에서 멀어진다. 비열한 싸움을 부추기는 실시간 믿음에 반박함으로써 더욱 공정하고 건설적으로 싸울 수 있다.

행동이 아닌 성격 비난

리치와 줄리가 가혹한 말로 싸움을 시작하는 이유 중 하나는 상대방의 행동이 아닌 성격을 공격하기 때문이다. 줄리가 깜빡 잊고 요금 고지서를 납부하지 않으면 리치는 줄리의 '무신경'을 비난한다. 리치가 운동복을 침실 바닥에 던져 놓으면 줄리는 리치가 '지저분하다'고 비난한다. 두 사람은 행동에 초점을 맞춰서 불만을 표현하지 못한다. 언제나 과잉 일반화의 함정에 빠지고 사소한 실수도 모두 상대방의 성격적 결함을 의미한다고 믿는다. 과잉 일반화는 일종의 '명예 훼손'이다. 실제로 그런 느낌을 주기 때문이다. 인간으로서 개인의 가치를 의심하는 것처럼 느껴진다. 의심을 받는 사람은 유쾌할 리가 없다.

건설적으로 비난하는 방법을 연습해야 한다. 그것을 위해 과잉 일반화의 불만을 보다 구체적인 불만으로 재구성해 보라. 당신을 언짢게 한 구체적인 행동을 지적하면서도 배우자의 성격을 공격하지 않는 것이 목표이다. 첫 번째 예를 참고하라.

배우자가 결혼 10주년 선물로 토스터 오븐을 준다.

과잉 일반화 불만 : 원래 낭만이라고는 눈 씻고 찾아봐도 없는 사람이지.

구체적인 불만 : 토스터 오븐도 좋아, 하지만 결혼기념일에는 낭만적인 선물을 받으면 정말 기쁠 거야.

아픈 두 아이를 당신에게 떠맡기고 배우자는 회의에 참석하기로 결정한다.

과잉 일반화 불만 : 부모라는 사람이 어떻게 저럴 수 있지? 자기 경력 외에는 아무 관심이 없어.

구체적인 불만 : ______________________________

배우자가 체중이 늘었는데 케이크를 두 조각이나 먹고 있다.

과잉 일반화 불만 : 체중을 줄이려고 노력하는 줄 알았는데, 자제력이 아예 없는 사람이야.

구체적인 불만 : ______________________________

과잉 일반화하는 경향은 뚜렷한 설명 양식을 반영하다. 다음 예는 존이 제스에게 하는 말이다. A 반응과 B 반응이 설명 양식의 3가지 차원(내 탓/남 탓, 항상/가끔, 전부/일부)에서 어디에 더 가까운지 판단하라.

상황 1 : 존과 제스는 새로 문을 연 음식점을 찾아가는 도중에 길을 잃었다.

존이 말한다.

A : 당신 길눈 어두운 건 어제 오늘 일이 아니지.

B : 위치 정보가 완전히 틀린 것 같아.

상황 2 : 존과 제스는 하루 종일 옥신각신하고 있다.

존이 말한다.

A : 도대체 왜 그래? 당신은 항상 너무 방어적이고 변덕이 심해.

B : 도대체 왜 그래? 오늘 하루 종일 싸울 기세네.

두 상황에서 A 반응은 제스에 대한 '내 탓, 항상, 전부' 믿음에 가깝다. 즉, 존은 문제의 원인을 외적 요인이 아닌 제스에게 돌린다. 그 원인이 보편적이며(당신은 항상 너무 방어적이고 변덕이 심해) 변할 가능성이 없다(당신 길눈 어두운 건 어제 오늘 일이 아니지)고 믿는다. 반대로 B 반응은 개인을 비난하지만 구체적이고 변화 가능한 원인에 초점을 맞춘다. 문제가 생기면 당신은 습관적으로 배우자를 비난하는가? 그를 비난할 때 구체적인 행동을 비난하는가, 아니면 성격을 비난하는가?

행동 비난과 성격 비난의 차이는 중요한 사실을 알려 준다. 변화 가능한 구체적인 행동에 치중해서 불만을 토로하는 커플은 서로 성격을 비난하는 커플보다 둘의 관계에 훨씬 더 만족한다. 수많은 커플이 때때로 상대방의 성격을 비난한다. 하지만 진짜 문제는 경멸하는 말투로 비난할 때 일어난다. 거의 언제나 그렇다.

부부 싸움의 주제별 회복력 기술

활용 기술은 부부 싸움의 주제에 따라 달라진다. 부부 문제 연구에 따르면, 부부 싸움의 주제는 크게 두 범주로 나눌 수 있다. 해결 가능한 문제와 영구적인 문제이다.[5] 싸움을 일으키는 문제 중 일부는 해결할 수 있다. 구체적이고 통제 가능한 사건에 관한 싸움이 그렇다. 그리고 건설적으로 싸운다면 보통 해결책을 찾을 수 있다. 누가 설거지할 차례인지, 휴가는 어디로 갈지, 친구 결혼 선물로 냄비가 좋을지 칵테일 셰이커가 좋을지 두 사람은 의견을 조율할 수 있다. 하지만 구체적인 사건과 관계가 없는 문제들은 해결하기가 훨씬 어렵다. 그런 문제는 주로 당신과 배우자의 성격 차이와 관계가 있다. 대부분의 경우 성격 차이는 달라지지 않는다. 당신은 질서정연한 것을 좋아하고 모든 것이 제자리에 있어야 하는 사람이다. 알파벳 순으로 정리하는 것이 당신의 생활 원칙이다. 하지만 배우자는 그것을 일종의 병으로 여기고 지나치게 깨끗한 집이 그 증상이라고 주장한다. 당신은 여럿이 어울리는 것을 좋아해서 온 집안이 떠들썩해야 신이 난다. 대학 친구, 어릴 적 소꿉친구, 한 번도 만난 적 없는 먼 친척은 언제나 대환영이다. 하지만 배우자는 가족만의 오붓한 시간을 원하고 저녁에 보드 게임을 하고 비디오나 보면서 조용히 쉬는 것을 좋아한다. 돈에 관해 의견이 다른 부부도 있다. 한 사람은 한 푼이라도 아끼려 들고, 한 사람은 "소비가 미덕이다."라는 모토를 추종한다. 성관계에 관해 기준이 다를 수도 있다. 일주일에 한 번이 한 사람에게는 '자주'인 반면, 한 사람에는 '가끔'이다.

어떤 면에서 차이가 있든지 간에 가트맨 박사는 이 주제를 '영구적인 문제'라고 부른다. 두 사람이 관계를 유지하는 내내 반복적으로 발생하며, 그가 '정체'라고 부르는 현상을 자주 초래하기 때문이다. 정체는 당신이 지적하고 또 지적하지만 진전이 없을 때 일어난다. 보통 두 사람의 사고 양식이 오래된 똑같은 패턴을 조장하기 때문이다. 다람쥐 쳇바퀴 돌듯

살며 똑같은 일에 똑같은 말을 되풀이하고 있다는 느낌이 든다. 가트맨의 연구에 따르면, 커플들이 겪는 문제는 주로 영구적인 문제이다. 정체에 갇힐 때 그 커플의 관계는 크게 손상된다.

따라서 정체를 피하는 법을 배워야 한다. 그러면 오래된 똑같은 문제가 일어나도 오래된 비효율적인 똑같은 패턴에 갇히지 않는다.

해결 가능한 문제

해결할 수 있는 문제부터 다루자. ABC 확인하기, 사고의 함정 피하기, 믿음에 반박하기, 이 3가지 기술을 활용하는 예를 보여 주겠다.

앞에서 메그와 조가 어머니의 방문을 놓고 싸운 사례를 보았다. 그들에게는 자꾸 되풀이되는 문제가 하나 있다. 심각한 문제는 아니지만 거의 주말마다 겪는다. 메그와 조는 최근에 집을 한 채 구입했다. 복도가 널찍하고 창틀이 납으로 된 창과 창문 밑에는 길고 예쁜 의자가 놓인 대저택이다. 하지만 오래된 집이어서 고쳐야 할 곳이 한둘이 아니다. 벽은 다 긁어내고 페인트칠을 해야 하고 마룻바닥은 사포질을 해야 한다. 욕조와 변기도 바꿔야 한다. 두 사람이 마련한 '드림 하우스'는 지금으로 봐서는 전혀 꿈같은 집이 아니다. 홈 인테리어 잡지에서 오래된 집을 하나씩 고쳐서 아름다운 저택으로 바꾸는 환상적인 기사는 실제로 환상이라는 것이 드러났다.

두 사람 모두 스트레스가 심한 직종에서 거의 매일 아침부터 밤중까지 일한다. 메그는 변호사이고 조는 투자 은행가이다. 가끔은 주말에도 일해야 하지만 대체로 주말은 휴일이다. 이 지점에서 갈등이 일어난다. 조는 메그와 함께 한가하게 쉬고 친구들을 초대하고 하이킹을 하고 자전거를 타면서 주말을 즐길 계획이다. 메그는 집 안팎으로 손봐야 할 곳을 주말에 하나씩 마무리할 작정이다. 금요일 밤에는 즐겁고 조용하다. 하지만 예외 없이 토요일 아침마다 갈등이 생긴다.

문제의 진짜 원인을 알기 위해 메그에게 토요일에 벌인 싸움을 들려달라고 했다. 누가 어떤 말을 어떤 식으로 했는지 가능한 한 구체적으로 알아야 했다. 다음이 메그가 들려준 내용이다.

토요일 아침 8시 15분, 메그는 이미 작업복 차림으로 조에게 커피를 가져다주며 다정하게 깨운다.

메그 : 잠꾸러기 조, 이제 일어나야지. 벌써 해가 중천에 떴어.

조 : (창밖을 보며) 자전거 타기에 딱 좋을 날씨야. 얼른 아침 먹고 자전거 타고 밸리그린에 가자.

메그 : 계단 수리하는 거 당신이 오늘 끝내 주면 좋겠는데. 아직 사포질도 안 했잖아. 바니시로 도장도 해야 돼. 난간도 한 번 더 칠해야 하고. 그걸 당신이 해 주면 나는 손님방을 애벌칠 할 거야.

조 : 지금 농담하는 거지? 그 일은 오늘 밤에 하자. 낮에 집 안에서 그런 일이나 하며 보내기는 싫어. 그러니까 나와 당신은 자전거와 함께 집 밖에서 즐겁게 보내는 거야.

메그 : 나는 당신과 전동 샌더와 함께 집 안에서 즐겁게 보낼 생각이야.

그들의 대화는 아주 다정하게 시작되지만 곧바로 언짢아진다. 조는 메그가 쉴 새 없이 일만 시키려 들고 함께 시간을 보내지 않는다고 비난한다. 메그는 조가 일을 제대로 마무리하지 않고 집이 어떤 꼴인지 관심도 없다고 반박한다. 메그는 결코 일꾼을 부르지는 않을 거라고 조에게 말한다. 그들은 한없이 시간만 허비할 게 틀림없다는 것이 그 이유이다. 메그는 배신감을 느낀다고 말한다.

이런 싸움은 처음이 아니다. 싸움을 벌인 후 그들은 한동안 서로 외면한다. 메그는 건성으로 집 안을 수리하고, 조는 개를 데리고 멀리 산책을 나간다. 몇 시간 후에 다시 만나면 두 사람은 거리감을 느끼고, 함께 즐겁게 보낼 수도 있었는데 똑같은 문제로 또 싸우느라 시간만 허비했다고 후회한다.

메그는 ABC를 확인하는 일부터 시작했다. 지금이 지난 토요일이라고 상상하고 조와 싸우고 있을 때 어떤 생각이 드는지 포착했다.

역경 : 조는 주말마다 야외로 나가길 원하고 집수리는 하지 않으려고 한다. 토요일 아침에 나는 조를 깨워서 계단 수리를 끝내자고 다정하게 권한다. 조는 자전거를 타러 가겠다고 하고, 우리는 다투기 시작한다.

싸우는 도중에 떠오른 메그의 실시간 믿음 : 회사에서는 열정적으로 일하지만 집에서는 꼼짝도 안 하고 빈둥거리기만 해. 나와 함께 시간을 보내고 싶다고 말하지만 사실은 집수리하는 일을 피하려고 그러는 거야. 일을 시작만 하지 절대 마무리하지 않아. 정말 마음에 안 들어. 집을 직접 고치는 게 그렇게 싫으면 처음부터 솔직하게 말했어야지. 그랬으면 이렇게 손봐야 할 곳이 많은 집은 사지 않았을 거야. 사실 조는 이 집을 썩 맘에 들어 하지 않았어. 내가 밀어붙여서 내 뜻대로 한 거였지. 지금은 모든 게 엉망이야.

메그의 결과 : 나는 정말로 화가 나고 우울했다. 오전 내내 조가 꼴도 보기 싫었다. 나 자신에게도 실망했다. 이 집을 살 때 내가 너무 고집을 부렸고 조의

의견에는 귀를 기울이지 않았다.

ABC를 분석한 후, 메그는 B—C 연결 관계를 확인했다.

그런데 메그와 같은 사례는 ABC 확인하기 기술을 이용할 때 종이와 연필을 쓰는 것이 좋다. 실시간 믿음이 여러 개여서 그것을 모두 머릿속으로 추적하기가 어렵기 때문이다.

다음 단계로 메그는 사고의 함정을 확인할 필요가 있었다. 실시간 믿음을 그 역경에 대한 객관적인 사실로 간주하지 않고, 메그는 8가지 사고의 함정 중 어디에 빠져 있는지 자문하고 표를 만들어서 적었다.

메그는 실시간 믿음에서 사고의 함정을 세 가지 찾아냈다. 그래서 그 비합리적인 믿음에 반박하게 도와줄 질문을 자문한다. 믿음 1에서 메그는 과잉 일반화의 함정에 빠졌다. 토요일에 계단에 사포질을 하지 않는다고 해서 조가 게으름뱅이일까? 조가 기꺼이 집수리에 나선 적이 한 번도 없었나? 믿음 2에서 메그는 마음 읽기 함정에 빠졌다. 함께 시간을 보내고 싶다고 말할 때 조가 실제로 무슨 생각을 하는지 내가 어떻게 알지? 무슨 근거로 나는 조의 말이 진담이 아니라고 의심하는 걸까? 또한 믿음 3에서 메그는 터널 시야에 갇혔다. 조는 한번 시작한 일을 실제로 결코 끝내는 법이 없는 사람인가? 아니면 내가 그런 증거만 선별해서 초점을 맞추고 있는 건가? 메그는 믿음 4와 믿음 5에는 어떤 사고의 함정도 없다고 판단하지만, 그것들이 정확한 믿음이 아닐 수도 있음을 인정한다.

이어서 메그는 믿음에 반박하기 기술과 진상 파악하기 기술 중에서 어느 것을 적용할지 결정해야 했다. 전자는 원인 믿음의 정확성을 검증하는 데 사용하는 기술이다. 후자는 결과 믿음이 파국적 사고인지 아닌지 검증

실시간 믿음	믿음의 유형	사고의 함정	결과
1. 회사에서는 열정적으로 일하지만 집에서는 꼼짝도 안 하고 빈둥거리기만 해.	권리 침해		분노
2. 나와 함께 시간을 보내고 싶다고 말하지만 사실은 집수리하는 일을 피하려고 그러는 거야.	권리 침해와 상실		분노, 슬픔
3. 일을 시작만 하지 절대 마무리하지 않아. 정말 마음에 안 들어.	권리 침해		분노
4. 집을 직접 고치는 게 그렇게 싫으면 처음부터 솔직하게 말했어야지. 그랬으면 이렇게 손봐야 할 곳이 많은 집은 사지 않았을 거야.	권리 침해		분노
5. 사실 조는 이 집을 썩 맘에 들어 하지 않았어. 내가 밀어붙여서 내 뜻대로 한 거였지. 지금은 모든 게 엉망이야.	권리 침해와 자기 가치 상실		죄책감, 슬픔

하고, 만약 파국적 사고라면 실현 확률이 가장 높은 사건을 찾아내는 데 사용하는 기술이다. 실시간 믿음을 검토하면서 메그는 그것이 원인 믿음이라는 것을 깨닫고는 믿음에 반박하기 기술을 적용하기로 결정한다. 올바른 결정이다.

메그는 설명 양식의 3가지 차원에 따라 실시간 믿음을 분석하고 대안 믿음을 궁리해 낸다. 역경에 관한 초기 믿음이 주로 남 탓(조를 비난하는),

실시간 믿음	믿음의 유형	사고의 함정	결과
1. 회사에서는 열정적으로 일하지만 집에서는 꼼짝도 안 하고 빈둥거리기만 해.	권리 침해	과잉 일반화	분노
2. 나와 함께 시간을 보내고 싶다고 말하지만 사실은 집수리하는 일을 피하려고 그러는 거야.	권리 침해와 상실	마음 읽기	분노, 슬픔
3. 일을 시작만 하지 절대 마무리하지 않아. 정말 마음에 안 들어.	권리 침해	터널 시야	분노
4. 집을 직접 고치는 게 그렇게 싫으면 처음부터 솔직하게 말했어야지. 그랬으면 이렇게 손봐야 할 곳이 많은 집은 사지 않았을 거야.	권리 침해		분노
5. 사실 조는 이 집을 썩 맘에 들어 하지 않았어. 내가 밀어붙여서 내 뜻대로 한 거였지. 지금은 모든 게 엉망이야.	권리 침해와 자기 가치 상실		죄책감, 슬픔

전부 믿음이어서 보다 구체적이고 본인도 책임을 공유하는 대안 믿음을 떠올리려고 했다. 그렇게 찾아낸 대안 믿음은 다음과 같다. "조는 집수리를 하지 않고 사는 것도 원치 않고, 휴식과 재미를 완전히 배제하는 것도 좋아하지 않아." "재미에 관한 한, 우리는 관점이 달라. 나는 집을 함께 고치는 것이 재미라고 여기는데 조는 그렇지 않아."

이 대안 믿음은 메그의 실시간 믿음과 크게 다르다. 믿음의 내용이 잘못을 지적하고 비난하는 것에서 두 사람의 동기를 더욱 관대하게 이해하는 것으로 바뀌었다. 메그는 이제 그 증거를 찾을 준비가 되었다. 조와 마주 앉아서 문제에 대한 그의 생각과 감정을 들어보고 본인도 생각과 감정을 털어놓는 것이 증거를 찾는 최선의 방법이라고 판단했다.

그 후 메그는 실로 몇 달 만에 조와 함께 즐거운 주말을 보냈다. 솔직하고 건설적인 대화를 통해 두 사람은 토요일 아침마다 싸움을 일으키는 두 가지 주요 원인을 찾아냈다. 메그는 집 고치는 일을 실제로 좋아하고 이른 아침의 소풍에는 흥미가 없는데 조는 정반대라는 것과 조는 집수리를 제대로 하지 못하면 메그가 비난할까 봐 걱정스럽다는 것이었다. 실제로 그 증거가 있었다. 문제의 진짜 원인을 확인하자 다양한 해결책이 보이기 시작했다.

몇 달 후, 메그가 전화해서 근황을 알려 왔다. 이제는 주말에 더 이상 싸우지 않는다고 했다. "그 기술들은 저희가 문제를 해결하는 데 확실히 도움이 되었어요. 하지만 무엇보다 조와 저의 관계가 근본적으로 달라진 것 같아요. 이제 저희는 언제나 한 팀이라는 느낌이 들어요."

영구적인 문제

조와 메그는 회복력 기술을 적용해서 지속적인 갈등을 효과적으로 해결했다. 하지만 문제가 쉽게 해결되지 않으면 어떻게 할까? 앞서 말했듯이, 커플이 겪는 갈등의 원인은 주로 성격 차이이다. 성격은 쉽게 변하지 않는다. 당신은 지나치게 깔끔하고 배우자는 집 안이 너저분해야 마음이 편하다. 당신에게는 시간 엄수가 철칙인데 배우자는 시간관념이 없다. 당신은 한 푼이라도 더 저축하려 하고 배우자는 물건 하나라도 더 사려고 한다. 당신은 아이들의 뜻을 다 받아주는데 배우자는 엄격하게 제한한다.

당신과 배우자의 관계에서 영구적인 문제는 무엇인가? 어떤 커플이든 그런 문제를 갖고 있다. 배우자와의 갈등 중 어떤 것이 결코 해결되지 않는지 빨리 인정할수록 당신 커플은 더 사이좋게 지낼 수 있다. 이 말을 오해해서는 안 된다. 그 갈등이 초래하는 결과를 최소화하기 위해 두 사람이 할 수 있는 일이 하나도 없다는 말이 아니다. 그 반대이다. 건강한 관계는 갈등을 합리적으로 숙고할 수 있고 정체 상태에 빠지지 않는다. 존 가트맨이 말한 정체 상태의 특징은 다음과 같다.[6]

- 갈등으로 인해 배우자에게 거부당하는 느낌이 든다.
- 당신과 배우자는 오래전부터 똑같은 문제를 자꾸 거론한다.
- 당신과 배우자는 갈등을 해결할 의향이 없다.
- 시간이 흐르면서 당신과 배우자는 서로의 성격 차이를 과장해서 진짜 차이를 점차 희화화한다.
- 관용이나 유머는 완전히 사라지고 적대감이나 피로감을 느낀다.

정체 현상을 이겨 내고 서로의 차이가 관계를 파괴하지 않도록 하는 데 적용할 수 있는 효과적인 기술이 2가지 있다.

① 빙산 찾아내기 기술은 정체 현상을 예방한다.

② 진상 파악하기 기술은 서로를 인정하고 용인하는 기반을 조성한다.

빙산을 찾아내서 정체 현상을 예방하라

거스와 칼라는 결혼 9년 차 부부로 아이가 둘이다. 교사였던 칼라는 아이들이 초등학교에 들어갈 때까지 휴직하기로 결정해서 현재 전업주부이다. 거스는 컴퓨터 프로그래머이다. 그는 이렇게 말한다. "저희 결혼 생활은 기본적으로 행복해요. 그 문제가 또 불거져도 그럭저럭 넘기긴 하겠지만 그걸 없애는 방법을 찾아내면 확실히 좋겠지요."

많은 영역에서 성공을 거두었음에도 그들에게는 고질적인 문제가 하나 있다. 지금까지 그 문제를 해결할 방법을 찾을 수가 없었다. 사실 그들은 오래전부터 정체에 빠져 있다. 결과부터 말하자면, 칼라와 거스는 각자 뿌리 깊은 빙산 믿음을 갖고 있음을 깨닫고 찾아낸 후에야 정체에서 벗어날 수 있었다.

칼라에게는 유머가 중요하다. 칼라는 재치 있고 자유분방하며 사람들을 때때로 아연하게 하는 엉뚱한 구석이 있다. 지적인 해학가와 유머 작가의 기질을 갖추었다고 자부한다. 거스는 대화를 좋아한다. 어떤 주제든 가리지 않는다. 하지만 특별히 재미있는 사람도 아니고 칼라와 달리 유머를 중시하지도 않는다. 칼라가 특유의 유머 감각을 발휘하면 거스는 즐거워하지만 자신이 그렇게 하는 법은 결코 없다.

이것은 심각한 문제처럼 보이지 않을지도 모른다. 대다수 커플에게는 결코 문제가 아닐 것이다. 하지만 칼라와 거스는 이 문제 때문에 끊임없이 긴장하고 실망한다. 그 문제에 왜 그렇게 긴장하고 실망하는지 그 이유를 모른다. "어떻게 저게 안 웃길 수가 있어?" 이 말은 어김없이 싸움을 촉발하고, 두 사람은 혼란에 빠진다. 실시간 믿음을 포착했지만 그 믿음으로는 그들의 강렬한 정서 반응을 설명할 수 없었다. 전형적인 예는 그들이 '도박 장면'이라고 부르는 사건이다.

도박 장면은 앨버트 브룩스와 줄리 해저티가 주연을 맡은 영화 「로스트 인 아메리카」의 한 장면이다. 데이비드(앨버트 브룩스 역)와 린다(줄리 해저티 역) 부부는 직장을 그만두고 미국 여행에 나선다. 라스베이거스에서 린다는 도박으로 전 재산을 날린다. 이튿날, 그 사실을 알고 충격을 받은 데이비드는 재산을 날린 아내에게 미친 듯이 화를 낸다. 칼라는 그 영화를 서른 번 넘게 보았다. 앨버트 브룩스를 숭배하고 그 장면의 대사를 완벽하게 외우고 있다. 그 장면이 나올 때마다 배가 아플 정도로 웃는다. 너무 격렬하게 웃다가 천식 발작이 일어난 적도 있다.

거스는 아주 기분이 좋을 경우, 그 도박 장면에서 미소를 짓는 정도다.

칼라에게 「로스트 인 아메리카」는 자가 치료제이다. 며칠 전, 아이들과 힘든 하루를 보낸 후 그 영화를 보았다. 도박 장면을 함께 보자고 거스를 불렀다. 다음은 그 장면을 보고 난 후의 대화이다.

칼라 : 이런, 지난번에는 당신이 살짝 웃을 뻔했는데. 저게 웃기지 않아?

거스 : 재미있어. 재밌는 거 같아. 내가 보기에 그렇게까지 웃기지는 않아. 그게 다야. 이 대화를 정말 또 시작할 건 아니지?

칼라 : 진짜 이해할 수가 없어. 이건 지금까지 나온 장면 중에서 가장 웃긴 거야. 그런데 당신은 절대 웃지 않아. 그래, 유머라는 것도 사람마다 취향이 다르지. 그건 알아. 하지만 그래도 그렇지, 당신은 어떻게 저게 안 웃길 수가 있어?

거스 : 그래, 칼라, 인정해. 나는 앨버트 브룩스가 하나도 안 웃겨. 나도 알아, 안다고. 당신한테 그건 신성 모독이지. 이제 됐지? 그러니까 제발 여기서 그만하자.

칼라 : 그럴 수 있으면 좋겠어. 진짜야. 내가 아는 사람들은 하나같이 이 영화를 좋아해. 당신만 빼놓고. 이 영화를 좋아하지 않는 사람도 저 장면에서는 큰 소리로 웃어. 당신은 진짜 이상해. 도대체 뭐가 문제야?

이 지점에서 대화는 정체에 빠진다. 이제부터 칼라와 거스는 '유머'를 분석하고 특정 구절이 '보편적으로' 웃긴지 여부를 놓고 논쟁한다. 그즈음에서 친구의 전 부인인 신디를 거론한다. 거스처럼, 그 장면이 별로 웃기지 않다고 생각하는 여성이다. 칼라는 신디와 거스의 부정적인 공통점을 하나씩 지적하기 시작한다. 그리고 몇 분도 못 돼서 거스는 질려서 방을 나간다. 이 문제에 왜 그렇게 화가 치미는지 칼라도 거스도 그 이유를 알지 못한다.

그들은 빙산 찾아내기 기술을 이용해서 이 갈등 밑에 숨은 믿음을 찾아내려고 했다. 먼저 칼라의 빙산 믿음을 찾는 일부터 시작했다. 두 사람 모두 이 문제를 억지로 끄집어낸 사람이 칼라라는 데 동의했기 때문이다. 칼라는 혼자 영화를 볼 수도 있는데 그 장면이 나올 때마다 거스를 부른다. 언제나 그렇듯이, 칼라의 ABC를 확인하는 것이 우선이다.

칼라의 역경 : 내가 보기에 도박 장면은 코믹의 정수이다. 그 장면을 볼 때마다 나는 저절로 웃음이 터지는데 거스는 웃지 않는다.

칼라의 믿음 : 거스는 대체 왜 저럴까? 어떻게 이 장면에서 안 웃을 수가 있지? 객관적으로 봐도 웃긴 장면인데, 거스는 웃지 않아. 도저히 이해할 수가 없어.

칼라의 결과 : 보통 거스에게 화가 난다. 하지만 대화가 끝날 즈음에는 정말

로 슬프고 외롭기까지 하다.

칼라는 자신이 왜 슬프고 외로운지 이해하지 못한다. 거스도 마찬가지다. 그래서 거스는 칼라의 빙산 믿음을 찾기 위해 질문한다. 상실에 대한 믿음이 슬픔을 낳는다는 것을 알고 있으므로 그 주제를 파고든다.

거스 : 그러니까 당신은 그 장면을 보고 웃는데 나는 웃지 않아. 그게 무엇을 의미하지?

칼라 : 그 장면에 웃지 않는다면 당신은 틀림없이 그 어떤 것에도 웃지 않을 거야.

거스 : 내가 그 어떤 것에도 웃지 않는다고 치자. 그것이 무엇이 그렇게 화가 나지?

거스는 칼라의 믿음에 반박하지 않으면서 질문을 계속한다.

칼라 : 나한테는 웃음과 농담이 중요해. 하지만 당신에게는 그게 중요하지 않아.

거스 : 그것이 어떤 점에서 그렇게 언짢은 거지?

칼라 : 우리 친정 식구들이 서로 가까워지는 계기는 바로 유머야. 자기만의 유머를 창조하고 어떤 것에든 함께 웃지. 그게 우리가 친해지는 방법이야. 나와 우리 가족과 내 친구 더그 모두 그 방법을 공유하지. 하지만 나와 당신은 그 방법을 공유하지 않아.

거스 : 당신과 당신 가족과 더그가 공통으로 갖고 있는 그 방법을 나는 공유하지 않는다고 치자. 그것이 무엇이 그렇게 큰 문제인 거지?

칼라 : 나는 친정 식구들을 사랑하고 더그를 사랑해. 하지만 그들보다는 당신과 더 가까워지고 싶어. 유머는 나라는 존재의 핵심이야. 내가 가장 좋아하는 나의 일부야. 그런데 바로 그런 부분을 당신과 공유하지 못한다면 우리 사이는 내가 원하는 만큼은 결코 가까워질 수 없을 거야.

아하! 빙산 믿음을 정확히 찾아냈음을 감지할 때 아하! 순간을 경험한다. 그 도박 장면에 거스가 웃는지 웃지 않는지가 문제가 아니다. 진짜 문제는 바로 칼라는 유머의 즐거움을 거스와 공유하려고 하지만 그러지 못한다는 것이다.

진짜 문제를 찾아내는 것은 중요한 첫걸음이다. 하지만 이 갈등을 끊임없이 겪는 이유를 알았으니 다음 단계로 넘어가야 한다.

이것은 영구적인 문제이다. 명확한 해결책이 없다. 거스가 그 도박 장면이 웃긴 척 가장할 수는 없다. 아무리 애쓴다 해도 어느 날 갑자기 칼라처럼 희극 배우가 되려는 은밀한 열망이 생길 리 없다. 재미있는 구절을 외워 두었다가 친구와 가족에게 전화해서 그들이 그 말에 웃는지 시험하지도 않을 것이다. 그것은 결코 거스답지 않다. 하지만 두 사람은 가족마다 친밀감을 표현하고 가까워지는 방식이 서로 다르다는 것에 관해 좀 더 대화할 수 있다. 칼라의 가족은 유머를 통해 가까워지고, 거스의 가족은 '고통스러운' 주제에 관한 대화를 통해 가까워진다. 그리고 그 차이를 인정하는 법을 배우고 이 정체 현상을 피할 수 있다. 다정하고 건강한 결혼생활을 지속하는 일은 영화의 한 장면을 놓고 격렬하게 싸우지 않아도 이미 충분히 어렵지 않을까?

진상 파악하기 기술을 이용해서 인정의 토대를 닦아라

이 성격 차이를 인정하기 위해 거스와 칼라는 그 차이가 빚을 결과를 올바로 파악해야 한다. 자신들 사이에 변하지 않는 차이점이 있다는 것이 어떤 의미인지에 골몰할 때 두 사람 모두 파국적 사고에 빠진다. 우리가 서로의 다른 점에 이끌려서 가까운 관계를 맺는 경우가 다반사라는 것은 참으로 아이러니이다. "그의 모험심이 정말 마음에 들어." "그녀의 사교적인 성격이 나의 벽을 허물어 주었어." 하지만 일단 커플이 되면 그 차이가 우리를 위기에 빠뜨린다.

빙산 찾아내기 기술을 활용해서 칼라의 빙산 믿음을 확인하는 과정을 소개했다. 그러니 이번에는 진상 파악하기 기술을 활용해서 거스가 자기의 가장 큰 두려움을 확인하고 거기서 벗어나는 방법을 찾는 과정을 살펴보자.

칼라의 빙산 믿음을 확인한 후, 거스는 속으로 이렇게 말했다.

"우리는 함께 그 과정을 끝까지 해내서 문제의 진짜 원인을 찾아냈어. 정말 다행이야. 하지만 걱정스럽기도 해. 칼라에게는 유머가 아주 중요하지만 나한테는 결코 그렇지 않아. 칼라는 유머가 사람들과 가까워지는 방법이라고까지 했어. 칼라는 정말로 슬퍼하고 외로워해. 원하는 것을 내가 줄 수 없기 때문이지. 이젠 기분이 우울할 때마다 아무 거리낌 없이 더그에게 전화할 거야. 칼라와 더그는 함께 있으면 언제나 아주 즐거워하지. 칼라는 나보다 더그가 더 가깝다고 느낄 게 틀림없어. 그 느낌은 커질 테고 결국에는 다른 일로도 더그에게 연락할 거야. 더그와 가까워질수록 나와는 더 멀어질 거야. 우리 관계는 갈수록 나빠지겠지. 마침내 우리는 서로 맞지 않는다고 결정할 거야." 계속 이런 식이었다. 거스의 이 터무니

없는 상상은 결국 자기는 혼자 살게 되고 아이들도 못 보고 친구와 가족들의 웃음거리가 되는 것으로 끝이 났다.

거스는 칼라와의 성격 차이가 초래할 결과에 밤낮으로 골몰하지는 않는다. 하지만 파국적 사고에 빠짐으로써 당치도 않은 결과를 걱정하느라 시간과 감정을 소모하고 있다. 거스와 칼라는 해야 할 일이 있고, 그 일에는 회복력이 필요하다.

거스가 진상 파악하기 기술을 이용해서 불안에 압도되는 것을 피하는 과정을 소개하겠다. 그는 칼라와의 성격 차이로 인해 일어날 수 있는 최악의 사건, 최상의 사건, 실현 확률이 가장 높은 사건을 적었다. 최악의 사건을 적는 일은 어려울 게 없었다. 하지만 최상의 사건을 상상하는 동안에는 그것이 최악의 사건과 똑같이 실현 가능성이 희박해야 한다는 점을 줄곧 되새겨야 했다. 최악의 시나리오와 최상의 시나리오를 먼저 작성하는 것이 중요하다. 그러지 않으면 실제로 일어날 수 있는 사건을 떠올리기가 쉽지 않다.

진상 파악하기 기술을 적용한 후, 거스는 칼라와 함께 성격 차이가 실제로 초래할 수 있는 사건에 대응할 계획을 세웠다. 칼라는 도박 장면으로 거스를 계속 '테스트'하는 것이 비합리적이라는 점을 인정했다. 두 사람은 서로에게 친밀감을 느낄 수 있는 다섯 가지 일을 찾아내고, 그 리스트를 침실 거울에 붙였다. 아이들에 관한 대화, 침대에서 소리 내서 책 읽기, 성관계, 휴가 계획 세우기, 하루를 마치고 밀린 이야기 나누기이다. 거스는 본인이 칼라와 더그의 관계에 불안해할 거라고 예상했다. 그래서 불안할 때는 칼라에게 솔직히 털어놓고, 칼라는 더그와 함께 보내는 시간을 줄이거나 다른 방법으로 거스를 안심시켜 주기로 약속했다. 진짜 문제를

최악의 사건	실현 확률이 가장 높은 사건	최상의 사건
칼라가 「로스트 인 아메리카」를 틀고, 도박 장면에서 나는 웃지 않는다.	칼라는 여전히 웃기고 유머를 즐긴다. 나는 웃긴 사람도 아니고 유머를 좋아하지도 않는다.	칼라는 「로스트 인 아메리카」를 틀고, 도박 장면에서 나는 걷잡을 수 없이 웃는다. 너무 심하게 웃어서 오줌을 지릴 정도다.
칼라는 슬퍼하고 외로워한다.	칼라는 유머를 통해 주변 사람과 친해지지만 나와는 그렇지 못하다.	어느 순간부터 칼라가 웃는 모든 것에 나도 웃음을 터뜨린다.
칼라는 더그에게 전화해서 영화를 보러 오라고 한다. 그들은 몇 시간 동안 웃고 떠든다.	칼라는 실망하고 슬퍼한다.	나는 코미디를 하기 시작하고, 제리 사인펠트의 관심을 끈다.
두 사람이 전화 통화하는 시간이 길어진다.	칼라는 더 이상 도박 장면을 함께 보자고 하지 않는다. 그것이 언제나 싸움으로 이어지기 때문이다.	사인펠트는 나를 코미디 투어에 초대하고, 칼라와 아이들도 함께 간다.
칼라와 나는 함께 보내는 시간이 점차 줄어든다.	우리는 공통 관심사를 즐기는 데 더 많은 시간을 보낸다. 아이들 돌보기, 정원 가꾸기, 추리 소설 읽기 등.	투어 도중에 칼라와 나는 짧은 희극을 창작해서 자유 공연 시간에 연기한다.
칼라는 나를 경멸하기 시작한다. 이혼을 결심하고 아이들을 데려간다.	나는 칼라와 더그의 관계에 가끔 불안해할 것이다.	공연을 구경하던 앨버트 브룩스가 우리에게 기립 박수를 보낸다.
혼자 남은 나는 아이들도 만나지 못한다. 법원이 칼라를 옹호하고 내가 구제불능이라고 판결했기 때문이다.		사인펠트와 브룩스는 나와 칼라에게 희극을 한 편 써 달라고 사정하며 계약금으로 1,000만 달러를 준다.
가족과 친구들 모두 내게서 등을 돌리고 나더러 따분한 사람이라고 한다		우리는 직장을 그만두고 희극 집필과 공연에 전념한다.
		나는 가족과 친구들의 영웅이 되고 그들은 나더러 재밌는 사람이라고 한다.

확인하고 그것이 초래할 결과를 현실적으로 숙고함으로써 칼라와 거스는 그 영구적인 문제가 그들의 관계를 해치는 것을 막을 수 있었다.

지금까지 커플들이 자주 겪는 두 가지 문제를 해결하는 방법을 다루었다. 공감하는 대화와 건설적인 싸움이 그것이다. 회복력 기술을 적용하는 방법을 익히면 배우자와 솔직하게 대화하고 갈등에 생산적으로 대응할 수 있다. 하지만 커플들은 원활한 소통과 건강한 싸움 정도로는 만족하지 않는다. 그 이상을 원한다. 새로운 것을 함께 하기를 원하고 즐거운 시간과 의미 있는 삶을 원한다.

배우자와 더욱 친밀하고 안정적인 관계를 맺기 위해 취할 수 있는 간단한 방법이 아주 많다. 매주 하루를 데이트 날로 정해서 그날 밤에 데이트할 수도 있다. 두 사람의 관계에 특별한 전통을 심을 수도 있다. 금요일마다 저녁 식탁에 촛불을 켜거나 매해 여름에 똑같은 모자를 쓰고 함께 사진을 찍는 것도 일종의 전통이 된다. 의외의 행동을 해보는 것은 어떨까? 베이비시터에게 아기를 맡기고 연극 티켓을 사서 배우자의 사무실로 찾아가 보라. 당신이 지금까지 반대해 왔던 것에 동의하라. 허름한 식당에서 식사하기, 아내의 대학 친구들과 래프팅하기, 배우자가 지난 할로윈에 사 온 우스꽝스런 코스튬 입기 등. 배우자에게 편지를 쓴 적은 언제인가? 편지지에 손수 글을 써서 우표를 붙이고 우체통에 넣어라. 서로 편지를 보내는 것을 전통으로 삼는 것도 괜찮다.

배우자에게 손을 내밀고 둘의 관계를 향상시킬 수 있는 방법은 셀 수도 없이 많다. 그런데 솔직히 말하자. 아이디어를 내놓는 것은 어렵지 않다. 실제로 어려운 일은 아이디어를 실천하는 것이다. 바로 그 지점에서 회복력이 개입한다. 커플들이 애정을 쌓고 서로 배려하지 못하게 방해하는 것은 언제나 실시간 믿음이다. "오늘 밤에는 데이트할 시간이 없어." "내가 마사지해 주면 섹스를 기대할 거야." "연락도 없이 사무실로 찾아가면 아내가 짜증 낼 거야." 이런 믿음은 한도 끝도 없다. 더욱 충만하고 친밀하고 안정적인 관계를 원한다면 앞을 가로막는 실시간 믿음에 반박해야 한다.

그 일에는 7가지 회복력 기술이 완벽한 도구이다.

해결책도 효과가 없을 때 : 조용히 이별을 고하라

최선을 다해도 관계가 호전되지 않을 때가 있다. 어떤 사람은 문제가 해결되는데 다른 사람은 그렇지 않기도 하다. 우리는 모두 소중한 사람과 헤어진 적이 있다. 앞으로도 많은 부부가 이혼할 것이다. 회복력은 이별의 고통을 없애 주지 못한다. 하지만 이별을 터놓고 슬퍼하고 최선의 노력도 소용이 없었던 이유를 솔직하게 인정하고 상처를 치유하고 앞으로 나아가게 해 준다.

결혼한 지 13년 만에 안젤라와 토니는 별거하기로 결심했다. 맏이인 마이클은 일곱 살이고 애슐리는 여섯 살이다. 토니는 시청 공무원이다. 안젤라는 보험회사에 다니다가 마이클이 태어나자 그만두었다. 토니는 야망이 크고 자기 일에 헌신적이다. 일찍 출근해서 늦게까지 일하고, 집에 있을 때도 지하실에서 일하는 것을 좋아한다. 사교적이지 않아서 친구도 별로 없다. 솔직히 그런 것에 전혀 개의치 않는다. 안젤라는 정반대이다. 외향적인 성격으로 만인의 친구이다. 일하는 것을 좋아했고, 회사 일에서 보람을 느낀 이유 중 하나는 동료와 고객들과 우정을 쌓을 수 있었기 때문이다. 아내로서 안젤라는 집안 행사와 지인 모임을 책임지고 있었다. 자기 부부가 사람들과 어울리지 않고 집에만 틀어박혀 지낸다면 토니가 더욱 행복할 거라고 안젤라는 자주 생각했다.

하지만 그들의 가장 큰 차이는 문제를 다루는 방식에 있었다. 함께 13년을 사는 동안 안젤라와 토니는 수많은 난제에 직면했다. 두 사람이 그 난제에 대응하는 방식은 결코 양립할 수 없었다. 안젤라는 토니가 지지해주길 갈구했다. 그에게 감정을 털어놓고 토니의 감정도 이해하고자 했다. 하지만 토니는 마음을 닫아걸고 일과 취미에 더욱 몰두했다. 사실 안젤라가 한걸음 다가가면 토니는 한걸음 물러서는 식이었다. 결혼 생활 내내 안젤라는 상담을 받자고 몇 번이나 권했고, 결국 토니와 함께 카운슬러를 찾아갔지만 별 도움이 되지 않았다. 근본적으로 안젤라는 문제를 들춰내서 개선하기를 원했지만 토니는 있는 그대로 놔두는 것을 더욱 편안해했다. 날이 갈수록 그들은 서로에게서 점점 더 멀어졌고, 결국 안젤라는 관계를 호전시키려는 노력을 중단했다.

안젤라의 말대로, 이혼을 결심하게 만든 구체적인 사건은 없었다. "제 마흔 번째 생일을 한 달 앞둔 날이었어요. 저는 침실에 앉아 있었어요. 토니는 다른 어딘가에 있었겠지요. 그때 이런 생각이 들었어요. '만약에 이혼하지 않으면 나는 죽을 때까지 외로운 아내로 살겠구나. 진심 어린 애정도 친밀감도 느끼지 못하고 나 자신을 누군가와 공유하지도 못한 채 영영 이렇게 살겠구나.' 그리고 깨달았어요. 내가 나한테 그런 짓을 할 수는 없다는 것을요." 침실에 혼자 앉아서 안젤라는 결정했다. 언젠가 다시 결혼해서 다정하고 충만하게 살 수 있으려면 지금의 결혼 생활은 실패했다는 것을 직시해야 한다고.

안젤라의 결정을 놓고 토니는 싸우려 하지 않았다. 한 달 후, 안젤라의 생일에 그는 집을 떠났다. 관계가 끝나면 먼저 이별을 고한 사람이 상대방보다 더 쉽게 털고 일어난다고 생각하는 사람들이 많다. 때로는 맞는 말이다. 하지만 이혼을 선언한 많은 여성이 그렇듯이, 안젤라에게도 토니가 떠난 후의 몇 달이 그때까지 겪은 가장 힘겨운 시기였다. 두 가지 감정이 안젤라를 가장 힘들게 하고 기력과 지략까지 고갈시켰다. 안젤라는 당연히 죄책감을 느꼈다. 하지만 그 강렬함은 가히 충격적이었다. 밤마다 침대에 누워서 자기가 얼마나 이기적인지, 두 아이가 얼마나 고통스러울지를 강박적으로 반추했다. 그러다 아침이 오면 완전히 녹초가 되었다. 매 순간 아이들의 감정을 지나치게 세심하게 살펴서 두 아이는 엄마가 사사건건 참견하고 감시한다고 느끼기 시작했다.

죄책감은 그래도 예상한 감정이었다. 하지만 격렬한 분노에는 완전히 무방비 상태였다. 처음부터 토니와 결혼한 어리석음과 그를 바꿀 수 있다고 믿은 순진함을 비난하며 스스로에게 분노했다. 그 13년 동안 토니가 해 준 게 별로 없다는 것, 다시 취직해야 한다는 것, 두 아이의 슬픔과 분노를 매일 다루어야 한다는 것 때문에 토니에게 분노했다. 더 일찍 이혼하지 않은 것이 견딜 수 없이 화가 났다. 중년이 되기 전에, 흰머리가 나기 전에, 두 아이를 낳기 전에 이혼하지 않은 것을 후회했다. 가장 좋은 살림살이는 자기가 모두 갖고 토니에게는 싸구려 접시와 짝이 안 맞는 나이프와 포크를 주었는데도 그가 전혀 상관하지 않는 것에 화가 났다. 토니는 안젤라에게서 그 기쁨마저도 앗아갔다.

어느 정도의 죄책감과 분노는 당연하다. 하지만 안젤라는 그 감정 때문에 갈수록 무력해졌고, 그것이 아이들을 훨씬 더 고통스럽게 했다.

토니가 떠난 후, 안젤라는 다시 취직해야 했다. 알고는 있지만 몇 주가 지나도 시작할 수가 없었다. 일자리를 찾는 문제는 그다지 걱정하지 않았다. 어떤 일이든 찾아낼 거라고 자신했다. 하지만 감정의 소용돌이에서 도무지 벗어날 수가 없었다. 앞으로 나아가지 못하게 가로막고 있는 것이 무엇인지 종잡을 수가 없었다. 마침내 안젤라는 ABC 확인하기 기술과 실시간 회복력 기술을 활용해서 일자리를 알아보지 못하게 방해하는 것이 무엇인지 깨달았다. 그 과정을 살펴보자.

어느 날 아침 아이들을 학교에 보낸 후, 안젤라는 컴퓨터 앞에 앉았다. 인터넷 구직 사이트를 찾아보려고 했다. 그러다가 ABC 기술을 철저히 적용해서 지금 자신을 가로막고 있는 것이 무엇인지 더 정확히 파악해 보기로 결심했다.

ABC를 철저히 분석함으로써 안젤라는 사실은 슬픔, 불안, 죄책감이 한데 뒤섞인 감정을 느끼고 있음을 깨달았다. 실시간 믿음은 주로 엄마라는

안젤라의 ABC 워크시트	
역경 : 나는 취직해야 하지만 시작도 못 하고 있다. 이력서를 쓰든지 구인 광고를 찾아보려고 해도 그때마다 아무것도 하지 않은 채 우두커니 앉아 있거나 지금 당장 끝내야 하는 '더 중요한' 다른 일을 찾아낸다.	
믿음	결과
나는 아이들을 돌보는 것이 좋아. 그래서 아이들이 더 클 때까지는 전업주부로 살 계획이었어. 취직하고 싶지 않아.	슬픔
내 욕구를 억제하고 이혼하지 않았다면 집에서 아이들을 보살필 수 있었을 테고, 아이들에게 필요한 좋은 엄마가 되었을 거야.	슬픔, 죄책감
아빠가 집을 떠난 것만으로도 아이들에게는 큰 충격이야. 그런데 이제는 엄마와 함께 있는 시간마저 줄어들 거야. 오히려 더 많이 함께 있어 줘야 하는데.	죄책감
내가 곁에서 돌봐 주지 않으면 아이들은 삐뚤어질 테고, 더 크면 정말로 말썽을 부릴지도 몰라.	죄책감, 불안

정체성 상실과 아이들에게 상처를 주고 있다는 두려움, 취직을 하면 훨씬 더 큰 상처를 줄 거라는 걱정과 관계가 있었다. 취업을 방해하는 믿음을 확인하자 안젤라는 실시간 회복력 기술을 이용해서 초기 믿음에 반박하고 이 역경에 대해 더욱 유연하게 사고할 방법을 찾기로 결심했다. 우선 ABC 확인하기 기술로 포착한 실시간 믿음을 되풀이했다. 그러자 다른 믿음들이 떠올랐다. 다음이 그 과정이다.

실시간 믿음 : 나는 아이들을 돌보는 것이 좋아. 그래서 아이들이 더 클 때까지는 전업주부로 살 계획이었어. 취직하고 싶지 않아.

실시간 회복력 대응 : 맞는 말이야. 내 인생이 이렇게 되리라고는 상상도 못 했어. 취직하고 싶지 않아. 하지만 취직해야 해. 저녁을 차릴 수 있는 시간에 퇴근하는 직업을 찾을 수 있을 거야. 그러면 저녁 시간과 주말에는 아이들과 함께 있을 수 있어.

실시간 믿음 : 내 욕구를 억제하고 이혼하지 않았다면 집에서 아이들을 보살필 수 있었을 테고, 아이들에게 필요한 좋은 엄마가 되었을 거야.

실시간 회복력 대응 : 그래, 맞아. 내 욕구가 우선이었지. 하지만 가볍게 내린 결정은 아니었어. 나는 토니와의 관계를 개선하려고 오랫동안 노력했어. 하지만 언제나 긴장이 감도는 집에서 성장하는 건 아이들에게 좋지 않아. 토니와 나처럼 부모가 허구한 날 싸우는 소리를 듣는 것도 이로울 게 없어. 언젠가는 재혼해서 행복하게 살면 좋겠어. 하지만 내가 재혼하지 않더라도 적어도 우리 아이들이 불행한 결혼 생활을 날마다 목격하는 일은 없어. 그리고 토니와 나는 언제나 서로에게 화내고 실망하는 부모였어. 그런데 이혼하고 나서는 오히려 아이들에게 다정한 부모가 되었어.

실시간 믿음 : 아빠가 집을 떠난 것만으로도 아이들에게는 큰 충격이야. 그런데 이제는 엄마와 함께 있을 시간마저 줄어들 거야. 오히려 더 많이 함께 있어 줘야 하는데.

실시간 회복력 대응 : 잠깐 생각해 보자. 이혼은 아이들에게 상처를 주었어. 사실이야. 하지만 현실을 직시하자. 토니와 나는 이혼했고, 결코 옛날로 돌아가지는 않을 거야. 내가 아이들 인생을 무너뜨렸다는 생각에 골몰하는 것은 아이들에게 아무 도움이 되지 않아. 아이들이 이 곤경을 이겨 내게 도와주려면 나부터 죄책감에서 벗어나야 해. 이런 고민과 걱정 때문에 오히려 더 아이들의 감정을 정확히 파악하고 이 시련을 이겨 내게 도와줄 방법을 찾기가 힘들어.

실시간 믿음 : 내가 곁에서 돌봐 주지 않으면 아이들은 삐뚤어질 테고, 더 크면 정말로 말썽을 부릴지도 몰라.

실시간 회복력 대응 : 집에서 아이들을 돌볼 수 있다면 더 바랄 게 없지. 하지만 돈이 필요해. 아이들과 최대한 자주 함께 있을 수 있는 방법을 찾을 거야. 그리고 학교에서 돌아온 아이들을 돌보는 일은 내가 정말로 믿을 수 있는 사람한테 맡길 거야. 안타깝지만 그게 내가 할 수 있는 최선이야.

실시간 믿음에 반박한 후에도 안젤라는 직업을 구하는 일을 즉시 시작하지는 못했다. 여전히 아이들을 걱정했고, 학교에서 돌아오는 아이들을 맞아 줄 수 없다는 것에 슬퍼했다. 하지만 비합리적인 믿음에 반박함으로써 한걸음 나아가서 탄력 근무제를 시행하는 직장을 알아보았다. 본인과 아이들을 위해 최선의 삶을 꾸리기 시작한 것이다.

처음 두세 달 동안 안젤라는 실시간 회복력 기술을 매일 사용했다. 한

시간마다 사용할 때도 있었다. 타협해야 할 문제를 두고 토니와 대화할 때도 그 기술을 활용해서 침착하고 건설적으로 대응할 수 있었다. 아이들이 화내고 불평할 때마다 떠오르는 파국적 사고를 중단하는 데도 이용했다. 그럼으로써 아이들을 더 잘 위로하고 그들 욕구에 더 적절하게 대응할 수 있었다. 슬픔, 분노, 죄책감을 촉발하는 믿음이 점차 바뀌었다. 안젤라는 아직도 분노하고 아이들을 걱정했다. 하지만 더 이상은 감정에 휘둘려서 해결이 필요한 일을 미루지는 않았고, 그들의 삶은 차차 제자리를 잡아 갔다.

회복력 기술로 이별의 고통 치유하기

안젤라에게는 실시간 회복력 기술이 완벽한 도구였다. 그 기술 덕에 인생의 다음 단계로 나아가지 못하게 방해하는 부정적인 믿음을 물리칠 수 있었다. 진상 파악하기 기술이 효과적이라는 사람들도 많다. 그 기술은 파국적 사고에 빠지는 것을 막아 주기 때문에 진짜 문제에 집중할 수 있다. 이제부터 이별 후에 흔히들 느끼는 감정을 알아보고, 그것을 다루는 데 가장 유용한 기술을 소개하겠다. 소중한 사람과 헤어진 후 사람들은 다음과 같은 감정을 자주 느낀다.

- 슬픔과 우울
- 죄책감
- 분노
- 불안
- 수치심과 당혹감

슬픔과 우울

인간관계의 종식은 일종의 상실이다. 따라서 슬프거나 우울한 것이 당연하다. 그 감정에 휩싸여서 직장, 가정, 학교에서 제 능력을 발휘하지 못하거나 책임을 다하지 못할 때가 있다. 그럴 때는 ABC 확인하기 기술을 통해 슬픔과 우울을 촉발하는 믿음을 찾아야 한다. B—C 연결 관계에 따르면, 그 감정은 상실과 관계가 있다. 하지만 그 고통스러운 감정에 주의를 기울여라. 스스로 지나치게 부정적인 말을 하고 있지는 않은가? "다 내 잘못이야. 어떤 관계든 나 때문에 끝장이 나고 말아." 또는 "나한테 정말 어떤 문제가 있는 게 틀림없어. 나는 어느 누구도 사랑할 수 없는 사람이야." 등이 그 예이다. 믿음을 찾아내면 사고의 함정을 검증하고 개인화("다 내 잘못이야. 어떤 관계든 나 때문에 끝장이 나고 말아.") 또는 과잉 일반화("나한테 정말 어떤 문제가 있는 게 틀림없어. 나는 어느 누구도 사랑할 수 없는 사람이야.") 또는 감정적 추론("정말 견딜 수 없이 우울해. 그를 결코 잊을 수 없을 것 같아.")에 빠져 있는지 확인하라. 실시간 믿음에 비해 슬픔이 지나치게 강렬하다면 빙산 믿음을 찾아보라. 당신이 씨름하고 있는 더 중요한 문제가 이별 사건을 이용하고 있을지도 모른다. 관계 유지의 중요성과 인정에 관한 믿음들이 특히 그렇다. 감정의 강도와 걸맞은 믿음을 확인했다면 믿음에 반박하기 기술을 적용해서 그 믿음이 정확한지 철저하게 검증해야 한다. 이 단계가 중요하다. 이혼이나 결별 후 몇 주 또는 몇 달 동안 사람들은 평소보다 비관적으로 변하기 때문이다. 그러니 이 특별한 상황에서는 본인의 믿음이 더없이 정확해 보이더라도 장담하지 말라. 지나친 슬픔을 촉발하는 믿음을 몰아내야 하는 또 다른 이유는 그 믿음으로 인해 친구와 가족을 멀리하기 때문이다. 당신은 무기력하고 수동적으로 변하며 스스로를 하찮은 사람이라고 믿는다. 자신을 염려하고 사랑하는 사람들의 지지를 얻는 것이 절대적으로 필요하다.

죄책감

결별 후 많은 사람이 죄책감을 느낀다. 먼저 이별을 고한 사람이나 아이에게 미칠 영향을 걱정하는 사람들이 주로 죄책감에 시달린다. 약간의 죄책감은 나쁘지 않다. 상대방에게 상처를 주었을 수도 있으므로 죄책감은 당신이 착한 사람이라는 증거이다. 하지만 지나친 죄책감은 사건에 대한 객관적인 사실보다는 편향된 믿음에서 생겨나고 치유력을 손상시킨다. 이번에도 ABC 확인하기 기술로 시작하라. 죄책감을 불러오는 실시간 믿음 또는 빙산 믿음을 확인하라. 개인화의 함정에 빠져서 공동 책임인 어떤 문제를 본인 잘못으로만 돌리지는 않는지 확인하라. 이혼이나 결별에 타인들이 어떤 반응을 보일지 예상하면서 파국적 사고에 빠질 때 사람들은 죄책감에 죄어든다. 예를 들어 "아이들은 충격을 받고 이 일을 결코 이겨 내지 못할 거야." 또는 "그는 우리의 관계가 영원할 거라고 믿었어. 이 일로 완전히 무너질 거야." 같은 믿음은 타인의 권리 침해에 관한 것이지만 또한 파국적 사고라서 격렬한 감정을 일으킨다. 이와 비슷한 믿음을 갖고 있는 사람은 진상 파악하기 기술이 유용할 것이다. 이 기술을 활용하면 그 이별이 소중한 사람들에게 미치는 영향을 더욱 정확하게 판단할 수 있다. 이것은 중요하다. 이미 힘든 상황을 훨씬 더 악화시키는 것은 아무에게도 득이 되지 않기 때문이다.

분노

권리를 침해당했다는 믿음이 분노를 일으킨다. 누가 먼저 이별을 선언하든지 분노는 정상적인 반응이다. 하지만 슬픔과 죄책감처럼, 분노가 지나쳐서 치유력을 훼손한다면 그 감정을 더욱 철저하게 파악해야 한다. 이 일은 자녀가 있는 사람에게 특히 중요하다. 결혼 생활은 끝났어도 부모의 역할은 끝나지 않기 때문이다. 이혼 후에도 부모로서 이전 배우자와 계속 연락을 해야 한다. 이전 배우자에 대한 분노는 아이들에게 더욱 부정적인 영향을 미칠 수 있다. 아이가 문제가 아니더라도 격렬한 분노는 에너지를 소진시키며 새로운 관계를 시도하고 발전시키는 일을 불가능하게 한다. 분노에서 헤어나지 못하는 사람과 데이트한 적이 있을 것이다. 결코 유쾌한 경험이 아니다. 믿음을 확인한 후에는 본인이 외현화의 함정에 빠져 있는지 확인해야 한다. 모든 것에 배우자를 비난하고 그 이별에 본인은 어떤 책임도 지지 않으려 하는지 확인하라. 지나친 분노를 초래하는 또 다른 사고의 함정은 확대와 축소이다. 이전 배우자와의 관계를 떠올릴 때 그가 잘해 준 것은 모두 외면하고 잘못한 것만을 기억하는 것이다. 결별 후 처음 얼마 동안은 이러는 것이 즐거울 수도 있다. 하지만 결국에는 그와의 관계를 정직하고 정확하게 파악할 필요성을 느낀다. 그렇지 않으면 그 경험에서 아무것도 배울 수 없기 때문이다. 믿음을 확인한 후에는 그 믿음의 정확성을 검증해야 한다. 이때 목표는 분노할 이유가 하나도 없다고 억지로 확신하는 것이 아니라 분노를 합리적인 수준으로 낮추는 것이다. 결국에는 배우자를 용서하는 것이 당신이 앞으로 나아가는 데 도움이 된다고 판단할지도 모른다. 분노를 통제할 수 있다면 용서하기가 더욱 쉬워진다. 격렬한 분노에 사로잡힐까 두려울 때는 진정하기 기술을 이용해

강도를 낮출 수 있다. 양육권이나 위자료 문제로 이전 배우자와 계속 논의해야 하는 경우에 그렇다. 분노에 휩쓸리면 협상을 유리하게 이끌어 가지 못하기 때문이다.

불 안

결별 후에는 다양한 문제와 관련하여 불안을 느낀다. 이전 배우자와 함께 하던 일을 혼자 떠맡는 것이 불안할 수도 있다. 아이들 돌보기, 요금 청구서 처리하기, 집 안팎 손보기 등이 그렇다. 이제 혼자라는 것, 다시 데이트해야 한다는 것, 적은 돈으로 빠듯하게 살아야 한다는 것이 불안할지도 모른다. 통제할 수 없는 불안감은 극도의 무기력을 초래한다. 간단한 결정도 어려워 보이고, 어려운 결정은 너무 버거워서 아무 생각도 할 수가 없다. 이별 후에는 수많은 난제에 직면할 수밖에 없다. 하지만 불안은 그 모든 것을 외면하고 싶게 만든다. 이때 필요한 일은 불안을 모두 없애는 것이 아니라 통제할 수 있는 수준으로 낮추는 것이다. 불안 감소에 가장 유용한 기술은 진정하기 및 집중하기와 진상 파악하기이다. 집안 재정을 책임져야 한다는 걱정에 병이 날 지경이라면 진정하기 기술을 이용해서 긴장을 풀어라. 재정 상황을 확인하고 올바로 처리하는 법을 배울 수 있을 것이다. 다시 데이트할 마음은 있지만 자꾸 최악의 데이트가 상상되어 불안할 수도 있다. 그러면 진상 파악하기 기술을 활용해서 실현 확률이 가장 높은 데이트 시나리오를 작성하고 미리 계획을 세워라. 한 예로, 대화가 끊어질 때 화제로 올릴 수 있는 주제에 관해 공부할 수도 있다. 불안에 사로잡히면 역경을 결코 이겨 낼 수 없으리라는 믿음이 기승을 부린다. 하지만 통제할 수 있는 것부터 통제해 나가면 불안이 조금씩 줄어들 것이다.

수치심과 당혹감

이혼이나 이별에 당황하거나 수치스러워하는 사람들이 있다. 그것이 완전한 실패를 의미한다고 믿기 때문이다. 그들은 다른 사람들도 그렇게 믿을 거라고 확신한다. 그리고 이제 혼자가 되었다는 것을 이 사람 저 사람에게 설명하는 것이 어색하고 불편할 수는 있다. 하지만 그들이 당신을 문제 있는 사람으로 여길 거라고 단정하고 있지는 않은가? "표정에 다 드러나잖아. 나를 불쌍하게 보고 있어." 또는 "그들은 우리가 헤어진 게 당연하다고 생각할 거야. 언제나 우리가 안 어울린다고 생각했을 테니까." 이런 믿음을 갖고 있다면 마음 읽기 함정에 빠져 있는지 확인할 필요가 있다. 결별 후에 수치심을 느낀다면 그 감정을 일으킨 빙산 믿음을 찾아내라. 결혼과 이혼 또는 책임과 관용에 대해 어린 시절에 어떤 메시지를 받았는가? 이혼이나 결별은 당신이 사랑받을 자격이 없다거나 어떤 문제가 있다는 것을 의미한다고 믿는가? 빙산 믿음을 찾아내면 그 믿음이 정확한지, 인생에서 유용한 길잡이 역할을 하는지 여부를 자문하라. 대답이 "아니다."라면 그 믿음을 재구성하라. 본인이 중시하는 핵심 가치는 고수하고, 이익보다는 손해를 더 많이 끼치는 요소는 제거하라. 실시간 회복력 기술을 이용해서 당혹감과 수치심을 일으키는 믿음을 통제할 수 있다. 그러면 그 믿음이 다음 단계로 나아가는 것을 가로막지 못할 것이다.

이 책의 처음부터 끝까지 되풀이하는 말 중 하나는 이 기술들의 실행이 중요하다는 것이다. 부부나 연인 관계에 회복력 기술을 적용할 때는 두 가지 이유에서 실행이 중요하다. 그 관계에서 우리는 때로는 최상의 모습을 보여 주고 때로는 최악의 모습을 보여 준다. 따라서 이 기술을 실행할 때는 완벽하게 적용하지 않아도 된다는 점을 기억하라. 적절하게 사용하면 충분하다. 이 기술을 자주 실행할수록 회복력 수준이 높아진다. 사랑하는 사람들과 더욱 친밀해진다. 이 기술이 효과가 없어서 결국 헤어지더라도 이별의 고통을 더 빨리 치유할 수 있다.

• 11장 •

양육과 회복력

요즘 부모는 한 세대 위의 부모가 자녀를 키우던 시절에는 겪지 않은 문제들을 다루어야 한다. 지난 세대에는 졸업 파티에서 술을 마시는 것이 큰 걱정이었고 진짜 '문제아'는 담배를 피우는 정도였지만 지금은 상황이 다르다. 질병통제센터는 미국 각지의 9학년에서 12학년 학생 1만 5,000명 이상을 대상으로 마약, 성행위, 흡연 등 수많은 위험 행동에 관하여 비밀 설문 조사를 실시했다. 그 결과가 결코 긍정적이지 않다.

- 지난 30일 이내에 음주 운전자가 모는 차를 탄 적이 있는 학생은 전체 33퍼센트, 음주 운전을 한 학생은 13퍼센트였다.
- 지난 30일 이내에 한 번 이상 무기를 소지한 적이 있는 학생은 17퍼센트였다.
- 여학생의 13퍼센트는 강제로 성관계를 맺은 적이 있다고 대답했다.

- 적어도 2주 동안 무력감을 느낀다고 보고한 학생은 전체의 28퍼센트, 여학생의 경우 35퍼센트였다.
- 지난 12개월 이내에 자살을 시도한 적이 있는 학생은 8퍼센트였다.
- 담배를 피우는 학생은 33퍼센트였다.
- 지난 30일 이내에 마리화나를 한 번 이상 피운 학생은 27퍼센트였으며, 11퍼센트는 13세경에 마리화나를 피웠다고 대답했다.
- 학생의 절반은 이미 성교 경험이 있었고, 13세경에 성교한 학생은 8퍼센트였다. 성교 파트너가 4명 이상인 학생은 16퍼센트였고, 최근의 성관계에서 콘돔을 사용한 학생은 겨우 58퍼센트였다.

이것은 조사로 얻은 수치에 불과하다. 하지만 아동에게 문제 해결 방법과 스트레스 대처 방법을 가르치면서 나는 그 문제들을 직접 목격했다. 열한 살 아이들이 알코올을 남용하는 것도 보았고, 학교에 결석하고 범죄를 저지른 열세 살 아이들도 만났다. 자살을 시도한 열다섯 살 아이들이 또다시 자살 계획을 세우기도 했다. 모든 희망을 버려 버려서 미래에 대해 아무 기대도 없는 열일곱 살 아이들도 있었다. 아이들이 의미 있고 행복하고 생산적인 삶을 살기 위해서는 읽고 쓰기만 배우는 것으로는 부족하다. 운전하고 직업을 구하고 셈하는 법을 배우는 것으로도 부족하다. 그 이상이 필요하다. 현대 사회의 아이들은 문제를 해결하고 원만한 인간관계를 유지하고 역경을 끈질기게 이겨 내는 법을 배워야 한다. 회복력을 배워야 한다.

우울증의 대가

어린 시절에 근심 걱정이 하나도 없으면 좋겠다고 바란 적이 있는가? 얼마나 자주 그렇게 빌었는가? 아주 오랫동안 사람들은, 심리학자들까지도 아동과 청소년은 우울증에 걸리지 않는다고 믿었다. 물론 어린아이도 슬픔을 느끼고 청소년은 감정이 변덕스러운 것으로 유명하다. 하지만 우울증, 특히 중증의 극심한 우울증은 성인의 정서 장애로 간주되었다. 그러나 즐겁고 거리낌 없고 자유로운 아동기에 대한 환상은 말 그대로 환상이다. 당신 아이가 생전에 우울증에 걸릴 확률은 당신이 생전에 우울증에 걸릴 확률보다 훨씬 더 높다.

아이들은 지금 전례 없는 규모로 비관주의와 우울증을 경험하고 있다. 고등학교를 졸업하기 전에 심각한 우울증을 겪는 청소년이 5명 중에 1명이다. 우울한 청소년들이 보기에 미래는 제한적이고 암울하다. 만연한 무기력은 길고 검은 그림자를 드리운다. 이 무기력의 극단적인 표현인 자살도 무척 흔하다. 미국 고등학생의 8퍼센트 이상이 매년 자살을 시도하고, 15세에서 19세까지의 미국 청소년들은 10만 명에 13명꼴로 자살한다.

이 수치는 충격적이다. 우울증을 겪은 적이 있는 사람의 경우, 일생 동안 우울증이 한 번 이상 재발할 가능성은 무려 50퍼센트이다. 우울증 초발 연령이 낮을수록 재발 가능성이 높아진다.

이 정도로도 충분하지 않다는 듯이 아동이 일단 우울증에 걸리면 수많은 문제가 뒤따른다. 무기력, 집중력 결여, 부정적인 침투 사고 등의 우울증 증상 때문에 학교에서 수업에 집중하고 다양한 활동에 참여하기가 어렵고, 따라서 성적은 점점 더 하락한다. 학교생활이 힘들어지면 우울한 아이들은 자주 수업을 빼먹거나 아예 결석한다. 또한 우울한 아동과 청소년은 담배를 피우고 마약과 알코올에 빠질 가능성이 더 크다. 그런 것들을 자가 치유 수단으로 오해한다. 반사회적으로 행동하기 시작하면서 한때 좋아한 활동과 오래된 친구들에게서 멀어지고, 더 많은 문제 행동을 보이는 아이들과 어울리기 시작한다. 이 새로운 친구들은 우울한 청소년에게 무단결석, 경미한 범죄, 마약 남용 등 더욱 다양한 비행 행동을 소개하는 역할을 한다.

청소년의 우울증은 두렵고도 위협적이다. 우울한 청소년은 자기 인생이 엉뚱한 길로 들어선 것을 발견하고, 일단 들어섰으니 돌아 나오기는 어렵다고 믿는다. 우울증 자체는 인지 치료 또는 약물치료로 치유할 수 있다. 우울증 치료는 쉬운 일이다. 하지만 우울증이 사라져도 보다 까다로운 문제들이 그대로 남아 있다. 약물중독이나 알코올 의존증을 이겨 내고 건전한 친구들과 다시 연락하고 저지른 범죄의 결과를 책임지는 일은 결코 쉽지 않다.

지금 아이들은 그 나이 때의 당신보다 우울증에 걸릴 위험이 훨씬 더 높다. 하지만 그 이유를 우리는 모른다. 관련 이론은 무수히 많다. 이혼율 상승, 미혼모 증가, 마약 구입의 용이성 등 그 원인으로 추정되는 요인은 한도 끝도 없다. 아마도 그 모든 요인이 문제의 원인일 것이다. 근원을 확실히 알 수는 없지만 한 가지 해결책은 분명하다. 회복력 수준을 높이는 방법을 배우면 아이들은 우울증 위험과 청소년기의 수많은 난제를 더 잘 이겨 낼 수 있다.

자부심 교육은 정답이 아니다

청소년 우울증에 관한 연구 결과가 알려지고 우울증 관련 문제들이 증가하자 교육자와 부모들이 방법을 찾아 나섰다. 그래서 찾아낸 방법이 '자부심 교육'이었다. 우울한 아이들은 자부심을 느끼지 못한다, 그러니 자부심을 느끼게 가르칠 수 있다면 우울증이 틀림없이 호전된다, 이 논리였다. 이 단순하고도 명확해 보이는 결론에 학교는 자부심 증진 프로그램을 도입했다. 다음은 미국 전역의 초등학교에서 실시하는 자부심 증진 활동 중 일부이다.

- 교실에 거울을 걸어 둔다. 거울을 지날 때 아동은 거울에 비친 자기 모습을 보며 장점 세 가지를 말한다.
- 아동은 차례대로 '사랑 왕좌'에 앉는다. 붉은색 벨벳 왕좌에 앉은 후, 아동은 자기의 어떤 점을 사랑하는지 이야기한다.
- 아동은 "어떤 것을 꿈꾼다면 반드시 이룰 수 있다, 내가 꿈꾸는 것은…….." 이 문장을 반복하며 빈칸을 채워 문장을 완성한다.
- 점심을 먹으러 나가기 전에 학급 학생들은 함께 이렇게 외운다. "나는 눈송이와 같다. 나는 특별하다. 나는 이 세상에 단 하나뿐인 사람이다."

아동의 자부심을 키우는 일은 학교 단위로만 이루어지는 게 아니다. 교사와 부모들도 아동으로 하여금 자부심을 느끼게 해 주는 것이 가장 중요하다는 교육을 받는다.

엠마는 힐탑 초등학교 5학년이다. 총명하고 재치 있고 열심히 공부하고 그림도 잘 그린다. 학교생활도 원만하고, 떼려야 뗄 수 없는 단짝 친구도 두 명 있다. 하지만 부모는 엠마가 과체중이어서 걱정이다. 엠마는 내년에 중학교에 진학하는데, 부모는 딸이 뚱뚱해서 괴롭힘을 당할까 봐 걱정이 많다. 어느 날, 친구 로렐이 댄스 동아리에 가입할 거라면서 엠마에게 같이 하자고 조른다. 운동 신경도 둔하고 춤추는 재능을 타고나지 못했음을 아는 엠마는 다음 조회 시간에 교가를 부르기로 해서 그걸 연습해야 하니까 시간이 없을 거라고 말한다. 둘의 대화를 우연히 듣고 엠마의 엄마는 저녁에 그 이야기를 꺼낸다. 부모는 댄스 동아리가 아주 재미있고 살을 빼는 데도 도움이 될 거라고 말한다. 엠마가 자기는 춤에 재능도 없고 배울 마음도 없다고 하자 아빠가 반박한다. "그렇지 않아, 엠마. 왜 그런 식으로 생각하니? 너는 마음만 먹으면 뭐든지 할 수 있어. 그저 열심히 하기만 하면 돼. 엄마와 아빠는 너를 믿어. 너도 네 자신을 믿어야 해." 수없이 달래고 구슬린 끝에 부모는 엠마에게서 댄스 동아리에 가입하겠다는 약속을 받아 낸다.

화요일과 목요일마다 엠마는 씩씩하게 춤을 추러 간다. 로렐과 다른 아이들은 즐겁게 탭댄스를 추고 빙글빙글 돌고 턱을 치켜든 채 으스대며 걷는다. 엠마는 넘어지지만 않으면 다행이라고 생각한다. 학기말에 댄스 동아리는 발표회를 연다. 엠마는 하나부터 열까지 두렵다. 열심히 연습해서 조금 나아지긴 했지만 또래들 앞에서 춤을 춘다는 것은 생각만 해도 끔찍하다. 발표회가 열리는 날, 엄마는 엠마에게 속삭인다. "네가 우아한 발레리나라고 상상해, 그러면 우아한 발레리나가 될 거야."

발레 순서에서 로렐은 날아갈 듯 사뿐사뿐 무대를 가로지른다. 엠마는 백조 모형과 부딪친다. 탭댄스 순서에서 로렐은 지팡이를 던졌다가 박자에 맞춰 다시 잡는다. 엠마의 지팡이는 오케스트라 지휘자에게 날아가서 엠마는 그것을 잡으려고 서두르다가 고꾸라진다. 현대 무용 순서에서 다른 여학생들은 모두 무대 오른쪽에서 서 있는데, 엠마는 무대 왼쪽으로 올라와서 그들에게 헐레벌떡 달려간다. 드디어 순서가 다 끝나고 마지막 인사를 한다. 모든 여학생이 자랑스럽고 벅찬 표정으로 활짝 웃으며 박수를 받고 있다. 엠마는 이대로 땅이 꺼져서 흔적도 없이 사라져 버리고 싶다.

공연 후, 엄마가 말한다. "엠마, 정말 잘했다. 얼마나 예뻤는지 몰라. 진짜 우아하고 멋지게 춤을 추었어. 오늘은 너에게 아주 근사한 경험이 될 거야." 엠마는 뜨악한 표정으로 엄마를 보며 말한다. "무슨 말씀하시는 거예요? 오늘은 내 인생에서 가장 끔찍한 날이었어요. 로렐은 예쁘고 우아하고 멋있었지만 나는 놀라서 도망치는 코끼리 같았어요. 다들 그렇게 생각해요."

엄마는 엠마의 자부심을 돋워 주려고 반박한다. "그렇지 않아. 네 춤은 환상적이었어. 다들 그렇게 생각해, 틀림없어. 스스로 그렇게 비하하면 못 써. 엠마, 너는 아주 예쁘고 우아하게 춤을 췄어, 정말이야." 엠마는 기가 막힌다는 듯 엄마를 쳐다보더니 돌아서서 나가 버린다.

이 이야기에서는 무엇이 문제일까? 엄마가 조금 지나치게 긍정적이긴 하지만 딸의 자부심을 키워 주고 싶었을 것이다. 그것이 무슨 잘못이겠는가? 어떤 이들은 초등학교의 자부심 증진 프로그램은 유익해 보이고 실제로 아이들 자부심을 키워 줄 거라고 생각하고 있을 것이다. 또 어떤 사람들은 반문할 것이다. 그 프로그램이 별다른 도움이 안 되고 엠마는 이제 부모의 말을 믿지 않겠지만, 그렇다고 해로울 것도 없는데 굳이 문제 삼을 이유가 있을까? 나는 그렇게 생각하지 않는다. 자부심 증진 프로그램과 '자부심 양육'은 실제로 해를 끼친다고 나는 확신한다. 그 이유는 다음과 같다.

자부심의 구성 요소 : 우수한 수행과 긍정적 정서

건강한 자부심에는 명확한 공식이 있다. 우수한 수행과 긍정적 정서로 이루어진다는 것이다. 즉, 어떤 것을 잘해야 자부심을 느낀다. 좋은 성적을 얻고 친구를 사귀고 안타를 치고 아름다운 시를 쓰고 문제를 해결하면 자기 자신과 성취에 자부심을 느낀다. 자부심의 긍정적 정서 요소는 우수한 수행의 결과이다. 그러므로 아동의 자부심을 높여 주는 방법은 우수하지 않은 수행을 칭찬하거나 빈말을 하는 것이 아니다. 우수하게 수행할 능력을 가르치는 것이다. 효율적으로 공부하는 법, 또래들과 어울리는 법, 친구와의 다툼을 해결하는 법, 자기 재능을 찾아내는 법을 가르치고 그것을 실행할 기회를 줘야 한다. 그것을 실행해서 성공을 거두면 아동은 자기 자신에 대한 건강하고 현실적인 관점을 갖게 된다.

자부심 연구는 실제로 명확한 결과를 제시한다. 마약을 사용하는 청소년들은 자부심이 낮다. 엄연한 사실이다. 학교를 중퇴하고 범죄를 저지르는 아동은 자기혐오를 보고한다. 임신한 십대는 자기가 무가치하다고 생각한다. 하지만 여기서 원인과 결과를 혼동하지 않게 조심해야 한다. 사람들은 낮은 자부심이 문제의 원인이라고 믿는다. 그러나 관련 연구에 따르면 그 반대이다. 낮은 자부심은 원인이 아니라 결과이다.

어떻게 그럴 수 있을까? 자부심과 수행에 관한 수많은 연구는 학교생활이 양호한 학생은 자부심이 높고 무단결석하는 학생은 자부심이 낮다는 것을 보여 준다. 그러나 문제는 그 모든 연구가 상호 연관성을 제시한다는 것이다. 즉, 낮은 자부심과 낮은 수행이 함께 움직이고, 높은 자부심과 높은 수행 역시 함께 움직이다. 그러나 어느 것이 먼저인지는 확인할 수 없다. 인과관계의 방향을 판단하기 위해서는 종단 연구가 필요하다. 즉, 동일한 아동 집단을 장기간에 걸쳐 추적 조사해야 한다. 연구 초기에 각 아동의 자부심을 측정하고 성적, 우정, 마약 사용, 우울증 등 자부심 수준이 영향을 미칠 수 있는 요소들을 측정한 후 연구 말미에 그것을 재측정해야 한다. 자부심이 아동의 수행에 영향을 미친다면 연구 초기에 성적이 같은 아동 중에서 자부심이 높은 아동이 자부심이 낮은 아동보다 연구 말미에는 성적이 더 좋아야 한다.

종단 연구에 따르면, 자부심은 원인이 아니다. 낮은 자부심이 낮은 성적, 마약 사용, 우울증의 원인이 아니다. 이 연구 결과는 아동의 자부심 증진 교육에 큰 문제가 있음을 암시한다. 자부심과 폭력에 관한 연구 논문을 검토한 심리학자 로이 바우마이스터 연구진은 낮은 자부심이 폭력과 공격성의 원인이 아니라고 주장한다. 그들은 자부심이 높은 사람이 폭력을 행사할 가능성이 훨씬 더 크다는 유력한 증거를 발견했다. 간단히 말해서, 공격적이고 폭력적인 사람은 자신이 열등하지 않고 우월하다고 생각하는 경향이 있다.

엠마는 자기가 춤에는 재능이 없다는 사실을 알고 있다. 부모의 열정도 그 사실을 바꾸지는 못한다. 하루에 세 시간씩 발레 동작을 연습할 수는 있지만, 발레는 엠마가 우수하게 수행할 영역이 아닐 것이다. 부모의 수다스런 격려는 신뢰성을 손상시킬 뿐이다. 다음번에 부모가 칭찬할 때 엠마는 의심할 것이다. 더 큰 문제는 비현실적인 칭찬과 긍정적인 사고에 의지함으로써 부모는 엠마가 수행 수준을 높이기 위해 활용할 수 있는 기술을 가르치지 않는다는 것이다. 엠마가 어째서 댄스 동아리에 가입하려 하지 않는지 그 원인 믿음을 찾아내고 그것의 정확성을 검증하고 엠마가 좋아하고 우수하게 해낼 수 있는 다른 활동을 찾아내게 도왔더라면 더 좋지 않았을까? 관련 연구는 우수한 수행이 자부심을 부여한다는 것을 입증한다. 따라서 우리가 해야 할 일은 분명해진다. 회복력을 키우는 방법을 가르친다면 아이들은 크고 작은 역경을 해결하고 우수하게 수행할 수 있다. 그러면 아동의 자부심, 더 중요하게 아동의 성취는 저절로 증가한다. 슬로건 따위는 필요하지 않다.

이제 양육과 회복력에 관한 두 가지 이론을 소개할 것이다. 첫째, 아동의 회복력을 키우는 양육 방식을 제시한다. 이 지식을 길잡이로 삼아 양육 방식을 수정하고 가정 내 회복력을 촉진하는 환경을 만들 수 있다. 역경에 처할 때 회복력 기술을 활용해서 아동과 함께 건설적으로 대응하는 방법을 예를 들어 보여 줄 것이다. 둘째, 우울증 예방 효과가 입증된 회복력 핵심 기술을 아동에게 가르치는 방법을 소개할 것이다.

아동의 회복력을 높이는 양육

조너선은 생후 8주이다. 엄마 제니퍼는 아들을 안고 있다. 두 사람은 마주 보며 서로 똑같이 반응한다. 조너선이 눈썹을 찡그리면 엄마도 눈썹을 찡그린다. 조너선이 방긋 웃으면 엄마도 방긋 웃으며 어른다. 아기는 더 활짝 웃으며 눈을 반짝이고 엄마의 말소리를 흉내 낸다. 엄마가 다시 얼러 주자 조너선은 신이 나서 팔과 다리를 바동거린다. 엄마는 희열과 경외감을 느끼고, 이 감정을 표정과 몸짓과 목소리로 아기에게 전달한다. 기초적인 수준에서 조너선은 처음으로 자기 효능감을 경험하고 있다. 즉, 엄마에게 자기 의사를 성공적으로 전달하고 엄마의 반응을 끌어낸 것이다.

아기와 엄마의 친밀한 소통은 지극히 조화로운 이인무로서 아기의 발달에 중요한 역할을 하는 적극적인 사회적 상호작용이다. 사람들은 갓난아기가 무력하다고 생각하지만 사실 아기는 타인에게서 도움을 끌어내는 능력이 탁월하다. 부모로부터 도움을 얻는 데 특히 유능하다. 울기와 버둥거리기를 통해 안아 주는 행동과 달래 주는 말소리를 끌어낸다. 미소와 웃음으로 미소와 웃음을 끌어낸다. 입을 오물거리고 엄마의 젖무덤을 파고드는 동작으로 음식을 얻는다. 다른 엄마들처럼, 제니퍼 역시 조너선의 표정과 동작에 일일이 반응한다. 조너선이 보내는 신호를 오해할 때도 있지만 제니퍼는 마치 제스처 놀이를 하듯이 그 신호를 올바로 알아들을 때까지 계속 추측한다. 울음, 옹알이, 미소, 버둥거림, 이 방법을 이용해서 조너선은 도움을 요청하고 세상에 대해 배운다. 생후 초기의 이와 같은 소통은 아기가 까다로운 환경에 적응하고 감정을 조절하고 그 이후의 발달 단계에서 달성해야 하는 과제들을 마스터하는 데 필요한 능력을 쌓게 한다. 발달 심리학자들은 아기와 엄마의 이 친밀한 상호작용을 안정 애착이라고 부른다.

영아기에 안정 애착이 구축한 견고한 기반은 아동기와 청소년기까지 다양한 이점을 제공한다. 영아기에 안정 애착을 경험할 경우, 유아는 문제를 더 잘 해결하고 열 살 무렵에는 또래와 더 사이좋게 지낸다. 그 아이들은 청소년기에 마약을 사용할 가능성이 더 적고 성인기에 인간관계가 더 원만하다. 영아기에 경험한 부모의 세심한 반응과 안정 애착은 자기 효능감, 감정 조절, 충동 통제의 발달에 필요한 기반을 닦아 주는데, 그 요인들이 회복력 구축에 기여한다.

그렇다면 부모가 우선적으로 해야 할 일은 안정적인 기반을 제공하는 것이다. 그것을 토대로 아동은 더욱 더 멀리 모험을 떠날 수 있다. 독립심을 쌓으려면 아동은 부모가 자기의 모험을 지지하고 귀향을 환영하며 독립성이 필요로 하는 심리적 혼란을 헤쳐 나가게 도와줄 거라고 확신해야 한다. 어떤 양육 방식이 이 임무를 가장 잘 수행할까?

심리학자들은 양육 방식을 보통 3가지로 구별한다. 독재적인 양육 방식은 강압적이고 냉정하다. 허용적인 양육 방식은 지나치게 관대하고 때로는 양육에 소홀하다. 권위적인 양육 방식은 온화하며 규칙을 정한다. 수많은 연구가 이 양육 방식들의 영향을 탐구해 왔다. 그 결과, 권위적 양육 방식이 회복력 수준이 높고 유능하고 성공적인 아동을 키우기에 가장 효과적이라는 데 의견이 일치했다. 각 양육 방식의 특징과 그것이 아동에게 미치는 영향을 더 자세히 살펴보자.

"시키는 대로 해." : 독재적인 양육 방식

당신은 강압적인 부모인가? 아이에게 수없이 지시하고 철저하게 순종하길 바라는가? "아빠/엄마가 그러라고 했지." "시키는 대로 해." 이런 말을 자주 하는가? 아이에게 '곤경을 참고 견디는' 법을 가르쳐야 하며 감정 표현은, 특히 슬픔을 드러내는 것은 나약하다는 증거라고 믿는가? 이것이 독재적인 부모의 특징이다. 다음은 혼잡한 도로를 건너서 친구와 공원에 가려고 하는 일곱 살짜리 아들과 독재적인 엄마의 대화이다.

아들 : 공원에 가도 돼요? 존과 둘이서요.

엄마 : 규칙을 잊었니? 공원에는 엄마와 아빠하고만 갈 수 있어.

아들 : 보내 주세요, 공원 야구장에 있을게요. 다른 데는 절대 안 가요. 약속해요.

엄마 : 규칙을 알고 있잖아.

아들 : 왜 안 돼요? 왜 존하고 둘이 가면 안 돼요? 야구장 말고 다른 데는 안 갈 거예요. 엄마가 오라는 시간에 올게요. 정말이에요. 정확히 그 시각에 올게요. 진짜예요.

엄마 : 안 된다고 했지. 안 된다면 안 되는 거야. 그 얘기는 이제 더 이상 하지 마.

독재적인 부모에게는 규칙과 통제가 무엇보다 중요하다. 그들은 아이에게 많은 것을 요구하며 완고하고 융통성이 없다. 공감을 표현하고 아이의 감정 표현을 거드는 일은 우선 사항이 아니다. 독재적인 부모는 아이 스스로 자기 믿음과 감정에 관심을 갖도록 격려하지 않는다. 문제의 해결책에 관해 유연하게 사고하게끔 도와주지도 않는다. 위의 대화에서 엄마는 아들의 자율성 욕구에 공감하지 않는다. 반대하는 이유를 합리적으로 설명하지 않으며 아이가 다른 해결책을 궁리하게 도와주지도 않는다.

독재적인 부모 밑에서 자란 아이는 권위적인 부모의 아이보다 대체로 겁이 더 많고 더욱 긴장하며 감정 변화가 심하다. 유치원에 다닐 무렵에는 스트레스에 더 취약하고 아무 목적 없이 교실을 돌아다니고 또래들에게 쌀쌀맞고 불친절하다. 연구에 따르면, 마약을 남용하는 청소년들은 주로 비판적이고 무반응으로 일관하는 부모 밑에서 성장했다. 독재적인 부모는 아이에게 옳고 그름을 가르치고 아이가 올바른 결정을 내릴 수 있게 키운다고 믿을 것이다. 하지만 사실 그 양육 태도는 정반대의 결과를 초래한다.

"네 맘대로 해." : 허용적인 양육 방식

당신은 부모라기보다 친구에 가까운 부모인가? 아이에게 요구하는 것이 거의 없는가? 의사 결정을 아이에게 전적으로 맡기는가? 아이가 어디서 누구와 함께 있는지 모를 때가 많은가? 아이는 집에서나 밖에서나 어느 누구의 감독도 받지 않는가? 이것이 허용적인 양육 방식의 특징이다. 허용적인 부모는 책임을 다하지 않는다. 따스하고 다정하며 아이의 의견을 수용한다. 하지만 정도가 지나치다. 그들은 감정 표현을 중요시하지만 아이의 감정 조절 능력을 키워 주지 못한다. 허용적인 부모 밑에서 자란 청소년들은 자기 맘대로 하지 못할 때 부모에게 욕설을 하고 마구 화를 낸다. 허용적인 부모는 아이가 통제력을 키워서 감정을 적절한 수준으로 표현하게 도와주지 못하며 감정을 어떤 식으로 배출하든지 내버려 둔다. 아동을 확실하게 통제하지 못한다. 규칙을 정하지도 않고 아동을 세심하게 감독하거나 관찰하지도 않는다. 허용적인 부모는 방임적인 부모와 무심한 부모, 이 두 범주로 나눌 수 있다. 방임적인 부모는 아이에게 요구하는 게 거의 없지만 아이의 정서적 욕구에는 반응한다. 무심한 부모는 어떤 규칙도 정하지 않고 아이의 정서에도 관여하지 않는다. 다음은 일곱 살짜리 아들과 방임하는 엄마의 대화이다.

아들 : 공원에 가도 돼요? 존과 둘이서요.

엄마 : 글쎄, 모르겠다. 엄마와 같이 가는 게 더 좋을 것 같은데.

아들 : 엄마랑 같이 갈 필요 없어요. 엄마는 내가 아직도 아기인 줄 알아요. 나는 하고 싶은 건 다 할 수 있어요. 엄마도 막을 수 없어요. 엄마 말은 안 들을 거예요.

엄마 : 그래, 그래, 알았어. 갔다 와. 조심하고 말썽부리지 마, 알았지?

아들 : 알았어요, 갔다 올게요.

허용적인 부모는 본인의 양육 방식이 아이의 독립성을 키워 준다고 믿는다. 아이가 감정을 어떤 식으로 표현하든지 모두 기꺼이 받아 줌으로써 감정 표현을 격려한다고 확신한다. 또한 아동을 감독하지도 관찰하지도 않는다. 그리고 그런 태도가 아이를 전적으로 신뢰하고 아이가 혼자 힘으로도 올바로 살아나갈 수 있다고 믿는다는 메시지를 전달한다고 확신한다. 허용적인 부모가 무엇을 확신하든지 "네 맘대로 해." 양육은 아동에게 유익하지 않다.

연구에 따르면, 허용적인 부모의 아이는 더욱 반항적이고 충동적이고 독립심과 자제력이 부족하다. 공격적이고 친구들을 억압하고 협박하며, 권위적인 부모 밑에서 자란 또래들보다 학교 성적도 더 낮다. 또한 청소년기에 심각할 정도로 마약을 남용할 가능성이 크다. 규칙 부재, 감독 및 관찰 부족은 건강한 독립성을 키우지 못한다. 오히려 통제력을 낮추고 부정적인 감정을 공격적인 행동으로 표출하게 만든다.

회복력 극대화 : 권위적인 양육 방식

권위적인 양육 방식은 아동의 회복력을 극대화한다. 그 아이는 학문적, 사회적 영역에서 최고 수준으로 수행한다. 유치원 시절에는 사교성과 인지 능력이 좀 더 훌륭하다. 자립심이 강하고 자기 통제적이다. 스트레스를 잘 다루며 호기심과 목적을 갖고 문제에 접근한다. 또래들과 함께 어울릴 때는 명랑하고 우호적이다. 어른들과 함께 있을 때는 협조적이며 표현력이 풍부하다. 청소년기에는 마약을 사용할 가능성이 적다. 권위적 양육 방식이 촉진하는 특성들은 회복력을 높여 주는 특성들과 대체로 일치한다.

권위적인 양육의 특징은 무엇일까? 다음 4가지로 나눌 수 있다.

① 부모는 감독하고 관찰한다.

② 일관성 있게 훈육한다.

③ 아동을 지지하며 원활하게 소통한다.

④ 아동이 스스로 감정을 인식하고 표현하고 통제할 수 있게 도와준다.

권위적인 부모는 명확한 규칙을 정하고 아이가 지키는지 감독하고 관찰한다. 허용적인 부모와 달리, 그들은 아이의 일상생활에 세심하게 관여한다. 아이가 청소년이 되어 가족과 함께 있는 시간이 더 적을 때도 마찬가지다. 권위적인 부모는 아이가 다니는 학교 일에 참여하고 아이 친구들과 그 가족을 알고 있다. 친구들이 아이 행동과 태도에 큰 영향을 미친다는 것을 알기 때문이다. 독재적인 부모는 철저한 순종을 강요하는 반면, 권위적인 부모는 유연하고 융통성이 있으며 규칙과 한계에 대해 설명해 준다. 그들은 철저한 순종을 중요시하지 않는다. 그 대신 아이가 규칙을 지켜야 하는 '이유'를 이해하길 바라며 필요할 경우 질문하고 타협하는 능력을 키우길 원한다. 아이가 규칙을 위반하더라도 권위적인 부모는 적절하고 일관성 있게 규칙을 강요한다. 방임하지도 않고 가혹하게 처벌하지 도 않고 강압적이지도 않다. 그리고 아이와 솔직하고 다정하게 대화한다. 권위적인 부모는 가족회의에서 의견을 주고받는 것을 중요시하고, 어떤 문제에 관해 가족이 결론을 내릴 때 아이가 의견을 제시하기를 원한다. 하지만 잘못된 의견은 수용하지 않는다. 권위적인 부모는 아이와의 친밀한 상호작용을 절대시하는 감상적인 부모가 아니다. 어떤 경우에도 타협할 수 없는 규칙이 존재하며, 이유를 설명한다 해도 허용되지 않는 행동이 있다. 그들은 아동의 갈망과 감정에 좌우되지 않는다. 권위적인 부모는 책임감, 자율성, 존중 의식이 상호작용 과정을 통해 점진적으로 발달한다는 것을 알고 있다.

권위적인 부모는 감정을 중요시하고 아이의 정서적 반응을 코치한다. 아이가 다양한 감정을 구별하게 도와준다. "기분이 '안 좋아요'."가 사실은 슬픔이나 죄책감 또는 당혹감을 의미할 수도 있기 때문이다. 그리고 이 감정들이 서로 다른 믿음에서 생겨난다는 것을 안다. 그들은 아이가 감정을 건전하고 절제된 방식으로 표현하게 이끈다. 다음 대화는 권위적인 엄마가 일곱 살짜리 아들의 요구에 대응하는 방법이다.

아들 : 공원에 가도 돼요? 존과 둘이서요.

엄마 : 글쎄, 어떻게 하면 좋을까. 일곱 살짜리 아이는 엄마나 아빠와 함께 가야 할 것 같은데. 더 크면 혼자 갈 수 있을 거야.

아들 : 엄마, 저는 어린애가 아니에요. 엄마는 제가 아직도 아기인 줄 알아요. 학교에도 갈 정도로 이렇게 컸잖아요, 그러면 혼자서 공원에 가도 되지 않아요? 야구장에서 야구만 할 거예요. 다른 곳에는 안 갈게요.

엄마 : 잠깐만, 어떻게 하는 게 좋을지 한번 생각해 보자. 네 말도 맞아. 학교에도 잘 다니고 혼자서도 많은 걸 할 수 있지. 엄마가 걱정하는 건 도로를 건너야 한다는 거야. 차도 많이 다니고, 운전사들은 누가 지나가는지 살펴보지 않을 때도 있어.

아들 : 그러면 엄마가 저를 데리고 도로를 건네준 다음에 집으로 돌아오면 되잖아요.

엄마 : 집에 올 때는 어떻게 할 거야? 네가 언제 올지 엄마가 모르잖아?

아들 : 시간을 정해요. 엄마가 그 시각에 맞춰서 오세요. 그러면 함께 건너올 수 있어요. 그러니까 두 시간 후에요.

엄마 : 한 시간 후에. 좋은 계획이야.

부모가 아동에 대한 기대치가 높고 세심하게 감독하고, 명확하고 적절한 규칙을 정하고, 규칙 위반 시 온화하고 일관성 있게 대응하고, 문제 해결에 아동을 참여시키고, 감정을 표현하고 통제하게 도와준다면 아동은 우수하게 수행한다. 그 아이는 학교에서 공부도 잘하고 또래들 사이에서 인기도 좋다. 윤리적이고 사회적 책임감도 강하다. 또한 스트레스와 역경에 용감하게 대응한다. 간단히 말해서 권위적인 양육은 회복력을 키워 준다.

부모 워크숍에서는 세심한 감독, 일관성 있는 훈육, 개방적인 대화의 중요성을 가르친다. 그런데 부모들은 이 '최고의 양육 방식' 정도로는 만족하지 않는다. 아동의 회복력을 높여 줄 더 구체적인 기술을 원한다. 아이에게 회복력을 심어 주는 방법을 더 자세히 소개할 필요가 있다는 데는 나도 동의한다. 인생의 중요한 영역에서 회복력 기술을 활용하는 방법은 이미 소개했다. 이제 그 기술을 적용해서 아이를 키울 때 처하는 역경을 어떻게 이겨 내는지 보여 줄 것이다. 부모는 '회복력 코치'가 되는 법을 배워야 한다. 따라서 역경에 처할 때 부모가 회복력 기술을 적용해서 효과적으로 대응하고 아동을 코치하는 방법을 소개할 것이다. 그러면 부모가 곁에 없어도 그 아이는 회복력을 발휘할 수 있다.

양육과 관련된 역경에 회복력 기술을 활용하라

자, 솔직히 말하자. 부모 노릇은 대체로 커다란 기쁨이자 축복이지만 때로는 더없이 고역스럽다. 어린아이를 키우는 부모는 자식이 정말로 버겁게 느껴지는 순간이 있다. 단 하루만이라도 '아이에게서 벗어나면' 소원이 없을 것 같은 순간이 있는 것이다. 늦잠을 자고 한가하게 커피를 마시고 신문을 보며 따끈한 크루아상을 먹고 온갖 동물이 시끌벅적 떠드는 애니메이션 말고 다른 영화를 보고 싶을 때가 있다. 그게 전부가 아니다. 자식을 별로 안 좋아하는 것 같다고 느껴질 때도 있다. 십대 아이들은 무법자이다. 그들에게 화가 치미는 건 지극히 정상이다. 그 아이들은 사사건건 트집 잡고 부모가 한마디 할 때마다 인상을 쓰고 모든 규칙에 끊임없이 반문한다. 때로는 축복이 저주처럼 느껴진다.

호프는 십대인 두 딸을 둔 싱글 맘이다. 중학교 과학 교사로 돈을 더 벌기 위해 일주일에 이틀 저녁은 개인 과외를 한다. 세 식구는 사이가 좋고 서로에 대한 애정이 각별하다. 호프가 개인 과외를 하는 문제를 의논하자 두 딸은 지지했고 엄마가 밤늦게 청소하는 일이 없게끔 자기들이 집안일을 더 많이 하겠다고 약속했다. 아이들은 호프가 늦게 귀가하는 날에는 얼마든지 저녁을 차려 먹을 수 있을 나이였고, 피곤한 엄마에게 따뜻한 식사를 차려 내어 감동시키는 날도 많았다.

그런데 상황이 조금씩 변하기 시작했다. 맏딸 파라는 점차 말수가 줄고 침울하고 자주 짜증을 낸다. 엄마에게 물어보지도 않고 혀에 피어싱을 하고, 헐렁하게 늘어지는 검정 티셔츠를 사들인 일로 호프와 끝없이 싸운다. 호프가 대체 무슨 문제가 있느냐고 대화라도 할라치면 파라는 "아무 일 없어."라고 쏘아붙이며 자기 방에 틀어박힌다. 둘째 딸 페이스까지 걱정할 정도이다. 페이스는 언니가 학교에서 '무서워 보이는' 여자애들하고 어울려 다닌다고 엄마에게 털어놓는다. 호프는 파라가 마약을 하는 것 같아서 두렵지만 증거가 없다.

사춘기 아이를 둔 다른 부모들처럼, 호프도 상실감을 느낀다. 딸과 대화하는 방법도 모르겠고 파라의 성격과 행동이 달라진 것이 말할 수 없이 걱정스럽다. 어느 날, 두 딸이 학교에 간 새에 파라의 침실을 뒤지기 시작한다. 서랍도 죄다 열어 보고 침대 밑과 옷장 뒤도 샅샅이 살핀다. 딸의 사생활을 침해해서 죄책감을 느끼지만 무슨 일이 벌어지고 있는지 알아야 한다. 한참 뒤지다가 호프는 충격적인 물건을 찾아낸다. 담배와 마리화나와 피임약이다. 호프는 화가 치밀고 혼란스럽다. 하지만 그 물건에 관해 딸과 대화할 때 분노를 폭발하고 싶지는 않다.

호프가 맨 먼저 해야 할 일은 진정하기 기술을 이용해서 감정을 통제하는 것이다. 10분 동안 심호흡을 한 다음에 식탁에 앉아 커피를 마시며 ABC를 확인한다. 당연히 여러 가지 믿음이 떠오른다.

실시간 믿음을 적는 것 자체가 도움이 된다. 종이에 실시간 믿음을 적자 호프는 한걸음 물러나서 보다 명확하게 사고할 수 있었다. 거의 모든

호프의 ABC 워크시트	
역경 : 열다섯 살짜리 딸이 담배를 피우고 마약을 하고 섹스를 하는 게 분명하다.	
믿음	결과
세상에, 내 딸이 마약 중독자라니. 에이즈에 걸리면 어떻게 하지?	불안
나도 모르게 어떻게 이런 일이 벌어지고 있었을까? 우리는 정말 사이가 좋다고 생각했는데, 파라는 나 몰래 담배를 피우고 별의별 짓을 다 하고 다녔어. 집에서 아이들을 관리해야 할 시기에 일을 너무 많이 하는 내 잘못이야.	슬픔, 불안
아주 요절을 낼 거야. 도대체 무슨 생각으로 그런 짓을 하는 거지? 들어오기만 해 봐, 가만 안 둘 테니까.	분노

믿음이 불안을 촉발하고 파국적 사고로 치닫는다. 따라서 더 좋은 대응 방법을 찾기 위해 먼저 진상을 파악해야 한다고 판단한다.

호프는 진상 파악하기 기술을 적용해서 파국적 사고의 함정에 빠지는 것을 피한다. 상상력을 동원하지 않아도 이 사건은 이미 재앙이다. 호프는 10분 동안 최상의 시나리오와 최악의 시나리오를 구상하고 실현 확률이 가장 높은 사건을 확인한다.

최상의 시나리오를 상상하는 일은 쉽지 않다. 호프의 마음이 파국적 믿음을 잇달아 떠올리고 있기 때문이다. 하지만 10분이 지날 무렵에는 일어날 확률이 가장 높은 사건을 확인할 수 있었다. 그 사건들이 긍정적이지는 않다. 하지만 이제는 불안이 감소해서 각 사건에 대응할 최상의 방법을 궁리할 수 있고 현실적인 기대를 품을 수 있다. 호프는 딸이 처음에는

최악의 시나리오	실현 확률이 가장 높은 사건	최상의 시나리오
딸이 마약 중독자이다.	딸은 섹스를 하고 있다.	담배와 마리화나와 피임약은 딸의 친구의 것이다.
에이즈에 걸린다.	담배를 피우고 있다.	딸은 친구가 담배와 마약을 끊기를 바라서 그것을 빼앗았다.
내가 추궁하자 딸은 그 사실을 부인하고 가출한다.	내가 이 문제를 거론하면 처음에는 부인할 것이다.	'친구를 돕는 아이들'을 다룬 시사 프로에서 파라를 중점적으로 보도한다.
딸은 결국 노숙자가 되고, 마약을 사려고 매춘부가 된다.	나에게 화를 내고, 진짜 문제는 외면한 채 내가 방을 뒤졌다는 사실만 따지고 들 것이다.	
오랫동안 딸과 연락이 두절된다. 어느 날 밤, '노숙하는 아이들'을 다룬 시사 프로에서 딸의 인터뷰 장면이 나온다. 딸은 끔찍한 영양실조 상태이고, 모든 게 엄마 탓이라고 비난한다.		

화내고 부인할 테니 대화를 두 단계로 진행해야 한다고 판단한다. 1단계 대화의 목적은 찾아낸 물건에 대해 털어놓고 딸의 사적인 공간을 몰래 뒤져서 신뢰를 저버린 것에 관해서는 싸우지 않는 것이다. 호프는 1단계 대화를 짧게 끝내기로 계획한다. 그것에 대해서는 내일 아침에 더 많이 이야기할 생각이다.

호프는 2단계 대화도 계획한다. 마약과 섹스에 대해 딸에게 더 자세히 물어보고 카운슬러와 상담 예약을 했다고 말할 것이다. 또한 어린 딸이 섹스를 한다는 것은 화가 나지만 피임을 하고 있어서 그나마 다행이라는 점을 인정하는 것이 중요하다고 판단한다.

학교에서 돌아온 파라와의 대화는 호프의 희망과 달리 순조롭게 진행되지 않는다. 호프는 분노를 참기 어렵다. 그래서 진정하기 기술을 이용해서 분노를 통제하고, 실시간 회복력 기술을 통해 부정적인 실시간 믿음에 대응한다. 그 파국적인 믿음은 이 힘든 대화 도중에 냉정을 유지하고 명확하게 사고하는 능력을 훼손하고 있다.

호프의 실시간 믿음 : 뻔뻔하기도 하지. 어떻게 저렇게 말짱한 얼굴로 빤한 거짓말을 하는 걸까, 도무지 믿을 수가 없어. 아무렇지도 않게 거짓말을 늘어놓는 것만으로도 최악이야. 당장 내쫓아야 해.

호프의 실시간 회복력 대응 : 잠깐 진정하자. 겁이 나니까 거짓말을 하는거야. 진짜 문제에 초점을 맞춰야 해. 파라의 태도에 발끈해서 옆길로 새서는 안 돼. 파라는 지금 문제에 빠졌어. 나는 파라가 무엇이 문제인지 깨달을 수 있게 도와줘야 해.

호프의 실시간 믿음 : 문제라고? 그저 문제 정도가 아니지. 나는 정말 죽을힘을 다해 일하고 있어. 파라가 원하는 옷을 사 주고 친구들과 놀러가게 해 주고 대학에 보내려고 밤낮으로 일하고 있어. 파라는 내가 힘들게 일해서 안겨 준 기회를 모두 날려 버렸어. 저런 짓거리를 한다면 고등학교만 제대로 졸업해도 다행이야.

호프의 실시간 회복력 대응 : 내가 열심히 일한 건 사실이야. 내가 살지 못한 인생을 아이들은 누릴 수 있게 해 주려고 정말 열심히 일했어. 파라는 궁지에 빠진 거야. 이런 식으로 화내는 것은 도움이 안 돼. 나는 아직도 이 문제의 진상을 모르고 있어. 이 문제가 언제부터 시작되었는지도 모르잖아. 그걸 정확히 파악하려면 끝까지 냉정을 유지하고 파라에게 말할 기회를 주어야 해. 여기서 화를 내면 상황이 악화될 뿐이야.

호프의 실시간 믿음 : 담배 피우는 건 이해할 수 있어. 나도 그 나이 때는 담배를 피우려고 했지. 하지만 마약과 섹스는 결코 이해할 수가 없어. 그렇게 키우지는 않았는데. 그런 짓을 하면 어떤 병에 걸리는지 알고나 있는 걸까? 어떻게 그렇게 멍청할 수가 있지?

호프의 실시간 회복력 대응 : 이건 심각한 문제야. 파라가 어째서 그런 짓을 하게 되었는지 이유를 즉시 알아낼 수는 없어. 시간이 걸리겠지. 하지만 적어도 파라는 피임약을 먹을 정도의 분별은 있어. 그 점을 기억해야 해. 그 정도로 분별이 있다면 아마 콘돔도 사용했을 거야. 파라는 착한 아이야. 그건 변함이 없어. 하지만 무슨 문제가 있는 건 틀림없어. 그걸 바로잡게 도와주는 것이 엄마가 할 일이야.

실시간 회복력 기술을 활용함으로써 호프는 분노, 슬픔, 불안, 당혹감에 휩쓸리지 않고 파라와 건설적으로 대화할 수 있었다. 회복력을 발휘하여 진짜 문제에 계속 초점을 맞추고, 부정적인 믿음과 감정에 휘둘려서 옆길로 빠지는 것을 막았다. 십대 아이를 둔 부모라면 호프와 비슷한 경험이 있을 것이다. 굳이 마약이나 섹스 문제가 아니더라도 다른 심각한 문제를 겪었을 것이다. 아동이 어떤 역경에 처하든 그것을 헤쳐 나가게 도와주려면 부모가 감정을 통제할 수 있어야 한다. 그래야만 명확하게 사고하고 적절하게 대응할 수 있다.

아동에게 회복력 기술 가르치기

양육과 관련하여 역경에 처할 때 부모가 회복력을 발휘하는 법을 아는 것만으로도 아이에게는 더없이 유익하다. 하지만 부모들은 그 이상을 하고자 한다. 직접 회복력 기술을 가르쳐서 아이가 그것을 이용해 일상적인 문제에 대응할 수 있기를 원한다.

이제 아동에게 회복력 핵심 기술을 가르칠 때 유의해야 할 점을 설명할 것이다. 이 기술을 효과적으로 가르치는 법을 더 자세히 알고 싶은 부모는 『낙관적인 아이』를 읽으면 좋다. 아동의 회복력 증진 과정을 보다 철저하게 소개한 책이다.

먼저 다음 3가지 요점을 명심해야 한다.

① 회복력 기술을 지나치게 엄격하고 철저하게 강요한다면 아이는 그것을 좋아하지 않고, 결국 배우지 못할 것이다. 처음부터 끝까지 다정하고 재미있게 가르쳐야 가장 효과적이다.

② 아이는 안정감과 부모가 지지한다는 느낌을 필요로 한다. 따라서 아이가 부모에게 화가 났을 때는 이 기술을 가르치려고 하지 마라. 아이가 편안하게 농담하고 장난치면서 배우는 것이 중요하다.

③ 이 기술을 가르치는 시간을 너무 엄하게 규정하지 마라. 숙제처럼 느껴지면 아이는 관심을 거둘 것이다.

처음에는 한 가지 기술을 15분 정도 가르치다가 차츰차츰 30분까지 시간을 늘려라. 부모의 최종 목표는 아동의 회복력 수준을 높이는 것이다. 하지만 그보다 먼저 아동이 자기 자신과 생각과 감정에 호기심을 느끼게 해야 한다. 최선의 방법은 부모가 본인의 감정, 생각, 행동에 관심을 갖고 있음을 직접 보여 주는 것이다. 당신이 딸을 친구네 집에 태워다 주고 있다고 하자. 앞차의 노인 운전자가 아주 천천히 운전하고 있다. 당신은 그것에 짜증이 치민다. ABC 확인하기 기술을 이용해서 이 사건을 고찰하라. 당신이 실시간 믿음을 어떻게 확인하는지 아이가 똑똑히 들을 수 있게 큰 소리로 말하라. 그럴듯하게 꾸며 내지 말라. 아이가 즉시 알아채고 경멸에 찬 시선을 보낼 것이다. 그저 당신의 실시간 믿음이 무엇이고 어떤 감정을 촉발하고 있는지 말하라. "아, 진짜 짜증나네. 운전할 때 화내는 거 안 좋은데. 왜 이렇게 짜증이 나는 거야? 내가 지금 무슨 생각을 하고 있는 거지? '최저 속도로도 운전 못 할 거면 아예 차를 몰고 나오지 말아야지. 저 할아버지 때문에 늦게 생겼잖아. 안 그래도 벌써 스트레스를 잔뜩 받았는데.' 속으로 이런 생각을 해서 짜증이 나는 것 같아." 당신이 본인 내면에서 어떤 생각이 오가는지 알고 싶다는 호기심을 드러내면 아이 역시 자기 생각에 점차 관심을 갖게 된다.

아이에게 회복력 기술을 가르치는 일은 여러 가지 면에서 원래 어렵다. 그 점을 인정해야 한다. 당신은 그 기술을 배우는 게 중요하다고 확신하지만 아이는 그렇지 않을 것이다. 또한 이 기술을 배우는 것에 관해 당신은 이미 실시간 믿음을 갖고 있다. "이것이 얼마나 큰 도움이 되는지 우리 아이가 알아야 해." 또는 "지난 여섯 달 동안 가끔씩 퉁명스럽게 내뱉는 거 말고는 한마디도 안 해. 그 아이가 무슨 생각을 하고 있는지 털어놓게 할 방법이 없어." 등의 믿음을 갖고 있다. 이 과정 전에 무엇보다 다음 질문을 자문하고 정직하게 대답하는 것이 중요하다.

- 당신은 회복력 기술을 얼마나 잘 알고 있는가? 매일 실행하는가? 부모가 회복력 기술을 일상에서 자연스럽게 적용하기 전까지는 아이에게 가르치려고 하지 말아야 한다. 부모가 다양한 기술을 자신 있게 활용한다면 아이는 부모의 권위자다운 태도에 감탄해서 시간을 들여 배울 가능성이 크다.
- 당신의 감정과 생각 또는 아이의 감정과 생각에 관해 평소에 서로 대화하는가? 요즘 아이와의 관계는 어떠한가? 서로의 감정, 행동, 생각에 대해 자연스럽게 대화하는가? 감정과 생각에 관한 대화가 쉽지 않다면 또는 매우 드물다면 현실적인 희망을 품는 것이 중요하다. 우선 아이와 편안하고 신뢰할 수 있는 관계를 쌓아야 한다. 그런 다음에야 기술을 가르칠 수 있다. 처음 몇 주 동안은 아이의 일상에 대해 더 많이 물어보고 당신의 일상을 더 많이 들려준다. 이런 대화가 비교적 자연스러워지면 회복력 기술을 가르칠 수 있다.
- 아이에게 그 기술을 가르칠 적임자가 누구인가? 아이가 부모 중 한 사람과 더 사이가 좋다면 이 기술을 가르치는 일은 보통 그 사람이 맡는다. 사이가 덜 좋은 부모가 그 일을 맡는 것은 아이와 더 가까워질 수 있는 좋은 기회이다. 단, 이때는 그 진행 속도에 대한 기대를 낮춰야 한다.
- 당신은 실망과 좌절을 어떤 식으로 표현하는가? 아이가 어떤 것을 당신의 바람과 달리 빨리 배우지 못하면 또는 당신을 힘들게 하면 그 실망과 좌절을 어떻게 표현하는가? 쉽게 화내거나 즉시 포기하는가? 그런 부모는 회복력 기술을 활용할 때나 아이에게 가르칠 때나 아주 열심히 노력해야 한다. 이 기술을 가르치는 내내 회복력 사례 또는 회복력 결여 사례를 모델로 삼아 공부해야 한다. 이렇게 비공식적으로 '가르치는' 경험은 아주 효과적일 것이다. 따라서 회복력 기술 활용 사례를 시시때때로 참고하라.
- 전문가의 집중적인 치료가 필요한 경우에도 이 기술들로 대신하고자 하는

가? 회복력 기술은 모든 아동에게 유익하다. 하지만 아이가 심각한 위기에 처해 있다면 이 기술들도 전문가의 도움을 대신하지는 못한다. 아이가 약물 중독, 알코올 의존증, 낙제, 임상적 우울증, 자살 시도, 비행 행동 등의 문제를 겪고 있을 때는 즉시 전문가의 도움을 구하라.

아동과 청소년을 위한 4가지 회복력 핵심 기술

아이에게 반드시 가르쳐야 하는 회복력 기술은 4가지이다. 첫째, ABC 확인하기 기술이다. 아이는 본인의 믿음이 감정과 행동에 어떤 영향을 미치는지부터 알아야 한다. 그렇지 않고서는 문제와 역경을 이겨 낼 수 없다. 둘째, 믿음에 반박하기 기술이다. 이 기술을 활용해서 그 믿음이 정확한지 여부를 검증하는 법을 배워야 한다. 파국적 사고는 아동과 청소년이 흔히 빠지는 함정으로 위압적인 불안감을 초래한다. 셋째, 진상 파악하기 기술은 걱정과 불안을 통제하는 법을 가르쳐 준다. 끝으로 실시간 회복력 기술이다. 이 기술을 이용해서 비합리적인 믿음을 실시간 반박하는 방법을 배울 수 있다.

ABC 확인하기

회복력을 발휘해서 역경에 대응하기 위해서는 먼저 본인의 믿음, 감정, 행동의 연결 관계부터 배워야 한다. 어른은 물론이고 아이들에게도 중요하다. 아이들도 어른 못지않게 일상에서 수많은 역경에 접하기 때문이다. 역경에 관한 아이들의 이야기를 종합해 보면 동일한 문제가 자꾸 되풀이

된다. 가정 내 갈등, 또래 싸움, 권위적인 인물과의 상호작용, 발표나 사교 모임 등 어색한 상황, 또래 압력이 그것이다. 아이들은 또한 정체성과도 씨름하고 있다. 외모(너무 뚱뚱해, 너무 말랐어, 키가 너무 커, 키가 너무 작아)에 불만을 품고 종교, 인종, 성적 취향에 대해 고민한다.

부모들은 아이가 겪고 있는 문제의 중요성과 심각성을 경시하는 경향이 있다. 어떤 아버지는 딸이 운동장에서 여자아이들과 싸움을 벌인 것 때문에 하루 종일 짜증을 냈다고 말했다. 팀원을 고르는 문제에 대한 의견 차이가 결국에는 딸과 두 여학생의 드잡이로 끝이 났다. 그 아버지 말에 의하면, 딸은 그 싸움 이후로 화가 치밀고 수업에 집중하지도 못하고 밥도 안 먹고 숙제도 못 했다. 고작 한 번의 싸움이 어째서 오래 부정적인 영향을 미치는지 그 이유를 아버지는 이해하지 못했다. 나는 그에게 본인이 회사 근처에서 점심을 먹고 있는데 두 남자가 다가와 큰 소리로 시비를 걸고 거칠게 떠다민다고 상상해 보라고 했다. 그리고 물었다. 사무실로 돌아가면 업무에 집중할 수 있을까요? 아이의 문제가 중요해 보이지 않을 때마다 또는 공감하기 힘들 때마다 그 문제를 어른 버전으로 재구성해 보라. 아주 어린아이를 키우는 부모들은 아이가 가장 좋아하는 파란 컵으로만 마시고 가장 좋아하는 줄무늬 셔츠만 입고 가장 좋아하는 음식만 먹으려고 드는 것에 자주 좌절한다. 그리고 그것을 막을 때 아이가 자지러지게 우는 이유를 결코 이해할 수가 없다. 하지만 어른도 마찬가지다. 아이의 유별나 보이는 욕구에 화가 날 때마다 캐런은 이렇게 자문하는 법을 터득했다. "내가 '집필용' 머그잔에 커피 마시는 것을 남편이 가로막는다면 나는 어떤 기분일까?" 중요한 모임에 입고 가려고 계획한 새 옷이 사라졌다면 당신은 어떤 기분일까? 이 사건은 트라우마는 아니다.

하지만 당신에게는 정말로 절망적인 사건이다. 아이에게도 마찬가지다.

회복력 기술은 아이가 중요시하는 역경에 초점을 맞춰야 한다.

아이에게 ABC 확인하기 기술을 가르치는 가장 좋은 방법은 먼저 아이의 자기 대화에 관심을 갖는 것이다. 이 자기 대화가 바로 실시간 믿음이다. 그 일에는 시간이 조금 걸릴지도 모른다. 부모는 아이에게 역경 질문(오늘 뭐 했니? 점심은 누구와 함께 먹었어?)과 결과 질문(그 일이 일어났을 때 기분이 어땠어? 그 아이가 그 말할 때 너는 어떤 행동을 했니?)을 하는 습관이 있기 때문이다. 믿음 질문(그 아이가 그 말할 때 너는 어떤 생각이 들었니? 그 일이 일어났을 때 속으로 어떤 말을 했니?)은 별로 하지 않는다. 역경 질문과 결과 질문만 하는 것은 오직 그 정보들만 대화할 가치가 있다는 메시지를 전달할 우려가 있다. 아이들의 회복력을 키우기 위해서는 그들이 본인 믿음에 관심을 갖고 그것을 감정과 행동만큼이나 중요시하도록 가르쳐야 한다.

부모가 자기 대화에 관해 설명해 줄 때 아이가 금방 이해하지 못하더라도 실시간 믿음은 존재한다. 부모는 아이가 그 믿음을 찾아내게 도와줘야 한다. 실시간 믿음을 더 잘 찾아내게 도와주는 방법이 하나 있다. 다음번에 아이의 감정이 갑자기 바뀌는 것을 감지하는 순간, 어떤 생각을 하고 있는지 묻는 것이다. 자기 대화의 주제가 부모일 때도 당연히 있다. 그럴 때는 아이의 실시간 믿음에 반박하지 않는 것이 중요하다. 이 시점에서 부모는 아이가 역경의 순간에 속으로 어떤 말을 하고 있는지 정확히 포착할 수 있게 격려해야 한다.

아이가 자기 대화를 포착할 수 있다면 ABC 연결 관계를 설명해 줘도 좋다. 아이의 감정과 행동은 갑자기 생겨난 것이 아니며, 일어난 사건 자체가 감정과 행동의 종류를 결정하지는 않는다. 중요한 것은 문제가 일어나는 순간에 아동이 속으로 하는 말, 즉 자기 대화이다. 그 실시간 믿음이 그가 어떤 감정을 느끼고 어떤 행동을 할지 결정한다. 슬픔, 분노, 당혹감, 죄책감을 느끼고 하고 싶지 않은 행동을 한 적이 있는지 물어보라. 부정적인 감정을 느끼고 친구에게 비열하게 굴었다거나 정말로 하고 싶은 것을 포기한 순간이 있는지 물어라. ABC 확인하기는 불쾌한 사건을 겪을 때에만 활용하는 기술이 아니다. 아동이 그 점을 확실히 아는 것이 중요하다. 심각한 곤경은 물론이고 일상적인 문제에도 이 기술을 활용할 수 있어야 한다. 아동이 역경을 털어놓으면 부모는 아이가 자기 대화를 찾아내고 그것이 초래한 감정과 행동을 확인하게 이끌어 준다. 적어도 3가지 역경을 이런 식으로 철저히 분석하라. 아이가 이 기술을 실행하고 있을 때 부모는 다음의 5가지 점에 유의해야 한다.

① 아이가 역경을 과장하지 않고 단지 '누가, 언제, 어디서, 무엇을' 측면에서 객관적으로 묘사하고 있는가? "오늘 샐리가 나를 옆자리에 못 앉게 했어요."라고 말하지 않고 "샐리는 나를 절대 옆자리에 못 앉게 해요."라는 식으로 역경을 과장한다면 더 정확하게 다시 묘사하게 도와준다.

② 믿음이 결과와 들어맞는가? 이 기술을 배울 때 아이가 묘사한 믿음이 결과와 걸맞지 않을 수도 있다. B—C 연결 관계(125쪽)를 참고해서 아이의 믿음이 결과와 들어맞는지 확인하라. 안 맞는 이유는 보통 아이가 아직 찾아내지 못한 믿음이 더 있기 때문이다. 아이에게 질문하라. 그 일을 겪고 있을 때 또 어떤 생각이 들었어? 그 상황에서 떠오른 생각이 그것 말고 또 있었니? 어떤 아이들은 언어보다는 시각에 의지한다. 그들의 '믿음'은 정신적 그림 형

태로 존재한다. 아이에게 그 그림을 묘사하라고 요구하라. 그러면 아이는 믿음을 끄집어낼 것이다.

③ 믿음으로 결과를 충분히 설명할 수 있는가? 아동에게 빙산 찾아내기 기술은 가르치지 않는다. 그 기술을 효과적으로 적용하지 못하기 때문이다. 그러나 실시간 믿음으로는 아이의 감정과 행동을 설명할 수 없을 때가 있다. 그렇다면 질문을 통해 역경의 순간에 활성화된 빙산 믿음이 있는지 없는지 확인하게 도와줘야 한다. 6장에서 소개한 질문을 이용하라. "나는 모든 아이에게 인기가 있어야 해." 또는 "실패하는 것은 나빠." 등, 아이가 보다 보편적인 믿음을 한두 가지 확인하게 도와줄 수 있으면 최선이다.

④ 아이가 원인 믿음과 결과 믿음을 모두 갖고 있는가? 회복력 수준이 높은 아동은 문제의 다양한 원인을 고찰한 뒤 통제할 수 있는 원인을 찾아낼 수 있어야 한다. 또한 미래를 숙고하고 일어날 확률이 가장 높은 사건을 해결할 방도를 세울 수 있어야 한다. 아이의 실시간 믿음이 모두 원인 믿음이라면 질문하라. "이 일 때문에 다음에는 어떤 일이 일어날 것 같니?" 아이의 믿음이 모두 결과 믿음이라면 질문하라. "그 일이 왜 일어났을까? 문제의 원인이 뭐라고 생각하니?" 이 질문에 대답하면서 아이는 역경을 보다 균형 잡힌 시각에서 사고하게 된다.

⑤ 아동이 자기 충족적 예언을 이해할 수 있는가? 아이들은 본인의 믿음이 자기 충족적 예언을 초래한다는 것을 모른다. 믿음은 부정적인 감정을 촉발할 뿐만 아니라 원치 않는 사건을 실제로 일으킬 수도 있다. 아이가 그 점을 깨닫게 도와주는 것이 중요하다. 예를 들어, 아이의 믿음이 "나는 너무 멍청해. 이 시험에서 절대 좋은 점수를 받지 못할 거야."라고 하자. 그러면 그 아이는 열심히 공부하지 않을 테고, 따라서 시험에서 낮은 점수를 받을 가능성이

크다. 낮은 점수는 당연히 그 부정적인 믿음을 강화해서 다음번에는 그 믿음을 깨뜨리기가 훨씬 더 어려워진다.

다음은 12살짜리 아동의 ABC 분석이다.

역경 : 아빠가 수집한 정말로 멋진 모형 비행기를 보여 준다고 약속해서 어제 친구들을 잔뜩 데려 왔다. 우리가 리모컨으로 비행기를 날려 보게 해 준다고 해서 모두 들떠 있었다. 회사에서 돌아온 아빠는 친구들 앞에서 나를 계속 '꼬맹이'라고 불렀다. 나를 그렇게 부르는 게 싫다고 지난번에 분명히 말했는데도 아빠는 까먹고 또 그렇게 불렀다.

믿음 : 아빠는 언제나 친구들 앞에서 나를 당황하게 만들려고 해. 그게 재미있다고 생각하기 때문에 내가 싫다고 하는데도 계속 그렇게 부를 거야.

결과 : 나는 너무 화가 나서 얼굴이 새빨개지고 정말로 경멸하는 말투로 아빠에게 친구들과 놀고 싶으니까 아빠는 가 버리라고 말했다. 친구들은 모형 비행기를 날리고 싶어 했기 때문에 다들 조금 화를 냈지만 나는 아빠가 가능한 한 멀리 가 버리기만을 바랐다.

이렇듯, 부모의 조언 없이도 아이가 ABC를 철저히 분석할 수 있다면 믿음에 반박하기 기술로 넘어가도 좋다.

믿음에 반박하기

1단계 : 대안 믿음 떠올리기

대안 믿음을 떠올리기 위해서는 맨 먼저 아이에게 설명 양식의 3가지 차원을 가르쳐야 한다. 아이가 평소에 문제의 원인을 어떤 식으로 설명하는지 깨닫도록 도와준다. 우선 설명 양식을 기준으로 아이가 낙관적인지 비관적인지 판단하게 이끌어 준다. 역경을 묘사하고 그것이 일어난 원인에 대해 맨 처음에 떠오른 생각을 말해 보라고 한다. 그 다음에는 그 믿음이 내 탓/남 탓 믿음, 항상/가끔 믿음, 전부/일부 믿음 중에서 어느 것에 더 가까운지 이름을 붙이게 도와준다. 부모가 먼저 몇 가지 예를 들어 가며 믿음에 이름을 붙이는 과정을 보여 주어야 한다. 그러면 아동도 자기의 믿음을 정확하게 명명할 수 있다.

아이가 이 과정을 확실하게 이해했다면 아이의 설명 양식을 확인하고 당신의 설명 양식과 비슷한 점을 알려 준다. 개인의 설명 양식은 부분적으로 유전에 기인할 수도 있지만 대부분은 부모가 본인과 아이의 인생에서 일어나는 좋고 나쁜 사건을 설명하는 방식을 보고 들음으로써 학습한다. 그러므로 부모가 아이에게 보다 유연한 설명 양식의 모범을 보이는 것이 매우 중요하다. 문제의 원인이 전적으로 자신에게 있다고 믿거나 언제나 타인 또는 상황을 비난하는 사람은 보다 유연한 대안 믿음을 생각해 내야 한다. 부모가 유연한 사고 양식의 모범을 보이면 아동은 이 기술을 더 쉽게 배울 수 있다.

부모 본인이 아동을 어떻게 꾸짖는지 그 방식을 유심히 관찰하는 것 역시 매우 중요하다. 어른(부모, 교사, 코치)에게 야단을 맞을 때 아동은 자신을 비난하는 방식에 귀를 기울이며 비난의 요지는 물론이고 그 방식까지 그대로 흡수한다. 아이가 잘못을 저지를 경우, 당신은 아이의 행동을 비난하는가, 아니면 성격을 비난하는가? 아이의 방이 엉망진창이라고 하자. 그걸 보고 어떻게 말하는가? "너처럼 게으른 애는 또 없을 거야. 어째서 방이 항상 이 모양이니?"와 "방을 안 치웠네. 오늘은 너무 지저분하지 않니?" 중에서 어느 쪽에 가까운가? 아이가 여동생과 한 시간 동안 싸우고 있다고 하자. 당신은 주로 어떻게 말하는가? "말썽은 항상 네가 일으키지." 또는 "오늘은 기분이 안 좋은 모양이구나." 이 두 사례의 첫 번째 반응은 '성격 비난'이다. 문제의 원인을 아이의 고정적이고 지속적인 성격 특성으로 돌리기 때문이다. 두 번째 반응은 '행동 비난'이다. 문제의 원인을 구체적이고 변화 가능한 행동으로 돌리기 때문이다. 아이의 성격을 비난하는 경향은 이득보다 손해가 더 많다. 그 아이는 자기가 겪는 문제의 원인이 고정적이고 바꿀 수 없는 성격 특성이라고 배우기 때문이다.

그렇다고 오해하지는 말라. 아이를 꾸짖는 것은 아주 바람직하다. 앞서 말했듯이 권위적인 부모는 아이가 규칙을 위반하거나 부적절하게 행동할 때 반드시 그 책임을 묻는다. 지나치게 허용적인 부모는 아이가 제멋대로 하도록 방치하며 어떤 식으로 행동해도 괜찮다고 가르친다. 그것은 필히 문제로 이어진다. 아이에게 책임을 묻는 것은 옳다. 하지만 어떤 식으로 책임을 묻느냐가 중요하다. 다음 2가지 규칙을 따라라.

① 현실적이고 객관적으로 비난하라. 과장된 비난은 문제와 걸맞지 않는 죄책감과 수치심을 초래한다. 이 강렬한 감정은 아이가 행동을 바꾸도록 유도하지 못하고 오히려 우울증과 소극성을 낳게 만든다.

② 가능한 한, 문제의 원인을 아이의 성격이 아닌 행동으로 돌려라. 어떤 아이든 방을 치우고 여동생과 사이좋게 지내고 효율적으로 공부하는 법을 배울 수 있다. 더 이상 게으름을 피우지 않고 말썽을 부리지 않는 법을 배우는 것은 훨씬 더 어렵다. 행동 비난은 문제 해결을 암시하고, 성격 비난은 문제 해

결을 방해한다.

아이가 자기의 설명 양식을 깨달았다면 다음 단계로 넘어가서 대안 믿음을 떠올리게 도와준다. 성인이 이 기술을 활용할 때 목표는 문제의 진짜 원인을 확인하는 것이다. 아이의 경우도 마찬가지다. 아이들에게도 정확성이 중요하다. 하지만 더욱 정확한 믿음을 떠올릴 수 있으려면 먼저 틀에 박힌 사고 양식에서 벗어나야 한다. 부모는 아이가 유연하게 사고하고 설명 양식의 3가지 차원을 이용해서 문제의 원인으로 의심할 수 있는 다양한 요인을 떠올리게 도와줘야 한다.

2단계 : 증거 찾기

다른 사람에게서 비난을 들을 때 대부분의 아이들은 야무지게 따지고 든다("나는 멍청하지 않아요, 그 시험에 링컨에 관한 문제가 나온다는 걸 몰랐던 것뿐이에요."). 하지만 자기 마음이 비난하고 있다면 아이들은 그것이 틀림없는 사실이라고 믿어 버린다. 따라서 부모가 비난할 때마다 꼬박꼬박 대드는 아이라 해도 증거를 이용해서 믿음의 정확성을 검증하는 이 단계는 어려울 수 있다. 믿음에 반박하는 방법을 배운 아이는 실패와 거부로부터 자신을 보호할 수 있다. 그렇다고 부정적인 사건들이 하루아침에 완전히 사라지지는 않는다. 그 아이는 여전히 데이트 신청을 거절당하고 원하는 학교에 입학하지 못하고 운동 경기에서 패할 것이다. 하지만 비합리적인 믿음에 반박하는 방법을 알고 있다면 이 절망적인 사건에도 그렇게 오래 낙담하지는 않을 것이다.

아이에게 이 단계를 가르칠 때는 증거를 토대로 사고하게 하라. 아이가 비관적인 믿음을 지나치게 낙관적인 믿음으로 무조건 대체해 버리면 회복력 수준은 증가하지 않는다. 이 단계는 탐정의 수사 과정과 비슷하다. 훌륭한 탐정은 다음 2가지를 실천하기 때문이다.

① 용의자 리스트를 작성한다(대안 믿음을 떠올린다).

② 어떤 용의자가 진범인지 집어내기 위해 실마리를 찾는다(증거를 이용한다).

아이에게 역경의 순간에 처음 떠오른 믿음이 진짜라고 단정하지 말고 탐정이 되어서 증거를 찾으라고 말하라. 그러면 그 믿음이 정확한지 아닌지 확인할 수 있다. 슬픔, 분노, 당혹감, 죄책감 등 부정적인 감정을 느끼게 만든 원인이 증거에 기초한 진짜 원인이 아닐 때는 그런 감정을 느끼는 것이 결코 합당하지 않다고 설명해 준다.

이 단계를 시작하기 전에 확증 편향의 역할을 기억해야 한다. 확증 편향은 믿음을 지지하는 증거는 중시하고 그 믿음과 어긋나는 증거는 무시하는 경향을 말한다. 확증 편향 때문에 아이는 증거를 공정하게 수집하기 어렵다. 따라서 그에 대해 먼저 설명해 준다. 확증 편향은 벨크로-테플론 효과라고도 부른다. 처음에 떠오른 믿음이 사실이라고 입증하는 증거에는 벨크로처럼 딱 달라붙고, 그 믿음이 틀렸다는 것을 입증하는 증거는 테플론처럼 즉시 미끄러뜨린다. 아이는 다음 3가지 방법을 이용해서 확증 편향의 함정에 빠지는 것을 피할 수 있다.

① 제일 친한 친구가 어떤 말을 할지 자문하라. 이 방법은 아이가 문제를 다른 관점에서 바라보게 도와준다. 그럼으로써 평소에는 보지 못하는 증거를

볼 수 있다.

② 증거를 찾아라. 아이에게 탐정이라면 어떤 증거를 찾을지 물어보고, 실생활에서 그 증거를 찾을 수 있게 도와준다.

③ 믿음이 틀렸다는 것을 입증하라. 우리 눈에는 믿음을 지지하는 증거가 더 많이 보인다. 따라서 아이에게 그 믿음이 틀렸음을 입증하는 증거를 먼저 찾아보라고 한다. 일단 그런 증거부터 열거한 다음에 다시 처음으로 돌아가서 초기 믿음을 지지하는 증거를 찾는다.

아이가 확증 편향을 이해한다면 실제로 겪은 역경을 예로 들어 이 단계를 철저히 실행하라. 먼저 최근에 겪은 역경을 하나 고른다. 대안 믿음 떠올리기 단계에서 사용한 역경을 또 이용해도 좋다. 언제나 그렇듯이 ABC부터 적는다. 아이가 초기 믿음을 확인한 후에는 설명 양식에서 벗어난 합리적인 대안 믿음을 두 가지 떠올려보고 그 믿음을 지지하는 증거를 찾아보라고 시킨다. 다음은 열다섯 살 아이의 사례이다.

역경 : 엄마와 아빠는 2년 전에 이혼했고, 지금 엄마는 데이트 중이다. 지난번에 엄마는 '남자친구'를 저녁 식사에 초대했다. 엄마는 그 남자에게 완전히 넋이 나가서 식사하는 내내 나를 철저히 무시했다. 나는 그 빌어먹을 닭요리를 건네 달라는 말을 세 번이나 해야 했다.

믿음 : 대단해. 나는 데이트할 생각도 못 하게 하면서. 나도 데이트하는 엄마는 필요 없어. 엄마는 너무 이기적이고 자기만의 세상에 갇혀 있어. 그래서 이런 자리가 나한테 얼마나 낯설고 어색할지는 안중에도 없어. 이 일은 엄마와 아빠가 이혼할 때보다 훨씬 더 나빠.

결과 : 나는 너무 화가 났다. 세 번이나 식탁에서 일어날 뻔했다. 하지만 그대로 앉아서 한마디도 하지 않았다. 식사가 끝나자마자 내 방으로 가서 음악을 크게 틀었다.

대안 믿음 : 엄마가 데이트하는 것은 정말 못마땅해. 하지만 엄마가 영영 혼자 사는 것보다는 행복해하는 것이 더 나아. 엄마가 내 감정은 안중에도 없다는 말은 옳지 않아. 엄마는 그저 조금 예민했을 뿐이고 어색한 상황을 무마하려고 최선을 다하고 있었을 거야(→ 대안 믿음 : 남 탓, 가끔, 일부). 엄마는 그 초대에 관해서 미리 나와 의논했고, 엄마의 데이트에 내가 어떤 감정을 느끼는지 물어보았어(→ 증거). 엄마는 데이트하고 싶긴 하지만 내가 그것을 편안하게 받아들였으면 좋겠다고 했어. 그러니까 그 저녁 초대는 일종의 시험 케이스로 생각해야 해(→ 증거).

믿음에 반박하기 단계를 끝냈다면 이제 문제 해결에 집중할 수 있다. 우선 부정확한 믿음은 모두 지워 없애라. 그다음에 아이가 문제의 진짜 원인 중에서 통제할 수 있는 원인이 무엇인지 확인하게 도와라. 이것이 중요하다. 아이들은 자기가 통제할 수 있는 것을 자주 과장하기 때문이다. 반면에 우울한 아이들은 통제할 수 있는 것을 축소하고, 문제를 바로잡기 위해 할 수 있는 것은 하나도 없다고 믿는다. 끝으로 아이와 함께 문제의 해결 방법을 구체적으로 두세 가지 찾아내라.

진상 파악하기

이제 아이는 문제의 원인을 좀 더 정확하게 숙고하는 과정을 마쳤다. 따라서 미래에 대해 예측한 것이 정확한지 여부를 검증할 준비가 되었다.

파국적 사고는 아동과 청소년이 가장 자주 빠지는 함정 중 하나다. 그들은 미래에 관해 합리적인 관점을 유지하기가 어렵다. 따라서 진상 파악하기 기술이 상당히 중요하다.

먼저 아이에게 재앙을 예상한 순간을 떠올려 보라고 한다. 문제의 진짜 원인을 정확하게 찾아내는 것이 중요한 것과 마찬가지로, 그 문제 때문에 앞으로 일어날 일을 정확하게 예측하는 것 역시 중요하다고 말하라. 정확히 예측하지 못하면 실제로는 결코 일어나지 않을 온갖 끔찍한 일을 걱정하느라 소중한 시간과 에너지를 낭비하게 된다. 아이가 묘사한 역경에 대해 다음 질문을 함으로써 파국적 사고가 감정과 행동에 어떤 영향을 미치는지 깨닫게 도와줘야 한다.

- 그 끔찍한 일들을 상상할 때 어떤 느낌이 들었니? 아이들은 대체로 불안과 슬픔을 동시에 느낀다. 그 감정의 강도를 1에서 10점 범위에서 판단하게 하라.
- 그 끔찍한 일들이 일어날 거라고 어느 정도로 확신했니? 파국적 사고에 사로잡힐 때 아이들은 그 부정적인 사건이 실제로 일어날 확률이 높다고 믿는다. 나중에는 그 믿음이 어리석고 일어날 가능성도 별로 없어 보일지 모르지만 역경을 겪는 동안에는 실현 확률이 높아 보인다. 아이가 그 사실을 깨닫도록 도와줘야 한다.
- 그 끔찍한 일들을 상상하고 있을 때 네가 그 문제를 해결할 수 있을 것 같았니, 해결할 수 없을 것 같았니? 파국적 사고에 빠진 아이는 지치고 버겁다는 느낌을 받으며, 그 문제를 해결할 능력이 없다고 믿는다.

이 기술의 활용법은 아이나 어른이나 다를 게 없다. 우선 최악의 경우를 예상하는 시나리오를 작성한다. 그다음에 일어날 가능성이 희박한 최상의 시나리오를 작성한다. 그리고 그 두 가지 시나리오를 양극단으로 삼아서 실제로 일어날 확률이 가장 높은 사건을 확인하고, 그것의 해결 방안을 계획한다.

7학년인 래리는 이렇게 말했다. "저는 모든 상황에서 언제나 최악을 상상했어요. 말도 안 되는 끔찍한 생각들이 끊임없이 떠올랐지요. 하지만 지금은 멈추는 방법을 알아요. 저는 아주 웃기고 재미있는 최상의 시나리오를 진짜 잘 만들어 내요. 그걸 떠올리면 저절로 웃음이 터져요. 일단 웃기 시작하면 상황을 있는 그대로 보기가 훨씬 더 쉬워요. 제가 상상한 그 모든 얼빠진 생각들은 까맣게 잊어버리죠. 아빠는 제 표정이 예전보다 많이 편안해 보인다고 말씀하세요. 제가 보기에 중요한 변화는 이제 그렇게 언짢은 감정은 안 느낀다는 거예요."

실시간 회복력

아이들에게 필요한 마지막 핵심 기술은 실시간 회복력이다. 이 기술을 효과적으로 활용할 수 있으려면 우선 대안 믿음을 떠올리고 증거를 찾아내고 실현 확률이 가장 높은 사건을 확인할 수 있어야 한다. 너무 서두르지 말라. 아이가 다른 기술들을 모두 익히기까지 2, 3주가 걸리기도 한다. 그 후에야 실시간 회복력 기술을 배울 수 있다.

그러나 실시간 회복력 기술을 건너뛰어서는 안 된다. 워크숍에 참여한 아이들이 하나같이 하는 말이 있다. 언제나 명확하게 사고하고 그럼으로써 문제를 해결할 수 있게 해 주는 것은 바로 실시간 회복력 기술이라는 것이다. 실제로 1995년 「오프라 윈프리 쇼」에 출연했을 당시, 나는 워크숍 참여 학생들에게 이런 질문을 했다(오프라는 청소년들에게도 큰 영향을 미친다. 「오프라 윈프리 쇼」 출연을 계기로 아이들은 나를 전적으로 신뢰했다. 그것은 수많은 강연보다 훨씬 더 큰 효과가 있었다). "오프라와 세상 사람들에게 소개해 주고 싶은 기술이 뭐예요?" 만장일치로 나온 대답이 실시간 회복력 기술이었다.

계속 떠오르는 잡다한 생각을 물리치고 당면한 과제에 다시 집중해야 하는 상황이 있다. 먼저 이 점을 아동에게 설명해 준다. 다급한 상황에서는 ABC를 작성하고 여러 가지 믿음을 지지하고 반박하는 증거를 전부 나열하기가 불가능하다. 따라서 부정적인 믿음이 떠오르는 순간, 머릿속으로 즉시 실행할 수 있는 기술이 필요하다. 부정적인 믿음을 실시간으로 물리치는 것이 도움이 되는 상황이 무엇일까? 아이가 그것을 찾아내게 도와준다. 시험이나 발표 직전 또는 도중, 누군가에게 함께 놀자고 부탁할 때, 데이트 신청할 때, 운동 경기 도중 등이 그 예이다.

당면한 과제에 다시 초점을 맞추기 위해 비합리적인 믿음을 즉시 몰아낼 필요가 있을 때 이 기술을 활용해야 한다. 아이에게 그 점을 주지시킨다. 상황이 복잡할 때 또는 문제를 철저히 숙고할 시간이 있을 때는 이 기술이 알맞지 않다.

성인이 이 기술을 익힐 때 적용한 3가지 핵심 구절을 아이들도 비슷하게 사용할 것이다.

① 증거 : 그렇지 않아, 왜냐하면…….

② 대안 믿음 : 다르게 생각해 보자.

③ 진상 파악하기 : 일어날 가능성이 가장 높은 일은……. 그것을 해결하기 위해 내가 할 수 있는 것은…….

간단한 예를 들어서 이 핵심 구절을 사용하는 방법을 보여 준다. 한 예로, 수학 시험을 앞둔 아이가 생각한다. "나는 너무 멍청해. 제대로 푸는 문제가 하나도 없을 거야." 이 생각을 물리치려고 다음과 같이 말할 수 있다. "그렇지 않아, 왜냐하면 지난번 시험에서 많은 문제를 제대로 풀었어." 또는 "다르게 생각해 보자. 나는 똑똑하니까 문제를 제대로 풀 수 있어." 또는 "일어날 가능성이 가장 높은 일은 내가 그런대로 괜찮은 성적을 받을 거라는 거야. 성적을 올리고 싶으면 다음번에 좀 더 열심히 공부하면 돼." 그다음에는 아이가 쉽게 빠질 수 있는 사고의 함정을 설명해 준다. 다음을 참고하라.

- 행복한 생각. 이 기술의 목적은 부정적인 생각을 무조건 '행복한' 생각으로 바꾸는 것이 아니다. 그 점을 확실히 설명해 준다. 증거를 조작해서는 안 된다. 증거는 완벽하게 사실이어야 한다.
- 비난 게임. 문제에 책임이 있는 사람을 단순히 바꿔서는 안 된다는 것을 주지시킨다. 초기 믿음이 어떤 문제에 자신을 비난하는 것이라고 해서 믿음을 바꾼답시고 무조건 타인을 비난해서는 안 된다.
- 그게 뭐 대수야? 심각한 문제를 경시하는 것은 결코 바람직하지 않다. 한 예로, 부모가 이혼 수속을 밟고 있는데 아동의 믿음이 "나는 이제 죽을 때까지 슬플 거야."라고 하자. 이 믿음을 "이혼은 별일이 아니야. 아빠를 자주 만날 수 없다 해도 그게 뭐 대수야? 그건 중요하지 않아."로 대체하는 것은

적절하지 않다.

자주 빠지는 함정을 피하는 방법을 설명한 후에는 아이와 함께 실시간 회복력 기술을 시도해 보라. 이 기술을 쉽게 가르치는 방법이 있다. 아이가 자주 겪는 역경을 두세 가지 고르고, 각 역경에 관한 부정적인 믿음을 두세 가지씩 적는다. 그런 다음에 그 믿음을 한 번에 하나씩 아이에게 읽어 주고, 핵심 구절 중 하나를 이용해서 좀 더 합리적인 믿음을 떠올려 보라고 한다. 속도보다 정확성이 중요하다는 점을 강조하라. 아이가 대안 믿음을 빨리 생각해 내지 못해도 걱정하지 말라. 실제로 이 기술을 서너 주 정도 실행한 후라야 대안 믿음이 자연스럽게 떠오른다. 아이가 이 기술을 일단 마스터하면 속도는 당연히 빨라진다.

열 살인 벤저민은 시험을 치르기 전에 불안할 때마다 실시간 회복력 기술을 이용한다.

벤저민의 믿음 : 너무 불안해서 토할 것 같아. 회로를 연결하는 방법이 하나도 기억나지 않아. 다른 것도 전부 다 잊어버렸나 봐.

벤저민의 실시간 회복력 대응 : 지난번에도 시험을 보기 전에 이렇게 불안했어. 심호흡을 한번 하고 다른 과목에서는 모두 좋은 점수를 얻었다는 것을 기억하자. 그러면 이 시험도 잘 치를 수 있을 거야.

벤저민의 믿음 : 그래, 하지만 이 시험은 훨씬 더 어려워. 과학은 내가 잘하는 과목이 아니야. 낙제만 면해도 다행이야.

벤저민의 실시간 회복력 대응 : 전기에 관한 내용은 더 어려워. 하지만 엄마가 어젯밤에 문제를 내 주셨는데 하나 빼고 다 맞았어. 나는 어떤 시험에서도 낙제한 적이 없어. 이번 시험에서도 낙제하지 않을 거야.

모든 부모가 아이들에게 최고를 원한다. 아이가 공부도 잘하고 친구들과 사이좋게 지내고 공정하고 도덕적이기를 원한다. 올바른 결정을 내리고 타인에게 친절하기를 원한다. 높은 목표를 세우고 그것을 달성할 능력을 갖추기를 원한다. 이것을 바라는 것은 어렵지 않다. 아이가 그 모든 것을 이룰 도구를 갖추게 하는 것이 어렵다. 양육이라는 힘겨운 과정을 헤쳐 나갈 때 회복력 기술을 이용한다면 즐거운 순간은 더 많아지고 좌절하는 순간은 적어질 것이다. 그리고 그 좌절의 순간을 이겨 낸다면 아이에게 당신이 중요시하는 가치들을 보다 쉽게 심어 줄 수 있다. 또한 아이에게 회복력 기술을 가르치는 것은 큰 선물을 하는 것과 같다. 인생길에는 온갖 종류의 문제가 놓여 있다. 하지만 당신 아이는 그것을 해결할 도구를 갖추고 있다.

• 12장 •

직업과 회복력

2001년 6월, 1,000명 이상의 미국 성인을 대상으로 일과 여가에 대해 조사한 결과, 주당 평균 노동 시간은 50시간이었다. 여가 활동에 소비하는 시간의 2.5배이다. 1973년에 노동 시간과 여가 시간의 비율은 1 대 0.5였다. 일이 점차 우리 삶을 지배하고 있다. 따라서 회복력 수준을 극대화하는 방법 중 하나는 직장에서 처하는 역경에 7가지 회복력 기술을 적용하는 것이다.

지금까지 나는 수많은 조직의 구성원들에게 회복력 기술을 가르쳐 왔다. 대기업, 소규모 비영리 재단, 정부 부서 등 조직의 종류도 다양하다. 그리고 조직의 규모와 사명에 상관없이 직장에서의 성공을 가로막는 다섯 가지 주요 요인이 있다는 것을 확인했다. 직장인들은 구조 조정에 이은 스트레스와 적은 자원으로 생산성을 높이라는 요구를 성공적으로 다루기를 원한다. 각자 성공을 방해하는 조직 문화를 직접 바꿀 수 있는 방법을 알고자 한다. 직장에서의 편견에 대처하고 이겨 내는 방법을 원한다. 실직을 딛고 일어서기 위해 도움을 원한다. 그리고 일과 가정의 균형을 찾을 수 있는 방법을 찾고자 한다.

이 문제 중 일부는 매우 고질적이고 조직 전체의 문제라서 나로서는 해결책을 제시하기가 쉽지 않다. 하지만 워크숍에 참여한 직장인들에게 틀에 박힌 사고 양식에서 벗어나 역경을 보다 정확하게 고찰하고, 더욱 유연하고 현실적인 관점을 유지하고, 통제력을 최대한 발휘하는 방법을 가르쳐 왔다. 그 과정을 여기서 소개할 것이다. 그 방법을 익힌 후, 대다수의 사람들은 역경을 효과적으로 해결해서 직장 생활이 달라졌다. 그들은 일터 자체를 변화시킬 수 있고 활력을 되찾아서 일에 몰두한다. 하지만 정확하게 문제를 해결한 후에도 일에서 여전히 의미를 찾지 못하는 사람들도 있다. 그들은 결국 이직한다. 어느 경우든지 7가지 회복력 기술은 직장에서 회복력을 최대한 발휘할 수 있게 해 준다.

『타임』지나 『뉴스위크』지에는 신경제에 관한 기사가 빠지지 않는다. 미국뿐만 아니라 어떤 나라도 마찬가지일 것이다. 비즈니스 환경이 빠른 속도로 변하고 있다. 첨단 기술 산업과 서비스 산업이 제조업을 대체하고 있다. 인수 합병으로 기업의 지형도 하루가 다르게 변하고, 시장은 글로벌화되고 있다.

이 사실은 일반 직장인들에게 어떤 것을 의미할까? 이제는 머나먼 타국에서 사업을 벌인다. 전화와 이메일 말고는 직접 만나 대화한 적이 없는 동료와 한 팀으로 일한다. 전화와 이메일은 소통 문제를 일으키고 메시지를 오해할 우려가 있음에도 그런 매체에 의지한다. 더 적은 자원으로 더 많이 생산하라는 압력이 끊이지 않는다. 구조 조정에서 간신히 살아남은 평사원들에게 조직은 여러 가지 더 많은 역할을 강요한다. 끝없이 변하는 시장에서 조직의 생존에 필요한 유연성을 제공한다는 명목으로 우리의 직무 기술서와 역할은 자주 바뀌고 위태위태하다. 많은 직장인이 역할 혼란, 일과 가정의 불균형, 실직의 위협 속에서 갈팡질팡한다. 우리는 스트레스를 받고 있다.

직장 스트레스와 회복력

9장에서 스트레스와, 개인의 사고 양식이 스트레스 취약성에 미치는 영향을 다루었다. 미국 산업계에서 직장 내 스트레스로 인한 결근이 초래한 근무일 손실은 매년 2억 8,000만 근무일에 달한다. 이것은 미국만의 현상이 아니다. 전 세계적으로 보아도 스트레스로 인한 질병은 기업의 재정을 고갈시키는 주요 요인이다. 스트레스성 질환의 치료에 소비하는 돈이 매년 2,000억 달러이다. 위장 질환, 정신장애, 약물 남용, 고혈압 등은 모두 스트레스와 연관된 질병이다. 실제로 스트레스성 질환에 지급한 보험금은 신체 질환으로 청구한 보험금의 1.5배이다. 신체 손상을 야기하는 근무 중 사고의 60에서 80퍼센트가 스트레스와 관계가 있다는 점을 고려할 때 그 수치들은 특히 놀라운 수준이다.[2] 따라서 결론은 명확하다. 스트레스가 만연하며, 그 이유는 직장에서의 엄청난 변화 때문이다. 하지만 이 수치들은 별로 실감 나지 않을 것이다. 보다 인간적인 사례로 이 문제의 심각성을 확인해 보자.

릭은 노스캐롤라이나 주에서 열린 워크숍에 참석한 40대 중반의 직장인이다. 회사의 근로자 지원 프로그램(EPA) 덕분에 지난 9개월 동안 싸워 온 우울증과 끈질긴 불안증을 이겨 낼 수 있었다고 말했다. 릭의 정서 장애는 업무가 완전히 달라진 무렵부터 시작되었다.

"제가 '일벌레'라고는 생각하지 않아요. 저는 그저 직급이 낮은 과장이었어요. 부하 직원은 세 명이었지요. 야망이 크지도 않았어요. 하지만 제 일에 어느 정도는 자부심을 갖고 있었어요. 우리 회사는 장거리 전화 회사들이 소유하고 운영하는 전화선을 유지 보수하는 일을 했어요. 아이들은 주말마다 할머니께 장거리 전화를 걸었어요. 그걸 가능케 하는 데 나도 작은 역할을 하고 있다는 게 뿌듯했어요. 우리 식구는 물론이고 다른 가족들도 서로 연락할 수 있게 제가 도왔던 거지요.

2년 전에 회사가 합병되었어요. 한 통신 회사가 직원이 1만 5,000명인 우리 회사를 삼켜 버린 거지요. 4만 명의 직원을 둔 대기업이었어요. 그때부터 모든 것이 바뀌었어요. 정말 모든 게 달라졌어요. 저는 회계 업무를 담당하는 멀티사이트 팀의 팀장이 되었어요. 하루아침에 부하 직원이 여덟 명으로 늘어났어요. 그들은 미국의 다섯 개 도시에 흩어져 있었어요. 아침에 출근하면 온통 질문뿐인 이메일이 쌓여 있었어요. 이메일에 하루 종일 답변하고 전화 통화만 하는 게 일이었지요. 직장 생활을 시작하고 처음으로 마감 시한을 넘기기 시작했어요. 해야 할 일을 계속 잊어버리거나 빠뜨리고 있었지요.

맨 처음에 나타난 신호는 편두통이었던 것 같아요. 매일 아침 출근 직전에 시작되었지요. 머리가 둘로 쪼개지는 느낌이었어요. 오전에는 속이 쓰려서 사탕을 먹듯이 제산제를 삼켜야 했어요. 현기증이 나기 시작하고 심장이 뛰는 걸 밖으로도 느낄 수 있었어요. 그 빌어먹을 업무에 대한 꿈까지 꾸었어요. 진짜 악몽이었죠. 「왈가닥 루시」에 그런 장면이 있어요. 컨베이어 벨트 위로 재빨리 지나가는 초콜릿을 일일이 포장할 수 없자 루시가 그걸 입에다 마구 쑤셔 넣는 장면이요. 그것과 비슷한 꿈이었어요. 업무가 쉴 새 없이 주어지는데 그걸 도저히 처리할 수가 없었어요."

어느 날, 상사가 업무를 하나 더 맡기자 릭의 역경은 극에 달했다. 즉시 불안감이 치솟았다. 그는 실시간 믿음을 포착했다. "나는 이 일을 결코 제시간에 끝내지 못할 거야."였다. 하지만 이 믿음으로는 그 불안을 설명할 수 없었다. 이것은 빙산 믿음이 그 감정을 촉발하고 있다는 신호였다. 따라서 릭은 빙산 찾아내기 기술을 적용했다.

실시간 믿음 : 나는 이 일을 결코 제시간에 끝내지 못할 거야.

질문 : 그것이 어떤 점에서 그렇게 불안하지?

릭 : 전에는 이런 일이 한 번도 없었어. 나는 언제나 업무를 제시간에 마칠 수 있었어.

질문 : 그래, 직장 생활 후 처음으로 업무를 제시간에 끝내지 못해 고생하고 있어. 이것은 나에게 무엇을 의미하지?

릭 : 그것은 내가 업무를 망치고 사람들을 실망시키고 있다는 걸 의미해.

질문 : 그게 무엇이 그렇게 큰 문제지?

릭 : 나에게 정말 소중한 사람들을 실망시킨다는 점에서 큰 문제야. 나는 예전 회사의 부장님을 실망시켰어. 회사가 합병되자 부장님은 나를 지금 이 자리에 앉히려고 정말로 애써 주셨어. 그리고 아내와 아이들을 실망시키고 있다는 생각을 떨칠 수가 없어. 실직하면 우리 가족은 경제적으로 정말 힘들어

질 거야.

질문 : 그게 사실이라고 치자. 그것이 어떤 점에서 그렇게 큰 문제인 거지?

릭 : 나는 스트레스와 불안감을 견딜 수가 없어. 업무도 제대로 처리하지 못해. 모든 사람이 그걸 알고 있어. 지금 함께 일하는 직원들, 가족, 아이들, 이웃 사람들, 교회 사람들 모두 다 알아. 정말 당혹스러워.

질문 : 지금 이 상황이 무엇이 그렇게 당혹스럽지?

릭 : 나는 어떤 문제가 생겨도 해결할 수 있어야 해. 그런데 그러지 못하고 있어.

아하! 앞서 보았듯이 빙산 믿음은 거의 모두 "해야만 한다."와 관계가 있다. 릭의 빙산 믿음도 마찬가지다. 이 빙산 믿음에는 믿음에 반박하기 기술을 사용할 수 없다. 어떤 것을 해야만 하는 증거 또는 해서는 안 되는 증거가 있는지, 그 증거가 무엇인지를 묻는 것은 합당하지 않기 때문이다. 이런 종류의 빙산 믿음은 핵심 가치를 반영하며, 그러한 핵심 가치는 객관적인 사실과는 상관이 없다. 하지만 릭은 이 믿음을 고수하는 것이 유익한지 아닌지를 자문할 수 있다. 이 빙산 믿음은 아마도 어린 시절에 형성되었을 것이고, 릭의 현재의 생활과는 관계가 없을지도 모른다. 요즘 세상에 그런 빙산 믿음은 케케묵은 사고방식에 지나지 않을 것이다. 그런 시대착오적인 믿음이 그의 감정과 행동에 영향을 미치고 있었다.

릭은 이 믿음 때문에 어떤 대가를 치르고 있는지 자문했다. 첫째, 그 빙산 믿음 때문에 엄청난 스트레스를 받고 있었다. 둘째, 현대 산업 세계에서 그것은 현실적인 믿음이 아니었다. 현대 사회는 적은 자원으로 많은 일을 할 것을 요구하며, 주어진 모든 일을 완수할 수 있는 사람은 극히 드물다. 설사 모두 완수한다 해도 질적인 면을 희생해야 한다. 회사에서 급격한 변화를 경험하고 새로운 지위에서 자꾸 실수하자 릭은 엄청난 위기에 처했다. 업무를 제시간에 마치지 못한다는 것은 릭이 이상화한 인간 원칙을 어기고 있다는 뜻이었다. 그런 빙산 믿음을 고수한 채 직장에서 자꾸 뒤처진다고 느낄 때 스트레스를 받지 않을 사람이 누가 있겠는가? 업무를 빠뜨리고 있다는 사실을 처음 알았을 때 릭은 공포에 질렸다. 완벽한 인간으로서 존재 자체가 위태로워졌기 때문이다. 그 강렬한 불안은 업무 수행 능력에 악영향을 미쳤다. 그것은 자기 충족적 예언이었다. 자동차 왕, 헨리 포드는 이렇게 말했다. "당신이 할 수 있다고 생각하든 할 수 없다고 생각하든, 그 생각이 맞다."

그 빙산 믿음이 쓸모가 없다는 것을 스스로 입증하자 릭의 불안은 크게 감소했다. 그는 진정하기 기술을 마스터했다. 직장에서 스트레스가 쌓이고 있음을 감지할 때는 30초 동안 긍정적인 이미지를 떠올린다. 가족과 함께 노스캐롤라이나 주 해변에 있다고 상상한다. 보는 사람이 아무도 없으면 책상 앞에서 심호흡을 하고 점진적 근육 이완법을 실행한다.

불안이 통제할 수 있는 수준으로 줄어들면 믿음에 반박하기 기술을 이용해서 진짜 문제와 씨름할 수 있다. 본인이 이상적인 사람인지 아닌지를 놓고 고민하는 대신, 과다한 업무를 제시간에 끝내야 하는 문제를 다룰 수 있다. 릭의 빙산 믿음을 고려하면, 그가 '내 탓, 항상, 전부' 설명 양식을 갖고 있는 것은 당연하다. 일을 제때 끝내지 못할 때마다 불쑥불쑥 떠오르는 원인 믿음은 "나는 이 새로운 업무를 처리하는 데 필요한 능력이 없어."이다. 릭은 먼저 유연한 사고를 통해 설명 양식의 3가지 차원을 기준으로 대안 믿음을 떠올리고, 그런 다음에 그 믿음의 정확성을 검증해야 했다. 그는 다른 요인들도 문제의 원인이라는 것을 깨닫게 되었다. 릭은 또한 시간 관리에 서툴렀다. 좋아하는 업무에 너무 많은 시간을 할애했다. 예전 회사에서는 그런 호사를 누릴 수 있었지만, 지금은 재미없는 업무를 잇달아 누락시켜서 마감 시한을 놓치는 결과를 초래했다. 그는 업무를 적절하게 위임하지도 못했다. 부하 직원 여덟 명 모두 유능했지만 릭은 그들의 시간과 능력을 충분히 활용하지 못했다. 모든 업무를 혼자 떠맡아 하는 방식은 부하 직원이 세 명이고 할 일이 훨씬 더 적었던 예전 직장에서는 효과적이었으나 지금 근무 조건에서는 실패를 거듭했다. 또한 업무의 우선순위를 정하고 좀 더 심혈을 기울여야 할 중요한 업무는 따로 구별하는 방법에 관해 상사와 한 번도 의논한 적이 없다는 것도 깨달았다. 해야 할 일이 지나치게 많은 조직에서는 업무의 우선순위를 정하는 일이 반드시 필요하다. 그런데도 모든 업무를 선착순으로 처리하는 사람들이 아직도 무척 많다. '일부' 원인 믿음과 '가끔' 원인 믿음을 찾아내자 새로운 해결책이 보였고, 릭은 통제할 수 있는 것을 통제하기 시작했다.

업무에 짓눌리는 느낌이 들 때마다 릭은 실시간 회복력 기술을 이용해서 회사 일은 인간으로서 자기 가치를 검증하는 테스트가 아니라는 점을 되새겼다. 그리고 통제할 수 있는 것에 초점을 맞추었다. "이것을 다른 업무와 동시에 제시간에 끝마칠 수는 없을지도 몰라. 하지만 어떤 업무를 우선적으로 처리해야 하는지 부장에게 확인한 다음에 각 업무에 들일 시간을 조절하자. 그러면 업무의 질적 수준이 내 기대에 못 미칠 수도 있겠지. 하지만 지금 할 수 있는 게 무엇인지 현실적으로 판단해야 해." 워크숍을 마친 지 5개월 후, 릭에게서 전화가 왔다. 이제는 항불안제도 끊었고 회사에서는 만사가 잘되어 가고 있다는 소식이었다.

회복력과 기업 문화

기업 컨설턴트들 사이에서 오래전부터 돌고 도는 이야기가 있다.[3] 한 연구에서 원숭이 네 마리를 울타리 중앙에 긴 장대를 세우고 안에 집어넣었다. 장대 꼭대기에는 원숭이가 좋아하는 샛노란 바나나 한 송를 매달았다. 실제로 아주 유혹적인 장면이었다. 원숭이들은 전속력으로 달려가서 장대를 오르기 시작했다. 하지만 충격적인 사건이 기다리고 있었다. 원숭이들이 바나나에 가까워지자 연구자가 양동이로 물을 퍼부었다. 원숭이들은 물을 질색한다. 고양이와 비슷한 정도이다. 네 원숭이는 몸을 부르르 떨며 얼른 바닥으로 내려와 구석으로 달아났다. 연구자는 세 마리를 꺼내고 한 마리만 그대로 두었다. 그리고 다른 원숭이 세 마리를 우리에 집어넣었다. 그 세 마리 역시 바나나를 보자마자 장대로 서둘러 올라갔다. 새로 들어온 원숭이들은 당연히 물벼락 사건을 겪어 보지 않았다. 하지만 처음부터 있었던 원숭이 한 마리는 그 일을 직접 겪었다. 그 원숭이는 신참자들이 물벼락을 맞지 않게 하려고 할 수 있는 모든 것을 했다. 그 세 마리의 다리를 붙잡아 끌어내리고 이빨을 드러내며 으르렁거렸다. 결국 세 마리를 장대에서 떼어 놓는 데 성공했다. 세 마리는 장대에 올라가지도 않았고 물벼락을 맞지도 않았다. 이제 연구자는 그 신참자 중 두 마리와 처음에 물벼락을 맞은 원숭이를 꺼내고 원숭이 세 마리를 새로 집어넣었다. 울타리 안에 있는 네 마리 중에서 실제로 물벼락을 맞은 원숭이는 한 마리도 없다. 새로 들어온 세 마리는 얼른 장대로 올라갔지만 두 번째 단계에서 투입된 원숭이는 올라가지 않았다. 그 원숭이는 장대에 올라가서는 안 되는 이유를 몰랐을 것이다. 그런데 그 원숭이가 어떤 행동을 했을까? 신참자들의 다리를 붙잡아 끌어내리고 이빨을 드러내며 으르렁거려서 장대에 올라가지 못하게 막았다. 오래전에 듣고서 거의 잊고 지내다가 어느 여름 한 기업의 토론회장에서 불현듯 다시 떠올랐다.

당시에 나는 한 제조 회사에서 14명의 고위 간부와 함께 이틀에 걸친 토론회에 참여했다. 그 기업은 제조 산업의 주역이었지만, 그 산업은 침체기에 있었다. 1975년에는 종업원이 4만 명에 달했으나 컨설팅을 하던 1999년에는 1만 2,000명이었다. 참여자들은 원탁에 둘러앉았고, 각자 소개하는 것으로 토론을 시작했다. 내 오른쪽에 앉은 사람부터 시작했다. "로버트 그린우드 부사장입니다. 북동부 지역의 생산을 맡고 있습니다. 저는 지난해에 직원 5,000명이 일하는 공장을 폐쇄했습니다." 그 오른쪽에 앉은 신사가 뒤를 이었다. "할 젠킨스 부사장입니다. 중서부 지역의 생산을 맡고 있지요. 3년 전에 인디애나 공장을 폐쇄했습니다. 그 일을 원만하게 처리했습니다. 그 후 본사 요청으로 피츠버그 공장 폐쇄를 이끌었으니까요." 소개는 이런 식으로 계속되었다. 모두들 지난 10년간 제조 산업에 드리워진 암울한 그림자에 대해 장황하게 설명했다.

어떤 역경을 겪고 있는지 명확해 보였다. 그들은 자금 출혈이 심했다. 매년 손실액이 수백만 달러에 달했고, 여러 곳의 공장을 폐쇄했다. 그로 인해 수익은 훨씬 더 감소했다. 임원 14명 중에서 무엇이 문제인지에 관한 토론에 적극적으로 참여하는 사람은 고작 두 명이었다. 30대 후반의 젊고 유능한 돈나가 문제를 지적했다. "우리는 케케묵은 사고에 갇혀 있습니다. 우리 회사가 해야 할 일에 대해 이젠 새로운 아이디어를 내놓아야 합니다. 새로운 시장을 목표로 제품을 다양화하는 방법을 숙고할 필요가 있습니다. 우리 회사든 경쟁 회사든 모두 구제품 생산으로 거액을 손실 보고 있습니다. 시장 점유율은 점차 하락하고 있습니다. 게다가 구제품 생산 라인을 확장하는 기업은 하나도 없습니다." 회복력 수준이 높은 사람이 그렇듯이, 돈나는 해결책으로 넘어갔다. "최소 비용으로 기존 공장을 점검해 보면 판매량이 늘고 있는 제품을 생산할 수도 있을 것입니다. 언제까지나 기존 제품을 생산해야 한다는 사고를 바꿔야 합니다. 그것을 우리의 운명으로 삼지 말아야 해요."

다른 임원들은 무표정한 얼굴로 아무 말도 하지 않았다. 돈나가 말하는 도중에 케니 한 사람만 고개를 끄덕였다. 그가 입을 열었다. "동의합니다. 우리는 이제 신제품에 초점을 맞춰야 합니다. 하지만 지난 20년 동안 우리 회사는 마케팅과 영업 전략을 개선하는 데도 소홀했어요. 우리 영업 사원들은 혼자 일하면서 무슨 수를 써서라도 물건을 팔려고 듭니다. 그래서 매우 공격적입니다. 또한 판매 수수료를 받는 한, 기존 고객을 유지하는 것에는 관심이 없지요. 고객은 그렇지 않습니다. 그들은 영업 직원과 친밀한 관계를 맺으려고 합니다. 독자적으로 일하는 영업 인력을 팀으로 재구성해야 합니다. 고객 관리에 능한 사람을 팀장으로 삼고 팀원들이 그 업무를 보좌하는 식이죠."

회의실은 고요했지만 팽팽한 긴장감이 감돌았다. 돈나와 케니의 제안은 소수 의견이었다. 다른 임원들은 모두 강력하게 반대한다는 무언의 신호를 보냈다. 침묵이 이어지다가 마침내 부사장 한 명이 입을 열었다. "두 분의 제안은 이미 토의한 적이 있습니다. 하지만 합당치 않은 제안입니다. 우리 회사는 신제품을 생산한 적이 없습니다. 그런 영업 전략을 적용한 적도 없어요. 두 분이 이곳에 입사한 지는 5년에서 10년입니다. 다른 분들은 여기서 30년 이상 일했어요. 이 회사에 대해 더 많이 알고 있습니다. 무엇이 효과적이고 무엇이 비효과적인지, 직원들이 무엇을 선호하고 무엇을 꺼리는지, 경영진과 투자자들이 무엇을 원하는지 알고 있습니다. 두 분의 제안은 결코 유용하지 않을 것이며 효과도 없을 겁니다. 이 회사는 아주 오래전에 세워졌어요. 제가 공장 하급 직원으로 일하기 훨씬 전부터 건재했습니다. 우리는 그런 방식으로는 일한 적도 없고, 앞으로도 하지 않을 겁니다."

바로 그때 나는 원숭이 실험이 떠올라서 웃음을 참느라 혼났다. 케니와 돈나는 훌륭한 해결책을 제안해서 조직을 구하려 하고 있었다. 하지만 동료와 선배들은 그들의 다리를 붙잡아 끌어내리고 있었다. 두 사람이 다시 장대에 올라가려고 하자 그들은 으르렁거렸다. 케니와 돈나의 제안이 왜 합당치 않은지, 왜 효과가 없을지 그 이유를 정확하게 설명할 수 있는 사람은 한 명도 없었다. 실제로 물벼락을 맞은 적이 없으면서도 장대를 피하는 원숭이들과 다를 바 없었다. 그들은 장대에 오르는 게 좋지 않으리라는 것을 단지 알고만 있었다.

이것이 바로 조직 문화의 힘이다. 아주 오래전 그 당시에 효과적이었을 한 가지 방법을 적용한다. 그러면 궤도가 정해지고 관성이 확립된다. 이 과정은 빙산 믿음의 형성 과정과 많은 면에서 비슷하다. 세상의 작동 방식에 대해 우리는 불완전하고 부정확한 믿음을 쌓아 올린다. 하지만 그렇게 구축된 믿음이 이제 우리의 '현실'이 된다. 그 믿음 자체가 생명을 갖는다. 이 제조 회사와의 컨설팅에서 어려운 점은 참석한 14명이 그 조직의 최고위직 간부들이었다는 것이다. 그들이 조직 문화를 바꿀 능력이 없다면 그 조직 내에서 누구도 그 일을 하지 못한다.

이 이야기가 해피엔딩이었으면 좋았을 것이다. 하지만 그렇지 못했다.

케니와 돈나는 그 토론회 이후에도 그곳에서 그대로 일했다. 본인들의 혁신적인 제안이 결코 수용되지 않으리라는 것이 확실해지자 그들은 회복탄력적인 사람이 마지막 수단으로 감행하는 일을 실천했다. 6개월 후, 그들은 그만 손을 떼고 다른 회사의 임원으로 옮겨 갔다. 2001년 말, 그 제조 회사는 파산 신청을 했다.

조직 문화와 회복력

그렇다면 몸담고 있는 조직 문화에 어떤 식으로 도전할 수 있을까? 어느 조직에서든 비공식적인 리더와 혁신가들이 등장하기 마련이다. 나는 그들에게 회복력 기술을 가르치는 특권을 누렸다. 그리고 그들이 소속 부서를 어떤 방법으로 크게 변화시키는지 알게 되었다. 직위나 연공서열에 따른 공식적인 파워가 부족해도 그들은 조직 문화에 상당한 영향을 끼칠 수 있었다. 그들은 현행 관례가 고정불변의 진실이 아니라는 점을 동료들에게 일깨워 주는 일부터 시작한다.

칼은 불우 아동을 돕는 비영리 기관으로 옮긴 지 석 달째에 접어들었다. 그곳의 기금 운영 부서 책임자로 이직할 때 그는 자발적이고 낙천적인 사람들과 일하게 될 거라고 예상했다. 그런 사람들이 좋은 일을 하는 직장을 선호할 거라고 확신했기 때문이다. 그 예상은 보기 좋게 빗나갔다. 이직하고 조금 지나자 그 조직의 진짜 문화가 드러났다. 많은 직원이 무기력하고 비관적이었다. 자기 노력으로 불우한 아이들의 삶을 실제로 바꿔 줄 수 있을지 의심했다. 그들의 열정을 되살리려는 칼의 노력은 매번 비웃음을 샀다.

칼은 소속 부서의 변화를 주도하려면 우선 감정을 통제해야 한다는 것을 알고 있었다. 제일 먼저 해야 할 일은 이 새 직장이 예상과 다르다는 것을 깨달았을 때 떠오른 파국적 믿음을 올바로 분석하는 것이었다. "나는 직원들에게 동기를 부여할 수 없을 거야. 나 역시 무기력해지든지 아니면 이 일을 그만둬야 할 거야. 이직한 지 6개월도 못 돼서 그만둔다는 것은 내 경력에 치명적인 오점이야. 이 분야에서 그런 오점 있는 경력으로는 다른 직장을 구할 수 없을 거야. 생활비를 충당할 수 없어서 변두리의 작은 아파트로 이사해야 할 거야. 그곳은 학군이 좋지 않아서 아이들 교육에 문제가 생길 거야. 이 일로 아내는 나를 결코 용서하지 않을 거야. 이곳으로 옮기면서 연봉이 많이 줄었기 때문에 아내는 이미 많은 걸 포기해야 했어. 결혼 생활이 더 위태로워질 거야." 진상 파악하기 기술을 적용한 후, 칼은 현재 상황이 그 최악의 시나리오와는 거리가 멀다는 것을 깨달았다. 잦은 이직은 경력에 오점이 되겠지만 그가 지금까지 쌓아 온 경력은 탄탄했다. 그리고 이 새 직장에서 적응하지 못하더라도 칼은 언제든 좋은 직장을 구할 수 있는 뛰어난 능력을 갖고 있었다. 부서를 혁신시키려는 계획이 성공하지 못할 경우, 다른 회사의 채용 정보를 수집하고 적절한 곳에 지원할 계획이었다.

칼은 과잉 일반화의 함정에 빠져 있다는 것을 깨달았다. 부하 직원을 모두 한데 묶어서 판단하고 있었던 것이다. "직원들 모두 하나같이 냉소적이고 비관적이고 의욕이 없어." 팀원들에 관해 보다 세심하게 숙고하자 직속 부하 두 명은 나머지 직원들보다 의욕적이고 부서의 비공식적인 리더처럼 보인다는 것을 알아차렸다. 혁신 계획의 일부로서 칼은 그 두

명을 따로 만나서 필요한 정보를 모았다. 우리 부서는 왜 무기력한 겁니까? 필요한 복지 기금을 받아내지 못하게 방해하는 가장 큰 문제가 무엇입니까? 그 대화로 그는 직원들이 기금 청구서의 질적 수준이 중요하지 않다고 믿고 있음을 알아냈다. 직원들은 시의 예산 분배는 본인들이 통제할 수 없다고 믿고 있었다. "시의회는 어쩌다 한 번씩 푼돈이나 던져 줄 거야. 예산이 남아돌아도 우리는 우선순위가 아니야. 그러니까 예산이 부족한 해에는 기금 신청서를 아무리 완벽하게 작성해서 올려도 돈은 한 푼도 나오지 않을 거야." "어쨌든 그런 건 중요하지 않아."라는 믿음 때문에 직원들은 기금 청구서를 대충 작성해서 제출하고 기금을 절박하게 요청하지 않았다.

칼은 시청에 전화해서 끈질기게 부탁한 결과, 시의회 의장이 칼의 기관에서 복지 기금 배분 과정에 대해 강연하는 일정을 잡을 수 있었다. 그 강연을 통해 복지 기금 배분은 다각도로 검토되며 매년 각 복지 기관에 배분되는 기금은 해당 기관이 제출한 청구서의 질적 수준에 따라 달라진다는 것이 분명하게 드러났다. 칼은 부하 직원과 개별 면담을 하면서 그들이 이 조직에 입사한 이유가 무엇인지, 다음 해에 본인과 소속 부서가 어떤 것을 성취하기를 원하는지 물었다. 그리고 그들의 야망을 모두 포함시킨 사명 선언서를 함께 작성하고, 그것을 복사해서 각 직원의 책상에 한 장씩 붙여 놓았다.

칼은 자기가 '부정적인 사람들'에게 화가 치민다는 것을 알고 있다. 칼에게는 그것이 바로 비합리적인 믿음을 활성화시키는 역경이었다. 그는 실시간 회복력 대안 믿음을 미리 적어 놓고, 팀원들이 비관적으로 투덜거릴 때마다 그것을 이용했다. "이들은 형편없는 사람들이 아니야. 출구가 보이지 않으니까 의욕이 없는 거야. 부하 직원에게 해결책을 제시하는 것이 내 임무야. 과잉 일반화에 빠지지 말자. 기금 청구서 작성자의 성격이 아니라 청구서의 수준에 초점을 맞추자. 최악의 경우, 나는 이곳을 그만둘 거야. 하지만 그것은 마지막 수단이야. 그리고 직원들을 이끌기 위해 내가 할 수 있는 일은 많아. 기금을 성공적으로 받아 내면 직원들은 희망을 가질 거야."

부서의 분위기가 하루아침에 달라지지는 않았다. 하지만 시간이 가면서 칼은 직원들이 초점의 대상을 바꿀 수 있게 이끌었다. 그들은 제한된 예산과 시의 정책처럼 통제할 수 없는 것에서 청구서 작성 등 통제할 수 있는 것에 집중했다. 그리고 칼의 부서는 매 분기마다 청구한 복지 기금을 모두 받아 냈다. 마침내 칼은 직원들에게 이제 연방 정부에서 더 많은 기금을 받아 내야 할 때가 되었다는 확신을 심어 주었다. 그때가 칼이 기금 운영 부서의 책임을 맡은 지 3년째 되는 해였다.

실직과 회복력

실직의 정서적, 심리적 영향에 관한 연구 논문은 수백 편에 달한다. 일을 통해 가족을 부양하고 사회에 기여한다는 것은 우리가 추구하는 인생의 핵심을 이룬다. 그렇기 때문에 실직은 특히나 두려운 역경이다. 실직은 강력한 빙산 믿음을 활성화시키고 심각한 파국적 사고를 조장할 수 있다.

미국으로 건너오기 전에 앤드류는 한동안 호주의 사회보장 부서에서 근무했다. 실직자와 면담하고 그가 실업 급여를 받을 자격이 있는지 판단하는 것이 앤드류의 일이었다. 불황기여서 수많은 사람들이 줄줄이 사무실로 들어섰다.

사무실에는 더 오래전부터 그 일을 해 온 동료들이 있었다. 어느 날, 앤드류는 경험이 풍부한 동료에게 실직자 면담 과정에 참관해 달라고 부탁했다. 앤드류가 면담한 사람은 회사의 대대적인 구조 조정 때문에 중간 관리직에서 해고된 40대 후반의 남성이었다. 그는 똑똑했고 의사 표현이 명확했다. 경력을 논리 정연하게 들려주고 가능한 한 빨리 일터로 돌아가고 싶다고 했다. 게다가 말끔하게 양복까지 차려입었다. 면담하러 온 실직자 중에는 청바지와 티셔츠 차림에 불규칙한 취업 이력을 대충 늘어놓고 재취업하려는 열망은 찾아보기 힘든 이들이 대다수였다. 그 남성은 활기차고 적극적이어서 앤드류는 그가 빠른 시일 안에 안정적인 직장에 재취업할 수 있을 거라고 생각했다. 그런데 면담이 끝난 후 참관한 동료의 말을 듣고는 의아하지 않을 수 없었다. "저 남자는 오랫동안 실업 급여를 받아야 할 거야." 앤드류는 반박했다. "아니에요. 동기도 확실하고 학력도 높고 똑똑하니까 곧바로 직장을 구할 겁니다." 그러나 6개월 후에도 그 남자는 여전히 실직 상태였다. 그 무렵에 앤드류는 실업 급여를 받으러 온 그 남자를 보았다. 옷은 구겨지고 머리카락은 헝클어지고 며칠째 면도도 안 한 모습이었다.

앤드류의 동료는 금방 재취업할 실직자와 그렇지 못할 사람을 어떻게 정확히 예측할 수 있었을까? 그 비결은 실직자들이 말하는 원인 믿음, 즉 해고된 원인에 대한 믿음을 주의 깊게 경청하는 것이었다. 앞서 확인했듯이, 회복력 수준이 높은 사람은 유연하고 정확하게 사고한다. 회복력 수준이 높은 실직자는 해고된 이유 중 일부는 경기 침체 때문이라는 것을 알고 있다. 그들은 그 역경을 개인화하지 않고, 따라서 무기력한 우울증에 빠지지 않는다. 자기가 문제의 원인으로 지목한 것들을 면밀하게 검토하고, 그것을 해결하기 위해 행동한다. 즉, 그들은 유연하고 정확한 사고를 기반으로 더 오래 문제 해결에 몰두하고 다시 일터로 돌아간다.

스티븐은 아웃플레이스먼트 전문가의 요청으로 임원 코칭 프로그램에 참여한 사람이었다. 기업 컨설팅 회사에서 5년 동안 프로젝트 매니저로 일하다가 회사가 위기에 처하면서 구조 조정을 벌이는 바람에 해고되었다. 실직한 지 한 달 후, 그의 회복력 수준은 현저히 감소했다. 그 컨설팅 회사는 2년 전에 괄목할 만한 성장을 이루면서 신입 사원을 200명 이상 채용했다. 하지만 지금은 규모를 축소해야 했고, 스티븐도 그 피해자 중의 한 명이었다. 아웃플레이스먼트 전문가는 스티븐이 극심한 스트레스에 시달리고 불안해 보이며, 제시하는 어떤 직업에도 적극적으로 나서지 않는다는 것을 알아차렸다.

스티븐은 30대 초반에 두 살짜리 아들을 둔 기혼자였다. 나와 가까워지자 그는 정말로 괴로워하는 문제를 털어놓았다. "지금까지 살아오면서 이렇게 실망한 적이 없었어요. 그 회사에서 영원히 그 일을 하기를 원하지는 않았어요. 하지만 해고된다는 것은 전혀 예상하지 못했어요." 그는 ABC 확인하기 기술을 사용해서 그 역경을 명확하게 바라보았다.

역경 : 나는 해고되었다.

믿음 : 내 직업은 연봉 4만 5,000달러짜리였어. 아내의 수입도 그 정도는 되고, 저축한 돈도 있어. 하지만 그 직업은 경제적으로 우리에게 아주 중요했어. 특히 어린 아들에게 중요해. 나보다 늦게 입사하고도 잘리지 않은 사람이

많아. 나는 완전히 배신당한 거야.

결과(감정) : 극도의 우울(우울 지수 10점 만점에 9 또는 10점)

결과(행동) : 소극성, 무기력, 절망, 취업 기회 외면

B—C 연결 관계에 대해 배운 후, 스티븐은 그 실시간 믿음을 고려할 때 자신이 경험하는 결과의 강도가 과연 적절한지 아닌지 검토했다. "배신당했다."고 믿으면서도 다른 직업을 적극적으로 계속 찾아보는 사람들이 얼마든지 있다. 스티븐의 믿음 "나는 완전히 배신당한 거야."는 자기 가치 상실에 대한 믿음이며, 우울은 충분히 예상할 수 있는 반응이다. 하지만 그가 보기에도 본인의 정서 반응이 실시간 믿음에 비해 지나친 것 같았다. 그렇다면 빙산 찾아내기 기술을 활용할 시점이다.

실시간 믿음 : 나는 완전히 배신당한 거야.

질문 : 그것이 어떤 점에서 그렇게 우울하지?

스티븐 : 나보다 더 늦게 입사하고도 무사한 직원이 많았는데, 나는 해고되었어. 내가 맡은 일을 제대로 하지 못했다는 뜻이야. 나는 제거해야 할 대상이 된 거야. 다른 사람들 눈에는 내가 정말로 무능해 보였던 게 틀림없어.

질문 : 그것이 무엇을 의미하지?

스티븐 : 나는 야망이 크지도 않고 밤낮으로 일만 하지도 않아. 하지만 회사와 내 업무에 충실했어. 그리고 상당히 유능하다고 생각했어. 해고는 정말이지 상상도 못 한 일이야.

이 마지막 대답에 주목하자. 스티븐은 자기 가치 상실에 대한 표면 믿음을 여러 가지 찾아냈다. 하지만 의식의 표면 밑에서 떠도는 빙산 믿음

을 더 철저하게 파고들지는 못했다. 그는 그 밑으로 내려가지 않고 표면에서 이리저리 움직이고 있었다. 따라서 네 가지 질문 중 하나를 이용해서 더 깊이 파고들 필요가 있었다.

질문 : 이 모든 일이 어떤 점에서 그렇게 큰 문제인 거지?

스티븐 : 일자리를 지킨다는 것은 최소한의 필요조건이야. 그 회사의 CEO 자리까지 오르지는 못하겠지. 거액의 연봉을 받지도 못할 거야. 하지만 적어도 일자리는 지킬 수 있어야지.

질문 : "지킬 수 있어야지."라는 말이 무엇을 뜻하지? 왜 나는 일자리를 지킬 수 있어야 하지?

스티븐 : 나는 어린애가 아니야. 어릴 때는 직장에서 잘려도 괜찮아. 하지만 이것은 모두 경력으로 남아. 아내는 좋은 직업을 갖고 있어. 나 혼자서 생활비를 전부 벌어야 하는 건 아니야. 하지만 어린 아기가 있어. 가정이 있어. 나는 가정에 도움이 되어야 해. 아내와 아들을 부양해야 해. 두 사람이 나를 믿고 의지할 수 있어야 해.

질문 : 가족을 부양할 수 없다는 것이 나에게 무엇을 의미하지?

스티븐 : 나는 아빠가 된 지 얼마 되지 않았어. 하지만 나에게는 아빠 노릇이 무엇보다 중요해. 나는 우리 아버지 같은 그런 아빠가 될 수 있었으면 좋겠어. 아버지는 언제나 우리 곁에 계셨어. 아버지를 믿고 의지할 수 있었어. 아버지는 고등학교를 졸업한 후부터 퇴직할 때까지 한 회사에서 50년 동안 일하셨어.

질문 : 아버지는 한 회사에서 오래 일하셨는데 나는 그렇지 못해. 그것이 무엇을 의미하지?

스티븐 : 바로 그 점이야. 나는 결코 아버지 같은 좋은 아빠가 되지 못할 거야. 이 일을 만회하기 위해 내가 할 수 있는 일은 하나도 없어. 아들에게 좋은 아빠가 될 수 있는 방법이 없어.

깊이 숨어 있는 믿음을 찾아낸 후에야 스티븐은 깨달았다. 실직을 이유로 유능함을 의심하는 것도 한 가지 믿음이다. 하지만 스티븐은 실직에 그보다 훨씬 더 큰 의미를 부여했다. 그에게 실직은 결코 좋은 아빠가 될 수 없다는 것을 의미했다. 그것은 그가 느끼는 극도의 우울을 설명할 수 있는 심각한 '상실' 믿음이다. 그리고 손상된 자부심을 결코 만회할 수 없다면 다른 직장을 구하려고 애쓰는 게 무슨 소용이 있겠는가? 아웃플레이스먼트 전문가가 제안한 직장에 지원했는데 채용되지 않는다면 이미 다친 자부심이 아예 무너질 것이다. 그러니 처음부터 지원하지 않는 것이 더 낫지 않을까?

물론 그렇지 않다. 생산적인 대응이 결코 아니다. 스티븐의 사례는 믿음이 회복력을 어떻게 손상시킬 수 있는지를 완벽하게 보여 준다. 그의 목표는 새로 직장을 구하고 가족을 부양하는 것이다. 하지만 사실 스티븐의 믿음은 자기 충족적 예언을 통해 그를 목표와는 정반대 방향으로 몰아붙이고 있었다.

이제 다음 단계는 믿음에 반박하기 기술을 이용해서 원인 믿음을 분석하는 것이다. 스티븐이 그린 첫 번째 원형 그래프에는 "나는 무능해."라는 한 가지 믿음밖에 없었다. 해고 원인에 대한 더욱 유연하고 정확한 사고를 반영하는 두 번째 원형 그래프는 다음과 같다.

회사가 구조 조정을 단행한 주요 이유는 경기 침체라는 것을 스티븐은

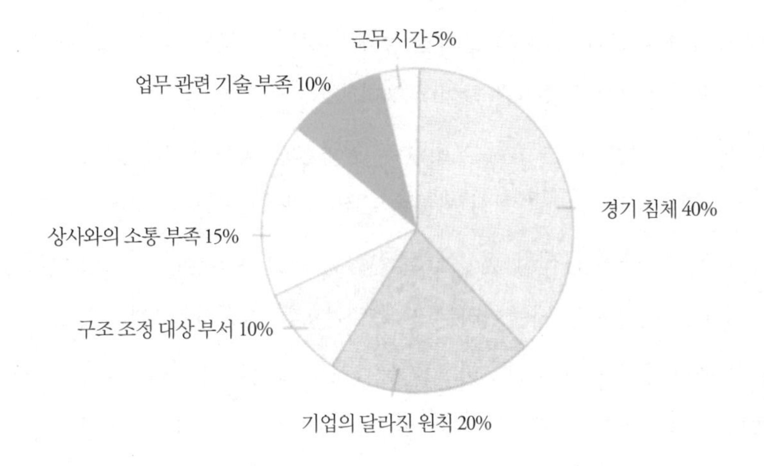

인정했다. 요즘 회사들은 예전과는 다른 원칙에 따라 작동하고 있는 것도 사실이다. 이제 더 이상은 모든 직원을 그대로 유지한 채 불경기를 넘길 마음도, 능력도 없다. 현대 경제에서 기업은 직원들을 희생시켜서 순수익에 미칠 충격을 최소화하고 투자자들을 기쁘게 해 준다. 하지만 스티븐은 객관적인 사실도 인정해야 했다. 더 늦게 입사한 직원들도 많이 살아남았는데 그는 해고되었다. 믿음에 반박하기 기술을 통해 증거를 찾으면서 해고 대상자로 선정된 이유를 철저히 검토했다. 그의 능력과 실적과는 아무 상관이 없는 원인도 있었다. 살아남은 직원들의 대다수는 스티븐의 부서보다 수익을 더 많이 올리는 부서에서 일하고 있었다. 하지만 그의 부서에서도 구조 조정에서 벗어난 사람들이 있다는 것은 부인할 수 없는 사실이었다. 그 이유가 무엇일까?

그것을 '무능'으로 단정하는 것은 도움이 되지 않는다. 무능이라는 말은 지나치게 막연하고 모호하며 해결할 수 없다. 스티븐은 구체적으로 사고

할 필요가 있었다. 철저한 분석을 통해 역경의 원인으로 지목할 수 있는 정확하고 구체적인 증거를 찾아야 했다. 그는 업무에 필요한 기술을 꾸준히 갱신하지 않았다는 결론을 내렸다. 동료들은 회사의 핵심 분야에서 필요로 하는 교육을 받고 최신 기술을 습득했다. 스티븐은 야망이 없었고, 언제나 정시에 출근해서 정시에 퇴근했다. 조금 더 늦게까지 일했더라면 회사에 더욱 필요한 사람이라는 인상을 주었을 것이다. 마지막으로 스티븐은 업무를 훌륭하게 완수하고도 상사에게 말하지 않았다. 굳이 말하지 않아도 알 것이라고 믿었다. 그는 스스로 중요한 직원이라고 확신해서 마음 읽기의 함정에 빠진 것을 자책했다.

믿음에 반박하기 기술은 스티븐의 비합리적인 믿음을 바꾸어 주는 토대를 제공했다. 하지만 그에게 가장 효과적이라고 입증된 것은 속성 기술들, 특히 실시간 회복력 기술이었다. 아웃플레이스먼트 센터에 들어설 때 스티븐의 마음속에서는 비합리적인 믿음이 끊이지 않았다. "나는 실패자야. 저 사람들 꼴 좀 봐. 이력서 쓴다고 시시콜콜 물어보고 있군. 우리는 모두 실패자야. 아무도 직장을 구할 수 없을 거야." 스티븐의 이 실시간 믿음은 뿌리 깊은 빙산 믿음과 연결되어 있었고, 그 빙산 믿음이 우울과 무력감을 촉발했다. 그 결과, 그는 아웃플레이스먼트 전문가와의 모든 협력을 외면했다. 비합리적인 믿음이 떠오르면 스티븐은 실시간 회복력 기술을 이용해서 그 믿음에 반박하는 강력한 대안 믿음을 내놓았다. "나는 실패자가 아니야. 아버지 시대와 지금은 너무 달라. 이 신경제에서 해고와 재취업은 밀물과 썰물처럼 늘 되풀이되는 거야. 그걸 면할 수 있는 사람은 거의 없어. 해고되었다고 해서 내가 믿고 의지할 수 없는 사람이 되는 것은 아니야. 그걸 실제로 확인할 수 있는 방법은 다시 직업을 구하려고 열심히 노력하는 모습을 보여 주는 거야. 지금 중요한 것은 다시 직장을 구하면 예전에 저지른 실수를 반복하지 않는 거야. 구조 조정으로 해고된 사람들이 많아. 거의 모두 다시 일자리를 구했어." 그리고 6주 후, 스티븐은 다른 직장을 구했다.

일과 가정의 균형

하버드 대학교의 사회학자 캐럴 길리건은 남자아이와 여자아이의 전통적인 양육 방식에서 중요한 차이점을 확인했다. 양육자는 대체로 사내아이들은 경쟁하고 성취하게 격려한다. 여자아이들에게는 경쟁과 성취보다는 우정을 강화한다. 인간관계를 손상시키느니 성공을 희생하는 것이 더 낫다고 가르친다. 이러한 학습은 성인이 되어서도 여전해서 우리는 남성다운 것 또는 여성다운 것에 관한 구체적인 믿음을 확립하고, 그것이 우리 이미지의 핵심을 이룬다. 이런 이유로 남자들은 해고당할 때 더 큰 충격을 받는다. 실직은 성취 영역, 즉 남자들이 오래전부터 가장 중요하다고 배워 온 영역에서 그들을 강타한다. 하지만 지금은 세상이 변하고 있다. 여성 노동자 수는 기록적으로 증가했고, 여성들 역시 일이 중요하다는 믿음을 갖고 있다. 이제 일은 여성의 자기 이미지에 꼭 필요한 요소가 되었다. 그러나 어린 시절의 학습이 여전히 우리의 근저 믿음에 각인되어 있다. 실직은 남성들에게 더 큰 충격을 가하지만 일과 가정의 균형, 즉 직업과 가족의 힘겨루기는 여성들에서 특히 힘든 문제이다.

1974년에 전체 여성 중 전업주부를 선호한다고 대답한 여성은 60퍼센트였다. 2001년에 그 수치는 53퍼센트로 감소했다. 하지만 야심만만한 많은 여성이 일과 가정 사이에서 갈피를 잡지 못한다. 그들은 남자들보다 더 많이 갈등한다. 집에서 살림하고 가족을 돌보는 것을 선호하는 여성의 수는 남자의 두 배에 달한다. 성취 욕구와 가족을 돌보려는 욕구 사이에 끼어서 옴짝달싹 못하는 여성들이 많다.

안드레아는 한 회사의 영업 직원으로 내 워크숍에 참여했다. 워크숍을 시작할 때마다 참여자들에게 항상 하는 질문이 있다. 이 워크숍에서 어떤 것을 얻고 싶으세요? 안드레아의 대답은 절박했다. "저 좀 도와주세요. 그렇지 않으면 미쳐 버릴 거예요. 도저히 견딜 수가 없어요. 이 일을 시작한 지 6년째예요. 그리고 정말로 이 일을 좋아해요. 사람들은 믿지 않겠지만 사실이에요." 안드레아는 전화 영업부에서 일하고 있었다. 고객과 대면하지 않고 다양한 회사의 사무실로 일단 전화를 걸어서 재주껏 의사 결정 책임자와 통화를 시도하고 그에게 광고 지면을 파는 것이 일이었다. 아주 고달픈 일로서 높은 이직률이 그 증거였다. "모든 사람이 좋아할 일은 아니죠. 하지만 저는 사람들과 이야기하는 걸 좋아해요. 모르는 사람에게 전화해서 그 사람이 거절하기까지 얼마나 오래 통화할 수 있는지 알아보는 것이 즐거워요. 그리고 거절을 승낙으로 바꾸고 싶어요." 안드레아는 아주 유능했다. 30명이 일하는 사무실에서 지난 4년 동안 두 번이나 영업 실적이 제일 좋았다. 하지만 이렇게 말했다. "그러고 싶지는 않지만 그만둘까 생각 중이에요."

안드레아는 겪고 있는 힘겨운 문제를 대해 털어놓았다. "이 일 때문에 아이들과 함께 있는 시간이 부족해요. 아이들이 어릴 때는 괜찮았어요. 하지만 지금은 제가 옆에서 이것저것 챙겨 줘야 하는데 그럴 수가 없어요. 아이들을 축구장에도 데려다 주고 싶지만 토요일 아침마다 출근해서 주말에 일하는 잠재 고객을 잡아야 해요. 지난번에는 아이가 아팠어요. 저는 아이를 돌보게 반나절만 일하면 안 되겠느냐고 부장에게 부탁했어요. 그런데 안 된다고 하더군요. 그 달에 제가 실적을 채우지 못해서 안 된다는 거예요. 서로 심하게 말다툼을 했어요. 하지만 권력을 가진 쪽은 부장이니 당연히 졌지요. 할 수 없이 엄마에게 아이를 병원에 데려가 달라고 부탁해야 했어요. 정말 마음이 아팠어요."

나는 안드레아에게 그날 그 일을 또렷하게 떠올리고 역경을 묘사하고 실시간 믿음을 찾아내고 그것이 일으킨 감정과 행동을 확인하라고 했다.

역경 : 아이가 아파서 병원에 데려가야 한다. 부장은 조퇴를 허락하지 않는다.

믿음 : 아이가 그렇게 많이 아프지는 않아. 감기일 뿐이야. 하지만 요즘 이런 일이 너무 잦아. 회사 일과 집안일 사이에서 어떻게 해야 좋을지 종잡을 수가 없어. 부장이 우리를 기계처럼 부려 먹기 때문이야. 직원이 회사 일 외에는 아무 할 일도 없는 멍청한 기계인 양 실적을 올리고 목표를 채우라고 다그치지.

결과(감정) : 분노(분노 지수 10점 만점에 5점), 슬픔(슬픔 지수 10점 만점에 9점)

결과(행동) : 그날 하루 종일 그저 일하는 시늉만 했다. 실적을 하나도 올리지 못했다.

안드레아의 원인 믿음, 즉 일과 가정의 균형을 유지할 수 없는 이유에 관한 믿음은 부장이 자기를 기계처럼 부려 먹기 때문이다. 이것은 권리 침해 믿음으로 안드레아가 느낀 분노를 설명할 수 있다. 하지만 슬픔은 무엇으로 설명할 수 있을까? 실시간 믿음에 비해 지나치게 강렬한 감정을 느낄 때는 빙산 찾아내기 기술이 도움이 된다. 안드레아는 그 기술을 적용하기로 결정하고, 자문자답하면서 빙산 믿음을 찾아내는 과정을 밟아 나갔다.

질문 : 부장은 우리를 기계처럼 부려 먹고 있어. 이것이 어떤 점에서 그렇게 큰 문제인 거지?

안드레아 : 부장은 우리 직원들을 인간으로서 존중하지 않아. 우리가 회사 일 외에는 아무 할 일이 없는 사람처럼, 회사 밖에서는 우리가 아예 존재하지 않는 것처럼 취급해. 마치 퇴근하면 그대로 사라지고 다음 날 출근 도장을 찍으면 다시 나타나는 사람인 양 대하고 있어. 결코 그렇지 않잖아. 나에게는 이 빌어먹을 일보다 더 중요한 가족이 있어.

슬픔을 느낄 때는 틀림없이 '상실' 믿음이 존재한다. 그런데 이 질문은 상실 믿음을 들춰내는 대신, 권리 침해 믿음을 더 파고들며 분노를 강화하고 있다. 그래서 안드레아는 방향을 바꾸었다.

질문 : 요즘 이런 일이 매우 자주 일어나고 있어. 이것이 무엇을 의미하지?

안드레아 : 그것은 내가 좋은 엄마가 되는 동시에 회사 일도 잘할 수는 없다는 것을 의미해.

질문 : '좋은 엄마'가 된다는 것이 어떤 의미지?

안드레아 : 좋은 엄마는 언제나 아이들 곁에 있어. 좋은 엄마는 식사 시간에도 언제나 함께 있고 언제나 저녁을 준비해. 배달 음식 따위는 먹이지 않아. 좋은 엄마는 아이가 아프면 만사를 제쳐 놓고 아이를 보살피지. 좋은 엄마는

집에 있어야 해.

안드레아는 문득 말을 멈추고 나를 쳐다보며 입을 딱 벌렸다. "어머, 세상에! 내 입에서 이런 말이 나오다니, 믿을 수가 없어요. 그건 제 엄마 같은 분이나 하는 말이에요. 엄마는 전형적인 전업주부셨어요. 아침마다 도시락을 싸고 우리가 학교에서 돌아오면 언제나 맞아주셨지요. 언니와 저는 엄마처럼 살고 싶지 않았어요. 우리는 둘 다 직장에 다녀요. 직접 말씀은 안 하시지만 엄마는 저희가 일하는 걸 반대하실 거예요."

캐런 : 그렇다면 어떤 엄마가 좋은 엄마일까요?

안드레아 : 좋은 엄마는 아이들을 사랑하고 아껴 줘요. 아이가 아프면 옆에서 보살피지만 반드시 전업주부여야 할 필요는 없어요. 돈을 벌어서 가정 경제에 도움이 되는 엄마도 좋은 엄마예요. 그렇기 때문에 제가 일을 하는 거예요. 저는 그렇게 아이들을 도울 수 있어요.

앤드류 : 만약에 저희가 월급을 주고 집에서 살림만 하라고 한다면 그렇게 하실 건가요?

안드레아 : (웃으면서) 아마 그렇지 않을 거예요.

캐런 : 그렇다면 일과 가정 중에서 선택해야 하는 것이 어떤 점에서 그렇게 큰 문제인가요?

안드레아 : 저는 유능해요. 일을 포기하고 싶지 않아요. 매일 아침 눈 뜨자마자 벌떡 일어나서 출근 준비를 해요. 얼른 일하러 가고 싶어서요. 아이들과 함께 있을 때는 뿌듯하고 의기양양해요. 제가 돈을 벌고 있기 때문이에요. 그리고 집 밖에서도 아주 잘하는 일이 있기 때문이지요. 일은 제게 자신감을 심

어 줘요. 저는 딸이 있어요. 그 아이에게 여성은 원하는 일은 무엇이든 할 수 있다는 걸 보여 주고 싶어요.

앤드류 : 직장을 다니는 것과 전업주부가 되는 것 중에서 결정하는 것이 어떤 점에서 그렇게 큰 문제인가요?

안드레아 : 어느 것이든 하나는 포기해야 하잖아요. 저는 일을 하고 싶어요. 하지만 좋은 엄마도 되고 싶어요. 둘 다 할 수는 없어요.

이제는 안드레아의 슬픔을 이해할 수 있다. 안드레아에게 그것은 일종의 선택이었다. 일과 가정 중에서 선택해야 했다. 뿐만 아니라 빙산 믿음이 보여 주듯이 일과 가정이 의미하는 모든 것 중에서 선택해야 했다. 안드레아의 말에 따르면, 좋은 엄마는 아이가 아프거나 이것저것 챙겨 줘야 할 때 아이 곁에 있어야 한다. 그런데 회사 일은 그것을 허락하지 않는다. 그러나 돈을 벌어서 가정 경제에 일조하고 자신만만하고 아이들에게 의기양양한 엄마도 좋은 엄마이며 훌륭한 역할 모델이다. 직장을 유지하기로 선택할 경우, 안드레아는 본인 기준에 따르면 나쁜 엄마였다. 직장을 포기하기로 선택해도 역시 기준에 따르면 나쁜 엄마였다. 엄청난 상실은 피할 수 없고, 당연히 슬픔이 뒤따랐다.

안드레아는 믿음에 반박하기 기술을 통해 처음에 포착한 원인 믿음에 반박하는 대안 믿음을 내놓았다. 빙산 믿음이 확실하게 드러났으므로 안드레아는 해결책이 있다는 것을 깨달았다. 영업 부장에게 근무 시간 조절을 제안하는 것은 어떨까? 일찍 퇴근해서 아이를 돌보아야 할 경우, 그 모자란 근무 시간은 나중에 벌충할 수도 있었다. 좋은 해결책 같은데, 영업 부장의 대답은 "안 돼."였다. 회복력 수준이 높은 사람은 이런 좌절을 금방 털어낸다. 안드레아는 다른 방법을 시도해서 반일제 근무를 요청하고, 그렇게 하면 직원과 엄마 역할을 모두 만족스럽게 해낼 수 있을 거라고 생각했다. 부장의 대답은 이번에도 "안 돼."였다. 믿음에 반박하기 기술을 더 철저히 적용하고 코칭을 좀 더 많이 받은 후, 안드레아는 그 회사에서는 원하는 것을 얻지 못할 거라는 결론을 내렸다. 누가 봐도 타당한 결론이었다.

요구가 거부될 때 안드레아는 믿음에 반박하기 기술을 이용해서 마음을 가다듬고 문제를 해결했다. 이 과정은 열 번 중 아홉 번은 바람직한 변화로 이어진다. 그리고 한 번은 막다른 골목에 처한다. 하지만 회복력 수준이 높은 사람은 목표를 달성하기 위해 할 수 있는 모든 것을 했음을 알고 있다. 그들은 모든 것을 통제할 수는 없다는 것을 인정한다. 그리고 통제할 수 있는 것을 통제한다. 안드레아의 경우, 그것은 다른 회사의 영업직에 지원하는 것을 의미했다. 몇 군데서 채용 제안을 받았고, 각 회사를 철저히 검토하면서 탄력 근무제를 적용하는 회사를 우선시했다. 그리고 완벽한 곳을 찾아냈다.

이렇듯 회복력 기술을 직장에서 자주 겪는 역경에도 활용할 수 있다. 마지막 장에서는 그 기술을 더욱 심각한 문제에 적용하는 방법을 보여 줄 것이다. 회복력 기술은 9·11 테러 같은 국가적 재난을 이겨 내고 사별을 견디고 더 멀리 도전해서 삶의 의미를 창조하게 도와준다.

• 13장 •

삶을 위한 회복력

> 현대는 본디 비극의 시대이다. 그렇기에 우리는 이 시대를 비극적으로 받아들이기를 거부한다. 재앙이 일어났다. 우리는 폐허 속에 있다. 새로이 작은 안식처를 다시 꾸미고 새로이 작은 희망을 품는다. 이것은 힘든 일이다. 이제 미래로 가는 평탄한 길은 없다. 하지만 우리는 다른 길로 돌아가고 장애물을 넘어간다. 하늘이 천만 번 무너져도 우리는 살아야 한다.

이 글은 D. H. 로렌스가 1928년에 쓴 것이다. 하지만 2001년 9월 11일 이후의 우리의 삶을 묘사하고 있다.

그날 우리 삶을 가리고 있던 커튼이 젖혔다. 우리는 우리 삶을 자세히 들여다보기 시작했다. 대부분 사람에게는 난생처음 있는 일이었다. 우리는 잠시 멈춰 서서 곰곰이 생각했다. 스스로에게 중요한 질문을 던졌다.

나는 어떤 사람인가? 나에게 가장 중요한 것은 무엇인가? 나는 정말 중요한 것에 시간을 보내고 있는가? 내가 사랑하는 것들보다 일을 우선시하는 이유는 무엇인가? 내 인생에는 어떤 의미가 있을까? 그리고 깨달았다. 살아오면서 이 질문들을 항상 자문했어야 한다는 것을.

그 사건으로 우리는 사랑하는 사람에게 손을 내밀고 가까워져야 한다는 것을 새삼 되새겼다. 삶은 정말로 한순간에 짧게 끝날 수 있다. 그러니 우리는 삶이 선물하는 기회를 잡아야 한다. 그러기 위해서는 우리가 어떤 사람인지 더 잘 알아야 하며, 지금이라도 미래의 '우리'을 형성하는 데 영향을 미치는 것들을 통제해야 한다. 내가 누구이고 어떤 사람이 되기를 원하는지 알아야 한다. 그걸 확실히 알고 나면 인생의 의미를 창출할 수 있다. 회복력 기술을 활용함으로써 사랑하는 사람들과 더욱 친밀해지고 공동체에 참여해서 의미 있는 삶을 살아갈 수 있다. 또한 그 기술을 이용해서 새로운 도전에 응할 수 있다.

나를 창조하라 : 당신은 누구이며 어떤 사람이 되고 싶은가

히피들이 사랑과 평화 운동을 벌인 1960년대 이후로 많은 사람이 '자신을 발견하기'라는 주제에 몰두해 왔다. 사실 수많은 자기 계발 서적이 그 여정의 길잡이를 자처하며 출간되고 있다. 자기 탐구는 회복력에 꼭 필요한 요소이다. 자신을 알기 3가지 기술이 자기 탐구 과정을 반영한다. 그러나 조지 버나드 쇼의 말을 빌리자면 정체성은 길거리에서 동전 줍듯이 '발견되는' 것이 아니다. 정체성은 창조된다. 일생에 걸친 경험을 통해 형성된다.

어떻게 하면 회복력 기술을 적용해서 더욱 성장하고 되고 싶은 사람이 될 수 있을까? 첫째, 본인이 어떤 사람인지 알아야 한다. 자기 자신, 자신의 세계, 그 안에서 자기 위치에 관한 근저 믿음과 핵심 가치를 검토해야 한다. 본인의 이상에서 멀어지게 하는 믿음은 물론이고 원치 않는 구태의연한 방식으로 행동하게 만드는 믿음이 무엇인지 파악해야 한다. 우리는 그 과정을 마치게 도와줄 기술을 이미 알고 있다. ABC 확인하기부터 실시간 회복력에 이르는 7가지 기술을 철저히 익힌다면 정체성을 창조하고 형상화할 수 있다.

앨런은 뉴욕에 있는 광고 회사의 고위 간부로 문제를 구체적으로 거론하며 도움을 청했다. 문제는 공격성이었다. 그것을 통제할 필요가 있었다. 앨런은 성공의 표본이었다. 40대 중반에 사랑하는 아내와 18년째 원만한 결혼 생활을 유지하고 훌륭하게 자란 세 아이가 있고 직장에서 더없이 유능했다. 지금까지 그는 본인의 공격적인 행동을 최대 강점으로 여겨 왔다. "회사에서 비즈니스에 관한 한 저를 당할 자가 없습니다. 착한 남자에게는 가능하지 않은 일이죠. 저는 잠재 고객이 경쟁 광고사를 떠나 제게 올 때까지 필사적으로 공략합니다. 필요한 지원을 얻을 때까지 부장에게 전화로 호통칩니다. 제가 회사에서 가장 큰 사무실을 차지한 이유가 뭔지 아십니까? 인사 부장에게 그 사무실을 나한테 주지 않으면 회사를 그만둘 거라고 다짜고짜 협박했기 때문입니다."

하지만 요즘 앨런은 공격적인 행동 때문에 진짜 야망과 욕구에서 멀어지고 있는 것 같았다. 신입 사원의 멘토가 되겠다고 진지하게 요청했는데 사장은 그 말을 귓등으로 들었다. "저는 어느 정도 경력을 쌓았습니다. 이제는 제 지식과 능력을 돌려주고 싶어요. 그런데 회사 사람들은 제 성격이 멘토가 되기에는 글러먹었다고 생각해요. 맞는 말일지도 모르죠. 그들은 제가 차세대 광고인들을 '타락'시킬 거라고 단정해요." 앨런은 말을 이었다. "직장에서만 그런 게 아닙니다. 저는 정말로 아내를 사랑합니다. 아내는 훌륭한 사람이에요. 하지만 아내가 제 성격에 숨 막혀 하는 게 느껴질 때가 많아요. 저는 모든 걸 지배하려고 들어요. 언젠가는 아내도 크게 화를 낼 것 같아 걱정입니다. 그리고 저는 아이들에게 항상 화를 내요. 아이들을 결코 때리지는 않습니다. 하지만 자주 고함을 지르죠. 저번에는 제가 그저 다가가기만 했는데 작은 아이가 겁을 집어먹더군요. 저는 9월 11일에 세계 무역 센터에 있었을 수도 있었어요. 그날 아침에 제가 죽었다면 가족과 친구와 동료들은 저를 어떤 사람으로 기억할까요? 아마도 화가 나서 벌게진 얼굴로 삿대질을 해대는 덩치 큰 남자로 기억할 겁니다. 그렇게 되고 싶진 않습니다. 이렇게 굳어져 온 제 모습이 맘에 들지 않아요."

처음 두어 번의 코칭 세션에서 앨런은 아내와 아이와 이웃에게, 직장과 학부모 회의와 야구장에서 '열 받은' 사건들을 자세히 묘사했다. 한 가지 감정이 인생의 모든 영역에서 무척 자주 표출된다면 빙산 믿음이 그것을 촉발한다고 확신해도 좋다. 앨런의 경우, 그 감정은 분노였다. 빙산 찾아내기 기술을 적용하기 위해 먼저 ABC부터 분석했다.

역경 : 학부모 회의에 참석했는데 어떤 남자가 기금 조성 아이디어를 제안했다. 나는 그 아이디어에 반대한다고 큰 소리로 말했다. 회의 참석자들은 투표를 통해 그 아이디어를 선택했다.

믿음 : 나는 마케팅에 대해 아는 게 많아. 이 아이디어는 결코 효과가 없을 거

야. 어떻게 나대신 저 멍청이의 아이디어에 찬성하는지 이해할 수가 없어.

결과 : 강렬한 분노. 하지만 집에 도착할 무렵에는 못 견디게 창피했다. 나는 고함을 치며 화를 내다가 회의실 문을 쾅 닫고 나와 버렸다.

앨런은 인생의 모든 영역에서 사람들과의 관계를 이런 식으로 망치고 있었다. 그는 빙산 믿음을 찾아냈다.

앨런의 질문 : 나는 학부모들이 그 남자보다는 내 의견을 귀담아들었어야 한다고 생각했어. 그것이 왜 그렇게 화가 나지?

앨런의 대답 : 나는 전문 지식이 있어. 그 남자는 그렇지 않아. 내가 마케팅 분야에서 최고라는 것을 그들은 인정하지 않아.

질문 : 그렇다고 치자. 그들은 내 능력을 인정하지 않아. 그게 무엇이 그렇게 큰 문제인 거지?

대답 : 그들은 내 지식을 존중하지도 않고 원하지도 않아. 나를 존중하지 않아. 내가 전문 지식을 제공하는 것에 사람들은 기뻐해야 해. 무료로 제공할 때는 특히 더 좋아해야지.

질문 : 사람들이 내 전문 지식을 존중하지 않는다고 하자. 그것이 무엇을 의미하지?

대답 : 그것은 나를 존중하지 않는다는 뜻이야. 내가 마케팅 지식을 제공하든지 하지 않든지 그들은 나를 존중해야 해. 나는 생존자야. 그리고 인생에 대해 다른 사람들보다 더 많이 알고 있어. 그들은 내 조언을 경청해야 해. 아니, 단지 경청하는 게 아니라 받아들여야 해.

앨런은 강렬한 분노를 촉발한 권리 침해 빙산 믿음을 찾아냈다. 그리고 믿음에 반박하기 기술을 통해 그 빙산 믿음이 정확하지 않다는 것을 깨달았다. 앨런이 하는 모든 말에 사람들이 귀를 기울이고 언제나 그의 조언을 따라야 한다는 것은 현실적인 믿음이 아니다. 회사에서 자신이 무조건 특혜를 누릴 자격은 없으며 부장이 요청을 거절한다 해도 그것이 반드시 권리 침해는 아니라는 것도 인정했다. 그 빙산 믿음을 없애야 할 필요성을 느끼면서도 실시간 회복력 기술을 적용하는 일은 쉽지 않았다. "나를 존중하지 않는다고 느낄 때, 그 즉시 분노가 솟구칩니다. 그런데 그렇게 강렬한 분노가 제게 유리한 것도 어느 정도는 사실이에요. 제가 원하는 것을 언제나 얻게 해 주는 유용하고 확실한 방법이지요."

앨런에게는 많은 노력을 요하지 않는 속성 기술이 필요했다. 강렬한 분노가 너무 쉽게 활성화되어 권리 침해 믿음을 찾아내고 반박하려는 시도를 무산시켰다. 그의 분노는 회사에서 전화 통화를 할 때 주로 폭발했다. 앨런은 더 나은 사람이 되겠다는 목표를 떠올릴 수만 있다면 분노를 자제할 수 있을 것이라 확신했다. 그래서 진정하기 기술을 사용하기로 결정했다. 전화기에 A라고 크게 써서 붙여 놓고 자주 '화낸다(anger)'는 것을 스스로에게 상기시켰다. 또한 컴퓨터에는 RIP(rest in peace, 고이 잠드소서)라고 적어서 붙여 두었다. 자기가 죽은 후에 어떤 사람으로 기억되길 원하는지를 떠올려 주는 암호였다. 눈높이에 맞춰 책꽂이에는 가족사진을 놓아두는 전략도 구사했다. 사랑하는 가족은 변화 욕구를 자극하는 가장 중요한 동기 유발 요인이었다.

앨런의 다양한 전략은 효과가 있었다. 코칭 과정을 마치고 두어 달 후, 앨런의 아내에게서 편지가 왔다. 그가 완전히 딴사람이 되었다고 했다. 이제 화내는 일도 거의 없고, 화를 내더라도 정당하게 낸다고 했다. 공격적인 행동을 자제하면서 그는 성공에는 공격성이 필요 없다는 것을 스스로에게 입증했다. 가족과 동료와의 관계도 긍정적으로 바뀌었다. 그들의 우호적인 반응에 앨런은 훨씬 더 좋은 사람이 되겠다는 목표를 세웠다. 빙산 믿음도 마침내 사라졌다. 화내는 일이 적어지자 실제로 그의 의견을 무시하는 사람도 적어졌다.

앨런처럼, 회복력 기술을 이용해서 스스로 개조할 수 있다. 그러면 인생의 의미를 창조할 수 있다. 인생의 의미는 타인과의 친밀한 관계 또는 삶이 선사하는 새로운 기회를 붙잡는 것에서 생겨난다.

의미 상실과 실존주의적 역설

9·11 사건은 인간의 필멸성을 다시 떠올려 주었다. 하지만 연구에 따르면, 이전에도 우리는 죽음에 몰두했다고 한다. 지난 70년 동안 인간의 필멸성에 점점 더 골몰해 왔다는 것이다. 어떤 심리학자들은 그 이유가 우리보다 더 크고 중요한 어떤 것에 대한 애착이 줄어들었기 때문이라고 말한다. 개인주의적 성향이 점차 강해지면서 개인의 삶 너머에 있는 더 커다란 조직에 대한 믿음을 잃어버리고 있다는 주장이다. 종교에 대한 믿음이 감소했다. 정당에 대한 믿음은 닉슨 시절 이후로 급격하게 줄어들었다. 미국 전역의 대도시에서 공동체는 해체되었다. 이러한 조직들은 인간의 삶에 존재하는 간극을 메워 주는 역할을 한다. 그 조직들은 우리가 태어나기 전부터 존재했고, 우리가 떠난 후에도 존재할 것이다. 하지만 교회, 공동체, 사회, 심지어 가족까지도 더 이상은 예전의 그 역할을 다하지

못한다. 우리는 허물어졌다. 인생의 의미를 잃었다.

인간의 필멸성은 역설을 낳는다. 멀리 도전해 나아가는 것과 위험을 피하는 것을 동시에 원하게 만든다. 우리가 이 세상에서 살아갈 시간은 한정되어 있다. 우리는 우리 행동이 어떤 결과를 초래할지 결코 확신하지 못한다. 곧 있을 비행기 여행을 두려워했는데 공항으로 가는 길에 교통사고로 죽을지도 모른다. 인생에서는 어떤 것도 장담할 수 없다. 우리는 어떤 일이 일어날지 결코 알지 못한다. 그렇기 때문에 자주 실수하고 커다란 희생을 치른다. 영원히 산다면 우리는 몇 번이고 실수를 저지르고 다시 만회할 것이다. 하지만 그 누구도 영원히 살 수는 없다. 그래서 어떤 결정을 내리든지 적어도 조금은 두려워하기 마련이다. 인간의 필멸성과 실수할 가능성 때문에 우리는 어쩔 수 없이 위험을 회피하고, 심지어 위험을 계산한다. 신중에 신중을 기하고도 또 조심한다. 기꺼이 도전해 나가는 대신에 소극적으로 안주한다.

그 필멸성 때문에 시간이 소중해진다. 인생은 리허설이 없다. 단 한 번뿐이다. 그 연극은 금방 막이 내린다. 그 사실은 우리가 세상 밖으로 더 멀리 나아가게 유혹한다. 재능을 계발하고 한계를 시험하고 타인에게 손을 내밀도록 동기를 부여한다. 필멸성은 우리의 발목을 붙잡지만 또한 목적을 제시하여 우리를 풀어놓는다. 이것이 바로 역설이다. 의미를 창조하고자 할 때 우리는 우리를 자꾸 물러서게 하는 믿음은 물론이고 우리보다 더 중요한 것에 연결되려는 욕구를 억압하는 믿음에도 반박해야 한다.

적극 도전하기를 통한 의미 창조

수감 번호 119104는 나치 수용소의 죄수였다. 다른 죄수들처럼 119104번

역시 상상할 수조차 없는 끔찍한 환경에서 강제 노역에 시달리며 목숨을 이을 수밖에 없었다. 다른 죄수들처럼 그의 세계도 최소한의 공간으로 축소되었다. 한때 그는 성공한 정신과 의사로 학생들을 가르치고 학회에서 강연하던 사람이었다. 하지만 지금은 죽은 죄수의 누더기 옷을 구하고 다음 끼니를 마련하고 살아남는 것이 삶의 전부였다. 그의 지적 능력은 가장 저차원적인 문제에 집중되었다. 남은 담배 한 개비를 수프로 바꿀까 말까, 철사 조각을 어디에 꿰면 신발 끈으로 써먹을 수 있을까.

전쟁이 끝나고 죄수 119104는 그 경험을 글로 남겼다. 인생을 바꾼 어느 하루의 일을 그는 이렇게 썼다.

> 매일 매 순간 그렇게 사소한 것들만 생각할 수밖에 없는 상태가 점차 역겨워지기 시작했다. 나는 억지로 사고의 주제를 바꾸었다. 갑자기 나는 환하고 따뜻하고 쾌적한 강의실에 서 있었다. 내 앞에는 편안한 의자에 앉은 청중이 내 강의에 귀를 기울이고 있었다. 그곳에서 나는 나치 수용소의 심리학에 관해 강의하고 있었다! 바로 그 순간, 나를 짓누르던 그 모든 것이 객관화되고, 나는 멀찍이 떨어져 그것을 과학적 관점에서 묘사할 수 있었다. 이 방법으로 나는 그 상황을 견디고 그 순간의 고통을 이길 수 있었다. 그것들을 마치 과거의 일인 양 관찰할 수 있었다. 나 자신과 내 문제들은 내가 주도하는 흥미로운 심리학 연구 주제가 되었다. 『윤리학』에서 스피노자가 무엇이라고 했던가? "감정, 고통스러운 감정, 우리가 그것을 명확하게 묘사하는 바로 그 순간, 고통은 고통이기를 멈춘다."

죄수 번호 119104는 빅터 프랭클 박사이다. 저명한 정신과 의사로 실존주의적 정신 요법인 의미 치료를 개발했다. 의미 치료의 목표는 환자가 자기 존재의 의미와 가치를 찾아내서 다시 정상적인 생활을 하게 하는 것이다. 의미 추구가 존재의 중심이 된다는 것은 빅터 프랭클의 삶이 확실하게 입증한다. 의미가 없으면 우리는 희망을 포기한 죄수처럼 무력하게 사라지고 만다. 의미로 충만할 때는 최악의 상황에서도 견딜 수 있다. 회복력을 발휘한다. 대다수의 죄수가 역경을 이겨 내고 다시 일어서는 것을 배웠지만 그것으로는 부족하다. 진정한 구원은 빅터 프랭클처럼 더 멀리 도전해 나감으로써 인생의 의미를 창조할 때 찾아온다. 지금 우리가 처한 상황은 빅터 프랭클이 경험한 끔찍하고 비극적인 상황이 아니다. 하지만 우리도 멀리 도전해 나감으로써 인생에서 의미를 창조할 수 있다. 더 멀리 도전해 나감으로써 타인과 친밀한 관계를 맺고 새로운 기회를 붙잡고 공동체에 참여하고 직장에서 의미를 만들어 낼 수 있다.

관계 맺기에 적극 도전하기를 통한 의미 창조

타인과 친밀한 관계를 맺는 것은 많은 사람들의 강렬한 욕구이자 커다란 고민거리이다. 당신은 결혼을 해야 할지 말아야 할지 갈등하며 의심하고 두려워할지도 모른다. 어렸을 때 부모가 이혼한 충격을 아직도 완전히 이겨 내지 못하고 배우자와 문제가 생길 때마다 달아나려는 충동을 느끼는 사람도 있다. 또는 직장 생활도 순조롭고 결혼 생활도 원만하지만 가까운 친구가 없어서 동년배와의 우정을 갈망하기도 한다. 빙산 찾아내기 기술은 사랑과 인간관계에 대한 믿음을 포착하고 그 믿음이 추구하고자 하는 인간관계를 방해하는지 여부를 판단하게 도와준다.

우리는 인간관계와 친밀함에 대한 근저 믿음을 확립한다. 그 믿음은 부모의 인간관계에 대한 우리의 인식을 기반으로 형성되어 차츰 우리의 인생을 좌우한다. 이 빙산 믿음을 올바로 검증하는 유일한 방법은 객관적인 증거를 찾는 것이다.

40세의 고든은 친밀한 연인 관계를 갈망한다. 그러나 여성과 막 가까워지기 시작할 때마다 그는 고약하게 굴고, 당연히 그 여성은 떠나 버린다. 헤어지고 나면 슬프고 외로워서 다시 연락해 보지만 그때는 이미 늦었다. 친밀함에 관한 근저 믿음을 찾아내고 백해무익한 패턴에 갇힌 이유를 알기 위해 고든은 빙산 찾아내기 기술을 적용했다. 이 과정을 거치면서 한 가지 핵심 믿음을 깨달았다. “쉽게 상처받는 것은 나약하다는 증거이다.” 이 믿음이 형성된 경로를 추적하면서 아버지에게서 메시지를 받았다는 것을 확인할 수 있었다. 원하는 관계를 맺으려면, 쉽게 상처받는다는 것의 의미를 다른 관점에서 이해할 필요가 있었다. 고든은 믿음에 반박하기 기술을 통해 쉽게 상처받는다는 것이 나약하다는 뜻은 아니라는 것을 스스로에게 입증했다. 사실 고든은 표현력이 풍부한 남자를 가장 존경했다. 텔레비전 드라마를 보며 훌쩍이는 남자가 아니라 감정을 솔직하게 털어놓고 상대방의 말을 경청하는 남자에게 언제나 감탄했다. 이 빙산 믿음을 확인하고 반박함으로써 고든은 인간관계를 맺는 방법을 바꿀 수 있었다. 어떤 여성과 가까워지더라도 더 이상은 고약하게 굴지 않았고, 따라서 이제 이성 교제는 성공 가능성이 보였다.

친밀한 관계 맺기가 어려운 사람은 고든처럼 믿음과 감정, 그리고 자주 빠지는 사고의 함정이 무엇인지 알아야 한다. 빙산 찾아내기 기술은 효과적인 자기 인식 도구이다. 이 기술을 적용해서 자신이 어떤 사람인지 간파하라. 강점은 물론이고 최악의 약점까지 확인하라. 무엇보다 중요한 것은 본인 믿음이 진실이 아니라는 것을 인정하는 것이다. 자꾸 움츠러들게 하는 믿음에 반박하라. 그러고 나면 타인과의 관계에서 긴장을 풀 수 있고 원하는 친밀한 관계를 맺을 수 있다.

직장에서 적극 도전하기를 통한 의미 창출

인생에서 더 멀리 성장해 나가는 또 다른 방법은 직장에서 새로운 도전을 받아들이는 것이다. 기회는 다양한 형태로 다가온다. 흥미로운 프로젝트, 리더의 자리, 더 수준 높은 업무, 신규 부서로 이동, 다른 회사로 이직, 직업 전환 모두 기회가 될 수 있다. 이런 도전에 마음이 끌리지만 자꾸 물러서고 있다면 결정을 망설일 때 떠오르는 실시간 믿음을 찾아내라. 선택의 순간에는 수많은 근저 믿음이 활성화된다. 일부는 자신감에 관한 근저 믿음이다. "나는 더 높은 지위를 책임질 능력이 없어."가 그 예이다. 자주성과 동기 부여에 관한 빙산 믿음도 있다. 예를 들어 "그 자리는 할 일이 너무 많아. 그 자리로 승진하면 나는 회사가 마음대로 부려 먹는 노예 신세가 되고 말 거야. 내 마음대로 할 수 있는 이 낮은 자리가 더 좋아."이다. 정체성에 관한 빙산 믿음 역시 적극적 도전을 지연시킨다.

한 여성은 15년 동안 근무한 관리직을 그만두고 로스쿨에 지원할까 고민 중이었다. 그 당시 38세였던 섀런은 이렇게 말했다. "지금까지 어떤 것을 이렇게 간절히 원한 적이 한 번도 없었어요. 온통 그 생각뿐이에요. 언제나 로스쿨에 다니는 꿈을 꿔요. 변호사가 되어서 남은 인생 동안 정말로 그 일을 하며 살고 싶어요. 하지만 그럴 수가 없어요. 지금 제자리에서 결코 벗어날 수 없을 것 같아요. LSAT(로스쿨 입학시험)도 보았는데 점수가 아주 높았어요. 입학 지원서도 보냈고, 제게 딱 맞는 지역 로스쿨에서 입학 허가도 받았어요. 하지만 등록 날짜가 다가오니까 정말로 갈등이 많아요. 무엇 때문에 이렇게 망설이는지 모르겠어요. 저는 하던 일이나 하면서 안전하게 살라고 계속 되뇌고 있어요."

섀런은 결정을 못 내리고 망설이는 순간에 떠오른 실시간 믿음을 확인했다. "나는 이 자리에서 지금껏 잘 살아왔어. 공연히 문제를 자초해서는 안 돼. 건드리지 말고 그대로 가만둬야 하는 것들이 있어." 이 믿음을 출발점으로 삼아 빙산 찾아내기에 나섰다.

빙산 믿음을 확인하는 도중에 섀런은 자기가 위험을 걱정하고 있음을 깨달았다. "잘 살고 있는데 어째서 이런 성공적인 인생을 위험에 빠뜨리려고 하지? 상황이 안 좋으면 당연히 변화를 모색하고 위험을 감수해야지. 잃을 게 없으니까. 하지만 나는 잃을 게 많아. 안전한 삶을 포기하는 것은 어리석은 짓이야."

섀런은 모험을 좋아하지 않았고, 그런 성향이 이 믿음을 쌓아 올린 게 분명했다. 그녀는 로스쿨 진학이 위험하다고 여겼다. 하지만 로스쿨에 진학하는 것이 실제로 커다란 위험을 감수하는 것일까? 단지 LSAT를 공부하려고 직장을 그만두는 것은 위험할 것이다. 좋은 점수를 얻어서 입학 허가를 받을 수 있을지 장담할 수 없기 때문이다. 하지만 섀런은 이미 입학 허가를 받았다. 따라서 물어야 할 질문은 이것이다. "로스쿨을 졸업할 수 있을까?" 섀런은 입학을 허가한 로스쿨의 졸업률을 알아보았고, 졸업할 가능성이 매우 크다는 것을 확인했다. 하지만 이 확실한 증거에도 섀런은 문제의 핵심에 이르기 위해 겹겹이 쌓인 믿음을 계속 파고들었다. 그리고 정체성 상실을 걱정하고, 법률 지식을 사회에 환원할 능력이 있는지 의심하고 있음을 깨달았다.

빙산 믿음을 계속 찾아내면서 섀런은 로스쿨에서 공부를 잘하지 못하면 너무 멍청해 보일 거라고 말했다. 그리고 이 두려움의 원천을 추적해서 성장기에 자주 들은 메시지에 이르렀다. "아버지는 항상 제가 어떤 것도 해낼 수 없을 거라고 말씀하셨어요. 직장에서 승진하면서 아버지의 입을 막을 수 있었죠. 로스쿨 성적이 좋지 않으면 아버지는 신이 나서 또 그 말씀을 하실 거예요." 섀런은 존중에 대한 믿음이 갈등의 일부 원인이라는 것도 깨달았다. 직장 동료들은 섀런을 존중했다. 하지만 새로 시작해서 다시 고생고생하며 최고의 자리에 올라야 한다는 것이 섀런에게는 큰 걱정이었다. 자기 정체성에 무엇보다 중요한 존중을 얻기 위해 본인의 가치와 능력을 입증해야 한다는 것이 두려웠다.

일련의 질문을 통해 섀런은 망설임의 근원을 확인할 수 있었다. "이 기회를 저버릴 수는 없어. 이번 생에서 나는 할 수 있는 한 최선을 다할 거야. 그것이 내 신조야. 나는 서른여덟 살의 미혼이고, 결혼해서 아이를 낳을 계획이 없어. 법률을 공부하려는 한 가지 이유는 사회에 기여할 수 있기 때문이야. 내가 오래 살아온 동네에 작은 변호사 사무실을 여는 거지. 변호사가 되면 지금보다 더 많은 일을 할 수 있을 거야. 하지만 직장을 그만두고도 의미 있는 일을 하지 못한다면 오히려 지금이 더 많은 일을 할 수 있어."

섀런은 이 결정을 엄청난 모험으로 여기고 있었다. 혜택을 받기보다는 혜택을 베푸는 능력을 시험하려는 것은 모험이었다. 변호사로서 탁월한 능력을 발휘하고 사회의 기준으로 성공할 가능성도 모험이었다. 변호사로서 자기 자신은 물론이고 다른 사람들이 어떻게 바라볼지도 모험이었고, 이 세상과 다음 세대에 기여할 수 있는 기회 자체가 모험이었다. 이 모든 위험 요인을 고려하면, 위험은 나쁘다는 빙산 믿음이 결정을 망설이게 한 것은 당연했다. 하지만 섀런의 조심스러운 태도는 현실에 기초한 것이 아니었다. 사고 양식과 빙산 믿음이 섀런을 필요 이상으로 제지하고 있었다.

마침내 섀런은 더 멀리 적극 도전하기로 결심했다. 그리고 2년 전에 로스쿨을 졸업하고, 지금은 고향의 유명한 로펌에서 일하고 있다. 지난번에 만났을 때 섀런은 2, 3년쯤 충분히 경험을 쌓은 후 동료 변호사들의 도움을 얻어서 작은 변호사 사무실을 열고 싶다고 말했다.

위험 감수를 통한 의미 창출

더 멀리 적극 도전하는 다른 방법도 많다. 더욱 의미 있고 풍요로운 삶을 위해 매일 실천할 수 있는 간단한 일도 있다. 이 책 초반에 조앤의 사례를 소개했다. 새로운 경험을 반기고 삶의 경계선까지 열심히 도전해 나간 60대 중반의 여성이다. 당신에게도 조앤과 비슷한 면이 있을 것이다. 새로운 것을 즐겁게 시도하고 위험을 감수하고 짜릿한 흥분을 기대한다. 위험천만한 모험이 아니라 성장에 일조하고 자기 세계를 넓혀 주는 위험을 환영한다. 하지만 대다수의 사람들은 일상에 안주한다. 매일 똑같은 음식을 먹고 늘 다니던 길로만 다니고 휴가철에는 언제나 한곳으로만 놀러가고 비슷비슷한 책만 읽는다. 그들은 일상에서 벗어나는 것에 불안해한다.

자문하라. 새로운 음식을 먹은 게 언제였는가? 내 '타입'이 아닌 사람과 이야기한 적은 또 언제였는가? 공동체에서 자원봉사 한 적은 언제였는가? 직업과는 상관이 없는 강의를 들은 것은 언제였는가? 음식점에서 혼자 저녁을 먹은 적은 언제였는가? 혼자 식사하는 것이 어색해서 책에 머리를 파묻지는 않았는가? 사람들이 일상에서 벗어나고 새로운 것을 시도하고 인생을 확장하지 못하게 가로막는 것은 바로 그들이 지닌 믿음이다. 솔직히 인정하자. 시도할 수 있는 새로운 일을 찾아내는 것은 어렵지 않다. 10분 정도 시간을 내서 시도할 수 있는 간단한 일을 적어 보라. 이 리스트를 작성하는 것은 아주 쉽다. 하던 일이나 계속 하라고 줄기차게 속삭이는 믿음을 떨쳐 내는 것이 어렵다.

'협소화' 믿음, 즉 일상을 고수하도록 강요하고 모험을 방해하여 삶을 협소하게 만드는 믿음은 보통 불안을 일으킨다. "그는 나와 대화하는 것을 원치 않을 거야." "나는 그림 그리는 것을 결코 배울 수 없을 거야, 색칠 공부라면 또 몰라도." 등이 그 예이다. 협소화 믿음은 또한 당혹감을 촉발한다. "그런 일을 시도하면 바보처럼 보일 거야." "독서 클럽의 다른 사람들은 전부 심오한 이야기를 하는데 나는 그 책 내용을 하나도 이해하지 못할 거야." 등이 그 예이다. 불안은 새로운 시도를 포기하게 만든다. 내 세미나에 참석한 실라는 회복력 기술을 통해 자신의 도전을 가로막는 믿음에 반박했다.

"멕시코 음식을 준비할 때마다 요리 수업을 들으면 좋겠다고 생각했어요. 하지만 솔직히 저는 요리를 못해요. 우리 집 식탁에는 향신료 쟁반이 놓여 있어요. 그래서 가족들은 애써 요리한 제가 무안하지 않게 각자 알아서 간을 맞추지요. 강렬하고 자극적인 맛과 향을 끌어내려고 수없이 시도했지만 번번이 실패했어요. 그래도 저는 맛있는 요리를 만들 수 있을 거라고 아직도 믿고 있어요."

실라는 시에서 가르치는 멕시코 요리 교실이 있다는 것을 알고 신청하고 싶었다. 한참을 미루다가 겨우 신청서를 제출했지만 첫 번째 수업을 들으러 가는 길에 다른 생각이 떠올랐다. 자신감을 잃고 차를 돌리지 않으려고 실라는 실시간 회복력 기술을 사용했다.

실라의 믿음 : 다 쓸데없는 짓이야. 사실을 인정해야 해. 나는 요리를 못해. 다른 사람들은 전부 멕시코 요리 전문가가 되겠지만 나는 웃음거리가 되고 말 거야.
실라의 실시간 대응 : 이건 요리 교실이지 요리 대회가 아니야. 나는 멕시코 요리에 대해 아는 게 별로 없어. 모두 처지가 비슷할 거야. 요리에 능숙한 사람이 '초보자를 위한 멕시코 요리'라는 수업을 들을 리가 없어.
실라의 믿음 : 멕시코 요리에 대해 아는 게 별로 없다는 건 괜찮아. 하지만 나는 요리에는 진짜 젬병이야. 우리 애들은 제대로 못 먹어서 체중이 줄어들고 내가 요리랍시고 내놓으면 남편이 겁먹는 게 눈에 보일 때도 있어.
실라의 실시간 대응 : 아, 진정하자! 재미있을 거야. 새로운 것도 배울 테고 사람들도 사귈 거야. 지금 멕시코 식당을 개업하려는 게 아니잖아. 엄마가 기꺼이 새로운 것을 시도하고 실패를 두려워하지 않는다는 걸 보여 주는 것은 아이들에게도 유익해. 요리 잘하는 엄마보다 그게 훨씬 더 중요해.
실라의 믿음 : 하지만 이건 바보짓이야. 나는 지금 실패를 자초하고 있어. 재능이 있는 다른 것을 배워야 해. 자멸을 원하는 욕구가 있는 게 틀림없어.
실라의 실시간 대응 : 자멸 욕구가 아니라 요리를 잘하려는 욕구야. 쓸데없이 걱정하지 말고 기꺼이 위험을 감수하려는 태도에 초점을 맞춰야 해. 실패가 두려워서 하고 싶은 것을 못 하는 사람이 많아. 하지만 지금 나는 그렇지 않다는 것을 스스로에게 입증하고 있어. 그게 정말 자랑스러워.

새로운 경험을 자꾸 꺼리고 숨은 재능을 꺼내기가 두렵다면 소극적인 태도를 강요하는 믿음을 찾아내라. 그런 다음에 앞서 배운 기술을 적용해서 그 비합리적인 믿음에 반박하라.

회복력 기술로 상실의 고통 치유하기

인생에서 피할 수 없는 한 가지는 사랑하는 사람의 죽음을 애도하는 것이다. 회복력이 그 고통을 이겨 내게 도와줄 수 있느냐는 질문을 자주 받는다. 회복력을 발휘하여 애도한다는 것은 무슨 뜻일까? 먼저 분명하게 말해 둘 것이 있다. 가까운 사람의 죽음을 겪은 직후에 떠오른 실시간 믿음의 정확성을 검증한다는 것은 이치에 닿지 않는다는 말이다. 앞서 지적했듯이, 어떤 사건은 너무 엄청나고 너무 확연해서 사건에 대한 해석이 아닌 그 사건 자체가 반응을 촉발한다. 하지만 이 말이 사랑하는 사람의 죽음에 대처하는 데 회복력이 아무 역할도 못 한다는 뜻은 아니다. 회복력은 주변 사람들과 친밀한 관계를 유지하게 해 준다. 그들에게 위로를 받는다면 비통한 시간을 보다 쉽게 견딜 수 있다.

줄리와 소피는 하루에도 서너 번씩 전화 통화를 했다. 통화 시간이 길지는 않았다. 아이들을 이런저런 활동에 데려가고 데려오는 사이사이에 전화해서 간단히 안부를 묻거나 아이와의 재미있는 대화를 들려주거나 저녁에 무엇을 먹을지 물어보는 게 전부였다. 하지만 두 자매의 전화 통화는 그들이 기억하기 어려울 정도로 오래전부터 일상이 되었다. 전화벨이 울리자 줄리는 소피일 거라고 짐작했다. 1시에는 아이들이 점심을 먹는 사이에 안부 전화가 오기 마련이었다. 그런데 이번에는 소피가 아닌 엄마였다. 사고가 나서 소피가 죽었다는 소식이었다. 언니의 죽음 이후의 시간은 참담했다. 하지만 적어도 처음 두어 주 동안은 해야 할 일이 쌓여 있었다. 장례식도 준비해야 했고 친척과 친구들에게 연락도 해야 했고 형부와 조카들을 위해 식사도 마련해야 했다. 할 일이 쉴 새 없이 이어졌다. 줄리는 엄청난 충격에 휩싸였지만 대체로 멍한 느낌이었고, 형부와 조카들을 최선을 다해 돌보고 가족이 이 트라우마를 무사히 이겨 내는 데 집중했다.

소피가 죽은 지 두 달 정도 지나서 줄리는 완전히 무너졌다. 그 순간을 줄리는 이렇게 기억한다. "목요일 오후였어요. 아름다운 날이었죠. 아이들은 뜰에서 놀고 있었어요. 그때 우편물이 왔어요. 카탈로그를 훑어보다가 언니가 좋아할 것 같은 물주전자를 보았어요. 습관적으로 수화기를 들었지요. 그때 갑자기 가슴이 뻥 뚫린 것 같은 느낌이 들었어요. 숨을 쉴 수가 없더군요. 눈물이 쏟아졌어요. 그 파란 물주전자에서 눈을 떼지 못한 채 계속 울었어요. 도저히 울음을 멈출 수가 없었어요."

언니의 죽음은 줄리가 한 번도 겪어 보지 못한 방식으로 고통을 가했다. 겉으로 보기에 줄리는 그 충격을 그런대로 잘 추스르고 있었다. 아이들을 위해 그래야만 했다. 하지만 가슴을 헤집는 아픔은 견딜 수가 없었다. 줄리는 남편과 친구들에게 거리를 두기 시작했다. 소피에 대한 추억이 화제에 오르면 줄리는 조용히 그 자리를 벗어났다. 그들 자매가 마지막으로 함께한 순간을 찍은 사진을 엄마가 현상해서 가져왔는데, 줄리는 그것을 차마 쳐다볼 수가 없었다.

줄리가 겪고 있는 이 모든 것은 정상적인 애도 과정의 일부이다. 올바로 애도하는 유일한 방법은 없다. 올바로 사랑하는 유일한 방법이 없는 것과 마찬가지다. 회복력은 사랑하는 사람의 죽음으로 인한 고통을 치유하게 도와줄 수는 있지만 그 고통, 분노, 슬픔을 느끼지 못하게 막지는 못한다. 그것을 못하게 막아서는 안 된다. 그 감정은 정상적이고 건강하고 인간적인 반응이다. 그것을 느끼는 것이 중요하다. 애도의 일부인 그 복합적인 감정을 홀로 겪고 있을 때 회복력 기술은 자신이 어떤 감정을 느끼는지 알아채고 사랑하는 사람들과 가까운 관계를 유지하게 도와준다. 그런 사건이 고통스럽기는 하지만 극도의 비탄으로 인해 삶을 살아나가기 어려울 때도 회복력 기술의 도움을 받을 수 있다.

소피가 죽고 두 달 정도 지난 어느 일요일, 한 친구가 줄리 가족을 바비큐 파티에 초대했다. 줄리의 남편 데이비드는 서로 친하고 진심으로 배려하는 친구들 틈에서 시간을 보내는 것이 줄리에게도 좋을 거라고 생각했다. 그날 아침에 줄리는 비교적 기분이 좋았지만 집을 나서면서 차츰 우울해지기 시작했다. 조지와 웬디의 집에 도착할 무렵에는 울음을 참느라 안간힘을 써야 했다. 웬디가 내뱉는 모든 말이 거슬리고 짜증이 났다. 친구들은 거의 필사적으로 줄리를 위로했다. 줄리는 긴장을 풀고 위로를 받아들이고 싶었다. 하지만 온갖 감정이 쉴 새 없이 오락가락했다. 커다란 슬픔에 휘둘려서 자칫하면 이 힘겨운 시기에 위로하려고 애쓰는 사람들과의 관계마저 망칠 위험이 있었다. 줄리는 회복력 기술을 적용해서 그 위험을 막을 수 있었다. 그 과정을 한번 보자.

> 줄리의 믿음 : 나한테 왜 저렇게 조심하는 거지? 행여 엉뚱한 말이라도 하면 내가 산산이 부서질 것처럼 대하고 있잖아. 그러면서 어떻게 내가 한가하게 웃고 떠들길 바라는 걸까? 내가 즐겁기를 바란다면 나를 유리 꽃병처럼 다루는 짓은 말아야지.

줄리의 실시간 대응 : 내가 산산이 부서질 거라고 걱정하는 사람은 바로 나야. 저 사람들은 나를 그렇게 대하고 있지 않아. 아마 조금 어색하겠지. 가족을 잃은 사람에게 어떤 말을 해야 좋을지 모를 테니까. 하지만 내가 긴장을 좀 풀고 언니에 대해 말해도 괜찮다고 하면 더는 어색해하지 않을 거야.

줄리의 믿음 : 내가 지금 무슨 헛소리를 하고 있는 거지? 나는 유리 꽃병이야! 언니가 너무 보고 싶어서 머리끝부터 발끝까지 아파. 이런 감정을 견딜 수가 없어. 나는 감정을 자제하고 더 이상은 슬퍼하지 말아야 해. 그게 언니가 바라는 거야.

줄리의 실시간 대응 : 언니는 내가 나에게 가혹하지 않길 바랄 거야. 슬퍼하는 것은 당연해. 언니와 나는 친자매야. 우리는 정말 가깝고 애틋한 사이였어. 다른 사람에게서는 결코 그런 친밀감을 느낀 적이 없어. 언니가 없는 세상은 예전의 그 세상이 아니야. 더는 슬퍼하지 말아야 한다는 말은 적절하지 않아. 나는 얼마든지 슬퍼하고 우울해도 괜찮아. 하지만 언니는 내가 친구들 도움으로 이 슬픔을 이겨 내길 바랄 거야. 짐을 혼자 짊어지는 게 능사는 아니야.

줄리의 믿음 : 세상에, 웬디는 도대체 생각이 있는 거야? 어떻게 자기 언니와 사이가 좋다는 말을 할 수 있지? 어떻게 저렇게 무신경할 수가 있어? 두 달 전에 언니를 잃은 사람 앞에서 자기 언니와 아주 친하다는 말을 하면 안 된다는 것 정도는 상식 아니야? 뭐 저런 바보가 다 있어.

줄리의 실시간 대응 : 괜찮아, 이런 때에 적절한 말은 아니지. 하지만 웬디는 최선을 다하고 있어. 그 말을 꺼내고는 당황해하는 게 역력했어. 하지만 곧바로 입을 다물 수도 없었을 거야. 그러면 내가 훨씬 더 어색해할 테니까. 이렇게 서로 힘드니까 내가 무엇을 원하는지 친구들에게 알려 줘야 해. 조금 더

기운을 차려서 내 감정을 솔직하게 털어놓으면 친구들은 내가 이 일을 이겨 내도록 더 잘 협조할 수 있을 거야.

언니가 죽은 후 처음 몇 달 동안 줄리는 실시간 회복력 기술을 매일 사용했다. 다양한 기술을 써서 줄리는 주변 사람들에게 적절하게 대응할 수 있었다. 다른 사람들 경우에는 죄책감의 원인을 파악하거나 불안을 일으키는 믿음에 반박하거나 가까운 사람들에게 감정을 표현하지 못하게 방해하는 빙산 믿음을 찾아내는 데 회복력 기술을 사용하면 도움이 된다. 진정하기 기술을 적용해서 더욱 침착해지고 통제력을 되찾을 수도 있다. 이때 목표는 억지로 '정상으로 돌아가는' 것이 아니다. 이 점을 반드시 기억해야 한다. 역경을 힘들게 헤쳐 나가는 동안 스스로 치유하고 친구와 가족에게 의지하는 것이 목표이다.

나의 희망

소소한 방법으로 우리는 날마다 세상을 다시 건설하고 있다. 출근했다가 퇴근하고 집에 돌아와 가족을 다시 만나고 비행기로 떠났다가 무사히 돌아오면서, 그렇게 날마다 조금 더 멀리 적극 도전해 나가면서 우리는 조각난 믿음을 다시 끼워 맞추고 있다. D. H. 로렌스의 말대로 그것은 쉬운 일이 아니다. 더 이상 미래로 가는 평탄한 길은 없다. 하지만 우리는 회복력을 갖고 있다. 또다시 이겨 내고 딛고 일어서고 멀리 적극 도전하 고 있다. 우리는 살아남을 것이고 살아갈 것이다. 하늘이 천만 번 무너진다 해도.

지금까지 7가지 회복력 기술을 모두 다루었다. 그 기술을 활용해서 직장에서 크게 성취하고 배우자와 아이들과 돈독한 관계를 맺고 새로운 경험을 기꺼이 받아들인 사람들의 이야기를 소개했다. 그들의 삶은 하룻밤새에 기적처럼 변해서 된 게 아니다. 그들의 삶이 변한 것은 이 책의 내용을 실행하고 회복력을 발휘했기 때문이다. 그들은 소소한 방법으로 날마다 사고 양식을 바꿈으로써 세상을 다시 건설했다.

그들은 해냈다. 그러니 당신도 할 수 있다.

당신에게는 인생이 던지는 무수한 도전에 맞서고 의미와 목적으로 충만한 인생을 추구할 능력이 있다. 이 책을 읽은 후, 그 능력을 더욱 확신하기 바란다. 7가지 회복력 기술을 매일 활용한다면 인생을 더 잘 통제할 수 있다. 비결은 그 기술을 매일 활용하는 것이다. 그렇게 한다면 몇 주 후, 그 기술들이 제2의 천성이 된다. 그리고 인생을 바라보는 관점이 변한다. 더욱 낙관적이고 더욱 행복해진다. 회복력을 발휘하며 살아간다면 사랑하는 사람들과 더욱 친밀한 관계를 맺을 수 있다. 어떤 인생이든 우여곡절이 있기 마련이다. 하지만 회복력을 갖춘 사람은 어떤 역경이 닥치든 성장하고 발전한다.

사고방식을 바꾸어라. 인생이 영원히 바뀐다.

한국긍정심리연구소(KPPI) 교육 프로그램 안내

한국긍정심리연구소(Korea Positive Psychology Institute, KPPI)는 '긍정심리학'을 통해서 개인적, 조직적, 사회적으로 '행복'과 '플로리시'를 지원하며, 긍정심리학의 연구와 프로그램 개발, 교육과 훈련, 강의, 컨설팅을 통해 조직의 긍정문화 확산과 행복증진, 조직성과를 창출해드립니다.

모듈	교육기간	
행복 4.0: 행복은 만들 수 있다(특강)	1일	1~3H
긍정심리 기반의 직장인 행복증진 프로그램 행복한 직장 만들기	2일	16H
긍정심리 조직 만들기	2일	16H
개인과 조직을 살아 숨 쉬게 하는 긍정 리더십	1일	8H
탁월한 성과와 역량을 창출하는 강점 리더십	1일	8H
긍정소통, 배려, 사랑, 관심의 긍정관계 리더십	1일	8H
인생의 역 경을 가볍게 극복하는 회복력의 7가지 기술	1일	8H
비관성, 무기력을 떨쳐주는 낙관성 학습	1일	8H
긍정심리와 목표 설정의 최초 만남 와튼스쿨의 어떻게 인생 목표를 이룰까?	1일	8H
창조적 조직으로 혁신시키는 긍정조직혁명(AI)	2일	16H
학부모와 교사를 위한 프로그램 아이의 행복 플로리시	2일	16H
전문가를 위한 긍정심리학 플로리시	10주	1주 3H
긍정심리학 강사 코스(HRD)	4주	1주 8H
긍정심리학 플로리시 과정(긍정심리사 자격증 포함)	16주	1주 3H
기업, 관공서, 학교 단체, 특강, 세미나 및 행복, 웰빙 관련 컨설팅, 특강	행복 4.0, 긍정심리학 기반의 행복 만들기, 회복력, 강점 리더십, 긍정 리더십, 인간 목표 설정, 긍정적 인간관계 외 맞춤형 특강	

※ 인용도서: 《행복 4.0》, 《긍정심리학》, 《플로리시》, 《긍정심리학 코칭 기술》, 《낙관성 학습》, 《긍정의 발견》, 《회복력 기술》, 《긍정심리학 프라이머》, 《아이의 행복 플로리시》

강의 및 교육문의: 한국긍정심리연구소(평생교육원)
전화: 031-457-7434 / 팩스: 031-458-0097
이메일: ceo@kppsi.com / 홈페이지: www.kppsi.com

인생의 역경을 가볍게 극복하는

회복력의 7가지 기술 기본 교육 과정

- 회복력은 인생의 피할 수 없는 역경을 극복하는 힘이고, 내면의 심리적 근육을 단련시켜주는 도구이다.
- 동일한 스트레스에도 어떤 사람은 무너지고 어떤 사람은 더욱 강해진다. 그러한 차이는 회복력 수준이 다르기 때문이다.
- 이 교육 프로그램은 사고, 재난, 좌절과 실패, 압박과 스트레스, 이혼, 자살 충동 등 개인과 조직에서 겪는 역경을 딛고 일어서도록 도와주기도 하지만 적극 도전하기를 통해 더욱 폭넓고 풍요로운 삶을 살도록 도와준다.

◆ 이 프로그램은 2시간 특강부터 일반직원, 관리자, 임원에 이르기까지 직급과 상관없이 차수별 균등하게 35명 내외로 16시간까지 맞춤형으로 진행함.

회복력의 7가지 기술 교육 과정

모듈	학습 내용	시간
모듈 1. 회복력 특성	· 왜 회복력인가? · 외상 후 스트레스 장애(PTSD), 외상 후 성장(PTG) · 역경 이겨내기 · 역경 헤쳐 나가기 · 역경 딛고 일어서기 · 적극 도전하기	1H
모듈 2. 회복력 능력 확인하기	· 회복력 키우는 방법 · 회복력 능력 확인하기 · 내 회복력 지수는?	1H
모듈 3. 회복력 키우기	· ABC 확인하기 · 사고의 함정피하기 · 빙산 찾아내기 · 믿음에 반박하기 · 진상파악하기 · 진정하기, 집중하기, 실시간 회복력	5H
모듈 4. 회복력 적용하기	· 인간관계에 회복력 적용하기 · 직장과 조직에 회복력 적용하기 · 적극도전하기를 통해 의미 창출하기	1H

긍정심리학 중심의 직장인 행복증진과 조직 성과 프로그램

행복한 직장(조직) 만들기

'행복한 직장 만들기' 과정은…

- 긍정정서로 긍정문화를 확산시켜 만연한 스트레스, 무기력, 분노, 불만 등 부정정서를 없애며
- 강점 기반을 구축해서, 강점과 성과 중심의 업무 방식으로 전환해
- 일의 가치와 삶의 의미를 찾아서, 조직이 살아 숨 쉬고 춤추게 하며
- 머리로 이해하고, 가슴으로 느끼게 하며, 손과 발로 지속해서 실천하여 행복한 조직을 만드는 교육과정입니다.

◆ 2시간 특강부터 일반 직원, 간부 직원, 임원까지 직급과 관계없이 차수별 균등하게 35명 내외로 총 24시간까지 맞춤형으로 진행함.

긍정심리 기반의 행복한 직장 만들기 기본 16시간 과정 안내

모듈	학습 내용	시간
모듈 1. 행복한 조직 이해	왜 행복인가? 행복 바로 알기 긍정심리학 이해하기 행복한 직장이란?	2H
모듈 2. 조직을 살아 숨 쉬게 하고 춤추게 하는 긍정정서 키우기	자부심 키우기, 감사하기, 분노 · 불만 버리기(용서), 무기력 극복하고 낙관성 키우기, 음미하기, 회복력, 몰입, 마음챙김 명상 중 네 가지 선택	6H
모듈 3. 만족감을 키우고 가슴을 뛰게 하는 가치와 의미 찾기	가치 찾기, 의미 찾기 일의 가치와 의미 찾기 핵심가치와 삶의 의미 찾고 실천하기	2H
모듈 4. 탁월한 능력과 성과를 창출하는 강점 기반 구축하기	대표강점 찾기 대표강점 발휘하기 팀 강점 찾고 발휘하기 개인, 팀 강점 기반 구축하기	4H
모듈 5. 긍정문화 확산과 행복증진을 위한 행복한 일터 실천하기	행복한 조직 만들기를 위한 목표 설정하기, 행복한 조직 만들기 시도와 도전하기 행복한 일터 십계명 만들기	2H

강의 및 교육문의: 한국긍정심리연구소(평생교육원)
전화: 031-457-7434 / 팩스: 031-458-0097
이메일: ceo@kppsi.com / 홈페이지: www.kppsi.com

옮긴이 우문식

우문식 박사는 2003년에 긍정심리학을 우리나라에 처음 도입했다. 국회의원에 되고자 준비하던 2006년, 긍정심리학 창시자인 마틴 셀리그만을 만난 후 정치를 포기하고 긍정심리학의 행복을 본격적으로 연구하기 시작해 지금까지 긍정심리학 연구와 확산에 몰두하고 있다. 안양대학교 일반대학원에서 경영학 박사학위(긍정심리)를 받았으며, 백석대학교 교육대학원에서 코칭심리를 공부했다. 저서로 베스트셀러 《행복 4.0》과《긍정심리학의 행복》이 있으며, 옮긴 책으로는 마틴 셀리그만의 《플로리시》, 《낙관성 학습》, 《긍정심리학 코칭 기술》, 《어떻게 인생목표를 이룰까》, 《아이의 행복 플로리시》 등이 있다. 그의 베스트셀러 《행복 4.0》은 현재, 삼성경제연구소 SERIPro에서 〈행복한 직장인 되기〉프로그램으로 동영상 강의가 진행되고 있다. 그는 현재, 안양대학교 겸임교수, 한국긍정심리연구소 소장, 한국긍정심리협회 회장, 도서출판 물푸레 대표로 재직 중이다.

그가 소장으로 있는 한국긍정심리연구소는 2011년 개소하여 긍정심리학 교육 프로그램과 척도 개발, 논문, 저술 활동, 교육·강의, 컨설팅을 하고 있으며, 긍정심리학을 통해 개인과 조직, 사회의 행복과 플로리시를 지원하고 있다. 그는 긍정심리학 플로리시 전문가 과정과 긍정심리사, 긍정심리학 강사, 긍정심리학 코칭 과정을 진행하고 있으며, 긍정심리학의 행복과 리더십, 회복력 기술에 대한 주제로 학교, 공공기관, 기업, 단체 등에서 활발한 교육과 강의를 통해 우리나라에 긍정심리학을 확산 시키고 있다.

윤상운

성신여자대학교 심리학과를 졸업하였으며, 성균관대학교 전문번역가 양성과정을 수료하였다. 인문, 아동, 실용서 등 다양한 분야에 관심있게 번역하고 있으며, 현재는 번역에이전시 엔터스코리아에서 출판기획 및 전문번역가로 활동하고 있다. 주요 역서로는 마틴 셀리그만의 『플로리시』, 『긍정심리학 코칭기술』, 『회복탄력성 요인』, 『핑크리본』, 『세상의 비밀을 푸는 열쇠 SYMBOLS』, 『미룸: 달콤한 그러나 치명적인 습관』, 『기회를 만드는 확률의 법칙』, 『꿈꾸는 뇌의 비밀』, 『오쇼의 명상여행』, 『돈 안쓰는 멋쟁이의 쇼핑 테크닉』, 『차라리 직장을 옮겨라』, 『돌고래에게 배운다』, 『사스전쟁(공역)』, 『일론의 땅_전3권』 등 다수가 있다.

인생의 역경을 가볍게 극복하는 회복력의 7가지 기술

1판 1쇄 인쇄 2014년 8월 18일
1판 1쇄 발행 2014년 8월 22일

지은이 캐런 레이비치, 앤드류 샤테
옮긴이 우문식·윤상운
펴낸이 우문식
펴낸곳 도서출판 물푸레

등록번호 제 1072
등록일자 1994년 11월 11일

주소 경기도 안양시 동안구 호계동 950-51 정현빌딩 201호
대표전화 (031) 453-3211
팩시밀리 (031) 458-0097
홈페이지 http://www.mulpure.com

ISBN 978-89-8110-321-7 03180
값 19,800원

• 책에 관한 문의는 mpr@mulpure.com으로 해주시기 바랍니다.